KB089056

사이버 안보의 국제정치학적 지평

전략과 외교 및 규범

사이버 안보의 국제정치학적 지평

전략과 외교 및 규범

2018년 6월 20일 초판 1쇄 인쇄
2018년 6월 26일 초판 1쇄 발행

지은이 김상배, 민병원, 이상지, 김보라, 고은송, 이진경, 이종진, 유신우, 도호정, 정하연, 황예은

편집 김천희
디자인 김진운
마케팅 남궁경민

펴낸이 윤철호·김천희
펴낸곳 ㈜사회평론아카데미
등록번호 2013-000247(2013년 8월 23일)
전화 02-2191-1133 팩스 02-326-1626
주소 03978 서울특별시 마포구 월드컵북로12길 17

이메일 academy@sapyoung.com
홈페이지 www.sapyoung.com
ISBN 979-11-88108-68-8 93340

이 저서는 2016년 대한민국 교육부와 한국연구재단의 지원을 받아 수행된 연구임(NRF-2016S1A3A2924409).

사이버 안보의 국제정치학적 지평

전략과 외교 및 규범

김상배 · 민병원 엮음

사회평론아카데미

머리말

사이버 안보의 국제정치학적 지평

2017년 5월 말과 6월 초에 에스토니아 탈린에서 열린 사이콘(Cy-Con, International Conference on Cyber Conflict)에서 참가자들의 가장 많은 관심을 끈 패널은 국제법 학자인 마이클 슈미트(Michael N. Schmitt)의 대담 코너였다. 2013년 탈린 매뉴얼(Tallinn Manual)을 책임 편집했던 슈미트 교수는, 2017년 2월에는 그 두 번째 버전인 탈린 매뉴얼 2.0을 펴낸 바 있었다. '사이버전(cyber warfare)에 적용 가능한 국제법'을 논한 탈린 매뉴얼 1.0과는 달리, 탈린 매뉴얼 2.0은 각종 사이버 범죄들까지도 포함한 '사이버 작전(cyber operation)에 적용 가능한 국제법'을 논했다. 2017년 사이콘은 사이버 안보 분야 국제법 논의의 지평을 개척하고 있는 슈미트 교수의 작업을 높게 평가하여 두 권에 걸쳐서 출간된 탈린 매뉴얼의 뒷얘기를 듣는 시간을 별도로 할애했던 것이다.

2018년이면 10주년을 맞게 될 사이콘은 사이버 안보 연구의 새로운 지평을 연 회의로 역사에 기록될 것이다. 사이콘은 국제법 외에도 기술공학과 군사전략 분야에서 제기되는 다양한 사이버 안보의 쟁점들을 소개하고 논의하는 노력을 지속해 갈 것으로 전망된다. 그러나 이렇게 기술-전략-법의 세 트랙으로 짜인 사이콘의 패널들을 둘러보면서 새로운 것을 배웠다는 인상보다는 오히려 뭔가 빠진 것이 있다는 느낌이 들었던 이유는 무엇일까? 아마도 정보보안 업계 담당자의 최신 기술에 대한 현란한 소개나 나토 소속 장성들의 군작전 개념에 대한 절도 있는 설명, 그리고 슈미트 교수 패널의 국제법 담론을 넘어서 뭔가 새로운 지평을 보여주어야만 한다는 막연한 책임감이 발동했던 것 같다. 이 책의 제목으로 내건 바와 같이 '사이버 안보의 국제정치학적 지평'을 보여주어야 한다는 국제정치학자의 책임감이라고나 할까?

이 책은 사이버 안보 연구의 국제정치학적 지평을 열어보겠다는 문제의식을 바탕으로 2016년 1학기부터 시작된 두 권의 책 중 하나이다. 이 책의 자매편은 『사이버 안보의 국가전략: 국제정치학의 시각』(이하 〈국가전략〉)이라는 제목을 내걸고 2017년 5월에 사회평론아카데미에서 출판되었다. 〈국가전략〉이 기성학자들을 중심으로 사이버 안보의 국제정치학적 기본논제들을 다룬 교과서의 성격을 띠었다면, 이 책은 대학원 학생들과 함께 국제정치학이 탐구해야 할 사이버 안보의 응용주제들을 제시한 연구서이다. 사실 이 분야의 학문후속세대인 아홉 명 학생들의 글은, 내용적으로는 여전히 미숙한 부분이 없지 않음에도 불구하고, 그 문제의식의 참신성이라는 측면에서 사이버 안보 연구의 국제정치학적 지평을 넓히는 의미가 충분하다고 판단된다. 특히 국내뿐만 아니라 국제적으로도 아직 연구가 부족한 상황에서 이 책의 필자들은 다음과 같은 세 가지 측면에서 국제정치학적 지평을 보여주고자 했다.

첫째, 사이버 안보 '전략연구'의 지평을 보여주고자 했다. 사이버 안보의 중요성이 커지면서 세계 주요국들은 국가전략 차원에서 사이버 안보의 문제에 접근하고 있다. 〈국가전략〉에서도 한반도 주변4개국인 미국, 중국, 일본, 러시아의 사이버 안보 국가전략을 다루었으며, 그 연속선상에서 북한과 한국의 사례도 살펴보았다. 이 책에서도 미국과 중국의 사례를 좀 더 심층적으로 분석한 이론적 · 경험적 연구를 진행했다. 이러한 '전략연구'의 지평은 앞으로도 계속 확대되어 가야 할 것이다. 특히 한국의 국가전략에 주는 함의를 염두에 둔다면, 미-중-일-러와 같은 강대국의 사례에 초점을 두는 기존의 발상을 넘어서 영국, 독일, 프랑스 등과 같은 유럽의 선진국들이나 캐나다, 호주, 스웨덴, 노르웨이, 핀란드 등과 같은 전통적 중견국들, 그리고 사이버 안보 분야에서 한국과 비슷한 처지에 있다고 평가되는 에스토니아, 네덜란드, 스위스, 싱가포르, 이스라엘 등과 같은 나라들의 비교연구로 지평을 넓혀가야 할 것이다.

둘째, 사이버 안보 '외교연구'의 지평을 보여주고자 했다. 〈국가전략〉에서도 미국, 중국, 일본, 러시아, 남북한의 사이버 안보 분야 외교전략에 대한 내용을 다룬 바 있다. 이 책에서는 일국 차원의 외교전략 추진을 넘어서 양자관계의 맥락에서 보는 국제협력의 내용과 한계를 검토하였으며, 더 나아가 미국과 중국 두 강대국이 자국 주도의 네트워크를 건설하기 위해 전개한 사이버 안보 분야의 동맹전략에 대해서도 살펴보았다. 특히 핵안보와 사이버 안보 등과 같은 이슈 간 비교연구의 시각을 제시하였다. 이러한 사이버 안보의 외교적 차원에 대한 연구는 북한발 사이버 공격에 대응하기 위해서 한국이 고려해야 하는 국제적 해법을 모색하는 데 주는 의미가 크다. 이러한 '외교연구'는 한반도 주변4개국과 남북한 간에 형성되는 양자 및 삼자 관계 연구로 발전하고, 더 나아가 동아태 지역협력의 연구로 이어질 필요가 있다.

끝으로, 사이버 안보 '규범연구'의 지평을 보여주고자 했다. 최근 사이버 안보의 양자 및 삼자 협력의 틀을 넘어서 다자간 협력을 통해서 국제규범을 모색하려는 노력이 진행 중이다. 이러한 노력 중의 하나가 전통 국제법을 적용하려는 탈린 매뉴얼의 시도이다. 〈국가전략〉에서도 탈린 매뉴얼과 같은 국제법 적용의 시도 이외에도 국제기구나 정부간협의체, 그리고 글로벌 거버넌스의 프레임을 활용한 국제규범 형성의 시도들을 살펴보았다. 아울러 이 책에서는 유럽연합 차원에서 추구된 사이버 안보 협력의 사례에 대한 검토를 통해서 새로운 안보 패러다임에 기반을 둔 복원력의 개념과 이를 반영한 새로운 규범의 필요성도 거론하였다. 이러한 점에서 보면 향후 사이버 안보 '규범연구'의 지평은 전통안보와는 질적으로 상이한 사이버 안보의 복합적인 성격을 담아내는 방향으로 펼쳐져야 할 것이다.

앞으로 사이버 공간이 세계정치에 미치는 영향이 커지면서 사이버 안보의 국제정치학적 지평은 점점 더 넓어질 것이다. 비유컨대, 사이버 안보의 국제정치학적 지평은 〈국가전략〉과 이 책에서 제시한 1.0 버전을 넘어서 2.0 버전으로 나아갈 것이다. 사실 벌써 이러한 2.0의 양상이 나타나고 있는데, 탈린 매뉴얼 2.0의 출간이나, 포스트-GGE에 대한 논의, 미국의 IANA 권한 이양 이후 포스트-ICANN 체제에 대한 논의 등은 바로 그러한 사례들이다. 이러한 문제의식을 바탕으로 〈국가전략〉의 작업에 참여했던 일부 필자들은 이미 『사이버 안보의 국가전략 2.0』(이하 〈국가전략 2.0〉)에 대한 연구를 시작해서 조만간 선보일 예정으로 진행하고 있다. 이러한 작업에서 〈국가전략 2.0〉이 지향하는 바는 강대국이나 선진국의 전략을 그대로 모방하는 것이 아니라 중견국으로서 한국의 특성을 살리는 경험적 · 이론적 플랫폼의 마련에 있다.

이 책은 크게 세 부로 구성되었다. 제1부 '사이버 안보의 전략'에는 세 개의 논문이 실렸는데, 제1장 "미국의 사이버 안보 정치와 정책: 안보화 이론의 시각(이상지)"은, 2008년 이후 오바마 행정부하에서 다양한 국가안보 문제 중에서 사이버 안보가 가장 우선순위를 차지하게 되는 과정을 코펜하겐 학파의 안보화 이론을 원용하여 살펴보았다. 제1장은 현재 미국 내 안보화 담론의 수사를 정부·군사 담론, 경제·기술 담론, 그리고 시민사회 담론으로 구분하였는데, 안보화의 과정을 둘러싼 정치적 긴장과 갈등은 각 담론이 묘사하는 위협을 대처하는 데 있어 세 가지 논점을 바탕으로 전개되었다고 주장한다. 다시 말해, 연방정부가 주요 사회기반시설 보호에 있어서 어떠한 역할을 할 것인지, 어떤 연방기관이 중점적으로 조정 체계를 마련하고 리더십을 발휘할 것인지, 정보 공유의 확대와 심화는 어떠한 범위로 규정할 것인지 등이 그것이다. 제1장은 이러한 논쟁의 과정에서 이해관계자들의 상당수가 정부와 민간 주도의 양 극단 사이에서 관련 행위자들의 자발적인 협력을 강조하는 접근을 지지했다는 결론을 내린다. 더 나아가 이러한 담론과 정치적 논쟁이 정부 주도의 주요 기반시설 보호조치의 시행과 개입 강화, 네트워크상의 정보보안 역량 개선, 그리고 국토안보부 중심의 범국가적 조정체계의 마련이라는 정책수단으로 구체화되었다고 주장한다.

제2장 "미국의 대테러 전쟁과 거시안보화: 스노든파일 사례를 중심으로(김보라)"는 미국 주도의 지구적 감시 체계가 작동하고 있다는 에드워드 스노든의 폭로가 야기한 파장을 코펜하겐 학파의 거시안보화 이론의 시각에서 분석하였다. 2001년 9·11 테러 이후 부시 정권

이 천명한 '테러와의 전쟁'은 미국 대외정책의 중요한 기조로 작동해 왔다. 비록 오바마 정권의 출범과 함께 '테러와의 전쟁'은 종적을 감추는 듯 했으나 상존하는 거대한 테러 위협 앞에 영역을 막론하고 모든 자원과 제도가 언제든 동원되어야 한다는 위협인식은 수정되지 않았다. 제2장은 스노든의 폭로가 '테러와의 전쟁'을 중심으로 구축되어온 미 정부의 대외 인식에 내재한 모순을 비판적으로 조명한 사건이었다고 평가한다. 다시 말해, 스노든 폭로 사건은 테러와의 전쟁이 조장한 전 지구적 공포와 그로 인한 위협이 실제보다 부풀려진 허상이었으며, 전 세계가 공유하는 것이 아닌 미국의 특수한 이익을 대변하기 위해 전략적으로 이용되었다는 것이다. 결론적으로 부시 정권이 천명한 '테러와의 전쟁'은 거시안보화의 전형적 사례였으며, 이는 안보대상을 국가 차원 이상의 것인 자유민주주의로 설정해 사회 기능 전체를 포괄할 안보 논리를 창출해냄으로써 가능했다고 해석한다.

제3장 "중국의 '인터넷 안전' 정책과 국가의 역할(고은송)"은 중국에서 인터넷 안전 전략을 구축하고, 인터넷 안전에 대한 국민들의 인식을 이끌어내며 발전을 거듭하는 과정에서 관찰되는 국가의 역할에 대해서 논했다. 최근 중국이 사이버 안보의 확보 및 강화를 통한 자국 체제 방어에 대해서 강한 열의를 내비치고 있음은 주지하는 사실이다. 21세기를 맞이하여 국가가 혼자서는 해결할 수 없는 새로운 국제정치 이슈와 안보위협 등이 등장하고 이의 해결을 위해 비국가 행위자들의 개입이 필요해지면서 근대 국민국가의 영향력이 상대적으로 퇴보하였다는 주장이 제기되어 왔다. 그러나 중국에서는 여전히 사이버 안보와 같은 새로운 문제에도 정부가 최전선에 나서 대응하고 있어, 이와 같은 이론적 논의는 중국의 사례에 적용되지 않는 것처럼 보인다는 것이다. 특히 중국의 인터넷 검열은 철저히 국가의 통제하에 이루어지

고 있는바, 인터넷의 발전이 중국 사회에 가져다주는 긍정적 변화는 무시할 수 없으나 중국 정부로서는 해야 할 일이 늘어난 셈이다. 제3장은 이러한 일련의 세계정치 변화에 발맞추어, 새로이 등장한 이슈인 인터넷 안전을 모색하는 중국 국가의 역할을 정부(government), 국가(state), 네이션(nation) 등의 세 가지 개념을 원용하여 논의하였다.

제2부 '사이버 안보의 외교'에는 세 개의 논문이 실렸는데, 제4장 "미국과 유럽연합의 동맹 안보딜레마: 핵안보와 사이버 안보 비교(이진경)"는 핵안보 분야에서 도출된 '동맹안보 딜레마'의 개념을 사이버 안보에 원용하여 나토 내의 동맹인 미국과 유럽연합의 관계를 살펴보았다. 핵안보 시기 미국과 유럽연합이 겪었던 동맹안보 딜레마 현상이 사이버 안보의 시기에서도 크게 다르지 않게 나타날 가능성이 있다는 것이다. 사이버 안보의 영역에서는 나토의 2010년 '신전략구상'을 통해 동맹국들이 나토에서 가장 강력한 행위자인 미국의 사이버 공간의 안보화 시도에 연루되어갈 가능성이 증가되었다. 또한 2013년 스노든 사건으로 증명되는 사이버 공간에서 생성된 데이터 자원에 대한 도청이나 해킹과 같은 방기의 대응으로, 미국과 유럽연합의 데이터 자원 교류에 대한 조약인 세이프하버 원칙은 폐기되고 데이터 보안을 강화한 프라이버시 쉴드가 체결되었다. 동시에 미국 정보기관의 데이터 접근을 제한하는 제도적 장치도 만들었다. 제4장의 주장에 의하면, 핵안보와 사이버 안보같이 파급효과가 큰 자원에 대해서 미국과 유럽연합은 동맹관계이지만 끊임없이 경쟁을 계속하는 '동맹안보 딜레마'의 관계에 놓여 있으며 이러한 관계는 냉전시기로 대변되는 핵안보 시기나 현재의 사이버 안보의 시기에 동일하게 나타난다고 한다.

제5장 "미국의 사이버 안보 국제협력 전략: 아태지역 전략과 미일협력(이종진)"은 미국의 아태 전략이라는 맥락에서 미국의 '사이버 우

산'의 보호대상을 일본 전역까지 연장한 미일 사이버 안보 협력의 의미를 분석했다. 한층 강력해진 미일 사이버 안보 협력 배경에는 일본이 여타 국가에 비해 발전된 사이버 기술 수준을 보유하고 있음에도, 사이버 안보 측면에서 상대적으로 취약한 '비대칭적 상황'이 있다. 따라서 일본은 미국의 '사이버 우산'을 빌려서 악의적 사이버 공격에 대응하는 방안을 모색했다. 또한 미국도 전통적 군사동맹 속에서 사이버 안보 이슈를 복합화하고 이를 확산하는 사이버 안보 전략을 추구하였다. 특히 아태 지역에서 일본과의 사이버 안보 협력을 강화하며, 이 지역에서 일본에게 교두보이자 '린치핀'으로서 사이버 안보 전략에서의 적극적 역할을 요구하였다. 그러나 미국의 적극적 사이버 안보 협력은 전통안보 측면에서도 미일동맹을 강화시켰고 결국 일본의 보통국가화를 위한 발판을 마련해 주었다. 이러한 변화는 중국, 북한 및 러시아에 대한 미국의 견제와 함께 보통국가를 향한 일본의 속내와 맞물리면서 더욱 더 가속화되고 있다. 이는 일본의 우경화에 대한 중국, 북한과 러시아 등의 의혹을 증폭시키면서 지역안보의 불안정성은 높아질 가능성이 있다.

제6장 "중국의 사이버 안보 전략과 외교: 중국의 시각(유신우)"은 중국의 사이버 안보 정책을 미중경쟁과 중국이 펼치는 국제협력 전략의 맥락에서 살펴보았다. 중국의 시각을 원용해서 집필된 제6장의 인식에 의하면, 중국은 사이버 주권을 강조하면서 '자주혁신'을 통해서 민관협력의 실현을 목표로 '중앙 인터넷 안전 정보화 영도소조'를 중심으로 하는 사이버 안보 추진체제를 만들었으며, 그 연속선상에서 2016년 7월 〈인터넷안전법〉을 통과시키는 행보를 보이고 있다고 한다. 미중 양국은 사이버 공간에서 서로 다른 인식을 갖고 있기 때문에 양국 간에는 지속적으로 갈등과 경쟁이 존재하고 있다. 미국은 중국이

사이버 공간에서 공격적이거나 억지전략을 취하고 있다고 지적하는 반면에, 중국은 자신들이 방어적인 대책을 우선시하고 있다고 주장한다. 그렇지만 양국은 서로 다른 규범을 추구하고 있음에도 공존할 공간이 없지 않다는 것이 제6장의 주장이다. 중국은 중국 내에서 기술개발과 인재양성에 집중함으로써 미국과 공정한 경쟁을 벌이도록 노력하고 있을 뿐만 아니라, 양국은 글로벌 차원에서 발생하는 사이버 범죄와 테러에 대처하기 위해 대화와 협력을 시도하고 있다는 것이다. 다시 말해 중국은 향후 미국과 '역적역우(亦敵亦友)'적인 '신형 강대국 관계'를 모색할 것이라고 주장한다.

제3부 "사이버 안보의 규범"에는 세 편의 논문이 실렸는데, 제7장 "핵과 사이버 안보레짐에서 미국과 러시아의 역할(도호정)"은 냉전기 미국과 소련 간의 핵안보 레짐형성의 사례를 바탕으로 최근 사이버 안보 분야에서 모색되는 국제레짐의 한계에 대해서 살펴보았다. 이를 위해서 제7장이 주목한 것은 핵안보와 사이버 안보의 질적 차이이다. 핵안보의 사례와는 달리 사이버 공간에서는 국가 행위자뿐만 아니라 비국가 행위자들의 활동이 활발하게 이루어지고 있다. 또한 핵무기와 달리 사이버 공격은 상대적으로 비용이 저렴하며, 전문적인 지식이 없더라도 상대방에게 큰 타격을 입힐 수 있기 때문에 국가 간 공격도 발생하지만, 비국가 행위자가 국가를 공격하기도 한다. 특히나 사이버 공간에서는 공격자의 신원이 불분명하기 때문에, 미국과 러시아는 핵무기와 달리 사이버 공격이 자국에게만 상당한 피해를 불러일으킨다는 사실을 서로 인지하기가 어렵다. 즉, 사이버 공간의 기술적 특성과 미국과 러시아의 상이한 안보이익은 사이버 공간에서 강대국의 협력을 이끌어내려는 유엔 정부전문가그룹(GGE)의 노력의 한계를 보여준다. 그럼에도 제7장은 미국과 러시아와 같은 강대국의 협력이 이 분야의

안보레짐 형성에서 중요한 변수로 작용할 것이라고 인정한다.

제8장 "사이버 공격의 개념적 적용과 함의: 탈린 매뉴얼을 중심으로(정하연)"는 탈린 매뉴얼에서 제기된, 사이버전에의 국제법 적용에 대한 논의를 바탕으로 국가 간 갈등이 사이버 공간으로 표출된 사례들에 어떻게 적용될 수 있는지, 그리고 그러한 사건에 대해 어떠한 적절한 대응이 있을 수 있는지에 대해 탐구하였다. 아울러 탈린 매뉴얼에서 제기된 논의의 장점과 한계, 그리고 그 국제정치적 함의도 살펴보았다. 제8장은 단순히 개인이나 집단의 차원에서 발발하는 사이버 범죄 행위가 아니라, 기존에 국가 간 갈등이 있던 상황에서 혹은 적대관계에 놓인 행위자들 사이에 발생한 대표적인 사건을 분석하기 위해서, 탈린 매뉴얼의 주요 규칙과 주석들을 바탕으로 하여 공격의 행위자, 성격, 대상을 중심으로 한 분석틀을 마련하였다. 이를 바탕으로 에스토니아, 조지아, 이란에 가해진 사이버 공격의 사례에 대해 탈린 매뉴얼을 적용하여 분석하였다. 이를 통해 향후 사이버 공간에서 표출되는 국가 간 갈등 문제에 대해 접근 및 해석할 수 있는 기준을 고찰하고 기존의 탈린 매뉴얼의 유용성과 한계를 짚어보았다.

제9장 "유럽 정보 네트워크와 사이버 안보: EU INTCEN과 ENISA의 사례(황예은)"는 유럽연합의 사이버 안보 전략과 안보 위협 관련 정보 네트워크 간 연결 지점을 살펴봄으로써, 유럽의 지역차원에서 형성되고 있는 사이버 협력 거버넌스 모델을 살펴보았다. 사이버 안보를 포함한 신흥안보 분야에서는 다양한 이해당사자들 간에 존재하는 위계적 질서와 수평적 관계를 아울러 적절히 관리할 수 있는 메타 거버넌스 체제가 요구된다. 유럽연합의 사이버 정책의 발전 과정은 일국 차원에서 수립되는 정보 및 사이버 안보 대응책과 지역적 메커니즘이 때때로 상충하면서도, 다른 한편으로는 상호보완적으로 발전하는

구도를 보여주었다. 여기에 관여하는 다양한 행위자 중에서 안보 이슈 관련 정보 수집 및 공유를 담당하는 유럽연합 정보분석센터(EU INT-CEN)와 네트워크 및 정보 보안 유지와 관련된 활동을 주도하는 유럽 네트워크정보보호청(ENISA)은 유럽 내 사이버 안보를 위한 협력 강화에서 중요한 역할을 하였다. 제9장은 두 기관의 성격과 활동에 대한 분석을 통해 사이버 안보 이슈를 관리하기 위해 요구되는 지역적 차원의 접근법을 검토하였다.

이 책이 나오기까지 많은 분들의 도움을 얻었다. 특히 이 책의 작업에 공동저자로 참여한 서울대학교 정치외교학부(외교학 전공) 대학원과 이화여자대학교 정치외교학과 대학원의 아홉 명 학생들의 노고를 치하하고 싶다. 2016년 1학기와 여름방학 기간에 걸쳐서 연구주제들을 구상하고 이를 발전시켜서 2016년 12월 초 한국국제정치학회 연례대회에서 대학원생 패널을 구성하여 초고를 발표하고 이후 집중세미나를 통해서 수정작업을 반복하면서 글들을 다듬어 가는 동안, 이들 학생들의 젊은 학구욕이 없었다면 이 책을 끝까지 마무리하기는 힘들었을 것이다. 학생들의 초고를 평균 예닐곱 번이나 읽으면서도 지치지 않았던 것은 아마도 코멘트를 기다리는 학생들의 기대감 때문이었던 것 같다. 이러한 과정에서 공동편집자로 학생들의 논문들을 지도해 주신 민병원 교수님에 대한 감사의 마음도 빼놓을 수 없다.

이 책의 작업은 한국연구재단의 한국사회기반연구사업(Social Science Korea, 일명 SSK)의 지원을 받아 2016년 9월에 시작된 대형연구센터 프로젝트인, '신흥권력의 부상과 중견국 미래전략'의 학문후속세대 네트워킹 사업의 일환으로 진행되었다. 이전에도 여러 번 이러한 네트워킹 사업을 진행했지만, 이 책이 지닌 특별한 의미는 지난 수

년 동안 서울대학교 학생들만으로 시도했던 지적 탐구의 외연을 확장하여 이화여자대학교 학생들과 공동작품을 내놓게 되었다는 데 있다. 이 책의 모태가 된 대학원생 세미나와 병행하여 진행된 '사이버 안보의 세계정치 공부모임(일명 사세공)'에 참여하셨던 선생님들께도 감사의 마음을 전한다. 여러 차례의 세미나 준비와 이 책의 교정 작업을 총괄해 준 이종진 군의 헌신에도 감사한다. 끝으로 학생들이 벌이는 지적 도전의 취지를 알아주시고 흔쾌히 출판을 맡아 주신 사회평론아카데미의 관계자들께도 감사의 말씀을 전한다.

2017년 6월 1일
에스토니아 탈린에서
김상배

차례

제2부 사이버 안보의 외교

제3부 사이버 안보의 규범

제1부

사이버 안보의 전략

제1장

미국의 사이버 안보 정치와 정책: 안보화 이론의 시각

이상지

I. 서론

버락 오바마 전 미국 대통령의 임기를 돌아보면서, 대다수의 미국인들은 오바마 행정부가 지난 8년간 그 성과에 대한 평가는 차치하더라도 미국의 사이버 안보를 증진시키기 위해 상당한 노력을 기울였다는 점에 대해서 인정하고 있다. 오바마 대통령의 첫 번째 임기 발족과 함께 발표된 『사이버 공간 정책 재검토 보고서』(*Cyberspace Policy Review*)에서, 오바마 대통령은 사이버 위협이 "21세기에 국가 차원에서 대응해야 할 가장 심각한 경제적·안보적 도전과제를 제기"(Cyberspace Policy Review 2009)한다는 주장을 했으며, 당시 상황에 대한 평가에 따라 적절한 대책을 수립하고자 하였다. 2009년 6월, 오바마 대통령은 국방부 산하에 미국 사이버 사령부(USCYBERCOM)를 출범시킴으로써 사이버 공간을 영토, 영해, 영공, 그리고 우주공간과 동등한 '다섯 번째' 군사공간으로 규정하였다. 또한, 오바마 행정부는 조지 W. 부시 대통령 재임 중 시행된 국가 사이버 안보 종합계획(CNCI, Comprehensive National Cybersecurity Initiative)을 발전시켜 미국 국민들에게 공개함으로써, 디지털 영역에서 제기되고 있는 다양한 위험에 대해 국민적 관심을 집중시켰다.

그 이후로 미국의 사이버 안보 수준은 놀라울 정도로 진보해 왔으며, 사이버 사령부는 지속적인 재정 지원을 받아 향후 5년간 10억 달러에 달하는 예산을 배정받았다. 2015년 기준, 미연방정부는 500억 달러 이상의 예산을 미분류된(unclassified) 사이버 활동에 투입했다. 더욱이 2016년에 오바마 대통령은 889억 달러에 달하는 미연방정부의 IT예산의 일부로서, 전 부처를 통틀어 사이버 안보 분야에 투입하는 예산을 190억 달러 인상시키는 내용을 골자로 한 "사이버 안보 국가 행동 계획(Cybersecurity National Action Plan)"을 발표한 바 있다. 이와 같은 2017년도의 사이버 안보 예산안은 전년도 동일 의제에 대한 의회 승인 할당 예산 대비 35% 이상 급격히 증가된 금액이다. 그뿐만 아니라 오바마 행정부는 미군 내 각 분과에 국가 차원의 사이버 사령부와는 별개로 자체적인 사이버 안보 관련 조직을 개설하였다. 이 조직은 사이버 공간을 둘러싼 여건을 파악하고 정책을 구상하여 사이버 안보를 증진시키는 것을 목적으로 하며, 러시아, 북한, 중국과 이란 같은 적대적인 국가들을 포함하여 사이버 위협을 가하는 상대에 대한 제재를 취하였다.

이러한 정책수단들을 기반으로 전통적으로는 컴퓨터 공학을 비롯한 과학기술영역의 문제로 취급되었던 디지털 전자정보기술과 네트워크의 보안이나 안전의 문제가 이제는 "사이버 안보"로서 국가안보의 영역으로 편입되었다. 이러한 경향은 최근 정부 관료나 기업 총수, 군 간부 및 각종 비정부영역 조직의 지도부에서 사용하는 표현들을 살펴보면 더욱 잘 드러난다. 국가안보와 정치영역의 행위자들이 미친 영향에 근거하여, 개개의 컴퓨터 보안이라는 개별적인 개념과 접근방식을 넘어서서 집단적이고 제도적인 시스템 차원에서 사이버 공간의 문제들을 다루려는 움직임이 본격화되고 있다(Nissenbaum 2005).

미국에서 전개되고 있는 최근의 논의들을 살펴보면, 이 분야에 핵심적으로 관여하는 사회 내 부문들이 제시한 세 가지 차원의 특징들을 바탕으로 사이버 안보가 개념화되고 있다. 사이버 안보와 관련된 담론을 주도하고 있는 주요 부문들은 정부와 군을 포함한 정책공동체와 경제적 이익을 중시하는 기업 집단, 그리고 시민사회로 대별할 수 있다. 이들이 제시하고 있는 사이버 안보에 대한 논의는 정부 기관들, 기술

전문가와 관련기관, 기업, 정책전문가, 학계전문가, 일반대중, 언론 등을 포함한 주요 행위자들의 관심과 지지에 힘입어 팽팽하게 맞서고 있다. 물론 구체적인 사안별로 세 부문의 주장이 완전히 대립적이고 양립 불가능한 것은 아니지만, 각 부문에서 제시되는 개념이나 논의는 사이버 안보에 대한 서로 다른 이슈와 우선순위, 관점에 강조점을 두고 있다. 이러한 세 담론 간의 긴장은 정책집행에 실질적으로 반영되고 있으며, 미국 내 사이버 안보와 관련된 제도의 형성과 발전과정에서 세 관점의 대립을 분명히 발견할 수 있을 정도로 첨예하게 제기되고 있다.

전반적으로, 이러한 담론들로 인해 오늘날 미국 사회에서 '사이버(cyber)'는 일상생활 속에서 흔히 등장하는 단어가 되었으며, 사이버 안보와 관련된 수사는 점점 증대하고 있다. "사이버 진주만 기습"이나 "사이버 9·11"과 같은 어구는 이제 상당히 진부한 표현이 되었을 만큼 사이버 안보는 미국 사회에서 더 이상 낯설지 않은 문제로 대두되었다. 그러나 이러한 표현들이 만연하고 익숙해진 것에 비해서, 미국인들이 경험하고 있는 실제 세계에서는 사이버 공간에서의 파국적인 공격으로 인한 실질적인 피해가 아직은 발생하지 않았다. 그럼에도 불구하고 사이버 안보는 테러리즘을 대체하여 미국의 국가안보에 가장 큰 위협으로 부상하고 있다. 그렇다면 실제로 사이버 공간에서 발생하는 각종 사건이나 공격들이 현저하게 또는 실질적으로 국가안보를 위협한다는 구체적인 증거가 뒷받침되지 않은 상황에서 어떻게 사이버 안보가 가장 우선순위를 차지하게 되었는지에 관해서 의문을 제기할 수밖에 없다.

안보화(securitization) 개념은 전통적인 현실주의의 관점에서 이해하는 안보를 새롭게 살펴볼 수 있게 한다. 즉, 현실주의는 안보를 객관적으로 존재하는 조건에 의해서 규정하는 반면 안보화 이론의 관점에서는 간주관적으로 구성되는 안보의 개념을 포착하는 것이 중요하다. 사이버 안보를 다룬 기존 연구들 가운데 헬렌 니센바움(Helen Nissenbaum)은 이와 같은 안보화 이론을 바탕으로 컴퓨터 보안과 사이버 안보의 개념을 구별하는데, 특히 이 개념들이 토대로 하고 있는 가치들을 중심으로 비교한다. 먼저 "기술적 컴퓨터 보안"은 컴퓨터 공학에서 다루는 개별 시스템과 네트워크에 초점을 맞춘 개념으로, 공공 커뮤니케이션, 공동체, 정치조직, 각종 단체, 정보와 예술창작물의 생산과 유통 등에 기여하는 네트워크로 연결된 정보통신 인프라를 보호하고 유지하는 가치를 토대로 한다(Nissenbaum 2005). 이에 비해 "사이버 안보"는 국가안보의 영역에서 정치적 행위자들의 영향을 받으며, 외부의 위협에 대해 일상적이지 않은 대응을 해야 하는 안보의 가치가 기반이 된다. 본 연구는 사회와 정치, 기술영역의 의사결정과정에 있어서, 이 두 가지의 개념이 본질적으로 내포하고 있는 긴장관계가 무엇에서 기원하는지, 또 어떠한 함의를 지니는지에 대해서 고찰해 보고자 한다.

한센과 니센바움의 연구는 위에서 제시된 기술적 컴퓨터 보안과 사이버 안보 가운데 후자가 어떻게 개념화되었는지를 다루고 있다. 이 연구에서는 코펜하겐학파의 안보화 이론을 사이버 공간에 비판적으로 차용하면서, 사이버 안보는 "정치적, 경제적, 범죄적, 또는 '순수하게' 기술적" 문제가 아니라 안보의 문제라는 점을 강조한다(Hansen & Nissenbaum 2009). 이러한 관점이 근거로 하는 이론적 틀은 안보를 전면에 내세워 "발화"함으로써 사이버 공간에서 나타나는 문제를 안보화시키는 복수의 담론들이 상호작용하면서 드러나는 정치적이고 규범적인 함의를 밝혀내는 데 있다. 한센과 니센바움은 에스토니아에 대한

"첫 번째 사이버전"을 사례로 분석하면서 특정한 대상이 어떻게 사이버 위협을 받는 것으로 여겨지는지를 세 가지 유형의 안보화 담론으로 구분해서 분석하였다.

이상에서 검토한 기존 연구들이 다루고 있는 바와 같이, 본고에서도 미국 내에서 사이버 위협을 구성하는 안보화 담론의 특성을 포착해내고자 한다. 뿐만 아니라 미국 사회에서 나타나는 안보화 담론이 단순히 하나의 일관된 형태가 아니라 복수의 층위를 이루고 있다는 점에 착안하여, 각각의 안보화 담론들이 형성하는 상호작용과 긴장관계를 밝혀내고, 이것이 현실을 재구성하는 데 어떠한 함의와 영향력을 가지는지를 살펴볼 것이다.

사이버 안보 및 그에 대한 위협과 관련하여 미국 정부, 군, 민간영역과 시민사회에서 현저하게 등장하고 있는 담론들을 세 가지로 정밀하게 분류하기 위하여, 본 연구에서는 코펜하겐학파에서 처음으로 제시한 안보화에 대한 구성주의적 이론을 차용한다. 안보화 이론은 기존의 현실주의적 안보 연구에서의 관점을 대체하는 새로운 접근방식을 제공한다. 즉, 객관적으로 존재하는 조건에서 안보의 실체를 파악하려는 것이 아니라 안보 역시 간주관적으로 구성된다는 것이다.

코펜하겐학파의 관점을 차용하면, 기본적으로는 '화행'을 통해 구성되는 안보의 측면, 즉 역사적으로 민족이나 국가에 있어 물리적 또는 관념적으로 생존에 위협을 가하는 대상들로부터의 긴급한 보호를 촉구하는 방식으로 구성되는 안보(Buzan, Waever, & Wilde 1998; Waever 1995; Waever, Buzan, Kelstrup, & Lemaitre 1993)를 구체적으로 밝히는 것에서 출발한다. 그러면서 안보화 이론만으로는 간과할 수 있는 측면에 대해서는 정책과정에 영향을 미치는 행위자들의 이익과 관념, 그리고 관련 제도를 포함하는 분석틀을 함께 원용함으로써 보완할 것이다(Hall 1997; Lavis et al. 2002; Pomey et al. 2010). 즉, 안보화를 주도하는 행위자들의 관념, 이해관계자들의 이익, 그리고 경쟁하는 관념과 이익들의 결과로서 형성되는 제도적 변화는 오바마 행정부에서 "발화된" 국가안보의 최우선순위로서의 사이버 안보가 어떻게 안보화되는지를 분석하는 본 연구의 하위 분석 틀의 핵심이다.

따라서 본 연구는 앞서 제시한 미국 사회 내 사이버 안보와 관련된 세 가지 상이한 담론을 분석함으로써 어떻게 사이버 안보가 미국의 국가안보에 있어 가장 중요한 문제로 대두되었는지를 밝히고자 한다. 서로 다른 관점들이 사이버 안보를 둘러싼 정치적 논쟁을 어떻게 담아내고 있는지, 또한 이러한 담론의 상호작용 속에서 실제 정책과 제도는 어떻게 형성되었는지를 밝힘으로써 사이버 안보가 부상한 미국 사회 내 맥락을 구체적으로 그려내고자 한다. 이러한 문제의식을 바탕으로, 우선 2절에서 사이버 안보의 안보화에 관여하는 다양한 행위자들의 관념에 대해서 밝힌다. 특히 안보화 담론에서 각 행위자들이 서로 다른 차원의 사이버 위협을 구성하는지에 초점을 맞추어 크게 세 가지 담론으로 분류하고자 한다. 3절에서는 정치적 논쟁 과정에서 드러나는 상충되는 이익을 다루면서, 주요 이해관계자들이 사이버 안보와 관련된 입법과정에서 발생하는 핵심적인 논란에 대해 어떻게 서로 충돌하고 협력하는지의 동학을 밝힌다. 이러한 관념과 이익의 분석을 기반으로, 4절에서는 이러한 정치적 논쟁 과정 이후에 어떠한 제도적 발전이 있었는지를 평가함으로써 실제 미국에서 사이버 안보가 어떻게 '안보화'되었는지를 구체적으로 밝힐 것이다.

II. 안보화 담론의 분석

니센바움(2005)은 "컴퓨터 보안에 대한 서로 다른 개념들로 인해 실천적 노력이 다양해지고, 향후 정치적·기술적 의사결정에서 긴장이 발생하게 될 것"이라는 주장을 펼치면서, 서로 다른 안보 개념과 대응방식의 이면에서 이들의 중요한 차이를 유발하는 요인들에 주목한다. 이하의 서술에서는 세 담론에 어떠한 차이가 있는지에 대해서 분석할 것이다. 즉, 각 담론들이 공통적으로 사이버 공간과 그와 연동된 미국의 자산들을 보호하려는 궁극적인 목적을 가지고 있기는 하지만 어떤 위협으로부터 어떻게 보호할 것인지에 대해서는 서로 다른 입장을 나타내는 국면을 포착해낸다. 이와 같이 미국 사회 내 중요한 세 부문의 상이한 안보화 담론을 우선적으로 검토함으로써 각각의 담론과 논리에 기초하여 사이버 안보와 관련된 주요 행위자들이 취하고 있는 실천적 대응을 논리적으로 분석하는 일종의 지표를 제공하고자 한다.

1. 정부·군사 담론

미국 정부와 군이 주도하는 안보화 담론은 우선적으로 사이버 안보에 대한 위협을 국가 전체의 안보에 대한 문제로 강조한다. 이 담론에서는 위협의 유형을 군 영역과 정부 활동을 보조하거나 핵심적인 인프라를 관리하는 민간 기업들을 포함한 미국 정부의 시스템과 네트워크를 표적으로 하는 제 활동으로 규정한다. 이와 같이 군사화된 안보화 담론의 발화자는 군 지도부에 한정되지 않고 국가안보와 관련된 업무를 수행하는 정부기관이나 정보기관 관계자들까지 포함된다. 또한 이들이 가장 중요하게 여기는 청중은 의회의 정책결정자들과 일반 대중의 의식을 고취시킬 수 있는 언론이다.

이 발화집단이 우선적으로 언급하는 대상은 "국가안보"이며, "국가"라는 집합적 대상과 사이버상의 각종 문제들과 위협을 직접 연결시킴으로써 정치적 중요성을 획득한다. 이하에서 살펴볼 안보화 수사에서도 알 수 있듯이, "국가안보"는 국가의 기간시설과 핵심 인프라를 보호하는 것으로 인식되거나 국가의 통신, 교통, 물류, 핵 발전소를 포함한 각종 발전시설, 석유 및 가스 파이프라인, 상하수도, 금융 네트워크 등 상호 연계된 정보시스템이나 온라인 네트워크의 보호와 불가분의 관계로 여겨진다(Cyberspace Policy Review 2009). 위에서 언급된 인프라들은 국가를 지탱하는 가장 기본적인 중추를 구성하고 있으므로, 대부분의 군사적인 국가안보 중심의 담론에서는 이러한 핵심 기간시설을 보호해내는 것에 우선순위를 둔다. 다시 말해, 미국의 사이버 안보화 과정에서 핵심적인 담론들 중 본고에서 첫 번째로 다루는 군사적 담론은 범국가적으로 미국 사회가 핵심적인 인프라들에 의존적이라는 점을 강조하면서, 이 때문에 사이버 위협은 국가적인 차원에서 다루어야 할 중요한 문제라는 관점을 제기한다.

사이버 진주만 기습이나 사이버 카트리나, 사이버 9·11 또는 사이버 체르노빌과 같이 주로 불안을 조장할 수 있는 수사를 사용하면서, 재앙적인 시나리오를 가정하는 이 집단의 담론은 청중들의 상상력과 두려움에 호소하는 경향이 크다. 이러한 형태의 담론은 심각한 수준의 위협과 다차원적인 재난 시나리오로 구성되는 극단적이고 과장된 표현들을 통해 과잉안보화로 이어지게 된다(Hansen & Nissenbaum 2009). 결국 물리적인 실체로서 국가의 주요 기반시설들이 높은 수준의 위협에 직면하게 되어 예상할 수 없는 정도로 국가 전체가 혼란과 재앙에 빠질 수 있을 만큼 위험한 존재로서 사이버 위협을 규정짓는다.

대표적인 사례로서 전 미국 국방장관인 리온 파네타(Leon Panetta)의 발언을 살펴보면, "극단적인 집단에 의해 이루어진 사이버 공격은 9·11에 필적할 만큼 파괴적일 수 있으며, 사실상 국가를 마비시킬 수 있는 수준에 이를 수 있다"(Secretary Panetta's Speech About Cybersecurity 2012)라고 지적한 부분을 발견할 수 있다. 이는 사이버 공격을 미국 본토에 대해서 가장 파괴적이었던 테러 공격과 일치시켜 사이버 위협의 심각성을 강조하는 대목이다. 또한 파네타 전 장관은 사이버 공간에서의 안보 불안이 단순히 개인을 공격대상으로 하는 이메일 해킹이나 디도스(DDoS, Distributed Denial of Service, 분산서비스거부)로 다소 성가신 일을 처리해야 하는 것 이상의 의미를 지닌다고 강조한다. 즉, 사이버 위협의 실체는 국가 전체를 위기에 빠뜨릴 수 있으며, 미국에 대한 대규모 테러리스트의 공격처럼 파괴적인 결과를 초래할 수 있다는 것이다.

더 나아가, CSIS의 한 보고서는 전방위적으로 점증하는 복합적 위협에 대응하기 위해서는 보다 잘 조정된 접근방식이 긴급하게 요구된다는 주장을 제기한다.

"[사이버 안보는] 더 이상 정보기술 담당부처나 정보 관련 책임자들에게만 맡겨둘 만한 문제가 아니며, 미국 본토의 안보와 대테러 대응책에도 중요한 문제로 대두될 수밖에 없다. 또한 국가안보의 문제를 사적 영역이나 시장에만 맡겨놓는 것은 너무나도 부적절하며 […] 이는 대량살상무기나 글로벌 지하드에 필적할 만한 전략적 이슈이다" (Securing Cyberspace for the 44th Presidency 2008).

이러한 안보화 담론은 두 가지 핵심적인 요소를 바탕으로 사이버 위협이 국가안보에 중대한 영향을 끼칠 수 있다고 강조한다. 사이버 위협이 가지는 네트워크적 속성과 '실제'세계가 빠른 속도로 사이버 공간상에서 연결되고 있다는 점이 바로 그 두 가지이다. 바꿔 말하자면, 사이버 공간에서의 안보 불안은 단순히 디지털 가상공간에서 그치는 것이 아니라 주요 사회기반시설의 파괴라는 형태로 물리적 세계로 얼마든지 드러날 수 있으며, 연결된 네트워크 망을 따라 한 부분에서의 공격이 다른 영역으로 쉽게 확산될 수 있다는 것이다. 결국 이 담론은 국가적 차원의 사회기반시설이 사이버 공격에 노출되는 경우, 환경이나 건강 등 사이버 공간과는 다소 거리가 있어 보이는 부문이라고 할지라도 위협으로부터 완전히 차단되어 보호되는 분야는 거의 없다고 본다.

미국 내 사회기반시설의 취약성에 대해서 언급하는 안보화 수사들은 언론 매체에 흔히 등장하는 정치지도자들에게 공통적으로 나타난다. 오바마 대통령이 월스트리트 기고문에서 등장하는 묘사들은 대표적인 사례이다.

"[…]정수시스템의 마비로 깨끗한 물이 제대로 공급되지 못하거나 병원이 제 기능을 상실하는 경우 공중보건의 비상사태가 야기될 수밖에 없습니다. 뿐만 아니라 과거의 정전 사태에서도 알 수 있듯이, 발전시스템의 비정상화로 전기공급이 중단되면 기업 거래는 물론이거니와 도시나 지역 전체가 완전히 멈춰버릴 수도 있습니다(Obama 2012).

이와 같이 사이버 공격이 물리적인 영역에까지 확산되는 효과를 강조함으로써 청중들로 하여금 쉽게 상상하기 어려운 가상의 시나리오들을 실감할 수 있게 표현할 수 있다.

또한 사회기반시설에 대한 위협을 중심으로 형성된 담론은 사이버 공격 자체에 대한 위협인식 제고를 넘어서는 방향으로 전개되고 있다. 사이버 안보를 "대량살상무기와 대등한 수준의 전략적 문제"로 선언함으로써(Securing Cyberspace for the 44th Presidency 2008), 사이버 공간에서의 총력전이 발생할 가능성을 강조함으로써 불안감을 조성하는 효과를 발휘한다. 이러한 수사들은 적대적인 국가에서도 사이버 전을 준비하고 있거나 전쟁에 준하는 사이버 공격수단들을 확보하고 있다는 주장을 바탕으로 외부의 적을 상정하는 수준에까지 안보화가 이루어지도록 유도한다. 미국 연방수사국(FBI, the Federal Bureau of Intelligence)은 "'스마트 전력망(smart power grid)'이 미국에 '적대적인 세력들'이 벌이는 사이버 공격에 의해 광범위하게 침탈당했다"라고 주장한 바 있으며, 미국 정보당국도 "러시아와 중국으로부터 이루어진 사이버 공격에 의해서 전력망이 침투당했으며, 운영체계의 상당한 부분을 파괴시킬 수 있는 악성코드를 활성화시키는 방법으로 공격이 이루어졌다"(Hearing Before the Subcomm. on Emerging Threats 2009)라고 덧붙였다. 사이버 공간에서 이루어지는 각종 사건들이 국제적인 총력전을 촉발하는 요인이 될 수 있으며, 이로 인해 국가 기반시설의 파괴범위와 수준이 더욱 증폭될 수 있다는 논리 전개로 사이버 위협은 재래전에서의 군사작전보다 몇 배로 더 강력한 안보 불안요소로 지목된다.

다양한 사이버 이슈들을 분석하고 관련 정책을 개발하기 위해 설립된 랜드연구소(RAND)의 연구조직 역시 위와 같은 사이버전 담론을 생산하는 데 기여하고 있다. 미중경제안보검토위원회에서 리비키(Martin Libicki) 연구소 대표는 미국과 중국 간에 발생할 수 있는 사이버 전쟁의 세밀한 시나리오를 발표한 바 있다. 해당 시나리오 중 일부를 살펴보면 아래와 같다.

"대만이 계속해서 독립을 향한 발걸음을 멈추지 않자, 중국은 [···] 미국이 대만의 방어를 위해 개입할 것을 예상하게 될 것입니다.

[…] 따라서 중국이 미국의 전력망에 대해서 광범위한 사이버 공격을 전개하게 되어 중서부가 암흑에 갇히게 된다면 어떻게 될 지를 생각해 보십시오. 중국이 행한 사이버 공격의 메시지는 뚜렷합니다. 미국의 개입으로 인해 발생할 비용은 중국에만 발생하는 것이 아니라는 것입니다. 미국의 시민들도 직접적으로 고통 받게 될 것이니, 우리(미국)에게 개입하지 말고 가만히 있으라는 것입니다"(Libicki 2011).

종합해서 살펴보면, 이 담론의 핵심은 사이버 위협이 단순히 가상공간에서만 그치는 것이 아니라 현실세계에서의 물리적인 안녕과 국가의 생존까지도 직접적으로 위협이 될 수 있다는 것이다. 이는 특히 미국 내의 주요 사회기반시설들이 상호 연결된 네트워크를 통해서 운용되고 있다는 사실에 의해 상당한 설득력을 가진다. 궁극적으로 이 담론은 미국의 사이버 안보 전략에 있어서 가장 최우선 순위를 국가의 기반시설들을 보호하는 것으로 규정한다.

2. 경제 · 기술 담론

군사적 담론과는 대조적으로 안보화 담론의 두 번째 층위는 비군사적인 속성과 상업, 금융자산, 지적재산 등 경제 영역에서의 사이버 위협을 우선적으로 고려하는 특징을 지닌다. 이러한 두 번째 행위자 집단은 사이버 진주만 기습과 유사한 형태의 대규모 폭력사태를 중심으로 사이버 위협의 프레임을 구성하는 것이 아니라 구체적이고 은밀하게 이루어지는 경제적 위협의 속성을 밝혀내고자 한다. 이러한 종류의 사이버 사건 · 사고들은 겉으로 드러나지는 않지만 지속적으로 증가하고 있는 추세이며, 결국 대형사건 하나로 인해서가 아니라 국가 전체가 난도질 당하듯이 작은 사건들의 축적으로 깊은 내상을 입을 수 있다는 지적이다.

정부 · 군사담론과 근본적으로 다르기는 하지만, 경제적 안보화 담론 역시 국가의 사회기반시설 보호를 중요한 논점으로 강조한다는 점에서 유사한 측면이 있다. 그렇지만 자세히 살펴보면 구체적인 강조점은 상이함이 드러난다. 즉, 정부 · 군사담론이 주요 인프라에 대한 물리적인 보호를 '국가안보'의 측면에서 강조하는 것에 비해 경제 · 기술담론에서는 주요 인프라를 금융서비스 부문과 각종 불안정성에 따른 경제적 · 기술적인 추가적 비용에 대한 우려와 연계시킨다. 따라서 이 담론에서 주된 발화대상은 "정보 네트워크 보안"인데, 이는 집합적 대상으로서 "(국가)경제"와 연결되면서 정치적 중요성을 확보한다.

경제 중심적 담론에서 강조하는 사이버 위협은 사기업들이나 정부, 개인들이 기밀로 유지하고 있는 지적재산을 확보하거나 이를 이용해 경제적 이익을 획득하려는 목적에서 이루어지는 행위들이 중심이 된다. 뿐만 아니라 이 담론에서는 국가경제의 근간을 이루고 있는 은행시스템, 보험업계, 신용 · 금융 관련 기관들의 네트워크나 인프라에 대한 직접적인 공격도 포함시켜 위협요인으로 고려하고 있다. 이러한 담론을 주도하는 집단은 주로 사이버 공격이나 위협으로 입게 될 경제적 손실을 우려하는 산업계 인사들이나 사이버 안보 전문가들로 구성된다. 또한 이들의 목소리는 대통령을 포함하여 사이버 위협으로 인해 발생하는 경제적 피해가 군사적인 측면보다 훨씬 더 실질적이고 긴급하다는 입장의 정계나 군 지도부 고위직 인사들의 발화와도 긴밀하게 연결된다. 경제 담론의 청중은 행정부의 통제하에 있는 군이 아니라 이해관계를 지닌 기업들이 사이버 안보 이슈를 다루어야 한다고 생각하는 정치인 공동체와 정부 및 군 관계자들을 포괄한다.

오바마 대통령의 임기가 시작되기 직전에 CSIS에 설립되어 44대

대통령의 임기 동안 정책개발을 담당하게 된 사이버 안보위원회(the Commission of Cybersecurity for the 44th Presidency)는 "다른 어떠한 위협들과 비교하더라도 사이버 도전과제들은 미국 사회 내의 일상적인 경제적 건전성과 국가안보에 실질적으로 더 많은 손상을 입히는 존재"라고 지적하였다(Securing Cyberspace for the 44th Presidency 2008). 오바마 전 대통령이 "은행 업무에서 핵심적인 시스템이 사이버 공격에 노출되면 심각하게는 금융위가 초래될 수도 있다"(Obama 2012)라고 언급하기도 한 것처럼 일각에서는 핵심적인 인프라를 훼손하거나 마비시키는 직접적인 공격을 강조한다. 다른 일각에서는 정보시스템에 대한 공격이나 취약점 노출을 우려하기도 한다 예를 들어, 미 의회 정보위원회 의장인 마이크 로저스(Mike Rogers) 역시 다음과 같은 언급을 한 바 있다.

"최근 몇 년간, 중국과 같은 국가들은 엄청난 지적 재산을 훔쳐왔으며 [···] 그 양은 미 의회 도서관이 소장하고 있는 인쇄본 자료의 50배에 달합니다. [···] 중국과 같은 국가들이 매일 도둑질하고 있는 우리의 아이디어와 혁신이 없이는 미국을 위대한 나라로 더 이상 발전시킬 수 없게 됩니다. 그들은 아주 느리지만 조용하게 침투하여 재빨리 미국의 가치와 자산들을 훔쳐 가고 있습니다"(Chairman Mike Rogers Statement 2012).

군 지도자들 역시 위와 같이 미국 내 네트워크에서 발생하는 정보유출의 양과 빈도에 초점을 맞춘 안보화 담론을 생산하는 데 일조하고 있다. 미 의회에서 국방부 차관인 윌리엄 린 3세(William Lynn III)는 "미국 군사 및 민간 네트워크는 하루에도 수천 번씩 캐내어지고 수없이 탐색 당하고" 있다고 증언하였다(Lynn 2010). 특히 미국 밖의 행위자들이 네트워크에 침투하는 경우에 대해서는 미국 항공우주국 전 국장이자 미국 사이버 사령부의 키이스 알렉산더(Keith Alexander) 장군이 "중국인이나 러시아인 해커가 개입하는 종류의 사건들을 포함하여 산업스파이 활동은 역사상 가장 큰 규모의 부의 재편"이라고 주장하기도 하였다(Phillip 2014).

학계나 산업계에서는 사이버 위협이 가져다 줄 수 있는 경제적 악영향에 대해서 강조한다. 브루킹스 연구소(Brookings Institution)의 21세기 정보보안센터 책임자인 피터 싱어(Peter Singer)는 "포춘 500[1] 중 97%가 해킹을 당한 경험이 있고, (심지어 나머지 3% 역시 해킹을 당했을 것이나 인지를 못하고 있는 상황으로 보이며,) 전 세계를 대상으로 한 연구에서 조사기간 동안 미국인들의 절반 정도가 보안 사고로 인해 금전적 손실과 지적 재산 도용, 브랜드나 평판의 절하, 사기, 송사, 주가의 하락, 갈취 등을 경험한 것으로 드러났다"라고 밝힌 바 있다(Singer 2014).

미국 중앙정보국(CIA, Central Intelligence Agency) 대변인이 의회 합동경제위원회에서 발표한 내용은 정보 시스템이 직면해 있는 경제적·군사적 위협을 강조하는 형태의 안보화 담론을 전형적으로 보여준다. 이와 관련해서는 CIA 정보작전부 책임자인 존 세라비언(John Serabian)의 발언을 살펴볼 필요가 있다.

"수조 달러의 금융 및 상업거래는 복잡하고 산발적인 규제에 의해 아주 최소한의 보호만을 받으면서 이루어지고 있습니다. […] 네트워크 시스템상의 지적 재산은 점차 양이 늘어나고 있으며 […] 우발성과 익명성하에서 군사작전의 효과성과 공공 안전에 저해될 수 있는 사건

1 포춘지에서 총수입을 기준으로 미국 내 500대 기업을 선정하여 발표하는 목록이다. 이 목록에 포함된 기업들은 영향력, 자산 보유 면에서 이들을 토대로 미국의 산업계를 정의할 수 있을 만큼의 위상을 지니고 있다.

이 발생할 가능성은 더욱 높아지고 있습니다"(Cyber Threats and the U.S. Economy 2000).

비록 정보 네트워크의 보안상 문제가 중대하며 이미 미국 내 다수의 네트워크에 영향을 미치는 실질적인 위협이라고 하더라도, 이 담론에서는 그러한 문제나 사건들 가운데 상당수는 탐지하고 사전에 예방할 수 있는 성격을 지닌다고 본다. 이에 따라 상대적으로 낙관적인 미래 전망을 할 수 있을 뿐만 아니라 어떠한 방향으로 향후 정책과 전략을 수립해야 하는지까지를 논의할 수 있는 기반을 제공한다. 구체적으로 사이버 공간에서 다양한 형태로 존재하는 위협을 효과적으로 적발하고, 발견 즉시 백신 프로그램으로 깨끗하게 처리하는 시스템을 통해 향후 발생할 수 있는 취약점을 방지해야 한다는 인식하에서 보다 효율적인 네트워크 모니터링과 정보 공유를 처방으로 내놓는 것이 이 담론의 핵심이다.

3. 시민사회 담론

마지막으로 다룰 안보화 담론은 시민사회 내부에서 제기되어 사이버 보안과 IT 전문가 및 기술 공동체, 그리고 개인 사생활 보호 및 시민의 자유권을 강조하는 집단들에 속하는 구성원들이 주도하고 있다. 시민사회 담론은 궁극적으로 집단안보와 개인의 사생활 보호가 양립불가능하다는 관점에 근거한다. 이 담론의 핵심쟁점은 결국 국가안보의 이름으로 시행되는 원칙이나 정책들이 개인의 사생활 보호를 희생함으로써 비용을 발생시키며, 이러한 안보와 사생활보호 간의 교환은 개인과 사회 내 자유라는 중요한 가치를 심각하게 침해하는 결과를 가져온다고 보는 것에 있다. 즉, 향후 사이버 안보를 위한다는 명분하에 정당화되어 도입될 각종 정책수단들이 개인의 사생활 보호와 자유에 타격을 줄 것임을 강조하면서 그러한 수단들을 통해 "위험한 정부의 개입"이 이루어질 것이라는 우려를 표출한다. 이와 같은 입장은 주로 사생활 보호와 시민의 권리를 강조하는 단체들과 자사 고객들의 개인정보를 보호해야 하는 통신 및 관련 기술 부문의 기업들이 제기하고 있다.

위와 같은 담론에서 정부의 개입과 사이버 안보를 위한 규율의 증대는 강압과 폭력을 연상케 하는 표현들로 묘사되어 왔다. 예를 들면, 미 하원의원인 재러드 폴리스(Jared Polis)가 언급한 바와 같이 "미국이 근간으로 하는 모든 원칙들에 반하는" 방식으로 "인터넷 공간상의 자유에 대한 가장 심각한 도전"을 제기한다는 것이다(112 Cong. Rec. H2149 2012). 또한 전자프런티어재단(EFF, Electronic Frontier Foundation)의 대변인은 "(인터넷이나 사이버 공간상) 사용자들의 사생활 보호와 권리에 대한 계산된 폭력"이라는 발언을 하기도 하였다(Couts 2012).[2] 특히 미국의 통신산업 분야의 대변인 격인 인터넷 보안협회(ISA, Internet Security Alliance) 회장인 래리 클린턴(Larry Clinton)의 발언은 상당히 노골적이라는 평가가 가능할 정도이다. 그는 정부가 사이버 안보를 앞세워 미국 시민들과 기업들에 대해 각종 정책수단을 강제하는 권한을 지속적으로 확대할 수 있는 가능성에 대해 강한 어조로 비판하였다. 그러면서 정부의 권한 확대의 가능성은 곧 정부가 시민들에 대해 "무소불위 힘"을 행사하겠다는 위험한 것이며, 개인의 사생활과 자유를 짓밟는 행위라고까지 표현하였다(Osborne 2009).

더 나아가, 정부 주도의 기준과 규율이 집행되면 전통적으로 미국이 지켜오던 인터넷 공간상에서의 자유와 개방성이라는 원칙을 위배

2 이 표현은 사이버정보공유법안(CISPA)을 대상으로 한 발언이었다.

할 위험성이 있음을 우려하는 목소리도 제기되고 있다. 이와 같이 인터넷 공간에서의 자유가 향후 훼손될 것을 우려하는 일각에서는 만약 미국 정부가 시민들과 기업들에게 위협요인 탐색과 감시를 위한 최소한의 장치나 비공개 정보를 제공해야 하는 보안 기준을 충족하라는 요구를 한다면, 인터넷 공간에서의 활동과 표현의 자유를 지지하는 대중에 의해서 정치적 정당성을 잃게 될 것이라고 지적한다. 이미 중국 관료들은 중국 내부의 사이버 도메인에 대한 규제가 "바로" 미국 국립표준기술원(NIST, National Institute of Standards and Technology)이 설정한 기준과 동일한 것이라는 주장을 한 바 있다. 이러한 사례에서도 알 수 있듯이, 미국 정부의 사이버 안보에 대한 규제 체계는 다른 국가에서도 온라인상에서의 표현의 자유를 억압하는 조치를 정당화하는 토대를 제공할 수도 있다는 점에서 정부 주도의 규제를 비판적으로 봐야 한다는 것이다.

정리하자면, 시민사회 담론은 "사이버 안보"의 중요성이 정부가 시민들의 사생활과 인터넷 공간에서의 자유까지 침범하는 행태를 정당화함으로써 발생하는 심각한 위험성을 지적한다. 이 담론에서는 사이버 위협을 포괄적인 의미에서의 위협 그 자체로 이해하면서 특별히 더 위험한 것으로 인식하지 않는 반면, 이에 대응하는 추가적인 조치로 인해서 촉발되는 위헌적이고 정당화되지 못한 자유의 침해를 더욱 우려한다.

III. 정치적 동학

국가안보의 최우선순위로서 사이버 안보를 규정하는 과정에서 미국

내 복수의 관련 부처와 조직, 이해관계자들이 관여하여 미국의 사이버 안보에 관한 현재와 미래의 전략적 비전을 구상하였다. 여기에 포함되어 있는 계획과 목표들은 사이버 위협에 대한 서로 다른 개념과 이해관계를 반영하며, 앞 절에서 살펴본 세 가지 담론을 기초로 전략적 관점 역시 크게 세 가지로 분류해서 살펴볼 수 있다. 첫 번째로 살펴볼 전략은 공공과 민간영역에서의 사이버 안보를 증진시키기 위해 연방정부의 역할을 강조하면서 정부 주도의 규제 중심적인 접근방식을 취하고 있다. 두 번째는 공공부문과 민간부문의 사이버 안보 대응전략을 완전히 분리하여 산업계가 자율적으로 대처하는 전략이다. 마지막 전략은 앞서 언급한 연방정부의 개입과 산업계의 특수한 권리를 강조하는 두 가지 관점을 복합적으로 고려하여 이해관계자들의 협력을 이끌어내는 중위적 접근방식이다. 이하에서는 이들의 핵심적인 주장과 세부 논거들을 기반으로 각각을 구체적으로 설명하면서, 각 이슈에서 중요한 논쟁거리로 대두되고 있는 지점들을 밝힐 것이다.

1. 연방정부의 주요 사회기반시설 보호 역할

사이버 안보를 둘러싼 논쟁에서 가장 우선적으로 다루어지는 부분은 전반적으로 정부가 얼마나 개입할 것인가의 문제이다. 대부분의 이해관계자들은 기본적으로 정보 공유는 개별 기업이나 조직의 특권이어야 하며, 정부는 사적 소유인 시스템이나 네트워크의 보호를 지원하는 역할을 수행해야 한다고 주장한다. 주요 사회기반시설을 보호하는 경우에도 산업계가 중심이 된 자발적 접근이 필요하다고 생각하는 논자들이 있지만, 다른 일각에서는 사회기반시설의 경우는 공식적으로 연방정부가 관리하면서 국가안보의 우선순위로서 보호해야 한다는 주장을 펼치기도 한다. 다시 말해, 과연 연방정부가 사적 영역에서 소유하고 있는 사회기반시설 보안에 각종 규제나 규율을 할 수 있는 권한을 가지고 있는지 여부에 대해 논쟁이 제기되고 있다. 이 부분은 사회기반시설이 지니고 있는 특수성으로 인해 상당한 정치적 논쟁이 뒤따를 수밖에 없다고 보인다. 예상할 수 있듯이, 사적 부문 소유의 사회기반시설에 대한 정부의 규율은 연방정부가 과도하게 개입함으로써 위법성을 지닐 수 있다는 우려가 가장 먼저 제기되었다. 공화당과 민주당, 정부와 사적 영역 간의 정치적 논쟁은 두 가지 원칙이 충돌하는 양상을 그대로 보여준다. 각각을 간략하게 설명하면, 민주당의 정책결정자들과 백악관에서는 사회기반시설 보호에 정부가 개입하여, 보안을 위해 기본적으로 갖추어야 하는 기준을 정하고 이를 준수하였는지 여부를 엄격하게 규제하는 접근방식을 선호한다. 반면, 공화당 정책결정자들과 산업계의 견해는 정부의 개입을 최소화하고, 불가피하게 반드시 필요한 일부분에 대해서만 정부가 강제적인 태도가 아니라 사적 부문과 협력적인 관계를 유지하는 선에서 규제가 이루어져야 한다는 것이다.

1) 정부의 개입에 대한 찬성 입장

상원 내 민주당 의원들은 대체로 2012년에 윤곽이 잡힌 사이버 안보 법안에서 연방 차원에서의 사회기반시설 보호와 관련된 규율을 수용하고 지지하는 입장이다. 정부의 개입과 규율에 찬성하는 측은 사이버 위협의 심각성을 고려한다면 일정 부분 정부의 역할이 확대되는 것을 수용할 수 있는 충분한 근거가 있다고 본다. 미국 국가안전국(NSA, National Security Agency) 전 국장인 마이크 맥코넬(Mike McConnell)은 "사이버 공간은 미국 시민들의 일상생활뿐만 아니라 국가 경제에서도 중요한 부분을 차지하게 되었으며, 이제 실리콘 밸리에서조차 정부의 역할은 전혀 필요 없다고 생각하던 시기는 지났다"라고 의회에서 발언하였다(Pentagon Bill to Fix Cyber Attacks: $100M 2009). 정부의 과도한 개입에 대한 우려에 대해서는 사이버 안보법 지지자인 조셉 리버만(Joseph Lieberman)이 그의 정치적 동지인 올림피아 스노우(Olympia Snowe) 상원의원의 발언을 인용하면서, "이 법안은 재계에 대한 규제가 아니라 미국의 본토와 경제를 보호하는 수단이며 [⋯] 우리는 지금 지구상의 다른 모처로 미국 경제의 혁신이 창출할 수 있는 수십 억 규모의 가치를 위협당하고 있다"는 사실을 제시하면서 그 필요성을 강조했다(112 Cong. Rec. S6776 2012).

사이버 안보법 공동발의자인 수잔 콜린스(Susan Collins) 상원의원은 중국과 러시아가 미국의 전력망 컴퓨터 시스템에 침투한 사례를 인용하면서, 남겨진 악성 소프트웨어가 당장이 아니라 이후에 활성화될 수도 있음을 지적하며 긴급사태 대처수단의 긴급한 필요성을 정당화하고자 하였다.

"2007년 초부터 2008년까지 해커들은 계속해서 3천 억 달러 규모로 이루어지고 있는 펜타곤의 합동 타격 전투기(Joint Strike Fighter) 개발 프로젝트 컴퓨터 시스템에 침투하고 있습니다. 그들은 국방부에서 지금까지 수행해 온 무기 개발 프로젝트들 중 가장 고가의 프로젝트에 핵심적인 정보를 빼내갔습니다."

정부의 규제가 필요하다는 측의 또 다른 논거는 비록 민간 기업들이 보호가 필요한 대부분의 사회기반시설을 소유하고 있지만, 사적 영역에서는 부족하지만 정부가 지니고 있는 고부가가치의 정보와 통찰력, 권위와 동원 가능한 자원을 고려해야 한다는 것이다. 바바라 미쿨스크(Barbara Mikulsk) 상원의원은 정부활동의 확대가 어떠한 정당성을 가지고 있는지에 대해 아래와 같이 강조한 바 있다.

"우리는 모든 문제들에 있어서 정부의 개입을 완전히 배제할 수 없습니다. 또한 그렇게 정부를 배제하는 것이 가능하지도 않을 뿐더러, 정부를 완전히 배제하는 경우 국방부와 연방수사국 등에서 정부의 핵심인력들을 활용할 수 없게 될 것입니다. 우리가 해야 할 일은 국가안보를 보호하는 정부의 역할을 유지하면서도 그것이 과도해지지 않게 노력하는 것입니다(112 Cong. Rec. S6771 2012)."

의회에서의 논쟁과정에서 알 수 있듯이, 사회 주요 기반시설을 보호하기 위한 정부의 역할에 관해서 논란이 일어나는 지점 중 하나가 민간에서 소유하고 있는 영역에 연방정부의 개입을 허용할 수 있는지, 허용한다면 얼마나 할 수 있는지의 문제이다. 사회기반시설에 대한 보호뿐만 아니라 다른 영역에서의 사이버 안보를 위한 정부의 적절한 노력에 관한 여러 논의들을 살펴볼 때, 민주당 정책결정자들과 백악관에서는 일반적으로 정부가 제시하는 기준을 준수하는지 여부를 관리·감독하겠다는 규제 중심적인 시각을 선호하는 것으로 보인다. 정부의 개입을 최소화해야 한다는 공화당 정책결정자들과 산업계·재계의 입장과는 반대인 셈이다.

2) 정부의 규제에 대한 반대 입장

정부 개입 및 규제에 대한 반대 입장은 특히 2012년 민주당 상원의원에 의해 발의된 사이버 안보 법안에 관한 논쟁과정에서 발견할 수 있다. 본회의가 진행되는 동안 공화당의 대부분 의원들과 산업계의 이해를 대표하거나 사생활 보호를 주장하는 의견을 반영하는 측에서는 국가 사이버 안보 분야에서 정부의 과도한 개입을 격렬하게 반대하였다. 그들은 정부의 과도한 개입이 초래할 수 있는 억압에 대한 우려를 강조하면서, 대부분의 사회기반시설이 사적으로 소유되고 있는 만큼 그에 대한 보호조치도 소유주의 선택에 맡겨야 한다는 주장을 주로 내세웠다. 이러한 입장을 대변하는 상원의원 척 그래즐리(Chuck Grassley)의 발언을 살펴보자.

"의회 내에서는 그 누구도 사이버 안보의 중요성을 부정할 사람은 없을 것입니다. 그렇지만 이 문제가 결국 연방정부 관료제의 크기를 키우고 경제계에 새로운 부담과 규제를 강요하는 입법으로 다루어져야 한다는 것에는 반대합니다"(112 Cong. Rec. S6778 2012).

논란이 된 위 법안의 독특한 부분은 정부에서 제시하는 단일한 기준을 개별 보안 수단들이 준수하는지 여부를 감독하기 위해서 "사이버 안보 전문인력" 제도를 도입하고, 전문자격을 부여하는 요건들을 포함하고 있다는 점이다. 이 제도는 특히 통신과 기술 분야로부터 강력한 반발에 부딪혔다. 경제계에서는 이 법안을 "위험한 정부의 침해 수단"으로 여기면서, 사이버 안보를 위한 정책수단이 사적 영역에 대한 정부의 극단적인 압박수단으로 사용될 수 있다는 점을 상당히 우려하였다.

더 나아가 미래를 위한 투쟁(Fight for the Future)이나 전자프런티어재단과 같이 시민의 자유권을 강조하는 집단에서도 위와 같은 시도가 정부가 지켜야 할 경계를 넘어서도록 할 것이라고 주장한 바 있다(Couts 2012). 특히 미국의 통신산업 분야의 대변인 격으로 인터넷 보안협회(ISA, Internet Security Alliance) 회장인 래리 클린턴(Larry Clinton)의 발언은 상당히 노골적이라는 평가가 가능할 정도이다. 그는 위 법안에서 '사이버 비상사태'에 대한 정확한 정의가 부재한 틈을 노려 대통령에게 사적 부문에 행사할 수 있는 "무소불위의 힘"을 부여하는 것이 아니냐는 비판을 제기하였다(Osborne 2009). 한편, 기술계에서는 정부가 구체적인 관련 역량이 부재한 상황에서 "사이버 안보 전문인력" 자격제도를 위한 기준을 만드는 것은 부적절할 수밖에 없다고 지적한다. 사무용소프트웨어연합(Business Software Alliance)의 정책분석가인 프랭크 저너드(Frank Journoud)는 정부가 아니라 산업 현장이 사이버 안보에 필요한 기술이나 경험, 지식을 보유하고 있다고 하였다(Osborne, 2009).

이처럼 정부의 개입과 규제가 늘어나는 것에 반대하는 측에서는 "안전한 IT(SECURE IT)" 법안을 지지하고 나섰다. 이 법안을 주로 지지하는 구성원들은 산업계 · 재계와 사생활 보호론자들의 이익을 그대로 대변하는 공화당 상원의원들이며, 이들은 "정부의 강력한 개입"에 극렬한 반대를 표명하였다(Senators Introduce Legislation 2012). 색스비 챔블리스(Saxby Chambliss) 상원의원의 말을 빌리자면, "이제 더 이상 의회에서는 특히 미국의 안보를 향상시키는 것과는 거리가 먼 더 큰 규모의 정부, 더 많은 규제, 더 많은 부채를 결정해서는 안 된다"는 것이다(Senators Introduce Legislation 2012). S.3414 법안에 비해 더 낮은 수준의 규제안을 포함하고 있는 안전한 IT 법안에 찬성하는 측에서는 다음과 같이 주장한 바 있다.

"산업계 · 재계야말로 문제를 해결하는 핵심 주체가 되어야 하며, 기업들이 법령의 준수보다는 혁신과 일자리 창출에 투자할 수 있는 환경을 조성해 주는 것이 중요합니다. 더 비용이 많이 들고 관료제적인 규제 레짐은 국가안보를 확보한다는 목표를 달성하기에는 잘못된 접근방식입니다(Senators Introduce Legislation 2012)."

안전한 IT 법안의 지지자들은 규제에 초점을 맞추기보다는 민간에서 자발적으로 보안수단을 도입하고 정보를 공유하도록 유도해야 한다는 입장이다. 이러한 접근 방식은 다수의 산업계와 무역 기업들에게 긍정적인 반응을 이끌어 낼 수 있었다. 예를 들어, 미국 통신업협회(USTelecom, the United States Telecom Association), 셀룰러 통신산업협회(CTIA, Cellular Telecommunication Industry Association)와 테크아메리카(TechAmerica)는 모두 안전한 IT 입법을 반겼으며, 특히 미국 통신업협회에서는 "네트워크 제공업자들이 사이버 위협에 빠르고 효과적으로 대처하는 데 오히려 해가 될 수 있는 새로운 관료제적 요소나 규제 권한을 설정하지 않는" 방향으로 사이버 안보를 강화할 수 있다는 점에서 해당 입법을 환영한다고 밝힌 바 있다(Gross 2012).

정부의 개입에 대한 논쟁에 있어서 극단적인 견해도 제기되고 있지만, 대부분의 이해관계자들은 정부 주도와 산업계 주도의 양 극단의 스펙트럼 가운데 어느 위치에서 자신들의 의견을 개진하고 있다. 이와 같이 중위적인 수준에서 각 부문들의 협력을 강조하는 견해는 미국의 주요 기간시설의 85% 이상이 민간영역에서 소유하고 있다는 현실과 부적절한 정보 공유가 시행될 경우 심각한 사생활 침해의 문제가 발생할 것이라는 점을 동시에 인정한다. 그렇지만 사이버 안보가 국가안보와 불가분의 관계에 있다는 점과 국가 차원에서의 사이버 안보를 효과적으로 확보해내는 데 필요한 역량과 자원을 정부가 확보하고 있다는 주장을 동시에 부정하기도 한다. 따라서 공사부문 중 어느 한쪽이 주도하는 것이 아니라 이해관계자들의 자발적인 협력을 기반으로 하는 대응체계가 필요하다고 본다. 즉, 정부는 필요한 자원과 가이드라인을 제공하고 실제 시스템 보호 활동은 이를 가장 효과적으로 할 수 있는 민간영역의 행위자들이 수행하는 방식을 취해야 한다는 것이다. 또한 정부는 산업계에 대해 압력을 행사하거나 불이익을 주는 등 특정한 기준이나 규율을 엄격하게 강제해서는 안 된다는 점도 강조한다.

2. 연방정부 중심의 조정 체계와 주도 기관

이하에서 분석하는 논쟁은 정부 주도의 규제적 접근이 채택될 경우, 연방정부의 적절한 역할은 무엇인지와 어떤 기관이 주도할 것인지에 관한 것이다. 다시 말해, 정부 주도의 규제를 강조하는 논자들은 정부가 주도적인 역할을 할 필요성에 대해서 기본적으로 공감하고 있기는 하지만, 이들 사이에서 가장 핵심적인 논쟁은 과연 어떤 부처가 국가 차원에서의 사이버 안보를 위한 대응체계에서 중심적인 역할을 하며 리더십을 발휘할 것인가의 측면에서 부각되었다. 이들은 현재 사이버 안보를 위한 대응전략이 적절한 규제 장치들이 부재하기 때문에 지나치게 관대하거나 목적이 불분명하거나 효과적이지 않은 상태로 방치되어 있다고 본다. 구체적인 전략과 정책집행수단에 대해서는 서로 다른 견해를 보이고 있기는 하지만, 위와 같은 인식을 공유하는 측에서는 기본적으로 미국의 중소규모 기업들의 절대다수와 대기업의 상당한 수가 사이버 안보를 위한 최소한의 필수장치와 역량을 거의 갖추고 있지 않다는 주장을 제기한다. 이러한 취약성은 단순히 개별 기업들만 위험에 빠뜨리는 것이 아니라 국가 전체의 안보에도 심각한 문제를 초래할 수 있다고 지적한다. 따라서 국가의 사이버 안보를 증진시키기 위한 정부의 역할을 현격하게 확대하는 법안을 통과할 필요성이 절대적이라는 주장을 펼친다. 이러한 관점은 사이버보안 업체들과 일부 군과 의회 구성원들이 제기하고 있다.

정부의 규제를 강조하는 사이버 안보 법안이 필요하다는 이유로 자주 언급되는 것은 사이버 위협과 관련된 정보를 민간영역과 공유하는 데 있어 현재 중층적인 장애물이 존재하며, 이것이 안보 역량 확보에 심각한 저해요인으로 작용한다는 주장이다. 사이버 안보에 대한 정부 규제를 지지하는 사람들은 정부가 주도적으로 중요한 사이버 위협 정보를 공유함으로써 위와 같은 도전과제를 극복해야 한다고 보며, 이는 더 이상 선택의 문제가 아니라 필수적인 요건이라고 생각한다.

정부 주도의 규제적 접근을 지지하는 또 다른 주장은 국가에 대해 고난도의 사이버 공격이 감행될 때 실제로 이를 스스로 방어할 수 있는 자원과 역량을 지닌 기업이 존재하지 않는다는 점이다. 그러므로 정부의 규제와 법적인 수단이 마련되면 사이버 공격을 방어하는 데 있어 민간영역의 기업이나 행위자들에게도 연방정부 차원에서 명확하게 지원을 제공할 수 있으며, 다른 국가의 적대적인 상대방에 대해 그들의 공격은 미국이 정부 차원에서 대응하고 있다는 분명한 메시지를 전달할 수 있게 된다고 본다.

더불어 미국 내에서 연방정부가 주도하는 규제와 규율이 마련되어 공사 부문을 막론하고 정부가 재원마련과 리더십을 행사하게 되면 국제 사이버 안보의 기틀을 마련하고 유사한 입장을 지닌 국가들과 사이버범죄 관련 법규나 규율 형성에 공조를 이루는 것에도 기여할 수 있다. 이러한 주장은 사이버범죄가 지닌 월경성이라는 속성 때문에 법적·외교적 장벽으로 인해 충분한 수사와 처벌이 이루어지기 어렵다는 점에 근거한다. 종합해보면, 정부 주도의 규제 중심적 접근은 구체적인 사이버 위협들에 대한 대응을 효과적으로 할 수 있도록 체계를 갖추는 것과 동시에 국경을 가로질러 사이버 안보를 확보하기 위한 일관되고 책임 있는 조치를 취하도록 국제적인 차원의 분위기를 조성하는데 초점을 맞추고 있다.

정부 주도의 규제를 강조하는 논자들 사이에서도 위와 같은 기본적인 관점은 공유하고 있기는 하지만, 이들 사이에서 가장 핵심적인 논쟁은 부각된 것은 과연 어떤 부처가 국가 차원에서의 사이버 안보를 위한 대응체계에서 중심적인 역할을 하며 리더십을 발휘할 것인가의 측면에서 부각되었다. 즉, 국방부와 국토안보부(DHS, Department of Homeland Security) 중 누가 더 주도적인 역할을 수행할 것인가와 관련된 논의가 진행되었으며, 특히 어느 부처가 정보 공유의 허브 역할을 할 것인지가 주요 논점으로 대두되었다. 일각에서는 민주당과 의회 정보위원회 소속 의원들을 중심으로 국토안보부를 위시로 한 민간 정부부문에서 주도해야 한다는 견해를 지지하였다. 다른 편에서는 주로 공화당 의원들과 산업 부문을 대표하는 측이 주축이 되어 국방부가 리더십을 행사함으로써 군의 역할을 강조하는 의견이 제기되었다.

1) 국토안보부를 지지하는 견해

사이버 안보 분야에서 국토안보부가 리더십을 행사해야 한다는 견해를 지지하는 측에 따르면, 사적 부문의 네트워크를 통해서 교환되는 데이터와 정보의 양이 압도적이라는 점을 고려할 때 민간과의 원활한 소통과 관계 형성을 할 수 있는 기관이 주도적인 역할을 할 필요가 있다. 즉, 민간 네트워크에서 대부분 벌어지는 일들에 대해서는 '민간'에서 대응하는 것이 타당하다는 주장이다. 특히 국토안보부의 경우, 이미 민간 정보공유분석센터들과의 협업이 가능하도록 관계를 형성해 두었기 때문에 정보 공유가 중요한 사이버 안보 영역에서 리더십을 행사하는 데 적합하다는 것이다. 뿐만 아니라 국토안보부가 설립될 때부터 부처의 업무 자체가 주요 사회기반시설과 사이버 안보 전반과 관련되어 대부분의 책임을 부담하는 것이었다는 점도 고려할 필요가 있다고 본다.

2012년의 사이버 안보 법안은 어떤 기관이 정보 공유를 포함하여 사이버 안보 업무를 담당해야 하는지에 관해서도 다루고 있다. 상원

본회의에서 위 법안에 대해서 논의하면서, 민주당 상원의원 다이앤 파인스타인(Dianne Feinstein)의원은 국방부나 NSA가 아니라 국토안보부가 사이버 안보를 다루는 주무기관이 되어야 하는 이유에 대해서 다음과 같이 두 가지로 언급한 바 있다.

"전력 공급망이나 월 스트리트 금융가를 포함하여 민간 부문을 보호하는 문제는 군이나 NSA의 소관이 아닙니다. 두 번째 이유는 국민들의 은행거래내역이나 이메일, 의료기록 등이 포함될 수 있는 사적 정보들을 기업이나 군, 정보기관들과 공유하는 것이 더욱 우려할 일이기 때문입니다(112 Cong. Rec. S6778 2012)."

위의 발언에서도 알 수 있듯이, 사이버 안보의 조정체계에서 국토안보부가 중심이 되어야 한다고 주장하는 측에서는 군과 민간 영역의 경계를 확실히 구분하는 것을 특히 중요시한다. 또한 전통적으로 국토안보부가 사이버 안보와 관련된 책무를 이행해왔으므로, 계속해서 그 역할을 해야 한다는 점도 강조하고 있다.

2) 국방부를 지지하는 견해

그러나 군 중심의 리더십을 선호하고 지지하는 측에서는 국토안보부는 이미 사이버 안보와 관련된 책무를 수행하는 데 어려움을 겪고 있으므로 계속해서 해당 업무를 관할하는 것이 부적절하거나 비효율적이고 무능한 업무 처리를 보여주었다는 지적도 제기되었다.

공화당 의원 척 그레슬리(Chuck Grassely)의 발언을 살펴보면, 화학시설테러방지기준(CFATS, Chemical Facility Anti-Terrorism Standards)의 시행에 따라 국토안보부 단독으로 사이버 안보와 관련된 업무를 다룬다는 것은 거의 불가능하다는 점을 지적하고 있다.

"저는 왜 상원에서 이미 중요한 인프라를 감독하는 데 심각한 문제가 있다고 입증된 기관에 국가의 사이버 안보라는 중대한 사안의 최고권한을 부여해야 한다는 이야기를 해야 하는지 그저 당황스러울 따름입니다(112 Cong. Rec. S6778 2012)."

국방부를 지지하는 상당수의 의원들은 국방부가 안보와 관련된 문제에서 지금까지 축적해 온 경험과 풍부한 인력을 바탕으로 사이버 안보 분야에서도 더욱 효과적인 리더십을 발휘할 수 있을 것이라고 주장하였다. 이러한 관점에서는 국토안보부가 사이버 안보 분야에 수반되는 리더십과 조정체계를 부담할 만한 능력이 없다는 것이 입증된 것과는 상반되게, 국방부는 이미 충분한 준비를 갖추고 있다는 점을 강조한다. 존 맥케인(John McCain) 공화당 상원의원은 국토안보부 단독으로는 민간 영역의 사이버 안보 전체를 다룰 만큼 충분한 기술적 역량이 결여되어 있으며, "공항을 경험해 본 대부분의 사람들은 국토안보부의 기술적 능력을 신뢰하지 않을 것"(Jackson 2012)이라고 언급한 바 있다. 그는 국토안보부가 민간인들과 사적 소유의 네트워크들을 보호하는 감독 역할을 한다는 아이디어 자체에 "가장 의문을 가지게 된다"라며, 부처의 원래 역할과 "가장 상위에서 정보시스템을 좌우하는 스토브파이프 식의 행태"(Jackson 2012)와는 구분해야 한다는 의사를 표명하였다.

여러 기업들 역시 국토안보부가 사이버정보를 공유하는 허브 역할을 할 수도 있다는 가능성만으로도 강한 반감을 표시하였다. 파인스타인 의원이 언급한 한 "최첨단 기술 관련 기업" CEO는 기술 및 사적 정보보안을 이유로 "우리는 우리의 정보가 국방부를 통해 직접적으로 다루어지기를 원한다"라면서 현 법안에 반대의사를 밝혔다.

3. 정보 공유 확대 및 심화

위와 같은 입장의 정반대 극단에는 정부가 민간영역에까지 효과적인 규제를 해서는 안된다고 보는 사생활 보호론자들과 인권단체, 상당수의 경제계 지도자들이 또 다른 견해를 이루고 있다. 연방정부가 주요 사회기간시설을 보호하고 정보공유를 주도하는 것을 확고하게 반대하는 이들은 사생활 보호와 시민들의 권리에 더해 근본적인 가치들과 정부의 책임성, 국제협력에 대한 함의, 기술적 결함 등 광범위하게 우려를 표한다.

우선 산업계가 주도해야 한다는 관점을 가진 이들은 정부 주도의 규제 체계가 인터넷 공간과 같이 역동적이고 개방적인 사이버 환경을 상당한 정도로 저해할 수 있다고 본다. 또한 지금 만들어진 인터넷 활동의 기준들과 규제가 불과 몇 년만 지나더라도 빠르게 변화하는 사이버 공간에 적용되지 못하게 된다는 점을 들면서 경직된 제도가 사이버 안보를 확보하는 데 그렇게 큰 도움을 주지 못할 수도 있다고 지적한다. 국토안보 분야 컨설팅 기업인 레드 브렌치 컨설팅(Red Branch Consulting)의 창립자인 폴 로젠버그(Paul Rosenzweig)에 따르면, "미국에서 중요한 규제를 만들기 위해서는 18개월에서 24개월에 달하는 시간이 소요되는데, 이 기간이면 네트워크 프로세싱의 속도는 두 배로 증가하게 된다. 그러는 동안 연방정부가 새롭게 등장하거나 미래에 예측되는 위협들을 어떻게 규정하는지를 기다린 후에 대처해야 하기 때문에 사이버 안보와 관련된 기술 혁신은 답보 상태에 빠질 수밖에 없다(Flamini 2013)."

더 나아가 이러한 관점을 지닌 다수의 사람들은 방어만이 가장 효과적인 또는 유일한 해법이라는 전제 또는 원리하에 만들어진 규제 구조는 그 스스로 잘못된 방향으로 상황을 악화시킬 수 있음을 우려한다. 산업계가 주도하는 사이버 안보 대응수단을 선호하는 대다수는 시스템의 회복력(resiliency)과 개별 기업의 필요에 적합한 맞춤형 사이버 역량을 마련하는 데 인적·물적 자원을 투입해야 한다고 본다. 이는 일괄적이고 경직적인 정부의 기준과 규율만으로는 충분한 대처가 어렵다는 인식을 내포하고 있다.

사이버 안보에 대해 정부의 불간섭주의를 주창하는 집단을 크게 분류하면, 경제적 이해를 중시하는 산업계 인사들과 이념적으로 시민의 권리와 자유, 사생활의 자유를 보호해야 한다고 여기는 두 하위집단으로 구성된다. 이들은 공히 산업계가 주도하는 사이버 안보 체계를 강력히 지지하지만, 구체적인 사안과 논점들에 대해서는 일정한 차이를 보이고 있다. 특히 민간영역이 정보 공유 역량을 강화하기 위한 노력에 동참해야 하는지, 사이버 위협과 관련된 정보를 다른 기업이나 기관, 또는 연방정부와 반드시 공유해야 하는지 등에 대해서 아래와 같이 찬반논쟁이 제기된다.

1) 정보 공유에 대한 찬성 입장

사이버 위협과 관련된 정보 공유의 문제에 있어서 가장 첨예한 이해대립은 공화당 하원의원들이 제출한 사이버정보공유법안(CISPA, Cyber Intelligence Sharing and Protection Act)을 둘러싼 논란과 논쟁 속에서 그 핵심을 파악할 수 있다. 구체적으로, CISPA는 기업들이 보안적 취약점, 네트워크 가동시간, 침투 시도, 서비스 거부 공격 등과 관련된 정보를 정부와 공유할 수 있도록 함으로써 정부와 민간의 사이버 위협의 감지능력을 확연히 향상시키는 것이 목적이다. 다른 한편으로는 기업의 데이터 공유행위가 모든 주법과 연방법을 초월하여 정당화되고, 개인정보의 공유에 대해서도 어떠한 법적 책임을 지지 않아도 되는 내용을 포함한다. 이러한 법안 내용은 개인의 사생활에 대한 심각한 침해를 우려하게 만드는 측면이 있다.

특히 이 논점에 대해서 실제로는 상당히 복잡한 논의가 전개되었으며 반드시 정치적 당파와 완전히 맞아떨어지는 것이 아니었으나, CISPA를 찬성하는 측에서는 마이크 로저스(Mike Rogers), 리처드 누전트(Richard Nugent), 레오날드 보스웰(Leonard Boswell) 등을 포함한 여러 공화당 의원들이 정보공유의 절대적인 필요성에 대해서 설파하였다. 특히 보스웰은 다음과 같이 발언한 바 있다.

"[이 법안을 통해] 우리가 정보기관들에 공유를 요청하는 정보들은 정부와 직접 관련된 네트워크뿐만 아니라 미국 사회에서 중요한 다른 네트워크들을 보호하기 위해서도 필요합니다. […] 우리는 정부가 심각한 수준의 사이버공격을 방지하거나 피해의 정도를 완화시키기 위한 정보를 전혀 가지고 있지 않은 상황에 노출되어서는 안 됨에도 불구하고, 여전히 그러한 정보를 공유할 수 있는 절차를 마련하고 있지 못합니다(112 Cong. Rec. H2158 2012b)."

다시 말해, 정부는 미국 내 다양한 네트워크들과 인프라를 보호할 수 있어야 할 뿐만 아니라 보호해야 하는 의무를 가지고 있다는 것이다. 더 나아가서 이러한 목적을 달성하기 위해서는 개인정보와 관련되었다고 하더라도 필요한 정보를 보유하고 있는 사회 내 각 주체들이 정보를 공유해야 하는 책임을 가지고 있다는 주장을 펼치고 있다. 미의회 정보위원회 의장인 공화당 의원 마이크 로저스 역시 미국 밖에서 침투해 오는 적대적인 사이버공격을 방어하기 위해서는 정보 공유를 더욱 철저히 할 필요가 있다는 점을 강조하였다. 또한 그는 "이란이나 북한과 같은 국가들의 공격에 대응하기 위해서는"(Perine & Martinez

2012) CISPA가 필요하며, 국가안보를 보장하기 위해서는 필요한 만큼 충분한 정보가 공유되어야 한다고 언급하기도 하였다.

CISPA의 공동발의자 더취 러퍼스버거 의원도 사이버 안보 전반에 걸쳐 정보공유가 얼마나 중요한지에 대해서 재차 강조한 바 있다. 러퍼스버거 의원은 절박한 사이버위협이 대두되고 있는 것은 더 이상 간과할 수 없는 사실이며, 정보 공유는 이러한 위협요소들을 막아내는 데 지대한 기여를 할 수 있을 뿐만 아니라 이를 가능하게 하는 자원들이 이미 존재한다고 주장한다. 다음은 이러한 논지를 담고 있는 러퍼스버거 의원의 발언 내용이다.

"만약 정부가 미국 기업들이 스스로를 보호할 수 있도록 도울 수 있는 능력을 가지고 있다면, 현재의 상황을 그대로 좌시하고 있을 수는 없습니다. 사이버위협에 대한 정보 공유를 통해서 위험을 가져올 수 있는 요소들에 미리 대응할 수 있습니다. 이 법안은 사적 부문에서 지적 재산과 더불어 […] 중요한 사이버 네트워크들을 보호할 수 있도록 지원하는 데 있어 좋은 출발점이 될 것입니다. 또한 이 법안을 통해서 추가적인 연방정부의 재정지출, 규제 또는 비재정지원 위임(Unfunded Mandate) 등이 없더라도 사생활과 인권을 보호하기 위한 필수적인 조치들이 이루어질 수 있습니다(Rogers and Ruppersberger Introduce Cybersecurity Bill 2011).

다수의 저명한 정보통신 기술사들도 CISPA에 대한 지지를 표출한 바 있다. CISPA법안을 지지한 기업 중에 페이스북, 마이크로소프트, AT&T, 인텔, 버라이전(Verizon)과 콤케스트(Comcast)가 포함되어 있었다. 전체적으로, 이들의 주장들을 검토해보면, 정부와 사적 부문 간 또는 그 내부에서의 정보 공유를 지지하는 측에서는 개인의 사생활이 다소 노출됨으로써 발생하는 비용은 정보 공유를 통해서 얻을 수 있는 지식들의 가치에 비해서 상대적으로 적다고 판단하는 것으로 볼 수 있다. NSA 및 CIS 국장을 역임한 마이클 헤이든(Michael Hayden)은 "우리가 가장 긴급하게 필요한 것은 공통의 지식체계를 기반으로 생산적인 토론을 거쳐 만들어진 공유된 합의"라면서, "상식과 토론과 합의가 없이는 […] 정책적 공백은 지속될 수밖에 없다"(Hayden 2011)라고 언급한 바 있다.

2) 정보 공유에 대한 반대 입장

CISPA는 의회 본회의뿐만 아니라 많은 기업들과 온라인 커뮤니티에서 격렬한 반대에 직면하였다. 법안을 반대하는 측에서는 법안이 통과되면 개인정보 유출에 대해서는 어떠한 책임도 지지 않은 채 수많은 정보들이 기업과 정부 사이에서 공유될 것을 우려한다. 캐롤린 맬로니(Carolyn Maloney) 민주당 대표는 "사이버 위협으로부터 미국 국민들을 보호하기 위해서 다양한 이해관계자들이 정보 공유의 노력을 증대하는 것에는 전적으로 동의하지만, 시민들의 자유권에 대한 희생까지 강요해서는 안 된다"라면서, "이 법안은 국민들의 권리와 사생활을 효과적으로 보호하지 못할 것"이라고 지적한 바 있다(112 Cong. Rec. E729 2012). 재레드 폴리스(Jared Polis) 민주당 대표 역시 유사한 취지의 발언을 하였다.

"이 법안에는 기업들이 개인의 사생활 정보를 비밀스럽고 대외적으로 책임 질 필요가 없는 부처들이나 군 관련 기관을 포함한 모든 정부기관에 정보를 공유함으로써 발생하는 피해를 막을 수 있는 방안을 전혀 내포하고 있지 않으며 […] 이러한 정보 공유를 통해 군이나 NSA에서 민간사찰을 할 수 있도록 허용하는 것은 어떠한 미국의 건국정신에도 부합하지 않는 행위입니다(112 Cong. Rec. H2149 2012)."

시민의 자유권 보호를 목적으로 하는 여러 조직이나 기관들도 CISPA에 대해 상당한 반발을 표명하였다. 2012년 4월에는 미국시민자유연맹(ACLU, American Civil Liberties Union)과 전자프런티어재단, 미래를 위한 투쟁, 자유연합(the Liberty Coalition) 등을 포함하여 34개의 관련 기관들이 의회 대표들에게 CISPA를 반대한다는 취지의 공동서한을 보냈다. 주요 내용으로는 CISPA가 실제로 "사이버 안보"를 위한 법안이 아니라 사생활 보호의 또 다른 예외를 제공하는 계기로 작용할 수 있다는 점을 핵심으로 하고 있다(Reitman 2013). 이 공동서한은 "정보공유에 있어서 개인정보 보호가 결여"되어 있다는 점에 우려를 표하면서, 기업들로 하여금 "정보공유 시 특정 개인을 식별할 수 있는 정보는 사이버 위협과 직접적인 관련이 없는 경우 공개하지 않도록" 제한하는 규정이 없다는 점에 문제를 제기한다. 사생활 보호를 지지하는 집단들 역시 위 법안이 개인정보를 노출시킨 기업들의 법적 책임을 면제시키는 장치가 될 수 있다는 점을 지적하면서 반대노선에 가담하였다. 이들의 주장은 기업들이 정부와 공유한 정보들 가운데 개인정보와 관련된 데이터들을 완전히 제거하지 못한 경우 일종의 안전장치로서 법적 공백을 활용할 수도 있다는 것이다.

또한 CISPA는 사생활의 보호와 개인정보의 공유 간에 발생할 수 있는 법적 공백을 우려한 오바마 전 대통령의 격렬한 반대에 직면하기도 하였다. 그는 "국민들은 기업들이 그들의 개인정보를 보호하지 못했을 경우 그들이 법적 책임을 져야 할 것이라는 사실을 알 권리가 있"으며, "정부는 이러한 법안 하에 기업들에게 새로운 면책특권을 승인하기보다는 개인정보가 비경제적 목적으로 부당하게 사용되지 않음을 보증해 주어야 한다"라는 의견을 발표하였다(Hill 2012).

IV. 현실의 재구성

오바마 행정부에서는 사이버 안보 분야에 새로운 시스템을 도입하기보다는 조지 W. 부시 대통령 시기 시행된 국가 사이버보안 종합계획(CNCI, Comprehensive National Cybersecurity Initiative)을 발전시키는 방향을 채택하였다. CNCI가 오바마 행정부로 "대물림"되었지만, 국가 전략상 일정한 변화는 불가피했다. 이러한 제도상의 변화가 시작된 것은 이상에서 살펴본 정부와 군, 산업계 관련 기업들, 시민사회 등 관련 행위자들이 발화한 안보화 수사들과 행위자들 간에 충돌하는 이해관계가 사이버 안보에 대한 정치적 논쟁으로 이어진 일련의 과정에서 기인하였다. 제도적인 변화를 살펴보면, 이러한 상이한 안보화 담론의 상호작용 속에서 중위적으로 자발적 협력을 강조하는 입장이 정부 주도의 규제 담론과 정부 배제적인 접근방식 모두를 압도한 것으로 해석할 수 있다. 국가의 사이버 안보를 극대화하기 위해서 중위적인 관점은 정부와 군 네트워크를 보호하기 위해서는 정부가 더욱 선제적으로 주도하는 수단을 마련하되 동시에 주요 사회기반시설의 보호와 정보 공유에 있어서는 민간영역이 주도하는 가운데 정부가 보완적인 지원 역할을 하도록 전략을 구성하였다. 이러한 전략이 반영되어 비록 더 많은 자원과 책임, 권한이 부여되는 방식으로 재조정되어야 하지만, 국토안보부가 미국의 사이버 안보를 유지하는 중심적인 허브 역할을 수행하도록 정해졌다.

1. 정부 주도적 주요 사회기반시설 보호조치 및 개입 강화

사이버 안보의 안보화 담론 과정에서 연방정부가 수행해야 할 핵심적인 역할로 논의의 대상이 된 부문 중 국가 전반의 핵심 기반시설을 어떻게 보호할 것인가의 문제를 먼저 다루어 보고자 한다. 지난 수년간 미국 연방정부는 국가의 사이버 안보 상황을 증진하기 위한 다각적인 노력을 기울여 왔다. 대표적으로 국방부와 국토안전부, 상무부와 총무청 등을 포함한 연방정부의 각 부처 및 기관들은 소프트웨어 및 공급망 보증 포럼(SSCA, Software and Supply Chain Assurance Forum)에서 분기별로 회의를 진행한다. 이 회의의 주요 목표는 사이버위협에 효과적으로 대처한 모범사례를 공유하고 사이버 공간상에서 국가 차원의 핵심 사회기반시설을 보호하기 위한 대비를 하는 데 있다. 특히 상무부는 컴퓨터와 인터넷을 구성하는 하드웨어 및 소프트웨어 모두에서 사이버 안보를 강화하기 위한 두 가지 계획을 제시하기도 하였다(Administration Cybersecurity Efforts 2015).

국방부와 국토안전부 역시 민관협력을 촉진하기 위한 노력에 심혈을 기울이고 있다. 2015년 초, 양 부처는 빠른 시일 내에 기술과 혁신, 사이버 안보와 관련된 업무를 중점적으로 다루는 산하기관을 실리콘 밸리에 설립할 예정이라고 밝혔다. 이 기관들은 다양한 기술 관련 회사들과 협업을 하면서, 사회기반시설을 보호할 수 있는 신기술들을 활용할 계획이다(Administration Cybersecurity Efforts 2015). 여기에 더해, 국방부는 사이버 사령부를 재구성할 계획을 제시하였다. 새롭게 선보일 사이버 사령부는 세 개의 특화된 팀으로 구성되는데, 이 중 한 부서가 국가 기간시설 방어를 지원하는 업무를 수행할 것으로 지정되어 있다(DoD Plans 2013). 국토안전부는 사회기반시설 보호를 위한 별개의 정책수단들을 마련하고자 한다. 국토안전부에서는 2014년에 주요 사회기반시설 보호 협업을 위한 자문위원회(CIPAC, Critical Infrastructure Partnership Advisory Council)을 출범시켜 기반시설 소유주 및 운영자들과 (부문별 조정위원회를 중심으로 한) 동업 조합의 회원들 및 정부 관계부처 등이 참석하여 논의할 수 있는 장을 마련하였다. 이와 같은 종류의 범정부 및 민관협력은 사회기반시설 전체를 함께 보호할 수 있는 협업을 촉진할 수 있다.

상무부는 CIPAC에 더해 2012년에 국가사이버 안보본부(NCCoE, National Cybersecurity Center of Excellence)를 발족시켰다. 이 기관은 상무부 산하 국가과학기술원(NIST, National Institute for Science and Technology)에 속해 있다. 국가사이버 안보본부의 가장 핵심적인 기능은 안보문제와 관련된 기술적 결함을 해결하기 위한 방책을 민간부문과 학계, 다른 정부기관들과 협업하여 마련하는 것이다. 위 본부는 비용을 절감하고 복잡성을 완화시키는 방향으로 표준화된 형태의 디자인이나 설계, 형판 등 참고사례들을 "개발"하고, 이러한 보안기술들을 산업 전 영역에 걸쳐 다양한 기업들이 사용할 수 있도록 지원해주는 역할을 한다(Administration Cybersecurity Efforts 2015). 이러한 활동들을 통해서 NIST는 국가 핵심 기반시설을 위험에 처하게 할 수 있는 기술적 공백을 메워 나가려는 정부 차원의 노력을 주도하고 있다.

백악관 차원에서도 직접 행정명령의 형태로 주요 사회기반시설을 보호하기 위한 조치들을 강구하고 있다. 오바마 대통령의 2013년 행정명령 13636호에 따르면, 각 조직들의 중요 기반 시스템들이 직면할 수 있는 취약성에 더욱 효과적으로 대응할 수 있기 위해 각종 기준과 가이드라인, 사례 등을 체계적으로 정리한 "위험 분석에 기반한 사이버 안보 자율 대응 지침"을 개발한다는 내용이 담겨 있다. 이에 따라 개발된 2014 사이버 안보 자율대응 지침은 국가 기간시설을 보호하는 오바마 행정부의 핵심적인 노력으로 평가 받는다. 민간 부문과의 협업을 통해 만들어진 이 지침에는 사적 영역에서 소유하고 있는 기반시설들이 사이버위협에 대한 취약성을 감소시키는 데 활용할 수 있도록 각종 기술표준 및 가이드라인이 포함되어 있다. 어떠한 추가적인 규제도 없이 각자의 필요에 맞추어 사이버상의 위험요소들에 대응할 수 있도록 효율적이고 비용절감적인 방법들을 제시하고 있다는 점은 정부뿐만 아니라 산업계에서도 이 지침을 환영할 만하게 하는 요인으로 작용하였다.

국토안전부 국가보안프로그램부(NPPD, National Protection and Programs Directorate)에서 2014년 발간한 사이버 안보와 사회기반시설 분석 보고서(OCIA, the Office of Cyber & Infrastructure Analysis) 역시 오바마 대통령의 관심과 노력을 보여주는 사례이다. 이 보고서는 "물리적 또는 사이버 공간에서의 위협요소들과 사고들에 의해서 발생할 수 있는 잠재적 불안이나 혼란 상태를 총체적으로 분석하여 국가사회기반시설을 보호하는 데 기여할 수 있기" 위해 만들어졌다고 그 목적을 밝히고 있다. 보고서상의 분석들은 사회기반시설들에 사이버 공격이나 사고가 발생했을 때 사후적으로 대응하고 복구하는 측면뿐만 아니라 사전적으로 보안을 강화하고 새로운 위협들에 대응할 수 있는 적응력을 향상시킬 수 있는 방법도 함께 고려한다.

이러한 미국 정부의 노력들은 민간 부문에서 스스로 자신들의 사이버 안보를 증진시킬 수 있는 방법과 역량을 향상시키는 것을 지원해줌으로써 정부가 해야 할 가장 핵심적인 역할을 충실히 하고 있다고 볼 수 있다. 즉, 민간에 이러한 기술과 지식을 이전해주는 것이 정부가 스스로의 역할을 포기하는 것이 아니라 오히려 한시적 규제가 아니라 조정하고 보완·지원하는 역할을 자처함으로써 장기적으로 사이버 안보를 증진할 수 있는 기반을 마련한 것이다.

2. 네트워크상의 정보보안 역량 개선

두 번째 안보화 담론에서 제시된 사안은 특히 정보 공유와 관련된 논쟁을 촉발시킨 논점으로, 네트워크 모니터링을 강화하여 정보보안을 증진시켜야 한다는 것이다. 여전히 상당한 민간 주체들은 정부와의 정보 공유로 촉발될 수 있는 부작용들에 대해 우려를 표하고 있으나, 네트워크상의 정보보안 개선과 관련된 노력들은 정부를 중심으로 이루어지고 있다.

국토안전부는 네트워크 보안과 관련된 중요한 정책들을 제시해 왔다. 대표적인 사례가 국가 사이버 안보 및 보안 시스템(NCPS, National Cybersecurity & Protection System)으로, 중대한 사이버 공격 또는 사고가 발생하였을 때 범정부적으로 대처하는 작전상황도를 내포하고 있는 대응 체계이다. 여기에는 아인슈타인(EINSTEIN)이라는 이름으로 알려져 있는 네트워크 침입 탐지 및 방어 기술 프로그램이 포함된다. 아인슈타인 2 프로그램은 네트워크상에서의 악성 활동을 탐지하는 데 중점을 두고 있으며, 아인슈타인 3 프로그램은 네트워크 보안 및 보호에 더욱 특화되어 있다. 이들 프로그램에 대한 2008년부터 2022년까지 투자 계획이 마련되어 있으며, 2015 회계연도에는 3억 7천 5백만 달러에 달하는 재정이 투입되었다. 연방 재정 데이터베이스에 따르면, 전체 아인슈타인 프로젝트에는 약 30억 달러 규모의 재원이 필요하다. 국토안전부에서는 아인슈타인 3 프로그램을 포함한 정부간 네트워크 보안 시스템을 마련하기 위한 4억 8천만 달러의 예산안을 제출한 바 있다. 이러한 국토안전부의 네트워크 침입 감시 및 보안 프로그램에 대한 막대한 투자와 장기 투자계획은 해당 부처가 네트워크상의 정보보안에 대해서 상당한 정도로 관심을 기울이고 있음을 단적으로 보여준다.

국방부 역시 정보보안과 관련된 주요한 활동을 시행하고 있다. 이와 관련된 대부분의 국방부 관련 문서들이 군사기밀로 분류된 가운데, 최신판인 2015 국방부 사이버 전략 보고서를 살펴보면 다섯 가지의 핵심적인 목표 가운데 "국방부의 정보 네트워크를 방어하고, 데이터들을 보호하며, 국방부가 수행할 임무들과 관련된 위협요소들을 경감시킨다"는 것을 하나로 꼽고 있다. 또한 위 전략보고서는 "척박하고 관리되지 않은 사이버 환경"에서 국방부 네트워크가 처할 수 있는 취약성을 완화할 수 있는 광범위한 수단들을 제시하고 있다. 그 중 하나를 제시해 보면, 사이버 위협요소 감소를 위해 국방부의 정보 네트워크들을 조정하여 단일정보환경(JIE, Joint Information Environment)라고 명명할 수 있는 안보 대응체계를 구축하는 것을 들 수 있다. 이러한 대응체계하에서는 모든 국방부의 정보 네트워크가 통일된 방식으로 보호될 뿐만 아니라, JIE를 구축하는 과정에서 새로운 감시기술과 위협식별기술 등을 포함하는 방어체계 구축이 가능하다. 이에 더해 국방부는 미국 사이버사령부 내에서 작동하는 합동군사본부(DoDIN)를 설치하여 네트워크 방어체계를 조정하고 국방부 작전과 업무 수행과정에서 발생하는 사이버 위협요소들을 완화시키는 역할을 수행하도록 하였다. 뿐만 아니라 국방부는 국토안전부를 비롯한 정부 타 부처 및 기관들과도 지속적으로 자동적이고 표준화된 형태의 정보 공유 메커니즘을 수립할 의사를 내비치기도 하였다.

정부기관들의 시스템 모니터링 또는 위협 탐지 능력이 두드러지게 개선되었을 뿐만 아니라 2015년 12월에 주요 정보공유 법률이 법으로 제정되었다. Cybersecurity Information Sharing Act(CISA)는 기업 간, 또는 기업과 국토안보부 간의 정보공유로 인해 발생할 수 있는 법적 불이익으로부터 민간부문을 보호하는 내용을 담고 있다. 또한, 국토안보부에게 연방수사국(FBI)과 국가안전국(NSA)에게 조사와 법적 조치까지 이어질 수 있는 관련 정보 전달에 대한 보호도 증진시켰다(Caldwell 2016).

CISA에 더해 오바마 대통령 역시 정보보안을 증진시키는 내용의 행정명령을 즉각적으로 내놓았다. 사이버 위협과 사고들에 대한 정보 공유가 전체 미국의 사이버 안보를 증진시키는 데 있어 대단히 중요한 역할을 하고 있다는 문제의식하에서 오바마 대통령은 2015년 2월 "민간 부문과의 사이버 안보 정보 공유 촉진을 위한 행정명령"(행정명령 13691호)을 발령하였다. 여기에는 금융 서비스나 에너지 공급 등 전통적인 사회기반시설을 넘어서서 보다 광범위하게 민관 정보 공유가 이루어질 수 있도록 하는 내용이 담겨 있다. 이를 통해 국토안전부에서 정보 공유 및 분석 기구(ISAOs, Information Sharing and Analysis Organizations)를 설립될 수 있는 기반이 마련되었으며, 이 기구들을 민관 간 소통과 교류를 촉진할 수 있는 중요한 통로로 활용하고자 하였다.

3. 국토안보부 중심의 범국가적 조정체계 마련

안보화 담론에서 마지막으로 지적할 부분은 국가 차원에서 사이버 안보를 확보하려는 노력을 주도하는 리더십과 조정체계에 관한 것이다. 백악관은 사이버 위협과 관련된 정보에 쉽게 접근하고 연방정부 내에서 정보 공유가 이루어질 수 있는 새로운 정보기관으로 사이버 위협 정보 통합센터(CTIIC, Cyber Threat Intelligence Integration Center)를 설립할 계획을 발표하였다. 이 센터는 2016 회계연도부터 본격적으로 설립이 진행될 예정이며, 이론적으로는 사이버 안보와 관련된 모든 정보와 지식을 한곳에 모아 공동으로 관리하는 모델을 기반으로 하고 있다. 오바마 대통령은 "테러의 위협에 대해서 우리가 대응했던 것과 마찬가지로, 미국은 범정부적으로 신속하게 사이버위협과 관련된 정보를 수집·분석하여 공유할 수 있는 통합된 단일체계로 위협요소들이 급작스럽게 제기되더라도 대응할 수 있도록 준비할 계획"이라고 설명하였다. 현재 발표된 계획에 따르면, 민간 산업체들은 국토안전부에 정보를 공유하면, CTIIC와도 자연스럽게 정보 공유가 이루어질 수 있도록 조직과 제도를 정비할 것으로 보인다.

지난 2014년 12월에 오바마 대통령이 발표한 또 다른 이니셔티브는 연방정부 총무청을 통해서 민간 영역의 사이버 안보와 관련된 업무를 수행하는 연방정부 고용인들에게 숙식을 제공하는 '사이버 캠퍼스'를 건설할 계획을 담고 있다. 3억 5천만 달러에서 5억 5천만 달러가량 소요될 것이 예상되는 이 프로젝트만 보더라도 국가의 사이버 안보 대응역량을 증진시키기 위해서는 부처 간 조정체계가 반드시 필요함을 보여준다. 현재 시스템은 "혼란스러운 네트워크"로 표현할 수 있을 정도로 NSA, 국토안전부, FBI, CIA 등의 기관들이 중첩되면서도 분산된 권한체계를 가지고 있어 부처 및 기관 간 조정이 어렵다. 위에서 제시한 캠퍼스의 사례는 국토안보부와 FBI, 첩보기관 등으로 정부조직이 분할되어 있는 상황에서 사이버 안보와 관련된 최고군사기관을 한곳으로 결집시키기 위해서 필요한 정부기관 간 협력과 조정이 부족함을 단적으로 보여준다.

3절에서 논의한 바와 같이, 범국가적 차원에서의 조정이 원활하게 진행되기 위해서는 주무부처가 국방부여야 하는가, 아니면 국토안전부여야 하는가와 같은 논쟁점이 다시금 부상하게 된다. 이러한 의회 내 논쟁은 성공적인 입법과정으로 마무리 됨을 알 수 있다. 2014년 제113기 의회에서 통과된 국가 사이버 안보 및 핵심 기반기설 보호를 위한 법률(NCCIPA, National Cybersecurity and Critical Infrastructure Protection Act)은 크게 네 가지 법안이 일괄적으로 포함된 형태를 지니고 있다. 게다가 이 법률은 국토안전부 산하의 국가 사이버 안보 정보통합센터(NCCIC, National Cybersecurity and Communications Integration Center)를 민관 정보 공유의 핵심 플랫폼으로 정하면서 국가 사이버 안보에 있어서 국토안전부의 역할을 명확하게 규정한다. 현재 사이버 안보와 관련된 정책수단에 관여하고 있는 각 부처 및 기관들, 즉 국방부, 법무부, 국토안전부 및 CIA 중에서 특히 국토안전부는 전통적으로 그래왔듯이 계속해서 대부분의 책무를 끌어안으려는 경향이 있다. 국토안전부가 부담하고 있는 책무는 주요 기반시설에 대한 안전과 사전대응 역량을 강화시키고, 군사 영역이 아닌 민간 정부 영역과 정보통신기술 산업에 대한 보호조치를 취하는 것이 포함된다. 또한 법률 집행과 더불어 사건 발생 시 정부 대응을 주관하고, 사이버 안보와 관련된 정부의 역량을 확인하고 보고하는 역할을 하며, 사이버 생태계를 건강하게 유지하려는 노력을 기울인다(Crowther & Ghori 2015). 결국 NCCIPA에서 국토안전부의 권한을 명시함으로써 민간 영역에서의 사이버 안보 증진을 위한 노력에 주도적인 역할을 할 수 있는 기반을 제공해주고 있다.

오바마 대통령 또한 사이버 안보와 관련된 상당한 역량과 자원, 권한을 국토안전부에 부여하는 직접적인 조치들을 취한 바 있다. 대통령 훈령 제54호와 제23호에 주목해야 하는데, 이들 훈령을 통해서 국가 사이버 안보센터(NCSC, National Cybersecurity Center)를 국토안전부 산하에 설립하여 NSA, FBI, 국방부와 국토안전부 스스로가 보유하고 있는 정보를 모니터링하고 수집하여 공유하는 데 핵심적인 역할을 하도록 정하였다.

이와 같이 미국이 군사와 민간 부문 모두에서 보여주고 있는 현재의 정책적 발전과 미래 투자계획은 본고에서 제기한 두 번째 안보화 담론의 수사를 반영한 것이며, 이는 사이버 위협이 감지 가능하기는 하지만 반복되고 영속적으로 실존한다는 인식을 보여준다. 이러한 인식 하에서 미국의 사이버 안보 정책은 대규모 사이버 공격에 대응하는 강도 높은 역공을 중심으로 구성되는 것이 아니라 강력한 방어 기반을 구축하는 것에 우선순위가 있다. 이와 더불어 국토안전부가 사이버 안보 관련 주무부처이자 조정체계의 중심적인 리더십을 발휘해야 한다는 논의는 사이버 안보를 군 조직이 아닌 민간 조직에서 다루어야 한다는 대다수의 의원들과 이익집단들의 정치적 견해로 뒷받침이 되면서 강한 동력을 얻고 있다는 사실이 포착된다.

V. 결론

본고는 오바마 행정부에서 사이버 위협이 국가안보를 보장하기 위해 가장 우선적으로 고려해야 한다는 담론이 제기되는 과정을 분석함으로써, 아래의 세 가지 핵심질문에 답하고자 했다. 서로 다른 안보화 주체들은 사이버 안보를 어떤 틀로 규정하려고 하는가? 그리고 이러한 상이한 인식 틀과 담론체계가 사이버 안보와 관련된 정치적 논의 과정에서 어떤 초점과 방향성을 제시하고 있는가? 사이버 안보와 관련된 정치적 논의 과정에서 충돌하는 이해관계는 무엇인가?

이와 같이 정치적 논의를 분석해 볼 때, 실제로 2절에서 제시한 안보화 담론이 현실을 변화시킬 만큼 실질적인 영향력을 행사하는가?

안보화에 사용된 수사들과 사이버 위협을 규정짓는 방식과 관련된 첫 번째 질문에 대해서는 우선 정부와 군 지도부, 산업계 대표, 정보기관 담당자, 시민사회 구성원 등을 핵심적인 안보화 주체로 상정하였다. 이러한 안보화 주체들은 특히 중국이나 러시아, 이란 등 적대적인 국민국가나 비국가 행위자들을 언급할 뿐만 아니라 과잉안보화, 기술환원적인 담론과 일상생활에서의 안보 관련 행위들까지를 동원하는 수사들도 사용한다. 사이버 위협을 국가안보에 대해 실존하는 집합적 위험요소로 구성하는 안보화 담론의 수사는 다음과 같이 크게 세 부분으로 이루어져 있다. 첫째, 군과 정부의 담론은 국가 주요 기반시설과 관련된 사실상 모든 사회 각 분야를 보호해야 하기 때문에 사이버 위협은 '국가안보' 차원에서 다루어야 한다는 주장을 핵심적으로 담고 있다. 둘째, 경제 담론은 '정보 네트워크 보안'의 개념을 강조하면서 사이버 위협을 규정하고, 미국 경제에 미칠 파급력에 대해서 주목한다. 마지막으로 시민사회 담론은 '개인안보'에 대한 위협을 가장 우선시하고 이러한 개개인의 보안문제가 결국은 사회 전체의 집합적 안보에도 심각한 타격을 줄 수 있다는 점을 강조한다. 이러한 수사들은 3절에서 제시하고 있는 세 가지 정책적 관점의 바탕이 되었다고 볼 수 있다. 즉, 정부 주도의 규제 중심적인 접근을 취할 것인지, 산업계 주도의 자율규제의 관점을 견지할 것인지, 아니면 중위적으로 자발적 협력 체계를 구축할 것인지 등, 세 가지 선택지 가운데 사이버 위협에 대응하는 가장 효과적인 방안을 주창하였다.

두 번째 질문은 안보화가 진행되면서 벌어진 정치적 논의와 갈등 과정에서 어떤 논점들이 제기되었는지에 초점을 맞추고 있다. 이 과정에서 직·간접적으로 관여한 이해당사자들은 민주당과 공화당 의원들, 대통령, 산업계와 무역 대표부, 이익집단, 시민사회와 기술 전문가 등 상당히 다양하다. 정부 주도의 규제, 산업계 주도의 자율규제, 중위적인 자발적 협력 체계를 주장한 각 집단들은 국가안보를 위해 사이버 안보와 관련된 리더십을 어떤 부처가 확보할 것인지, 정보 공유의 범위를 어느 수준으로 설정할 것인지, 주요 사회기반시설 보호에 대한 연방정부의 역할을 어떻게 규정할 것인지 등의 문제에 직면하여 그 내부에서도 불협화음을 경험하였다. 이상의 논점들에 대해서 실제로는 상당히 복잡한 논의가 전개되었으며, 반드시 정치적 당파와 완전히 맞아떨어지는 것이 아님에도 불구하고 다음과 같이 정리하는 것이 자칫 지나친 단순화의 함정에 빠질 수도 있다. 그러나 대체적으로 오바마 대통령과 민주당 의원들은 사회 주요 기반시설에 대한 정부의 규율 허용과 정보 공유의 확대, 국토안전부가 주무부처가 되어 민간 정부가 중심이 된 정책 시행을 지지하는 데 거의 일치된 견해를 보인 반면에, 재계와 사적 부문 행위자들, 공화당 의원들은 개인의 권리와 사생활 보호가 이루어져야 함에도 불구하고 정부의 지나친 비대화로 침해 받거나 각종 법적 규제가 더욱 증가할 수 있는 잠재적인 상황에 대해서 우려를 표하면서 사회기반시설에 대한 보호는 산업계에서 자발적으로 이루어지도록 두어야 하며, 정보공유는 국방부나 NSA에서 주관해야 한다고 주장하였다.

마지막으로, 현실을 재구성한 제도적 변화를 살펴보면, 공공영역과 민간영역이 각각 사이버 안보를 위한 역량을 강화하도록 유도하기 위해 자원을 활용하는 이해관계자들 간의 자발적 협력을 강조하는 접근방식이 정부 개입과 정부 배제라는 다른 두 극단적인 관점을 압도한 것으로 분석할 수 있다. 이로 말미암아 정부와 산업계는 국가의 주요 사회기반시설을 보호하기 위한 방안을 함께 마련하도록 중요한 계기가 마련되었다. 따라서 정부 소유의 기반시설은 연방정부가 과감한 수단을 사용하여 보호하고, 민간영역이 소유한 인프라에 대해서는 민간이 스스로 보호할 수 있도록 정부가 지원하는 방향으로 정책이 구상될 것으로 보인다. 또한 정부 내에서 사이버 위협과 관련된 정보 공유를 촉진시키고자 범정부적으로 적용되는 기준과 최소요건을 마련하였으며, 정보 공유를 필요로 하는 민간영역의 행위자들을 위해 역량과 자원을 제공하기로 하였다. 더불어 국토안보부에 사이버 안보를 위한 국가역량을 결집하고 조정하여 극대화하는 주도적 기관으로서 역할이 부여되었다.

공사부문 모두 사이버 위협에 대한 취약성을 저감시키기 위해 활발하게 노력한다는 점을 통해 양측 모두 주요 사회기반시설을 보호하기 위한 조치들을 더욱 강화해야 한다는 주장에는 동의하는 것으로 보인다. 입법 과정에서 드러난 정치적 논쟁에서 정부가 훨씬 더 강력한 규율을 해야 한다는 주장이 제기되었음에도 불구하고, 현실에서는 상당한 권한을 사적 부문에 맡기고 있다. 정부는 적어도 당분간 더 효과적으로 사적 소유의 사회기반시설을 관리·보호할 수 있는 주체에 더 많은 권한을 부여하고, 정부 스스로는 조정과 지원 역할에 만족한다고 해석해 본다.

네트워크에 대한 모니터링과 정보 공유에 대한 안보화 수사들이 상대적으로 가장 낮은 수준으로 실제 안보화로 이어졌다고 평가할 수 있다. 국방부와 국토안전부 등 정부 기관들 내에서는 어느 정도 정부 네트워크들에 대한 모니터링과 위협요소에 대한 정보를 공유할 준비가 된 것으로 보이나, 이러한 노력이 사적 부문을 포괄하는 형태로까지 확대되지는 못했다. 전반적으로는 이러한 평가가 가능하나, 그럼에도 불구하고 이전에 비해서는 사적 부문과의 협업에 있어 상당한 진전을 보이기도 했다. 안보화 수사에 따른 현실의 재구성이 이 분야에서는 완벽하게 이루지지 못했다고 해서 해당 수사들이 실패했다거나 효과를 발휘하지 못했다고 이해하기보다는 논점 자체가 쉽게 해결되기 어려운 근본적인 문제들을 다루고 있다고 이해하는 것이 보다 타당할 것이다.

사이버 안보와 관련된 조정체계 및 리더십에 관한 부분은 상반된 함의를 내포하고 있다. 오바마 행정부에서는 범정부적으로 조정체계가 미비한 것에 대해서 야심차게 해결방안을 제시하고자 하였으나, 실질적으로 권한이나 책무의 배분을 이전과는 완전히 다르게 변화시키는 행정조치나 입법이 이루어졌다고 보기는 어렵다. 비효율성과 부적합성에 대한 끊임없는 지적이 있었음에도 불구하고 국토안전부는 기존에 보유하고 있던 사이버 안보 전반에 대한 권한을 그대로 지켰으며, 사실상 현상유지 상태가 지속되고 있다고 보아도 무방하다. 이는 오바마 행정부가 정책 검토 보고서에서 현 상황을 "더 이상 수용할 수 없다"라고 평가한 것과는 사뭇 다른 조치로 보인다.

이상의 분석을 통해서, 사이버 안보와 관련된 안보화 담론은 상당 정도 현실을 재구성함으로써 사이버 위협을 국가안보의 최우선순위로 자리매김하게 만드는 효과를 나타냈음을 알 수 있다. 사실 안보화 담론의 효과성은 개인 사생활 보호와 집단안보라는 두 이상이 근본적으로 충돌할 수밖에 없기 때문에 더 낮은 수준으로 발휘될 수밖에 없었고, 마침 스노우든의 폭로가 이루어짐에 따라 이러한 가치관의 충돌은 더욱 격화되었다. 오바마 대통령이 취임 초기 내비쳤던 전략 구상과 기대치의 수준이 워낙 높았기 때문에, 일각에서는 그 목표가 충분히 달성되지 못할 것이라는 전망을 내놓기도 하였다. 그러나 오바마 행정부가 취한 일련의 조치들을 살펴보면, 이전 정부인 부시 행정부에 비해서 여전히 산업계에 친화적이기는 하지만 더욱 투명하고 전환적인 사이버 안보 정책구상과 정책수단을 갖추게 되었다고 평가할 수 있다.

본고는 오바마 행정부 하에서 벌어진 미국 대내적인 사이버 안보 관련 정치와 정책 동학을 안보화 이론의 시각에서 살펴봄으로써 사이버 위협이 어떻게 국가안보의 핵심의제로 부상하게 되었는지의 과정을 추적하고자 하였다. 향후 새로운 임기를 시작한 트럼프 정권에서는 어떠한 방향으로 사이버 안보 정책을 추구해 나갈지를 살펴보는 것도 흥미로운 과제이다. 특히 최근 트럼프 행정부에서 국방부가 미국의 핵심 인프라에 대한 사이버공격을 방어하는 종합계획을 구상하도록 하였다는 점에서 앞으로의 귀추가 주목된다(Marks 2016).

참고문헌

Works Cited

112 Cong. Rec. S6776. 2012. (statement of Sen. Joseph Lieberman)

112 Cong. Rec. S6777. 2012. (statement of Sen. Dianne Feinstein)

112 Cong. Rec. S6778. 2012. (statement of Sen. Charles Grassley)

112 Cong. Rec. S6778. 2012. (statement of Sen. Dianne Feinstein)

112 Cong. Rec. S6780. 2012. (statement of Sen. Barbara Mikulski)

112 Cong. Rec. H2149. 2012. (statement of Rep. Jared Polis)

112 Cong. Rec. E693. 2012. (speech of Rep. Earl Blumenauer)

112 Cong. Rec. E729. 2012. (speech of Rep. Carolyn Maloney)

112 Cong. Rec. H2158. 2012a. (statement of Rep. Sue Myrick)

112 Cong. Rec. H2158. 2012b. (statement of Rep. Leonard Boswell)

Buzan, B., Waever, O., & Wilde, J. d. 1998. *Security: A New Framework for Analysis*. Boulder, CO: Lynne Rienner.

Caldwell, G. 2016. Why You Should Be Concerned About The Cybersecurity Information Sharing Act. *TechCrunch*. Retrieved from https://techcrunch.com/2016/02/07/why-you-should-be-concerned-about-cisa/

Chairman Mike Rogers Statement. 2012. [Press release]. Retrieved from https://intelligence.house.gov/press-release/chairman-mike-rogers-statement

Couts, A. 2012. Senate Kills Cybersecurity Act of 2012. *Digital Trends*.

Crowther, G. A. & Ghori, S. 2015. Detangling The Web: A Screenshot Of US Government Cyber Activity – Analysis. *Eurasia Review*.

Cyber Threats and the US Economy: Statement for the Record Before the Joint Economic Committee on Cyber Threats and the US Economy by John A. Serabian, Jr. Information Operations Issue Manager, CIA. 2000. Central Intelligence Agency.

Cyberspace Policy Review. 2009. Retrieved from https://www.whitehouse.gov/assets/documents/Cyberspace_Policy_Review_final.pdf

DOD plans major reorganization of cyber forces. 2013. *Defense Systems*. https://defensesystems.com/articles/2013/04/12/dod-budget-strategy-report-cyber.aspx?admgarea=DS Retrieved from https://defensesystems.com/articles/2013/04/12/dod-budget-strategy-report-cyber.aspx?admgarea=DS

FACT SHEET: Administration Cybersecurity Efforts 2015. 2015. Washington, D.C.

Flamini, R. 2013. Improving Cybersecurity. *CQ Researcher, 23*, 157-180. Retrieved from http://library.cqpress.com/cqresearcher/document.php?id=cqresrre2013021506

Gross, G. 2012. Republican Senators Introduce Their Own Cybersecurity Bill. *PC World*.

http://www.pcworld.com/article/251105/republican_senators_introduce_their_own_cybersecurity_bill.html Retrieved from http://www.pcworld.com/article/251105/republican_senators_introduce_their_own_cybersecurity_bill.html

Hall, P. A. 1997. The role of interests, institutions, and ideas in the comparative political economy of the industrialized nations. In M. I. Lichbach & A. S. Zuckerman (Eds.), *Comparative politics: Rationality, culture, and structure* (pp. 174-207). Cambridge: Cambridge University Press.

Hansen, L. & Nissenbaum, H. 2009. Digital Disaster, Cyber Security, and the Copenhagen School. *International Studies Quarterly* (53), 1115-1175.

Hayden, M. 2011. The Future of Things "Cyber". *Strategic Studies Quarterly*. Retrieved from http://www.au.af.mil/au/ssq/2011/spring/hayden.pdf

Hill, K. 2012. White House Issues A Smackdown On CISPA. http://www.forbes.com/sites/kashmirhill/2012/04/25/white-house-issues-a-smackdown-on-cispa/ - 3b34a0f38687 Retrieved from http://www.forbes.com/sites/kashmirhill/2012/04/25/white-house-issues-a-smackdown-on-cispa/ - 3b34a0f38687

Jackson, W. 2012. McCain slams DHS, wants DOD to defend cyberspace. *GCN*. Retrieved from https://gcn.com/articles/2012/03/27/cyber-defense-hearing-mccain-slams-dhs-favors-dod.aspx

Lavis, J. N., Ross, S. E., Hurley, J., Hohenadel, J. M., Stoddart, G. L., Woodward, C. A., & Abelson, J. 2002. Examining the role of health services research in public policymaking. *Milbank Quarterly*, 80(1), 125-154.

Libicki, M. 2011. Chinese Use of Cyberwar as an Anti-Access Strategy: Two Scenarios. Testimony.: RAND Corporation.

Lynn, W. J. 2010. Defending a New Domain. *Foreign Affairs*. https://www.foreignaffairs.com/articles/united-states/2010-09-01/defending-new-domain Retrieved from https://www.foreignaffairs.com/articles/united-states/2010-09-01/defending-new-domain

Marks, J. 2016. Trump Pledges DoD-Led Plan to Protect Vital Infrastructure from Cyberattack. *Nextgov*. http://www.nextgov.com/cybersecurity/2016/11/trump-pledges-dod-led-plan-protect-vital-infrastructure-cyberattack/133341/ Retrieved from http://www.nextgov.com/cybersecurity/2016/11/trump-pledges-dod-led-plan-protect-vital-infrastructure-cyberattack/133341/

Nissenbaum, H. 2005. Where computer security meets national security. *Ethics and Information Technology*, 7(2), 61-73.

Obama, B. 2012. Taking the Cyberattack Threat Seriously. *The Wall Street Journal*. Retrieved from http://www.wsj.com/articles/SB10000872396390444330904577535492693044650

Osborne, J. 2009. Senate Proposal Could Put Heavy Restrictions on Internet Freedom.

Fox News.

Pentagon Bill to Fix Cyber Attacks : $100M. 2009. *CBS*. Retrieved from http://www.cbsnews.com/news/pentagon-bill-to-fix-cyber-attacks-100m/

Perine, K. & Martinez, J. 2012. House passes CISPA bill. *Politico*. Retrieved from http://www.politico.com/story/2012/04/house-passes-cispa-bill-075670

Phillip, J. 2014. The Staggering Cost of Economic Espionage Against the US. *The Epoch Times*. Retrieved from http://www.theepochtimes.com/n3/326002-the-staggering-cost-of-economic-espionage-against-the-us/

Pomey, M. P., Morgan, S., Church, J., Forest, P. G., Lavis, J. N., McIntoch, T., & Dobson, S. 2010. Do provincial drug benefit initiatives create an effective policy lab? The evidence from Canada. *Journal of Public Health Politics, Policy, and Law*, 35(5), 705-742.

Reitman, R. 2013. 34 Civil Liberties Organizations Oppose CISPA After Amendments.

Rogers & Ruppersberger Introduce Cybersecurity Bill to Protect American Businesses from "Economic Predators". 2011. U.S. House of Representatives Permanent Select Committee on Intelligence.

Secretary Panetta's Speech About Cybersecurity. 2012. Council on Foreign Relations.

Securing Cyberspace for the 44th Presidency. 2008. Retrieved from http://csis.org/files/media/csis/pubs/081208_securingcyberspace_44.pdf

Securing the Modern Electric Grid from Physical and Cyber Attacks : Hearing Before the Subcomm. on Emerging Threats, Cybersecurity, and Sci. and Tech. of the H. Comm. on Homeland Sec., 111th Cong. 2 (statement of Representative Yvette D. Clark). 2009. 111th Cong. 2.

Senators Introduce Legislation to Strengthen Cybersecurity. 2012. Retrieved from http://www.energy.senate.gov/public/index.cfm/2012/3/senators-introduce-legislation-to-strengthen-cybersecurity

Singer, P. 2014. *Cybersecurity and Cyberwar: A Q&A with Peter Singer/Interviewer: E. Voeten*. The Washington Post.

Waever, O. 1995. Securitization and desecuritization. In R. Lipschutz (Ed.), *On Security*. New York : Columbia University Press.

Waever, O., Buzan, B., Kelstrup, M., & Lemaitre, P. 1993. *Identity, Migration and the new security agneda in Europe*. London : Pinter.

제2장

미국의 대테러전쟁과 거시안보화: 스노든파일 사례를 중심으로

김보라

I. 들어가는 말

2013년 6월 미국 정부는 전례 없는 위기에 봉착했다. 국가안보국(NSA, National Security Agency)의 고용인 신분이었던 컴퓨터 전문가 에드워드 스노든(Edward Snowden)이 미국을 비롯해서 영국, 캐나다, 호주, 뉴질랜드로 구성된 '파이브 아이즈(Five Eyes)'의 지구적 감시 체계가 존재한다는 사실을 언론에 폭로한 것이다. 미 정부는 즉시 거센 비판에 직면했다. 미국이 휘말린 논란은 사이버 공간에서 흔히 대두되는 '자유'와 '안보' 간의 논쟁, 즉 안전 보장을 명목으로 행해지는 사이버 감시와 그로 인한 자유 침해가 어디까지 용인되어야 하는가의 문제 이상의 것이었다. 이 사건은 미국의 이념을 지탱하는 가치체계를 뒤흔드는 것이었으며, 동맹국들과 도전국 모두에 대하여 미국이 저질러온 행태가 결코 정당화될 수 없다는 점을 분명하게 각인시켜 주었기 때문이다.

제2차 세계대전 종전 이후 세계를 지배한 '팍스 아메리카나(Pax Americana)'를 지탱해주었던 것은 미국이 내세운 자유민주주의 이념이었으며, 이러한 이념은 냉전 해체 후 자유시장 경제체제를 통해 더 공고화되었다. 건국 이래 자유의 가치를 전면에 내세워온 미국에게 있어서 스노든 스캔들은 국가의 근간을 뒤흔드는 자기모순적 사건이었다. 한편 이에 대한 해명을 요구하는 국민들에 대하여 정부는 아주 단순한 답변만을 하였다. 오바마 정부는 스노든이 진실을 추구하는 긍정적 이미지인 '내부고발자(whistleblower)'라고 부르기를 거부함으로써 그가 공공의 권익을 대변하고 있다는 의견을 철저하게 기각했다. 또한 스노든이 공개한 문서의 내용보다도 그것을 공개한 경위와 그로써 초래된 국가적 위험을 의도적으로 부각시킴으로써 그에게 '누설자(leaker)'라는 오명을 덮어씌웠다. 미국 정부의 이와 같은 고의적 대응은 충분히 예상 가능한 바였지만 좀 더 전향적인 해명을 기대했던 대중들에게 이 같은 태도는 국가 기밀을 바라보는 정부와 국민의 시각이 근본적으로 상이하다는 점을 재차 확인시켰다.

스노든 사건은 미국에 이데올로기적 위기인 동시에 정책적 위기를 의미했다. 2001년 9·11 테러 발발 직후 당시 부시 정권은 '테러와의 전쟁(Global War on Terror; GWoT)'을 선포했고 이것은 줄곧 미국 대외정책의 구심점이 되어왔다. 정부는 테러 방지를 명목으로 시민들의 자유를 일부 희생시켰고 국가 비상상황에서 미국 국민들도 행정부에게 전적인 권한을 위임하는 듯했다. 한편 오바마 행정부는 재임에 성공하면서 전임자의 유산이었던 테러와의 전쟁이 공식적으로 막을 내렸음을 선포했고, 이어서 앞으로 미국에게 위협이 되는 특정 집단과 그들의 네트워크를 집중적으로 무력화시킬 것을 대내외적으로 천명했다. 그러나 미국의 대테러전쟁은 결코 끝난 것이 아니었다. 테러위협에 대한 미국의 인식 체계는 과거와 크게 다르지 않았으며 전반적인 기조는 그대로 유지된 것이다.

미 의회조사국(Congressional Research Service)에서 2016년 발간한 보고서는 부시 정권의 '테러와의 전쟁(GWoT)'과 오바마 행정부 아래 변용된 형태로 전개된 '해외긴급작전(OCO, Overseas Contingency Operation)'을 동일하게 취급하고 있다. 이러한 배경에서 스노든의 폭로는 미국의 대외정책 기조에 상당한 균열을 초래했다. 사실 미국 국민이 생각하는 견제와 억지의 대상은 언제나 그들을 위협하는 테러집단이지 그들 자신이 아니었다. 그러나 미 정부가 버라이즌(Verizon) 등 통신업체 등을 매수해 그들의 통화 내역을 감청하고 있다는 사실이 밝혀지면서, 테러집단과 일반인 간의 경계가 매우 모호해지게 되었다. 그동안 미국 정부가 국민의 대리인으로서 자국의 안전을 위해 테러 방지 및 첩보 활동의 기본이 되는 정보기술을 독점적으로 활용하면서도 국민들에게 이에 대한 책임 있는 자세를 취해오지 않았다는 것인데, 스노든의 폭로는 국민들로 하여금 이러한 상황을 올바로 인식하도록 해주면서 동시에 자신들의 '알 권리'를 적극적으로 피력해야 할 필요성을 느끼게 해주었다.

미국을 비롯한 통신기술 강국들의 정교한 감시 체계는 끊임없는 지적 대상이 되어왔다. 지그문트 바우만(Zygmunt Bauman)과 데이비드 라이언(David Lyon)은 스노든의 폭로로 드러난 미국의 전 지구적 감시체계를 일컬어 '유동하는 감시(liquid surveillance)'라고 명명했다. 바우만에 따르면 감시란 현대성(또는 모더니티)의 핵심 단면인데, 그 현대성은 고정 형태를 지니지 않고 급변하는 현대사회에 맞추어 끊임없이 변모한다. 따라서 국가의 감시 체계도 시민들의 일상에 깊이 침투할 수 있게끔 유동적인 형태로 진화한다는 것이다. 이는 정부의 감시를 정당화하는 국가의 안보적 필요와 통신기술 회사들의 공격적 마케팅 기법이 결탁한 결과라고 할 수 있다.[1] 또한 질 들뢰즈(Gille Deleuze)는 현대사회의 감시 체계가 변화하는 양상을 빗대어 수직의, 융통성 없이 빽빽한 나무에서 무작위적으로 번져나가는 잡초로의 변화라고 설명했다. 보다 더 최근의 논의로는 케빈 해거티(Kevin D. Haggerty)와 리차드 에릭슨(Richard V. Ericson)의 '감시자 아상

1 바우만과 라이언의 '유동하는 감시' 개념은 미셸 푸코(Michel Foucault)의 '미시권력(micro-power)' 개념과 상당 부분 맞닿아 있다. 푸코는 모든 권력이 모세혈관(capillary)과 같이 미시적으로 뻗어 있다고 주장한 바 있는데, 이는 현대 사회에서 권력이 형성되고 순환하는 방식을 설명한 것이다.

블라주(surveillant assemblage)' 개념을 들 수 있다. 인터넷 사용자가 인터넷 공간에 접속함으로써 최초로 제공하는 데이터를 '바디 데이터(body data)'라고 한다면, 이 데이터가 넷상에서 표류하며 다른 데이터와 결합하거나 최초 의도와 다른 목적으로 사용되면서 생겨나는 부차적인 데이터를 '데이터 더블(data doubles)'이라 이른다. 바디 데이터가 데이터 더블이 되는 양상, 즉 데이터가 교환되고 형성되는 방식은 본질적으로 예측이 불가능하기 때문에 이를 감시하고자 하는 국가의 감시 체계도 보다 집합적인 형태(아상블라쥬)를 띠게 된다는 것이다. 종합해보면 현대 사회에 이르러 국가의 감시 체계의 특징은 편재성(omnipresence)과 침투성(pervasiveness)으로 요약될 수 있다. 바우만이 지적한 바와 같이 국가의 감시 능력은 통신기술의 발전 정도와 정비례하기 때문에 통신 서비스가 고도로 발달한 미국의 경우 국가 감시 역량은 더욱 탄력을 받게 된다. 사이버 공간상에서 국가의 정찰 활동은 끊임없는 논란의 대상이 되어왔으며, 스노든의 폭로 사건도 주로 이러한 관점에서 다뤄져왔다. 국가의 정찰 활동이 개인의 사생활에 대한 과도한 침해라는 입장과 국가의 안보 위협에 대처하기 위해 불가피한 조치라는 입장이 첨예하게 대립해왔던 것이다. 물론 스노든의 폭로를 접한 국민들은 그들이 줄곧 의심해왔던 자국의 정부의 불법 활동이 사실로 판명되자 즉각적으로 분노했다. 반면 미국이 가진 안보적 부담을 감안할 때 불가피하게 정찰 활동을 할 수 밖에 없다는 관용적 시각도 존재했다. 한편 스노든 사례를 미국의 외교정책적 관점에서 조명한 연구로는 헨리 퍼렐(Farrell)과 마사 피네모어(Finnemore)의 연구가 대표적이다. 퍼렐과 피네모어는 미국 정부는 더 이상 "위선적(hypocritically)" 행동하고도 제재를 받지 않을 수 없게 되었다고 지적한다. 스노든 폭로 사건이 정부가 대내외적으로 표명하는 레토릭,

즉 선(good)의 대변자라는 정부의 자기정의와 정면으로 충돌한다는 것이다.

종래 연구에서 더 나아가 이 장에서는 2000년대 초 부시 정권이 선포한 미 정부의 '테러와의 전쟁'에서부터 논의를 시작한다. 테러와의 전쟁' 슬로건에 내재된 본질적인 모순이 사이버 공간상에서 어떻게 발현되었는가를 스노든의 폭로 사례를 통해 살펴보는 것이 이 장의 목표라고 할 수 있다. 이에 관한 심층적 탐구를 위해 코펜하겐학파(Copenhagen School)의 '안보화 이론(securitization theory)'과 '거시안보화(macrosecuritization)' 개념을 적극 차용한다. 미 정부의 '테러와의 전쟁'이라는 정책 기조는 여타 안보화 논리들을 모두 포괄하고 그들 사이에 구조를 부여하는 거대한 안보화 시도였는데, 그러한 거시적 프레임의 하부구조에서 발생한 다양한 형태의 균열적 움직임이 궁극적으로 거시안보화 논리의 모순적인 모습을 부각시켜왔다는 것이 이 연구의 골자이다. 스노든 폭로사태는 이러한 이율배반적 모습을 드러낸 결정적인 사건이었다.

본 장은 다음과 같이 구성된다. 우선 다음 절에서는 스노든 폭로 사건을 간결하게 소개한다. 다음으로 안보화이론을 소개하고 거시안보화의 개념을 자세하게 분석한다. 이어 거시안보화를 가능하게 하는 조건인 '보편적 이데올로기'에 대해 설명하고 라클라우의 '비어 있는 기표' 개념을 사용하여 보편주의가 지닌 전략적 모호성을 지적한다. 다음으로 거시안보화 틀이 지닌 내재적 한계가 스노든의 폭로 사례로 극대화되는 양상을 살펴보기로 한다.

II. 스노든의 폭로 사건

1. 미국 방첩법과 안보국가의 출현

2013년 스노든 파일이 공개된 직후 미 정부에서 발표한 에드워드 스노든의 죄목은 세 가지였다. 첫 번째는 정부 소유물 절도죄였으며 두 번째와 세 번째는 모두 1917년에 제정된 방첩법 위반에 해당했다. '(정부의 의해) 승인되지 않은(unauthorized person)' 인물에게 국방정보를 누설하고 정보기술을 넘겼다는 것이다. 오바마 정부는 사건 발생 약 2개월 후 기자회견에서 스노든을 '내부 고발자'라고 명명하길 의식적으로 거부했다. 국가기밀과 국민의 무지 아래 행해지던 모든 첩보활동이 공개된 이상 정부가 취할 수 있는 입장은 매우 분명했다. 정부의 목표는 스노든의 폭로 행위를 1917년 방첩법 위반으로 고발하고, 그 법에 의거하여 처벌된 여러 선례와 동일한 방식으로 스노든 사건을 처리하고자 했다. 미국의 수정헌법 1조는 개인의 표현의 자유를 보장하고 정부에 반대하는 세력들을 침묵시키려는 정부의 어떠한 행위로부터도 시민들은 보호되어야 함을 명시하고 있다. 이러한 헌법적 제약을 피하기 위해 미 정부는 스노든이 폭로한 기밀의 내용보다 그 폭로 행위 자체가 국가안보에 지대한 위협이 된다는 점을 방첩법 적용의 근거로 삼았다. 9·11 테러 발생 이후 미 행정부의 안보 패러다임은 크게 변화해왔는데, 정부는 국가안보를 위협하는 행위에 대하여 전보다 훨씬 단호한 입장을 취하고 있었다. 동시에 그들의 처사가 무조건적으로 시민들의 자유를 희생시키는 국가권력의 남용으로 비춰지는 것을 우려하여 법 적용 시 해석의 여지를 충분하게 유지하고자 했다. 모든 것을 종합해 볼 때 오바마 행정부가 스노든을 100년 전 제정된 방첩법으로 기소한 것은 자유민주주주의 국가로서 미국이 스스로에게 부과한 법적 제약들을 효과적으로 우회하면서도 국가안보의식을 고취시킬 수 있는 유일한 방법이었다.

방첩법은 1917년 제1차 세계대전 당시 제정되어 스노든 사태 이후 자유법(Freedom Act)으로 대체되기까지 미국을 지배해온 거대 안보담론의 핵심이었다. 방첩법은 국가이익에 반하는 사실 또는 허위사실을 공표하는 모든 행위를 처벌하는 법으로서, 당시 미국의 안보의식을 반영하고 있었다. 1898년 미국은 쿠바섬의 이해관계를 둘러싸고 스페인과 벌인 전쟁에서 자신들의 새로운 제국주의적 사명을 천명한 바 있다. 쿠바의 반란을 목격한 미국은 스페인의 압정에 시달리는 쿠바인을 도와야 한다는 정의감에 고취되어 반란을 적극적으로 후원했고 스페인과의 전쟁에서 소정의 승리감을 맛보았다. 당시 대통령으로 당선되기 전의 우드로 윌슨(Woodrow Wilson)은 종교와 애국심을 동일시하면서 애국심이야말로 기독교인들의 사명임을 강조했고, 쿠바 반란에 대한 정치적 개입은 '원칙을 사회적 행동으로 옮기는(translating principle into social action)' 행위라고 찬양했다.

이후 1914년 제1차 세계대전이 발발했을 때까지 미국은 중립적 입장을 고수했으나 독일의 잠수함이 미국의 원양 항해선을 침몰시킨 것을 계기로 독일에 대항해 참전하게 된다. 당시 미국은 세계적 수준의 전쟁에 참여할 준비가 미비했기 때문에 1917년 윌슨 대통령은 재차 젊은 미국인들이 일상을 내려놓고 애국적 헌신을 다해야 한다고 강조하면서 징병을 시작했다. 따라서 이러한 역사적 배경하에 제정된 방첩법은 국가의 외교관계가 전보다 중요해진 상황에서 행정부가 선도적 역할을 담당하겠다는 일종의 선언이었다. 국가안보 수호의 사명을 띤 정부는 전례 없는 정치적 재량권을 누리게 되었으며, 행정부의 결단에 반기를 드는 모든 세력들은 국가의 적과 내통하는 게 아닌가 하는 의심을 사게 되었다. 제1차 세계대전의 종전 이후 전쟁의 분위기가 막을 내리자 국내 정치를 부식시키는 방첩법도 철폐되어야 한다는 여론이 형성되었다. 그러나 뒤이어 제2차 세계대전이 발발하고 1941년 일본이 진주만 공습을 감행하자 미 정부는 방첩법을 유지시킬 합당한 명분을 다시 획득했다. 당시 첩보활동으로 진주만 공습을 예측할 수 있었다는 주장이 일각에서 제기되었고, 정부만이 전쟁 시 정보의 흐름을 엄격하게 통제하고 관리할 수 있는 대리인이라는 인식이 전국적으로 형성되었다.

두 차례의 종전을 경험하면서 그 명맥을 유지하던 방첩법이 재차 수면 위로 떠오른 것은 1971년 6월 13일 군사분석 전문가 다니엘 엘스버그(Daniel Ellsberg)가 뉴욕타임즈 기자에게 '펜타곤문서(Pentagon Papers)'를 전달함으로써 베트남전쟁의 추악한 모습을 폭로한 사건 때문이었다. 펜타곤문서란 1945년부터 1967년까지 미국 정부가 베트남전쟁에 개입한 역사를 담은 1급 기밀문서로 미국 국방부에 의해 작성되었다. 해당 문서가 세상에 공개되었을 때 미국 국민에게 가장 큰 충격을 안긴 것은 미국의 베트남전쟁 개입 명분이 순전히 조작되었다는 사실이었다. 이 자료에 따르면, 1964년 북베트남 어뢰정 3척이 통킹만에서 작전 수행 중이던 미 구축함 매독스호(Destroyer USS Maddow DD-731)에 선제공격을 가한 '통킹만 사건'은 미국이 베트남전쟁 개입을 공개적으로 정당화하기 위해 조작한 사건이었다. 해당 사건이 미 국방부의 의도적인 조작이었다는 점이 폭로되자 전국적인 반전(反戰)운동 열풍이 불었는데, 이 와중에 엘스버그 자신은 전쟁의 유산인 방첩법으로 기소되어 115년형을 선고받았다. 전쟁 중이었다면 국가가 대적하는 적의 존재가 분명하기 때문에 방첩법 적용을 충분하게 정당화할 수 있었지만, 펜타곤문서 사건의 경우 닉슨(Nixon) 정부는 엘스버그가 미국의 적대국과 내통했다는 증거가 없었음에도 불구하고 이 법을 기소의 근거로 삼았다. 1971년에 벌어졌던 이 사건은 '안보국가'의 기표를 내세운 미국 정부가 자신들의 활동을 정당화하기 위해 '안보화'의 논리를 무리하게 내세우면서 엘스버그라는 내부고발자에게 방첩법을 적용한 사례로 해석될 수 있다.

2. 스노든 파일

2013년 6월 미국 국가안보국(NSA)과 계약관계에 있었던 스노든이 정부의 불법사찰행위를 폭로한 사건은 오바마 정부에게 두 가지 난제를 안겨주었다. 첫 번째는 스노든의 존재만으로 '예외적 국가(exceptional nation)'라는 미국의 정체성과 대외적 명성이 훼손되었다는 점이었다. 미국 국민들의 관심은 스노든이라는 한 개인의 폭로 행위보다도 국가안보국의 첩보 관행과 수많은 정보기관들이 엄정한 제도적 감시의 틀에서 벗어나 있다는 점을 인식하게 된 데 있었다. 따라서 미 행정부의 입장에서는 스노든이 폭로한 국가안보국의 PRISM(Planning tool for Resource Integration Synchronization and Management) 프로그램의 존속 여부보다도 거시적으로 국가의 정보 수집 활동, 더 나아가서 국가가 표방한 공익 증진 행위가 국민의 의심을 받는다는 사실이 더 큰 위협이었다. 두 번째는 2001년 이후 전세계적 대테러전쟁을 주도해온 미국과 그의 우호국, 동맹국과의 관계에서 드러났다. 스노든은 국가안보국 문서를 폭로한 이후 러시아에서 임시망명 허가를 취득하여 체류하고 있다. 스노든의 처벌을 옹호하는 측은 그가 미국 시민으로서 정당한 법의 심판을 받아야 하기 때문에 그를 즉시 본국으로 송환해야 한다고 주장한다. 하지만 미 정부가 정치적 망명자인 스노든을 소환할 수 있는 국제법적 근거는 충분하지 않다. 이를 인지하고 있는 미 정부도 스노든에 대한 처벌은 국내법적 차원에서 이루어질 것임을 거듭 강조해왔다.

스노든의 폭로가 9·11 테러 사건 이후 국가적 통합의 근간을 이루어온 미국의 정체성에 치명적 손상을 입혔다는 사실은 분명했다. 테러 방지를 위한 명목으로 통화 내역뿐 아니라 구글, 페이스북 등 인터넷 회사들과의 협업을 통해 시민들의 정보를 무단 수집했다는 사실은 전국적인 분노를 불러일으켰다. 이에 대해 오바마 정부는 직접적인 해명을 내놓기보다 국가안보국이 안전 보장을 위해 불가피하게 수행하는 임무이며, 스노든의 폭로는 미국의 안보에 지대한 위협을 가져왔다고 비판했다. 2014년 1월 오바마의 국무부 연설은 미국의 위협 인식이 어떻게 확대되었는가를 분명하게 드러냈다. 오바마는 미국의 독립전쟁을 '자유를 위한 전쟁'이라고 묘사한 '자유의 아들들(The Son's of Liberty)'에 등장하는 폴 리비어(Paul Revere)의 업적을 언급하면서, 그가 어두운 밤거리에서 영국군의 반격 조짐이 보일 때마다 즉시 상부에 보고했던 행위가 미국의 첩보활동의 역사의 시작이라고 소개했다. 이어서 남북전쟁, 그리고 두 차례의 세계전쟁을 거쳐 냉전에 이르기까지 미국이 이룩한 거듭된 승리가 모두 훌륭한 첩보 활동 때문에 가능했다고 설명했다. 또한 국가안보국에 의해 수행되는 미국의 첩보 활동은 의회 의원들과 일반 시민들의 철저한 감시 아래 제한적으로 이루어지고 있다고 주장하면서, 냉전 시기 동독의 첩보 기관이 선량한 시민을 정보누설자로 몰아가고 집과 같은 편안한 공간에서 오간 대화도 처벌 근거로 삼았던 무분별한 전체주의적 행태와는 근본적으로 다르다고 선을 그었다. 미국 첩보의 역사를 '자유를 위한 전진'으로 묘사한 오바마는 2001년 9·11 테러의 발발로 인해 국가안보국이 전례 없는 위기에 봉착했음에도 불구하고 주어진 임무를 다하기 위해 백방으로 노력해왔다고 평가했다.

> 9월 11일의 공포는 (첩보 활동과 관련한) 모든 문제들을 재차 상기시켰습니다. 정치의 전반적인 영역에 걸쳐 미국인들은 우리가 살아가는 세상은 폭탄이 지하실에서 제조되고 우리의 전기 배선이 해양을 건너 누군가의 의도에 따라 조작될 수 있는 세상이라는 것을 깨달았습니다. 우리나라가 공격을 받기까지 수많은 신호가 오갔음에도 우리는 그것을 놓쳤고, 그 동안 납치범들은 극단주의자들과 통화를 주고받았습니다. 따라서 우리(정부)는 우리나라의 정보기관들이 (첩보) 능력을 더욱 향상시켜야 하며, 테러 이후 테러범들을 처벌하기 이전에 그들의 시도를 사전에 제압하는 방향으로 법도 발전해야 한다고 주장해왔습니다... 미국의 정보 커뮤니티가 9·11 테러를 기점으로 크게 변화했다는 것은 모두가 주지하는 사실입니다. 우리의 정보기관들은 기존 적대세력의 시도를 감시하고 정책결정자들을 위해 유용한 정보를 수집하는 것 이상의 사명을 띠게 되었습니다. 이제 우리는 세계의 보이지 않는 곳에 도사리고 있는 음모를 색출해내고 기존의 전통적인 첩보 활동으로는 쉽게 알 수 없었던 테러집단 간의 네트워크를 파악해야 합니다. (2014년 1월 17일 미 오바마 대통령의 미국 국무부 연설에서 발췌)

오바마 대통령의 이 연설은 미국의 발전하는 정보기술이 정부 '의지'의 산물이 아니라 변화하는 대외환경에 대처하기 위해 필연적으로 변화한 결과라고 역설한다. 그러나 정부의 입장 발표는 국민들의 쌓여가는 불신을 해결하기에는 역부족이었다. 국민들은 정부의 첩보활동이 지닌 의도가 무엇인지, 국가가 직면한 대외적 위기는 무엇인지를 재차 확인받으려 하지 않았다. 그들이 요구한 것은 자신들의 사생활이 어디까지 침해를 받고 있는가에 관한 해명이었는데, 그렇게 무차별적으로 수집된 정보가 도대체 어떤 용도로 활용되고 있는가에 관한 것이었다. 그럼에도 불구하고 정부는 2001년 테러 발생 직후와 크게 다르지 않은 논리를 반복했고, 정보기술에 대한 국민들의 인식이 크게 변화되어 왔음에도 종전과 같은 입장을 고수했던 것이다. 따라서 오바마 정부의 시대착오적 해명은 2001년부터 미국의 대외정책 기조를 이루어온 테러위기 대응논리가 이제 국민들에 대한 설득력을 상실했으며, '테러와의 전쟁'을 위시한 미국의 개입주의 정책들도 심각한 도전에 직면했음을 증명한 것이었다.

대외적으로도 스노든의 폭로는 미국이 주도하는 대테러전쟁이 실제적으로 미국의 이익만을 독점적으로 대변한다는 사실을 여실히 보여주었다. 그가 폭로한 파일에는 미국 국가안보국이 독일 메르켈 총리의 전화 내역을 도청했다는 정황이 포함되어 있었고, 이에 대해 독일 측에서는 즉각적인 우려를 표명했다. 사건 발생 직후 독일 대표단은 워싱턴을 방문해 미국과 우호적인 관계를 맺고 있는 서방 국가에 대해서는 정보활동을 수행하지 않겠다는 것을 골자로 한 협상을 진행했으나 성공을 거두지는 못했다. 이에 반발한 메르켈 총리는 독일의 이메일 계정과 인터넷 검색이 미국 소유의 인터넷망을 통과하지 않도록 하는 독립적인 인터넷 공간을 만들어야 한다고 주장했다. 미국 정부 입장에서 이와 같이 스노든 폭로로 인한 주변 국가들의 반발에 대하여 적절하게 대응하기는 쉽지 않았다.

사건 직후 발표한 오바마 정부의 성명에서 드러났듯이 스노든 폭로 사태는 분명한 '국내' 사안으로서 철저하게 미국의 국내법 메커니즘, 즉 '방첩법'에 의해 처리되어야 하는 것이었다. 방첩법은 미국 국민의 표현의 자유를 침범하지 않으면서 동시에 대외적 압력을 효과적으로 회피할 수 있는 방책이었기 때문이다. 그러나 스노든이 줄곧 본국 송환을 거절해왔고 사태가 장기전으로 돌입할 가능성이 커졌다. 이에 미국 정부는 스노든에 대한 법적 제재 이외에 어떤 조치도 취하지 않겠다고 선언하기도 했으나, 곧이어 정부가 용의자를 소환하기 위한 항공기를 보냈다는 사실이 알려지면서 곤경에 처하기도 했다. 이에 미국 정부의 불안감은 극에 달했으며 정부가 스노든에 대한 처벌 수위를 높일 수 있는 유일한 해법은 그를 외부 세력 또는 국가의 이익에 피해를 야기한 '간첩'으로 낙인찍는 방법뿐이었다.

더 나아가서 미국 정부가 방첩법이라는 국내적 매커니즘에 과도하게 의존하는 양상을 보였던 것은 역설적으로 스노든 사건이 일으킬 국제적 파장을 의식한 결과였다. 스노든 폭로 사건으로 드러난 사이버 공간의 작은 균열은 2001년 9·11 테러 이후 미국이 아슬아슬하게 유지해오던 안보 담론에 심각한 도전이 되었던 것이다. 따라서 주변국 및 동맹국들 간에 전개되고 있는 테러와의 전쟁 등 공동 연대가 중요한 상황에서 미국정부가 '간첩'의 존재를 부각시킨 접근방법은 일종의 자기역설이었으며 더 나아가서 미국 주도 안보체제의 심각한 모순을 드러낸 사건이었다. 코펜하겐학파(Copenhagen School)의 거시안보화(macrosecuritization) 이론은 스노든 폭로 사건과 미국의 대테러 전쟁 간 유기적 관계를 조명한 이론이라고 할 수 있다. 다음 절에서는 안보화 이론의 발전된 형태인 거시안보화 이론을 소개하고, 그 이론의 관점에서 스노든 폭로 사건을 재설명한다.

III. 안보화와 거시안보화

1. 정치적 과정으로서 안보화

안보화이론은 코펜하겐학파의 배리 부잔(Barry Buzan), 올 웨버(Ole Wæver) 등이 주축이 되어 제창한 안보이론으로, 기존 주권국가들 간의 군사안보에 치중해 온 기존의 안보연구 지평을 확장해야 한다는 문제의식을 담고 있다. 코펜하겐학파란 1985년에 설립된 코펜하겐평화연구소(COPRI, Copenhagen Peace Research Institute)를 중심으로 하는 일련의 학자들로 구성되는데, 이들은 탈냉전기 상호의존의 심화와 확대현상이 반영된 새로운 안보개념이 구축되어야 함을 강조해왔다. 구체적으로 안보대상(referent object)과 안보영역(sector)의 확대가 탈냉전기의 핵심적인 변화라는 점을 강조했는데, 이는 강대국 중심의 군사적 대결에만 초점을 맞추던 현실주의 패러다임이 냉전 이후의 정치적 맥락에서는 더 이상 통용되기 어렵다는 인식을 기반으로 한 것이다.

코펜하겐학파의 안보이론에서 주장하는 안보대상의 다변화는 국가 뿐 아니라 국가 하위 행위자, 초국가적 단위체 등을 포괄적으로 고려한다. 안보화이론은 근본적으로 국제정치학 연구에서 통용되는 분석수준(level of analysis), 즉 개인, 국가, 국제체제로 구분된 분석단위의 설정이 신현실주의의 존재론적 관점에 근거한 것이라고 비판하고, 이러한 분류로 말미암아 다양한 행위자의 존재와 영향을 포착하기 어렵게 만든다고 지적한다(Buzan et al. 1998). 또한 안보영역의 다양화와 관련해서는 기존의 군사영역 외에 정치, 경제, 사회, 환경 등에서도 사람들의 생존을 위협하는 여러 이슈들이 제기되고 있다는 점에서 범위가 대단히 확장되었다는 점이 중시된다. 하나의 '영역(sector)'을 특정한 상호작용이 이루어지는 공간이라고 정의한다면, 군사영역은 강제적 무력행사 주체 간 관계의 집합, 정치영역은 권력, 통치권위, 상호인정 규명의 공간, 환경영역은 인간활동과 지구상 생물권 간 관계의 집합을 일컫는다고 할 수 있다. 국가 중심의 안보관을 탈피할 경우 앞서 언급한 다양한 비(非)군사적 영역에서도 안보 이슈가 얼마든지 등장할 수 있다고 보는 것이다.

그러나 1990년대 이전 코펜하겐학파의 확대된 안보이론이 '안보'의 개념을 확대하겠다는 문제의식에서 출발했다는 점에서 이 학파가 현실주의의 주류 담론을 극복하는 데 한계를 지니고 있음을 언급할 필요가 있다. 말하자면 코펜하겐학파는 기존 군사안보 개념과의 호환성을 유지하면서 안보개념에 탈냉전기 시대의 변화를 반영하려는 '부차적 수정'에만 몰두해왔다는 점에 비판을 제기할 수 있다(민병원 2006). 1990년대에 이르러서야 코펜하겐학파의 안보이론은 현실주의 색채를 벗어나 구성주의 시각을 도입하게 된다. 안보를 선험적으로 주어진 객관적 실체로 규정하기보다 안보 이슈가 형성되는 '과정'에 집중하며, 구체적으로 안보행위의 '화행(speech-act)'적 속성을 강조한다. 화행이론은 언어학에서 유래한 것으로 발화행위를 단순히 말의 전달로 보기보다 상대방으로 하여금 특정 기능을 수행하도록 하는 집단 상호작용 과정으로 본다.

언어학자 존 오스틴(John Austin)에 따르면, 언어행위는 단어와 문장구조를 선택해 뜻을 전달하는 발화행위(locutionary act), 전달된 말에 뒤따르는 약속, 강요, 명령 등의 발화수반행위(illocutionary act), 상대의 감정적 반응을 자아내는 발화효과행위(perlocutionary act)의 세 가지 하위 행위로 나뉜다. 코펜하겐학파는 이 이론을 적극적으로 수용해 어떤 영역의 이슈이든 '위협'으로 받아들여지고 그것이 집단 내 상호작용을 통해 공동의 문제로 격상되는 과정 자체를 '안보'라고 보았다. 그리고 이러한 안보 이슈가 형성되는 과정을 지칭하여 '안보화(securitization)'라고 불렀다. 이와 같이 안보화 개념은 안보의 '담론(discourse)'적 속성을 강조하기 때문에 안보이슈를 지정하는 주체의 역할 뿐 아니라 청중 또는 대중의 승인 여부도 중요해진다. 이때 청중이 승인한 특정 주제들은 공동체에 대한 '실존적(existential) 위협'으로 재정의되고, 위협은 일상적인 정치과정을 희생시키는 한이 있더라도 비상행동을 통해 해결되어야 한다는 당위성을 지니게 된다.

결국 '안보화'의 정치적 과정은 공동체의 실존적 정체성이 무엇인가 하는 정치적 투쟁과 밀접하게 연결되어 있다. 반면 웨버와 부잔 등은 안보이슈가 정상적인 정치 과정을 통해 해결할 수 없는 '실패한 사안'이라는 입장을 보인다(Buzan et al. 1998). 일반적으로 정치공동체가 직면한 여러 문제는 민주적인 절차에 따라 공개된 상태에서 책임을 지닌 당사자들이 참여하는 가운데 해결한다. 하지만 특정한 문제가 '안보화'의 과정을 거쳐 '실존적 위협'으로 규정되는 순간 그에 대응하기 위해 여타의 정치적 이슈들은 상대적으로 위축될 수밖에 없다. 안보화의 이슈는 사회의 다양한 현안들 사이의 우선순위를 전복시키며, 최우선의 안보이슈는 사회의 관심과 자원을 압도적으로 장악하게 된다. 이러한 과정에서 위협에 대처할 수 있는 권한은 청중의 승인을 얻은 소수의 국가기관이 독점하게 된다.

한편 위협의 성격에 따라 몇몇의 안보 관행들은 청중에게 공개조차 되지 않기 때문에 담론 형성에 있어 청중의 승인 단계가 생략되기도 한다. 정부 등 국가기관이 국가 업무 수행 시 국민에 대해 공개 책임을 지는 민주 사회에서는 특정 안보이슈의 자세한 사항이 대중에게 공개될 경우 적대국 또는 유사 집단에게 치명적인 정보를 넘겨줄 수 있기 때문에 안보이슈를 민주적으로 다루기 어려워진다. 따라서 해당 안보 이슈는 민주주의 국가에서조차 밀실에서 결정되기도 하며, 대중들에게 해당 사항을 공개했을 때 초래되는 위험과 공포가 과장되어 강조되기도 한다. 예를 들어 정보통신기술이 발달한 국가들의 정보활동은 대부분 일상적인 정치과정에서 완전히 분리된 채 소수의 정치엘리트들에 의해 결정되는 경우가 많다. 따라서 정보기관들의 첩보 활동은 일반 대중에게 거의 공개된 바가 없으며, 그래야만 공동체에 대한 실존적 위협에 가장 효과적으로 대처할 수 있다는 논리적 근거도 적극 부각되어왔다.

2. 안보 배열과 거시안보화

안보화이론을 제창해온 웨버와 부잔은 '안보화'가 가장 빈번하게 이루어지는 범위를 국가 또는 그에 비견할만한 집합체가 안보대상이 되는 중간레벨(middle level)로 설정하고 있다. 웨버가 상정한 안보화의 사회적 구조는 총 세 범위, 즉 개인, 중간, 시스템 레벨로 구성되는데, 그중 중간레벨은 정치 집합체가 안보대상을 설정하기 가장 용이하며, 안보화 시도에 정당성을 부여해줄 대중을 모으는 데에도 상대적으로 용이하다. 한편 개인을 대상으로 하는 안보화는 거의 이루어지지 않으며, 반대로 시스템 레벨, 즉 세계 전체 또는 인류 전체를 대상으로 하는 안보화의 경향도 지금까지는 두드러지게 나타나지 않았다. 따라서 기존의 안보화이론은 주로 '국가'가 주요 행위자가 되는 '지역안보'를 설명하는 데 사용되어 왔으며, 기존 코펜하겐학파의 연구도 지역안보에 치중되어 있었던 것이 사실이다(Buzan et al. 2003).

기존의 안보화이론에서 나타나는 이러한 한계를 극복하기 위해 부잔과 웨버는 좀 더 체계적인 이론화를 모색해왔다(Buzan et al. 2009). 그들은 국가행위자를 뛰어넘는 상위 질서에서 나타나는 '안보화'의 움직임에 주목하면서, 그동안 상대적으로 경시되었던 '안보배열(security constellation)' 개념을 기반으로 하는 '거시안보화(macrosecuritization)' 개념을 새롭게 정립해왔다. 이처럼 안보화의 범위를 구체적으로 설정하고 안보화 담론이 만들어내는 전체적인 '배열'을 살피는 것은 상당한 함의를 지닌다. 안보대상이 중간레벨에서와 같이 '국가'로 설정된다고 할지라도 국가의 정체성과 정치적 구성은 개인레벨의 요소가 일부 확대된 결과이거나 상부의 시스템레벨에 내재된 것이기 때문이다. 따라서 코펜하겐학파는 안보화이론이 가장 활발하게 적용되던 '지역안보' 상황을 설명할 때에도 국가 간의 관계를 개인으로부터 시스템에 이르는 하나의 스펙트럼 상에 놓고 탐색해야 함을 강조한다. 예를 들어 인도와 파키스탄의 정치적 대립을 거시적으로 냉전 담론 속에서, 그리고 민족 및 종교 갈등이라는 미시적 차원에서 동시에 살펴볼 필요가 있다는 것이다.

더 나아가 '거시안보화' 개념은 중간레벨과 시스템레벨 사이의 공백을 설명하는 유용한 도구가 된다. 거시안보화는 중간레벨의 안보대상보다 상위의 존재를 안보대상으로 설정하여 그를 기준으로 하위에 속하는 안보화 움직임들 간에 위계 질서를 부여하는 담론체계로 정의된다. 거대 안보담론이 존재한다고 해서 하위 담론들의 중요성이 반드시 희생되는 것은 아니며, 때로는 거시안보화를 중간레벨의 안보화 담론들의 단순한 집합으로 보기도 한다. 거시안보화도 중간레벨의 안보화 움직임과 동일한 과정(안보의 선포—대중의 승인—비상조치)을 거쳐 형성되지만 여기에는 근본적인 차이가 있다. 우선 국가 또는 민족을 안보대상으로 하는 중간레벨보다 더 큰 정치적 집합체가 동원된다는 점, 그리고 중간레벨의 여러 안보화 움직임을 묶을 경우 상위 질서의 안보문제로 격상하여 인식할 수 있다는 점이다. 따라서 거시안보화의 과정이 얼마나 지속 가능한가의 여부는 하부 수준에서 안보화 배열이 어떻게 관리되는가에 달렸다. 다시 말해서 거시안보화는 중간(국가)레벨과 시스템(지구)레벨 사이에서 중간 수준의 역할을 담당하기 때문에 양 극단의 레벨 간 긴장관계를 생산적으로 유지하는 핵심적인 기능을 수행한다. 이런 맥락에서 거시안보화의 틀 속에 삽입된 중간레벨 안보화 논리가 배제될 경우 이 긴장관계는 쉽게 깨질 수 있다.

웨버와 부잔에 따르면, 서로 다른 레벨 사이의 긴장관계를 유지하는 데 성공한 역사적인 거시안보화의 사례로서 냉전기 자유주의 진영과 사회주의 진영 간의 대립, 그리고 미국의 '테러와의 전쟁(GWoT, Global War on Terror)'을 꼽을 수 있다(Buzan et al. 2009). 이 두 사례에서 공통적으로 발견되는 특징은 다음과 같다. 먼저 안보대상을 국가레벨보다는 상위, 국제 시스템 전체보다는 하위의 수준에서 설정한다. 미국의 부시 정권은 2001년 9월 11일에 발생한 테러사건에 대응해 오사마 빈 라덴(Osama Bin Laden)과 아프가니스탄의 탈레반(Taliban) 정권을 상대로 전쟁을 선포했다. 자국이 경험한 공격에 대한 보복 차원을 넘어 테러집단에 대한 장기전을 불사하겠다는 선언이었던 것이다. 미국은 테러 발생 직후 9월 26일 아프가니스탄 인근 지역으로 미군을 전진 배치하는 작전의 명칭을 '항구적 자유작전(Operation Enduring Freedom)'으로 정했는데, 이는 테러집단의 공격이 '서방세계'가 표방하는 자유에 대한 위협임을 규정하는 행위였다. 또한 유엔 안전보장이사회는 12월 2일 결의안 1386호를 만장일치로 채택해 아프가니스탄 내 일련의 사태를 처리하는 데 국제연합이 핵심적 역할을 담당할 것을 천명하고, 새로운 정부 출범을 위한 임시정부 구성을 촉구했다(결의안 1378호). 더불어 북대서양조약기구(NATO) 산하에 국제안보조약기구(International Security Treaty Organization)를 구성함으로써 아프가니스탄 임시 행정부(AIA, Afghan Interim Administration)를 도와 수도 카불과 주변 지역의 안보상황을 감시하도록 했다. 미국의 전쟁 선포는 자유민주주의 세계에 경종을 울렸고 제도적 연쇄반응을 일으켜 민주주의를 표방하는 모든 국가들의 적극적 참여를 유도하는 결과로 이어졌다. 그들이 보기에 중동 지역의 테러집단은 미국을 포함한 서방국가와 그 동맹국들의 적이었으며, 따라서 테러 위협은 국가차원을 너머 동일한 가치를 공유하는 모든 국가들이 직면한 '공동의 위협'이었다.

또한 '테러와의 전쟁'이 전제로 하고 있던 위협은 사회의 특정한 영역에 국한된 것으로 인식되기보다 가능한 한 많은 영역을 포괄하는 것으로 이해되었다. 미 정부는 테러집단에 대해 군사적 차원에서뿐 아니라 경제적, 정치적, 외교적 차원에서도 제재를 가할 것이라 경고했다는 점은 이러한 복합적 속성을 잘 드러낸다. 이는 '테러와의 전쟁'이라는 거대한 비상행동 강령에 의해 경제와 정치를 비롯해 국제사회의 제반 영역이 중대한 변화를 겪게 될 것이라는 점을 암시하는 것이었다. 테러라는 중대한 위협 앞에 정상적인 경제 및 정치의 작동은 언제든 수정될 수 있어야 하며, 사회 이슈들 간 우선순위도 테러 논리에 따라 재설정될 수 있다는 의미를 담고 있었다. 따라서 '테러와의 전쟁'은 국가 차원을 뛰어넘는 위협의 논리를 창출해냈다는 점, 영역 간 경계를 넘나드는 포괄적 위협을 구성했다는 점에서 분명히 성공적인 '거시안보화'의 사례로 꼽을 수 있을 것이다.

IV. 보편적 이데올로기와 전략적 모호성

1. 보편적 이데올로기의 매개 역할

앞서 논의한 바와 같이, 하나의 안보 이슈를 국가 차원 이상의 문제로 격상시키고 사회 영역 간 통합을 이끄는 매개적 논리는 무엇인가? 즉, 거시안보화 논리와 그에 따른 안보 배열의 안정성을 유지하는 장치는 무엇인가? 이에 대해 웨버와 부잔은 '보편적 이데올로기(universal ideology)'라는 답을 제시한다. 커뮤니케이션학자 피스케(John Fiske)의 정의에 따르면, '이데올로기'란 의미와 사상을 산출하는 전반적인 과정을 지칭하는 것으로서 역동적인 하나의 실천을 가리킨다(Fiske 1990). 어떤 대상에 의미를 부여하는 논리, 즉 '의미체계'를 통해 사람들은 세상을 인식하고 해석하는 방식을 규정짓는다. 이때 의미체계가 구성되는 과정은 언제나 사회정치적 차원을 띠고 있기 때문에 의미체계로서의 이데올로기는 '사회적 실천(social practice)'이라고 할 수 있다. 보편적 이데올로기는 이 의미체계에 공감하고 동조하는 우호적 대중을 넘어서 반대 진영, 즉 사상적 동질성을 띠지 않는 집단으로까지 영향을 미치는 이데올로기를 말한다. 냉전 시기 서방진영이 표방했던 '자유민주주의'는 사회주의보다 우월한 것으로 간주되었고, 지리적으로 자유진영에 거주하는 국민들은 공산주의의 압제에서 구원받은 '행복한 시민'으로 묘사되었다. 미국이 '테러와의 전쟁'을 선포하면서 천명한 자유 또한 상대적이면서 관계적인 가치로서, 그것과 대비되는 테러집단의 영향권 안에 놓인 시민들의 삶과 비교할 때 더 가치 있는 것으로 여겨져 왔다. 이처럼 상호배제적인 가치들의 긴장관계 속에서 구성된 '위협'은 국가안보보다 더 시급한 것으로 인식되었다.

웨버와 부잔은 보편주의의 네 가지 종류를 제시하며 보편적 이데올로기에 대한 설명을 더하고 있다. 첫 번째는 '포괄적 보편주의(inclusive universalism)'로서, 보통 인간의 삶을 최상의 상태로 끌어올릴 수 있는 방법에 대한 사상적 믿음이며 모든 인류에게 즉각적으로 적용될 수 있는 것으로 간주된다. 여기에는 자유주의, 마르크스시즘, 기독교, 이슬람교 등이 포함된다. 두 번째는 '배타적 보편주의(exclusive universalism)'로 하나의 사회적 군집이 나머지 인류보다 우월하다는 믿음을 지칭한다. 나치즘, 유럽과 일본의 제국주의적 팽창 논리 등이 이에 해당한다. 세 번째는 '기존질서 보편주의(existing order universalism)'로 보다 정치적인 형태를 띤다. 이 유형의 보편주의는 국제사회 구조 전체를 대상으로 하는 위협에 대한 정치적 담론들을 담고 있다. 초국가적 행위자들의 등장으로 말미암아 기존의 주권국가 질서에 균열이 생겼다는 주장이 여기에 해당한다. 마지막은 전(全) 지구적 차원에서 인류가 직면한 위협을 주장하는 '물리적 위협 보편주의(physical threat universalism)'가 있다. 핵무기 위협, 지구온난화, 전염병 등이 그 예이며 인류 전체의 물리적 운명을 안보대상으로 삼기 때문에 보편주의의 성격을 띠고 있다.

이 장에서 집중적으로 다루고 있는 미 정부의 '테러와의 전쟁' 슬로건은 상기한 보편주의의 네 가지 종류 중 첫 번째의 '포괄적 보편주의'와 세 번째의 '기존질서 보편주의'가 복합적으로 엮인 결과였다(Buzan et al. 2009). 먼저 미 정부가 선포한 '테러와의 전쟁'은 9·11 공격으로 손상된 자국의 명예를 되찾겠다는 보복전쟁임과 동시에 비문명화된(uncivilized) 테러집단의 위협으로부터 '모든 문명화된 또는 문명화되길 원하는(all civilized or want-to-be civilized)' 절대 다수를 보호하겠다는 선교자적 사명의식을 담은 전쟁이었다. 즉 인류 전체가 누려 마땅한 최상의 삶에 관한 대안을 미국이 제시한 사건이었던 것이다. 또한 '테러와의 전쟁'은 제2차 세계대전 이후 별다른 굴곡 없이 유지되던 주권국가체제로 상징되는 기존 질서를 수호하기 위한 전쟁이었다는 점에서 기존질서 보편주의적 성격도 아울러 내포하고 있다. 테러 집단의 미국 본토 공격은 그들의 활동 반경이 전 세계로 확대되었음을 의미했으며, 기존 국제질서의 균형자 역할을 담당하던 미국은 이를 지대한 위협으로 받아들였다.

보편적 이데올로기의 존재는 안보화의 주체로 하여금 거시안보화 틀 내에 삽입된 하부 수준의 안보화 논리(주로 중간레벨의 안보화 논리)를 효과적으로 관리할 수 있도록 한다. 거시안보화가 하부 안보화 움직임들과 수직적 위계질서를 형성한다는 것은 공동의 위협에 대한 '해석적 틀'을 제공한다는 것을 뜻한다. 거시안보화가 안보대상을 국가 차원 이상의 것으로 설정하여 전 세계적인 대중에게 호소하는 논리라면, 성공적인 거시안보화의 핵심은 하위레벨의 안보화 움직임들을 효과적으로 융합시키는 데에 있다. 따라서 구체적으로 위협의 실체를 규명하기보다 안보대상을 보다 넓게 설정하고 보편적 가치의 수호를 내세우는 전략적 모호성을 유지해 하위레벨의 안보화 논리들을 쉽게 포섭하고자 한다. 테러와의 전쟁은 미국의 보호 아래 자유를 누리며 살아가는 혜택 받은 시민의 이미지와 그 혜택에서 소외된 중동의 일부 지역들을 대비시켜 그들 자신을 절대적 선의 수호자로 정의했다. 그들이 상정한 거시안보화의 틀은 끊임없이 '타자'를 생산해왔는데, 이때 안보대상은 그 타자들이 공유하지 못하는 '선한 가치'에 집중되었다.

2. '비어 있는 기표'로서의 대테러전쟁

거시안보화는 그것이 적용되는 범위를 지구촌 전체로 확장함으로써 일종의 '총체적 안보화(overarching securitization)' 효과를 야기한다(Buzan and Wæver 2009, 256). 하지만 이러한 총체적 성격은 진정한 의미에서 총체적이라 할 수 없다. 왜냐하면 지구촌의 구성원 전체에 해당하는 안보위협 또는 안보화 과정은 지금까지 존재하지 않았기 때문이다. 냉전기의 공산주의나 탈냉전기 테러리즘이 상당히 넓은 범위에 걸쳐 '위협'으로 인식되기는 했지만 이러한 위협이 결코 모든 구성원들에게 동일하게 인식된 것은 아니었다. 두 가지 위협사례 모두 미국과 그 동맹국, 또는 서방측에 집중적으로 해당되는 것으로서, 그에 반대되는 진영에는 이들이 '위협'이었다고 간주할 수 없다. 오히려 반대진영에서는 '미국' 또는 '서구 제국주의'가 더 심각한 위협으로 자리 잡고 있었다. 그렇다면 '거시안보화' 현상에 잠재되어 있는 '총체성' 레토릭이 진정한 의미의 전체를 대변한다고 보기 어렵다.

그렇다면 미국은 왜 이러한 총체성 레토릭을 사용해온 것일까? 바로 이러한 질문에 '거시안보화'의 핵심적인 특징이 자리 잡고 있다. 사실상 '안보화' 게임은 여러 행위자 또는 집단 사이에 복수로 존재하기 때문에 이쪽 진영의 안보화 논리를 강조하면서 다른 쪽 진영의 안보화 논리를 무력화시키려는 경쟁이라고 할 수 있다. 즉 국가 차원을 넘어서는 안보화 과정도 마찬가지로 '정치적 게임'으로서 강력한 이데올로기와 레토릭을 사용할 수밖에 없다. 특히 미국과 같은 헤게모니 국가는 동맹국이나 이웃 나라들을 설득하기 위해 '공동의 위협' 테제를 활용하는데, 이것이 정치적 신념이나 이데올로기로 잘 포장될 경우 '반공(anti-communism)'이나 '테러와의 전쟁'처럼 거부하기 어려운 표어로 등장하게 된다. 하지만 그러한 표어에 담겨 있는 '적' 또는 '위협'은 누구에게나 동일하지 않다. 반공 표어 속의 '소련'이라는 위협이나 '테러와의 전쟁'에 담겨 있는 '테러리즘'이라는 위협은 사실상 미국인들이 느끼는 위협일 뿐, 이것이 다른 서구 국가들이나 미국의 동맹국들에 동일하게 적용될 수 없을 것이다. 거시안보화의 이러한 이중적 전략은 사실상 자신들의 '적' 개념을 전략적으로 모호하게 포장하여 마치 그것이 '세계의 위협'인 것처럼 선전하는 데 목적을 두고 있다.

보편적 이데올로기가 지니고 있는 이와 같은 전략적 모호성에 관한 설명은 라클라우(Ernesto Laclau)의 '비어 있는 기표(empty signifier)' 개념을 차용하여 더욱 구체적으로 설명할 수 있다. 이를 위해서는 먼저 '기표'가 의미하는 바에 대한 사전적 이해가 필요하다. 기표는 스위스의 근대 기호학자 페르디낭 드 소쉬르(Ferdinand de Saussure)가 정립한 개념으로, 그는 언어적 기호를 기표(signifiant)와 기의(signifié)의 두 요소로 나누었다. 기표는 기호의 지각 가능하고 물질화될 수 있는 부분이며, 기의는 기호의 개념이고 관념적인 부분이다. 소쉬르는 기표와 기의의 결합이 필연적이기보다는 자의적이라고 설명했다. 같은 대상을 지칭하는 각 국가의 언어 사이에 연속성이 없다는 사실로 미루어볼 때 기표와 기의의 결합은 완전히 자의적임을 알 수 있다.[2] 어떤 대상의 진정한 속성을 가리키는 기의와 그것을 나타내는 기표 사이에 간극이 존재한다는 점을 우선 인지해야 하는 것이다. 미국의 대테러 전쟁은 분명 하나의 '기표'로 간주되어야 하며, 그것이 담고 있는 진정

2 예컨대 기표는 개라는 말에서 "개"라는 문자와 /gae/라는 청각적 이미지를 말한다. 동일한 예에서 기의는 '발이 네 개 달리고 털이 많은 짐승'을 이른다. 개를 이르는 말이 한국어로는 '개', 중국어로는 'gŏu', 불어로는 'chien'인 것을 보면 같은 대상을 이르는 각 국가의 언어 사이에 연속성이 없고, 따라서 기표와 기의의 결합은 완전히 자의적임을 알 수 있다.

한 '기의'는 '미국의 안보위협에 대한 대응'이라고 보아야 한다.

'비어 있는 기표' 또는 '부유하는 기표(floating signifier)'는 프랑스의 사회인류학자 레비스트로스(Claude Lévi-Strauss)가 고안해 낸 용어로서, 사회문화적 맥락에서 인간의 의미 활동을 연구하는 사회기호학자들에 의해 활발히 연구되어왔다. 레비스트로스는 기본적으로 소쉬르의 기표-기의 개념에 착안했지만 둘 간의 관계가 자의적이지 않으며 오히려 기표가 기의보다 선행하는 개념이어서 대상의 관념을 설정할 수도 있다고 주장했다. 따라서 딱히 지칭하는 대상이나 관념이 정해지지 않은 기표도 존재하는 것으로 보았는데, 그것이 '부유하는 기표'이다. 다니엘 챈들러(Daniel Chandler)에 따르면, '비어 있는 기표'란 '모호하고 가변적이며 상술할 수 없거나 존재하지 않는 관념을 지칭하는 기표'를 의미한다. 아직 상징적 가치가 존재하지 않기 때문에 '순수'의 상태라 할 수 있으며 차후에 의미들로 채워질 수 있는 가능성을 내포하고 있는 기표가 이에 해당한다.

이와 반대로 라클라우는 하나의 기표가 가리킬 수 있는 수많은 대상과 관념이 존재하는 경우를 상정하여 '비어 있는 기표' 개념을 설명하고자 했다. '비어 있는 기표'는 언어적 기호가 무엇을 의미해야 하는가에 대한 각자 다른 요구들의 집합체라고 보고, 그 요구들 사이에 일종의 위계질서가 존재함으로써 하나의 관념이 나머지들을 대표하는 '패권적 구조'를 취하고 있다고 설명한다. 예컨대 인종, 젠더, 민주주의와 같은 개념들은 대표적인 '비어 있는 기표'들로서, 이러한 기표들은 고정된 어떤 것을 지칭하지 않는다. 그 대신 '비어 있기' 때문에 모든 사람들에게 자신만의 인종 개념, 젠더 개념, 민주주의 개념을 상상하고 실현시킬 수 있도록 해준다. 반면 그 개인들이 살아가는 사회는 '제도'로 운영되는 공간인데, 그 제도들은 사회가 표방하는 가치들을 대변하기 마련이며 때로는 특정 권력집단의 이익을 보장하는 도구로 이용되기도 한다. 후기마르크스주의적 관점에서는 사회 내 여러 가지 '비어 있는 기표'들에 대한 개개인의 관념과 요구가 제도로 해결되지 못한 상태, 즉 충족되지 못한 필요가 자각된 상태를 '탈구(dislocation)'로 설명한다. 이러한 '탈구' 개념은 이데올로기 투쟁에서 억압과 착취를 맞닥뜨리게 되는 계기를 이르는 말인데, 일상적인 맥락에서는 개인이 판단하기에 당연하게 전제되어야 할 원리들이 위배되는 모든 경험을 일컫는다.

테러와의 전쟁은 국제적으로 당위성을 확보하기 위해 미국이 보편적 이데올로기의 '전략적 모호성'을 적극 활용한 대표적 사례라고 할 수 있다. 테러집단과의 전쟁을 불사해서라도 그들이 수호하겠다는 자유민주주의의 가치는 사실상 라클라우가 설명한 '비어 있는 기표'인 것이다. 따라서 자유민주주의가 지칭하는 바는, 지구촌 전체의 진정한 합의에 의해 설정되었다기보다는 탈냉전기의 패권국인 미국에 의해 일방적으로 정의되었으며, 2001년 9·11 이후 미국이 채택해온 급진적인 대외정책을 바탕으로 하여 만들어진 자신들의 이데올로기를 뜻한다. 그럼에도 미국은 자신들의 우월한 지위를 이용하여 자신들의 '위협 인식'과 '대응 체계'를 마치 전 세계가 공유하고 있는 것처럼 포장해왔던 것이다. 이러한 점에서 '테러와의 전쟁'은 '비어 있는 기표'라고 보이기에 충분하며, 그 배경에는 자국의 정치적 필요를 글로벌 차원으로 확대하여 부과하려는 미국의 거시안보화 게임이 자리 잡고 있다. 다음에서는 2013년 에드워드 스노든에 의해 폭로된 미국의 정보취득 활동이 바로 이와 같은 '비어 있는 기표'로서 자유민주주의의 가치를 수호하기 위해, 또는 '안보'의 가치를 극대화하기 위해 다른 가치들을 폄하해버린 결과를 가져온 대표적인 사례라는 점을 부각시키고자 한다.

3. 거시안보화 구조의 균열과 안보화 실패

미국 정부의 불법적 활동에 관한 스노든의 폭로는 사이버 공간에서 발생한 무차별적 정보 수집이 궁극적으로 미국의 대외정책 기조 중 하나로 자리 잡아온 '테러와의 전쟁'이라는 거시안보화 구조가 지닌 내재적인 한계를 선명하게 드러낸 사례였다. 9·11 이후 미국은 테러의 위협에 효과적으로 대응하기 위해 정보기술을 활용한 다양한 방법을 통해 수많은 정보를 취득해왔지만, 그 과정에서 일반 국민들이나 동맹국들이 허용하기 어려운 정도의 불법적인 방식으로 무차별적인 도청과 첩보활동을 반복해왔다. 미국 국민들이나 동맹국들 입장에서도 '테러'라는 위협에 대한 적극적인 대응이 중요한 과제였지만, 동시에 국민들의 '사생활 보호'나 동맹국들의 자국 안보 역시 '테러와의 전쟁'만큼이나 중요한 것이었기 때문이다. 따라서 미국 정부는 '테러'라는 거시적 위협에 대응하면서 동시에 국민들의 '사생활 보호' 또는 동맹국들의 개별적인 '안보'를 동시에 보장할 수 있는 접근을 취했어야 함에도 '테러와의 전쟁'이라는 목표를 전면에 내세워 다른 목표들을 상대적으로 폄훼하는 결과를 야기했고, 급기야 스노든에 의해 이러한 내막이 폭로되었던 것이다.

거시안보화 논리는 원래 국가 차원을 뛰어넘는 안보 의식을 창출함으로써 국가 차원, 또는 사회 각 영역 차원의 안보화 움직임들을 전체적으로 포괄하는 효과를 염두에 둔 것이다. 하지만 이러한 효과는 어디까지나 다양한 이해당사자들의 동의와 협력이 있을 때에만 가능하다. 만약 거시안보화의 주체 이외에 다른 행위자들, 특히 하부 구조에 균열이 발생한다면 거시안보화의 틀도 훼손될 수 있다. 따라서 '거시안보화'라는 정책 프레임은 어디까지나 광범위한 주체와 대상들 간에 합의점을 도출할 수 있어야 한다. 미국 정부가 전면에 내세웠던 '테러와의 전쟁'은 상당한 정도로 9·11 직후 몇 년 동안 미국 국민들과 동맹국들의 호응을 이끌어냈는데, 이런 점에서 '거시안보화'의 논리는 순탄하게 작동하고 있었다. 하지만 이후 몇 년 동안 전개된 미국 정부의 은밀한 정보 수집행위는 국민들과 동맹국들이 용인할 수 있는 수준을 훨씬 뛰어넘었으며, 그로 말미암아 부시 행정부에서 오바마 행정부에 이르기까지 십 수년 동안 미국 정부가 유지해온 거시안보화 기조가 바탕에서부터 흔들리게 된 것이다.

사실 부시정권이 상정한 테러 위협은 처음부터 의도적으로 그 범위가 매우 넓게 설정되어 있었다. 정치사상가 리차드 잭슨(Richard Jackson)은 '테러와의 전쟁'이 실질적인 테러집단과의 전쟁, 비밀작전, 관련 안보기구 및 제도 전반을 비롯해 테러 집단을 둘러싼 숱한 가정, 믿음, 담론들을 포함한다고 주장했다. 2009년 오바마 정부는 대테러전쟁의 명칭을 '해외긴급작전'으로 변경했고 2013년에는 '테러와의 전쟁'이 공식적으로 막을 내렸음을 선포했다. 그럼에도 미 정부가 상존하는 테러위협에 대한 정치적 입장을 변경한 것은 아니었다. 단지 폭력행사의 한 수단인 테러 그 자체와 전쟁을 치르는 것은 불가능하다는 상식이 회복되면서 공격대상을 '미국을 위협하는 극단주의 테러리스트들의 네트워크'로 좁혔을 따름이다. 따라서 오바마 대통령의 대외적 선언은 전 세계가 공유하는 테러 위협의 범위가 미국의 의도에 맞게 재단될 수 있음을 증명했으며, 근본적으로 '테러 위협'이 미국을 위해 존재하는 하나의 '비어 있는 기표'였음을 여실히 보여주었다.

9·11 이후 미국의 대테러전쟁 프레임이 변화되어온 궤적을 '미국패권의 진화'라는 맥락에서 살펴보면, '테러와의 전쟁'은 필연적으로 한계를 보일 수밖에 없는 일시적인 정치 슬로건이었고, 그에 의존

했던 거시안보화의 실패도 당연한 귀결이었다. 여기서 한 가지 유념할 점은 대테러전쟁, 즉 거시안보화 논리의 해체가 다수의 요인이 동시다발적으로 작동했기 때문에 발생한 결과라는 점이다. 이러한 다수의 요인 중에서도 사이버 공간의 발달과 그에 따른 기술의 진화는 눈에 띄는 효과를 보여왔다. 사실 미 국가안보국이 국민들의 동의나 동맹국들의 양해 없이 비밀리에 정보를 수집할 수 있었던 것도 사이버 공간에서 이루어지는 통신과 소통의 기회가 기하급수적으로 증가했기 때문이다. 미국은 기존에 누려오던 기술의 우위를 십분 활용하였고, 이러한 추세는 당분간 지속될 것이다. 기술이 뒷받침되는 상황에서 국가안보국이 모든 것을 도청하고 감청하려는 태도를 취한 것이 결코 이상하게 해석될 수는 없다 하겠다.

문제는 이와 같은 기술의 발전 또는 사이버 공간의 확대 추세 속에서 국가안보국을 위시한 미국 정부의 행동반경을 규제할 수 있는 새로운 법제도와 더불어 국민들의 의식 수준이 향상되어야 함에도 그렇지 못해왔다는 사실이다. 부시행정부 당시에 추진되었던 '테러와의 전쟁'은 십 수년이 지난 오바마 행정부 2기에도 지속되고 있었고, 이는 거시안보화라는 프레임의 도움을 받아 마치 '정당한 것'으로 자리매김하고 있었다. 그만큼 사이버 공간의 확대는 미국의 '테러와의 전쟁'에 날개를 단 격이 되었으며, 그로 인하여 중간 수준에서 보장해야 할 가치, 예를 들어 '사생활 보호' 또는 동맹국의 독자적인 '안보'에 대해서는 상대적으로 등한시하는 결과를 초래하고 만 것이다.

사이버 공간은 본질적으로 국가적 경계에 구애받지 않는 공간이다. 따라서 어떤 국가도 국가성을 내세우지 않고도 보편적 이익증진을 위시해 개별 이익을 추구할 수 있는 한편, 국가 간 갈등이 첨예하게 고조되는 공간이기도 하다. 스노든의 폭로 사례는 이 점을 여실히 보여주는 사건으로서, 전통적인 대테러전쟁이 수행되는 과정에서 새롭게 등장한 사이버 공간의 기능적인 측면이 불가피하게 중첩된 경우라고 할 수 있다. 2001년 9·11 테러 이후 미국은 전 세계적으로 고조된 안보의식에 힘입어 사이버 영역을 테러와의 전쟁이라는 거대한 안보의 틀 안에 귀속시켰으며, 곧이어 사이버 공간 내에서도 경찰국가의 역할을 자처했다. 좀 더 단순하게 본다면, '인터넷'이나 '정보 소통의 공간'은 미국의 '테러와의 안보'를 수행하기 위한 여러 수단 중의 하나에 불과한 것으로 전락하고 말았다. 그 과정에서 다른 가치들은 상대적으로 약화되었지만 은밀한 정보 취득을 가능케 해주는 기술의 발전으로 인해 전면에 부각되지 못하고 있었던 것이다.

결국 미국의 첩보 및 정찰활동은 미국 국민과 전 세계 시민들의 '자유'를 희생해서라도 자유세계에 대한 위협에 대비해야 한다는 '안보' 우선의 사고가 작동한 정의롭지 못한 결과였다. 테러에 대한 대응을 위해 무소불위의 권력을 행사하도록 위임 받은 양 행동해온 미국 정부의 이러한 편견은 국내적으로나 대외적으로 정당화될 수 없었고, 스노든은 바로 이러한 점을 드러내고자 했다. 인터넷과 같은 사이버 공간을 대하는 사람들의 시각은 미국 정부와 동일하지 않다. 라클라우의 표현을 빌리자면, 미국을 제외한 나라들의 시각은 미국의 헤게모니 아래 '충족되지 않는 필요들' 또는 잠재적인 '탈구'의 계기였다. 이처럼 실체가 명확하게 규정되지 않은 채 '테러와의 전쟁'과 같은 레토릭으로 포장된 거시안보화의 모습은 스노든의 폭로와 같은 해체작업에 의해 드러나게 될 취약성 그 자체였다. 또한 이러한 경험은 거시안보화 이론의 표현에 따르자면 '하부구조의 균열'이기도 했다. 스노든의 폭로는 미국이 지배적 이데올로기를 주입하여 구축한 사이버 공간의 상징적 질서가 의심 받는 계기를 제공했다. 이제 많은 나라와 세계의 시민들은 인터넷을 포함한 사이버 공간이 자유와 소통을 위한 공간이라는 단순한 생각을 넘어 언제든지 남용되고 통제될 수 있는 위험한 공간일 수 있다는 결론에 공감하고 있다. 2001년 이후 미국 외교정책의 근간을 이루어온 '테러와의 전쟁'에 내재된 모순과 편견을 해체한 결정타가 바로 스노든의 폭로였던 것이다.

V. 결론

내부고발자가 국가이익과 정부의 정책기조에 위협이 된다는 미국정부의 인식은 1917년 방첩법 제정으로 명문화되었고 2001년 9·11 테러를 거치면서 중대한 변화를 겪게 되었다. 이러한 과정 중에 미국은 '자유'와 '안보'의 대립적인 가치를 어떻게 균형 있게 유지할 것인가를 둘러싸고 많은 논란을 이어왔다. 두 가치를 동시에 극대화시킬 수 없다는 점에서 이는 분명 쉬운 문제가 아니었고, 미국은 지난 백여 년 동안 역사적 맥락에 따라 하나의 가치가 다른 가치를 지배하는 굴곡을 겪어왔다. 전쟁이나 테러와 같은 비상시에는 '안보'의 가치가, 평상시에는 '자유'의 가치가 지배하는 것이 일반적이었지만, 명확하게 어떤 시점에 양대 가치의 우선순위가 바뀌는가에 대해서는 의견이 일치하지 않고 있다. 스노든과 같은 내부고발자들은 '안보'를 내세운 정부의 무리한 월권행위가 '자유'를 중시하는 미국 국민들과 동맹국들의 입장을 제대로 고려하지 않은 것이라는 비판적인 시각을 가지고 있었다.

한편 2001년 부시 정권이 천명한 '테러와의 전쟁'은 배리 부잔과 올 웨버가 제시한 '거시안보화' 현상의 전형적인 사례였다. 테러리스트의 미국 본토 공격은 자유의 본거지 미국조차도 테러의 위협에서 안전하지 않다는 인식을 심어주었으며, 부시 정권은 이를 십분 활용하여 서방 자유민주주의 국가 전체를 동원하는 글로벌 차원의 '테러와의 전쟁'에 착수했다. 거시안보화로서 '테러와의 전쟁'은 안보대상을 국가 차원 이상의 것인 자유민주주의로 설정했으며, 포괄적인 안보 논리 아래 사회 각 영역의 하위 안보화 논리들을 포섭했다. 즉, 자유민주주의 국가들은 테러리스트 집단에 맞서 싸워야 한다는 초국가적인 비상명령 아래 경제, 환경, 인간안보 등 기타의 안보 논리들을 언제든 희생할 준비가 되어있어야 한다는 의미였다. 테러가 안보화의 블랙홀로 자리 잡으면서 다른 수준의 안보화는 더 이상 전면에 재등장할 기회를 박탈당한 것이다.

2013년의 스노든 폭로 사태는 사이버 공간상의 안보문제, 특히 기술을 이용하여 정보 쉽사리 훼손될 수 있다는 가능성을 드러냈다. 스노든의 폭로는 대내적으로 미국 국민들의 안보 의식에 경종을 울림으로써 테러 방지를 명목으로 하는 무차별적 정보 수집활동을 일임 받은 정부가 그들의 자유를 침해하고 있다는 사실을 깨닫게 했다. 또한 대외적으로 '테러와의 전쟁'이 자유민주주의 국가들 사이의 '보편적 이익'을 증진하기 위해 필연적으로 벌여야 하는 전쟁이 아니라, 미국 자신만을 위해 주변국들이 이용되고 동원되었을 따름이라는 비판적 시각을 가지도록 촉구했다. 이처럼 2001년 이후 미국이 주도해온 '테러와의 전쟁'은 십 수년이 지난 지금까지도 '안보'를 전면에 내세우면서 다양한 자유민주주의의 가치를 훼손함으로써 '거시안보화'의 프레임이 궁극적으로 훼손되면서 모순에 가득 찬 것이었다는 비판적 시각을 야기하게 된 것이다.

참고문헌

김상배. 2016. "신흥안보와 메타 거버넌스: 새로운 안보 패러다임의 이론적 이해." 『한국정치학회보』 50(1), 75-104.

서영표. 2016. "라클라우가 '말한 것'과 '말할 수 없는 것'- 포스트마르크스주의의 유물론적 재해석." 『마르크스주의연구』 13(1), 130-165.

조화순 · 김민제. 2016. "사이버공간의 안보화와 글로벌 거버넌스의 한계." 『정보사회와 미디어』 17(2), 77-98.

마상윤, 2005. "미국의 대외정책과 민주주의 전파: 동기와 딜레마." 『국가전략』 11(4), 41-67.

민병원. 2006. "탈냉전시대의 안보개념 확대: 코펜하겐 학파, 안보문제화, 그리고 국제정치이론." 『세계정치』 5, 13-62.

______. 2007. "탈냉전기 안보개념의 확대와 네트워크 패러다임." 『국방연구』 5(20), 23-57.

Austin, John L. 1962. *How to Do Things with Words*. Oxford: Oxford University Press.

Baldwin, David A. 1997. "The Concept of Security." *Review of International Studies* 23, 13.

Balzacq, Thierry. 2005. "The three faces of securitization: Political agency, audience and context." *European Journal of International Relations*, 11(2), pp. 171-202.

Bauman, Zygmunt et al. 2014. "After Snowden: Rethinking the Impact of Surveillance." *International Political Sociology*, 8(2), pp. 121-144.

Bauman, Zygmunt and David Lyon. 2012. *Liquid Surveillance: A Conversation*. Polity.

Buzan, Barry. 1991. *People, States and Fear: An Agenda for International Security Studies in the Post-Cold War Era*. Boulder: Lynne Rienner Publishers.

Buzan, Barry, Ole Wæver, and Jaap de Wilde. 1998. *Security: A New Framework for Analysis*. Boulder: Lynne Rienner Publishers.

Buzan, Barry and Ole Wæver. 2003. *Regions and Powers: The Structure of International Security*. Cambridge: Cambridge University Press.

______. 2009. "Macrosecuritisation and security constellations: reconsidering scale in securitization theory." *Review of International Studies* 35, pp. 253-276.

Campbell, Duncan. 2014. CIA Rendition jet was waiting in Europe to SNATCH SNOWDEN. The Register. https://www.theregister.co.uk/2014/06/13/cia_rendition_jet_was_waiting_in_europe_to_snatch_snowden/

Carr, David and Somaiya, Ravi. 2013. "Assange, Back in News, Never Left U.S. Radar." *The New York Times*. http://www.nytimes.com/2013/06/25/world/europe/wikileaks-back-in-news-never-left-us-radar.html

Chandler, Daniel. 2007. *Semiotics: The Basics*. Routledge.

Eriksson, Johan. 1999. "Observers or Advocates? On the Political Role of Security

Analysis." *Cooperation and Conflict*, 34(3), pp. 311-330.

Farrell, Henry and Martha Finnemore. 2013. "The End of Hypocrisy: American Foreign Policy in the Age of Leaks." *Foreign Affairs*, 92(6), pp. 22-26.

Fiske, John. 1990. *Introduction to Communication Studies*. London: Routledge.

Groll, Elias. 2016. "'Obama's General' Pleads Guilty to Leaking Stuxnet Operation." *Foreign Policy*. http://foreignpolicy.com/2016/10/17/obamas-general-pleads-guilty-to-leaking-stuxnet-operation/

Haggerty, Kevin D. and Richard V. Ericson. 2000. "The surveillant assemblage." *British Journal of Sociology*, 51(4), pp. 605-622.

Huysmans, Jef. 1998. "Revisiting Copenhagen: Or, On the Creative Development of a Security Studies Agenda in Europe."*European Journal of International Relations*, 4(4), pp. 483-484.

______. 2002. "Defining social constructivism in security studies: The normative dilemma of writing security." *Alternatives* 27, pp. 41-62.

Jackson, Richard. 2005. *Writing the War on Terrorism*. Manchester University Press.

Markoff, John and Sanger, David, E. 2010. "In a Computer worm, a Possible Biblical Clue." *The New York Times*. http://www.nytimes.com/2010/09/30/world/middleeast/30worm.html?_r=2&pagewanted=2%20&hpw

McSweeney, Bill. 1999. *Security, Identity, and Interests: A Sociology of International Relations*. Cambridge: Cambridge University Press.

Mehlman, Jefferey. 1972. "The "Floating Signifier": From Lévi-Strauss to Lacan." *Yale French Studies* 48, pp. 10-37.

Miller, Greg. 2014. "U.S. Officials scrambled to nab Snowden, hoping he would take a wrong step. He didn't." *The Washington Post*. https://www.washingtonpost.com/world/national-security/us-officials-scrambling-to-nab-snowden-hoped-he-would-take-a-wrong-step-he-didnt/2014/06/14/057a1ed2-f1ae-11e3-bf76-447a5df6411f_story.html?utm_term=.385d81392104 (accessed January 15, 2017)

Mulder, John M. 2015. *Woodrow Wilson: The Years of Preparation*. Princeton University Press.

Nissenbaum, Helen. 2005. "Where computer security meets national security." *Ethics and Information Technology* 7, pp. 61-73.

Rogin, Josh. 2016. "General Cartwright is paying the price for Hilary Clinton's sins." *The Washington Post*. https://www.washingtonpost.com/news/josh-rogin/wp/2016/10/18/general-cartwright-is-paying-the-price-for-hillary-clintons-sins/?utm_term=.6068d1328632

Roy, Arundhati. 2001. "The algebra of infinite justice." *The Guardian*. https://www.theguardian.com/world/2001/sep/29/september11.afghanistan (accessed December 13, 2016)

Shinkman, Paul, D. 2013. "Obama: 'Global War on Terror' Is Over." *U.S. News*. http://

www.usnews.com/news/articles/2013/05/23/obama-global-war-on-terror-is-over (accessed December 13, 2016)

Smale, Alison, Mazzetti, Mark, and Sanger, David, E. 2014. "Germany Demands Top U.S. Intelligence Officer Be Expelled." *The New York Times*, https://www.nytimes.com/2014/07/11/world/europe/germany-expels-top-us-intelligence-officer.html?_r=0 (accessed January 16, 2017)

The White House. Office of the Press Secretary. 2013. Remarks by the President in a Press Conference [Press Release]. https://www.whitehouse.gov/the-press-office/2013/08/09/remarks-president-press-conference.

______. 2014. Remarks by the President in a Press Conference [Press Release]. https://www.whitehouse.gov/the-press- office/2014/01/17/remarks-president-review-signals-intelligence.

Ullman, Richard H. 1983. "Redifining Security." *International Security*, 8(1), pp. 133-134.

UN Security Council. Security Council Resolution 1386. 2001. [on the situation in Afghanistan], 20 December 2001, S/RES/1386 (2001), documents-dds- ny.un.org/doc/UNDOC/GEN/N01/708/55/PDF/N0170855.pdf?OpenElement.

______. Security Council Resolution 1378. 2001. [on the situation in Afghanistan], 14 November 2001, S/RES/1378 (2001), documents-dds- ny.un.org/doc/UNDOC/GEN/N01/638/57/PDF/N01 63857.pdf?OpenElement.

______. Security Council Resolution 1737. 2006. 27 December 2006, S/RES/1737 (2006), https://www.iaea.org/sites/default/files/unsc_res1737-2006.pdf.

Van Cleave, Michelle. 2013. "WHAT IT TAKES: In Defense of the NSA." *World Affairs*, 176(4), pp. 57-64.

Williams, Michael C. 2003. "Words, Images, Enemies: Securitization and International Politics." *International Studies Quarterly* 47, pp. 511-531.

Zapotosky, Matt. 2015. "The Catch-22 of federal leak cases." *The Washington Post*. https://www.washingtonpost.com/local/crime/the-catch-22-of-federal-leak-cases/2015/01/21/9f927e6a-9c35-11e4-a7ee-526210d665b4_story.html?utm_term=.c74eedec817f (accessed 26 December, 2016)

제3장

중국의 '인터넷 안전'* 정책과 국가의 역할

고은송

* 이 제목의 "인터넷안전"은 통상 사이버안보와 그 의미를 같이하지만 사이버안보의 중국식표현인 "인터넷안전(网络安全)"으로 표현함이 본 연구가 담고자 하는 '중국형 21세기 국가에서의 인터넷안전'을 잘 나타낼 수 있다는 생각에서이다.

I. 서론

21세기 세계정치에서 국가들에게 인터넷안전이 가장 중요한 과제로 부상하였는바, 중국이 인터넷안전에 기울이는 노력 역시 상당하다. 최근 중국에서는 11월 개최된 제12회 전국인민대표대회 상무위원회(이하 전인대상무위) 제24차 회의에서 154표의 찬성과 1표의 기권으로 인터넷안전법(사이버보안법, 网络安全法)이 표결되었다. 중국의 인터넷안전 전략을 총망라한 인터넷안전법은 2017년 6월 1일부터 시행될 예정이다. 전인대상무위 경제법실 부주임 양허(杨合)는 "21세기 정보화시대에서 인터넷은 이미 사람들의 경제생활의 다양한 방면에 깊숙이 들어와 있다"고 하며, "인터넷안전은 국가안보 및 국가발전과 밀접한 연관이 있다는 고려를 바탕으로 동 법안이 통과되었다"고 밝혔다(中国网 2016/11/7). 시진핑 정부 이래 인터넷안전을 국가전략으로 격상시키고 전략 강화에 총력전을 펼친 중국에게 인터넷안전의 법제화는 의미있는 발돋움이다. 인터넷안전의 본격적인 법제화를 계기로 중국국민들 역시 사이버 범죄에 대한 문제의식을 가지고 예방 및 규제에 적극 참여할 것으로 보인다. 중국이 2000년대 인터넷시대에 들어섰을 때만 해도 사이버 범죄에 대한 인식부재, 미비한 정책, 미약한 백신프로그램 등을 이유로 곤혹을 치루었던 것에 비하면 가히 큰 발전이다.

이처럼 중국이 인터넷안전 전략을 구축하고, 인터넷안전에 대한 국민들의 인식을 이끌어내며 발전을 거듭하기까지는 국가의 역할이 중요했다. 물론 인터넷안전이라는 신흥안보 이슈가 등장하기 전까지 전통안보의 영역인 영토분쟁, 혹은 전통적 국가권력에 해당하는 경제정책에 중국정부가 모든 역할을 수행해 왔다. 그러나 21세기를 기하여 국가가 혼자서는 해결할 수 없는 새로운 국제정치 이슈, 안보위협 등이 등장하고 이의 해결을 위해 비국가 행위자들의 개입이 필요해지면서 근대국민국가의 영향력이 상대적으로 퇴보하였다는 주장이 지속적으로 제기되어왔다. 이의 연장선상에서 근대국가의 모습에서 벗어난 21세기 국가변환에 대한 논의도 존재한다. 그러나 인터넷안전과 같은 새로운 문제에도 정부가 최전선에 나서 대응하고 있는 점으로 보아, 이 같은 새로운 논의는 중국에는 적용되지 않는 것처럼 보인다. 특히 중국의 인터넷검열은 철저히 국가의 통제하에 이루어지고 있는바, 인터넷의 발전은 중국사회에 긍정적 변화를 가져다주었음은 별론으로 하고 중국정부로서는 해야 할 일이 늘어난 셈이다. 그리고 본 연구에서는 중국이 이러한 변화에 발맞추어 기울이는 노력, 국가의 역할에 대해 논의하고자 한다.

본격적 논의에 앞서 현재 미 패권의 경쟁국으로 자리매김한 중국에 대한 열기를 상기해보면, 많은 국가들에게 중국, 미중 패권경쟁 등의 이슈는 중요한 연구과제이다. 뿐만 아니라 국내에서는 '중국'에 대한 연구가 중국학, 중국 정치경제학 등의 분야에서 진행되어 왔는데, 괄목할 만한 성장을 이루어 낸 21세기의 중국은 더욱 다양한 시각에서 연구되고 있다. 특히 본 연구가 주목하는 '국가의 역할'과 관련한 기존 연구로, 우선 중국의 사회 전반에 대한 통제에 관한 연구가 있다. 사회통제는 중국정부의 종교탄압 사례가 대표적인데, 김도희(2001)는 중국정부의 종교탄압의 대표적 사례인 파룬궁(法轮功)사건을 중심으로, 중국이 국가기구를 통해 사회행위 일체에 대한 광범위한 통제를 가하고 있음을 주장한다. 이동영(2013) 역시 파룬궁을 비롯한 사회통제 사례를 중심으로 중국의 사회통제와 그 방식에서의 변화에 주목한다. 강준영(2004)은 기존 중국 사회에서 종교가 가지던 상징적 체계를 공산주의로 대체하고자하는 중국과, 이에 맞서는 종교단체 각각의 입장과 갈등에 대해 논의했다. 또한 중국정부는 종교단체에 대한 통제뿐 아니라 기업과 경제정책에도 깊이 관여하는바, 정대(2009)는, 중국이 내부통제제도를 입법하여 기업통제에 직접 나서고 있다는 사실을 바탕으로 중국의 내부통제제도의 의의 및 내용을 논의한다. 더하여 첨단기술 관련 물품에 대한 수출통제에도 중국이 법의 테두리안에서 관여하고 있음을 밝힌 연구도 있다(이상모·유호 2007). '하나의 중국(One China)'을 만들고자 하는 정부와, 종교와 신념의 자유를 원하는 양자간의 갈등은 현재 인터넷 공간으로 옮겨져 나타나고 있다.

한편 중국의 강력한 인터넷 검열·통제 정책은 최근 국가들의 중요한 과제인 사이버 안보의 일환으로도 생각된다. 중국은 시진핑정부의 지휘하에 본격적으로 사이버 안보를 강화해 나가고 있는데 최근에는 특히 사이버 안보의 법제화를 이룩하며 중국사회를 통제하는 동시에, 미국과의 경쟁에서 우위를 점하기 위한, 혹은 적어도 도태되지 않기 위한 노력을 기울이고 있다. 중국의 사이버 안보는 일찍이 미중 패권경쟁 이슈와 함께 연구되었는데, 김관옥(2015)은 전통 국제정치이론을 분석틀로 하여 미국과 중국의 사이버전 능력을 분석하고, 패권경쟁을 전망했다. 한편 김상배(2014), 배영자(2011)는 네트워크이론을 차용하여 미중 패권경쟁을 표준경쟁의 시각에서 보아, 경쟁의 내용을 분석하였다. 인터넷안전뿐 아니라 미중 패권경쟁을 국제정치의 중요한 현상으로 보고 다양한 시각에서 연구하려는 시도 역시 지속되고 있다(박창권 2013, 김관옥 2015, 이상국 2013).

상기와 같이 앞서 진행된 다수의 중국 관련 연구들은, 사회통제라는 측면에서 국가가 사회에 영향력을 행사하고 그 방식이 어떠했는가에 대한 의문을 해소했다. 더하여 미중 패권경쟁과 관련한 연구는 상당부분 진행되어 왔으나 온전히 중국만을 들여다보기보다 주로 미국과 비교하는 방식으로, 대외적인 측면만을 강조하여 연구되었다. 그러나 정보통신혁명, 세계화, 중국의 부상이라는 키워드 모두 '변화'를 함축하는바, 본 연구는 이러한 '변화'에 발맞추어 중국은 어떠한 길을 어떻게 발돋움하고 있는가를 논의하고자 한다.

본격적 논의에 앞서 국가변환이론과 중국에 대해 논의한다. 21세기에 들어서 많은 국가들이 비국가 행위자의 존재를 수용하고 상호협력을 펼치고 있으며, 특히 미국과 유럽의 경우 이를 통해 세련된 전략을 구축하고자 하는데, 이는 국가변환의 현상으로도 보여진다. 이에 반하여 중국은 여전히 인터넷검열로써 사회를 통제하고 인터넷기업들을 포섭하는 등 국가의 막강한 영향력을 도처에서 행사하고 있어 일견 여타 국가와 같이 국가변환 현상을 받아들이지 않는것처럼 보여진다. 그러나 중국의 행보는 근대의 그것과 완전히 같다고는 할 수 없으며, 여전히 국가의 힘으로 정부와 사회를 꾸려나가고는 있다 할 것이나, 역시 세련된 방법으로 발전된 중국을 만들고자 하는 것으로 생각된다. 이에 본 연구는 중국을 국가변환의 렌즈로 살피기보다 '중국형 발전국가 모델'이라는 이론적 틀에서 논의한다.

본 연구는 본론에서 인터넷안전과 국가의 발전을 위한 중국정부의 역할을 1) 정부, 2) 국가, 3) 네이션 등 세 가지 차원으로 나누어 분석한다. 첫째로 중국이 기피하는 사이버 범죄를 해석하고, 이의 예방을 위해 국가는 어떠한 인터넷안전 정책을 마련해 나가고 있는가를 조명하고자 한다. 둘째, 한편으로 중국정부는 인터넷검열에 관하여 엄격하고 거침 없는 정책을 펼치고 있는데, 본 연구는 이를 국가권력의 행사로 본다. 그리고 이러한 권력의 행사로써 '인터넷안전검사'라는 미명 아래 강행하고 있는 인터넷검열이 중국 내 시민사회뿐 아니라 자국기업, 외국기업에 미치는 크고 작은 파급효과에 대해 논의한다. 셋째, 또한 최근 몇 년간, 미국의 IT기업이 중국시장에서 실패한 사례가 수면 위에 떠오르면서 중국의 인터넷규제정책 역시 화제가 되고 있다. 역시 '인터넷안전'을 위한 정책이자, 미국을 견제한 표준경쟁의 일환으로 볼 수 있으나, 자세히 들여다보면 자국기업의 경쟁력강화를 위한 발전국가적 전략으로 생각된다. 이에 사례를 중심으로 중국의 이러한 '중국형 발전국가전략'에 대해 논의한다.

이상의 논의는 국내외 학술자료뿐 아니라 중국의 언론자료, 학술자료 및 중국 현지답사에서의 인터뷰 등을 종합한 사례연구를 바탕으로 전개된다.

본 논문은 우선 제2절 이론적 논의에서 21세기 국가변환에 대한 논의들을 소개하고 본 이론이 중국의 사례에서 어떻게 발현되는가를 논의한다. 다음으로 제3절부터 제5절까지 각 절에서 1) 중국정부의 국민들을 위한 인터넷안전정책 2) 정치권력으로서의 인터넷검열 3) 인터넷규제를 통한 발전국가의 움직임을 살펴보고자 한다. 끝으로 결론에서 논의를 종합하고 본 연구의 논의를 종합하고 향후 과제를 찾아본다.

II. 이론적 논의

1. 국가변환이론에 대한 논의

국가들의 1648년 웨스트팔리안 조약 체결은 근대국민국가(Nation State) 시대의 도래를 상징했다. 막스 베버(Max Weber)의 저서 『직업으로서의 정치(*Politics as a vocation*)』에서 근대국가는 "인간공동체로, 조직된 폭력의 정당한 사용을 독점하는 조직"이다. 다시 말해 과거의 근대국가는 자신의 영토 내에서 배타적 · 주권적 권리를 행사하는 행위주체로, 개개인과 집단의 행위는 상대적으로 중요시되지 않았다. 또한 정부가 국가운영의 주체였지만, 영토의 의미가 모호해지면서, 국가(government)는 거버넌스(governance)로 이행했다(Boyer 1990). 더하여 국가의 쇠퇴론에 대한 논의는 국가가 더 이상 테러리즘 위협이나 식량위기와 같은 새로운 안보이슈로부터 국민들을 완전히 지켜내지 못한다는 지적으로부터 힘을 얻는다. 변환의 기로에 있는 국가들은 "이제 사회의 큰 문제를 다루기에는 너무 왜소한 존재이면서, 작은 문제를 다루기에는 너무 큰 존재이기도 하다"(Benn 1971 ; Bell 1977).

또한 과거에는 영토를 지배함으로써 국가의 역할이 시작되었다면, 세계화를 맞이하며 국가 간 물리적 영토가 무색할 만큼 국가들은 가까워졌고 교류가 증가했으며 정보화시대의 도래는 영토의 의미를 쇠퇴하게 했다. 사회적, 경제적 그리고 정치적인 이슈들은 국가의 영토안에서 논의되고 해결되기보다, 인터넷 공간에서의 교류가 활발해졌기에 영토 경계의 설정이 어렵게 된 것이다. 뿐만 아니라 국민국가의 중요한 속성 중 하나인 '국민' 역시 인터넷 공간에서는 정의되거나 헤아리기 쉽지 않을 것이다. 러기(John G. Ruggie)는 국가의 이와 같은 영토적 속성을 곧 주권으로 보고 근대국가는 '영토성의 해체'를 맞이하고 있다고 주장한다(Ruggie 1993).

이처럼 근대국민국가는 국가운영 일선에서 후퇴했고 '주권'이라는 불가침적인 국가 고유의 권력은 비국가 행위자와 공유하게 되었다(Strange 1996). 스트레인지는, 이 현상을 1648년부터 국민국가를 이끌어온 웨스트팔리아체제의 사망이라고 본다. 그럼에도 이 같은 '영토의 해체', '국가쇠퇴론' 등의 주장을 근거로 근대국가의 완전한 몰락을 논하기에는 아직 이르다. 다만 국가를 정의하는 개념과 기능, 행위자의 인식은 분명히 변화하고 있다. 그리고 보이어의 말처럼, 국민국가의 시대에서 정부는 국가운영의 주체였던 반면에, 이제는 국가와 비국가 행위자가 파트너로서 상호작용하며 국가를 운영하는 식으로 변화하고 있다. 더하여 국가업무의 효율적 수행을 위해 '지식'에 대한 의존이 필수 불가결하게 되면서 지식자원은 이내 군사력, 경제력의 핵심이자, 독립적인 국가권력으로 부상하였다. 국가들이 이를 획득하기 위해서는 영토 내에서의 싸움이나 협력이 아닌 다른 차원의 공간에서의 국가-비국가 간의 충돌 내지는 협력이 필요하게 되었기 때문에 영토적 경계는 더 이상 제약이 되지 않는다. 이와 같은 현상은 곧 근대국가의 의미를 넘어서는 '지식국가(Knowledge State)의 등장을 의미한다(최정운 1992; 김상배 2006). 그럼에도 이러한 지식권력의 확보를 위한 인터넷, IT기술의 구축을 위해 국가가 여전히 핵심적 역할을 했으며, 위기상황에 대처하는 테스크포스라는 점에서 지식국가는 여전히 근대국가의 속성을 가진다. 그렇지만 동시에 새로운 환경에의 적응과 빠른 기술 습득에 능한 비국가 행위자의 영향력이 커져가면서 국가와 비국가 행위자 간의 네트워킹은 지식국가의 중요한 국가전략으로 여겨진다.

2000년대에 진입하여, 이러한 지식국가들의 정부 간, 정부-비정부 간 네트워킹의 중요성이 증대되면서, 지식국가는 네트워크 지식국가의 형태로 진화하는 모습을 보인다. 네트워크 지식국가는 지식자원을 중요한 권력으로 상정하고, 네트워킹을 중요한 국가전략의 축으로 삼는다. 상기와 같이 근대국민국가가 영토, 국민, 주권의 속성을 가졌던 반면에, 네트워크국가에서 주권은 공유되며(Castells 2003), '국민'의 정체성은 약화되면서, 우리와 그들을 구분하는 기준은 희미해졌다(Ferguson and Mansbach 1999). 이렇듯 다른 차원의 속성을 지닌 네트워크 지식국가는 1) 정부(Government)의 변환이라는 맥락에서 네트워크국가는 정부 간 네트워크로, 2) 국가(State)의 변환이라는 면에서 네트워크국가는 국가 행위자+비국가 행위자의 복합체로, 3) 국민(국가의 구성원, Nation)의 변환이라는 맥락에서 네트워크국가는 포괄적인 지역차원에서의 국가들의 연합체(김상배 2014)로 요약된다.

그러나 국민국가가 지식국가 내지는 네트워크 지식국가의 모습 등으로 다양한 변화를 경험하고 있음이 발견되고는 있지만, 여전히 네트워크'국가'라는 표현에서 알 수 있듯, 세계화, 정보화의 결과로 국민국가의 역할이 완전히 쇠퇴된 것은 아니다. 국가의 주권을 비국가 행위자와 공유하게 되었다 해도, 국가는 국민생활, 민간과 기업의 경제활동, 사회활동 등 모든 영역에 크고 작은 영향력을 행사하고 있다(Sbragia 2000). 즉, 21세기의 국가는 기존에 과시하던 힘을 잃고 완전히 사라지는 것이 아니라 새로이 형성된 네트워크라는 사회에 내재된(embedded) 구성원이 되는 것으로 볼 수 있다(Held and McGrew, 2002; Ansell and Weber 1999; 김상배 2006). 그리고 21세기의 국가는 어느 정도 '네트워크', '지식' 등의 키워드를 중심으로 발전해나가고 있다(배영자 2006).

2. 21세기 국가와 중국

그리고 위와 같은 이론적 논의는 21세기의 국가들의 기능, 행동 등의 변화를 분석하는 틀로써 차용될 수 있다. 근대국가에서 지식국가 혹은 네트워크 지식국가 등으로의 변화를 꾀하고 있다는 국가변환이론의 렌즈로 국가들을 들여다보면 미국, 유럽 그리고 동아시아 국가들이 경험하는 국가변환은 각기 다른 방식으로 나타난다.

우선 21세기 패권으로 자리한 미국의 경우, 탈냉전기에 접어들어 본격적으로 진행된 정보화와 세계화의 흐름 속에서 정보산업 등 세계 경제성장을 이끌고 있는 첨단기술력에서의 우위를 빠르게 점한다. 또한 이를 기반으로 경제와 군사 부문에서의 우위를 공고히 함과 동시에 미국식 민주주의 및 문화를 세계적으로 확산시켜 왔다. 이 때문에 국민국가에서 '지식국가'로 변화하는 현상이 가장 도드라지게 드러난 국가가 미국이라고 생각된다. 미국은 일찍이 2차대전 이후 냉전기 군비경쟁 와중에 발 빠른 정보력, 기술력으로 군사기술의 혁신을 이루어냈고, 원자폭탄 개발을 위한 거대 프로젝트인 맨해튼프로젝트(Manhatten Project)를 완수했다. 이는 미국이 지식권력을 기반으로 세계 최강국으로 자리매김하게 된 중요한 계기 중 하나이다. 뿐만 아니라 20세기 후반에는 IT기술의 중요성이 고조되면서 야기될 수 있는 정보전쟁에 대비하여 군사분야혁명(RMA, Revolution in Military Affairs)을 통해 군사력을 정보화시대에 맞게 변환하게 된다(김상배 2006). 그리고 9·11이후, 테러리즘과 대량살상무기에 맞서 군사조직의 개혁을 단행하고, 고정군에서 유동군의 형태로 군사전략을 전환하면서, 대규모 군사네트워크를 완성시켰다. 군사 분야뿐만 아니라, 정보화시대에 이르러 연구개발투자의 절반 정도가 미국정부 및 기업에 의해 이루어져 왔으며, 미국 국적의 초국적 기업들은 글로벌 생산 및 연구개발네트워크에서 미국제품의 세계표준을 설정하고, 정보기술의 산업발전을 주도해왔다(배영자 2006). 이처럼 미국은 발빠르게 정보화, 세계화가 야기한 국가변환을 받아들여, 패권의 자리를 유지하기 위한 전략을 구축해 왔다. 다시 말해 미국은 변환의 '트렌드'를 정확히 읽어내어, 시의적절하게 다양한 패권전략을 모색했다.

이처럼 미국이 시류에 앞장서서 발 빠르게 국민국가에 정보화라는 요소를 대입시켰다면, 유럽의 경우 꾸준한 노력 끝에 네트워크국가의 면모를 갖출 수 있었다. 유럽의 국가들은 일찍이 교황의 휘하에 있던 봉건체제를 근대국가들의 웨스트팔리안체제로 변환하는 데에 주도적 역할을 해낸 바 있다. 그리고 2차대전 이후 차츰 국가들이 각자의 자리를 찾아가면서, 유럽은 1992년 마스트리히트 조약의 체결을 계기로 유럽통합이라는 거대네트워크의 구축에 노력을 다해 왔다. 그리고 많은 학자들이 이 같은 통합의 현상으로부터 네트워크국가론에 대한 연구를 시작했다(민병원 2008). 유럽은 '거버넌스'를 중요한 구조적 기반으로 하며, 이를 정책결정기제로 채택하여 연합체를 운영하고 있다. 유럽국가들의 국가변환과정의 특이점은, 유럽국가들이 자국의 문제에 대해서는 국가가 직접 나서지만 유럽연합이라는 공동체의 문제라면 초국가적 행동이 우선시되고 사안과 관련하여 민간 전문가, 민간기업 등의 역할도 필요로 한다는 점이다. 즉, 하나의 네트워크 안에서 개별 행위자들은 독자적이면서 동시에 상호의존적인 관계를 형성하게 되게 되는 것이다(민병원 2008). 이렇듯 유럽국가들은 유럽공동체 내에서 중앙집중형 규제를 탈피하고, 협의, 경쟁, 조정을 거쳐 좋은 거버넌스(good governance)를 구축해나가고 있다(Overdevest 2002). 그리고 이러한 유럽의 현상에서 국가의 거대네트워크화의 모습이 관찰된다.

이렇듯 미국과 유럽연합이 새롭게 도래한 국가변환을 자신만의 방식으로 수용하여 국가이익으로의 전환을 시도하는 모습들을 발견할 수 있다. 한편 현재 국가들의 이목이 중국에 집중되어 있는 가운데, 중국은 이러한 국가변환의 시류에 편승하고 있는가, 혹은 회피하며 근대국가의 모습으로 남아 있는가 하는 의문을 자아낸다.

일견 중국은 여전히 대외적으로 군사력, 경제력을 과시하고 있으며 국가권력의 중심인 공산당 일당체제하에서 근대에 머물러 있는 것으로 보여진다. 최근 시진핑 정부의 국가주석 1인 통치체제 확립이 가시화되면서 중국의 국가중심체제에 대한 의지는 굳건하며 중국 스스로 이러한 국가중심체제의 중요성, 이점 등을 증명해보이려 시도하고 있다. 때문에 중국의 국가의 역할 역시 변화하리라는 기대를 이끌어내기에는 아직 이르다. 그럼에도 21세기의 세계화나 정보혁명과 같은 변화는 중국에게도 영향을 미쳤으며, 중국 역시 지식권력의 확보를 중요한 국가전략으로 상정하고 있다. 다시 말해 여기서 '중국은 변화했다'라는 명제보다는, '중국이 여전히 근대에만 머물러 있는 것은 아니다'라는 명제가 본 연구를 이끌어가는 데 보다 적실성 있는 것으로 생각된다.

중국이 만들어가는 변화는 특히 인터넷안전의 렌즈로 들여다볼 때 잘 드러난다. 중국이 인터넷안전에 만전을 기하고 있음은 최근 표결된 인터넷안전법과 시진핑 정부의 사이버 안보의 국가전략으로의 승격 등의 사례를 통해 알 수 있다. 그러나 인터넷 공간은 영토적 경계의 부재, 행위자의 불분명함 등을 이유로 국가가 완전히 이를 통제하기 어렵다. 때문에 인터넷안전의 확보를 위해서는 정부뿐 아니라, IT 기업과 네티즌의 협력이 필연적이다. 그러나 중국정부는 자국기업과 국민들에 근대국가적인 권력행사로써 인터넷안전을 확보하는 빅브라더를 자임하는 동시에, 보호우산의 역할을 해내고 있다. 또한 국가의 힘을 통해 인터넷안전을 공고히 할 뿐 아니라 이를 통해 다수의 중국 인터넷기업들이 성장을 거두었는데, 이는 중국형 발전국가의 결과로 볼 수 있다.

김상배(2006)는 전통적 권력과 네트워크라는 신흥권력이 서로 밀접한 관계를 맺으면서 궁극적으로 국가변환을 가능케 한다고 보는 한편, 21세기 국가변환의 과정에서 국가들마다 변환의 동인이 되는 지식이 각기 다를 뿐 아니라 이 과정에서 발생하는 지식과 네트워크 및 국가의 조합비율도 다르다고 본다. 이 같은 논의는 본 연구에서 보이고자 하는 21세기 중국의 모습, 그리고 국가변환의 과정과도 상응한다. 즉, 현재 보여지는 중국의 모습은 네트워킹을 통한 집단적 문제해결 및 '국가의 시민사회로의 확장(Carnoy and Castells 2001)'으로 국가변환을 이룩한 미국 중심의 나토동맹, 또는 현재 유럽연합의 방식이 아닌 권력이 대다수를 차지하고 네트워크가 나머지를 차지하는 식으로 '비율을 조합'하여 점진적으로 중국식 21세기 국가를 형성해나가는 방식이다.

본 연구는 이와 같은 이론을 중심으로 하여 21세기의 중국을 인터넷안전을 중심으로 살펴보고자 한다. 즉 인터넷안전 확보와 발전을 위한 국가의 역할이 곧 중국형 지식국가의 건설로 이어진다고 보고, 이하 중국형 지식국가의 인터넷안전 분야에서의 역할을 크게 정부(Government), 국가(State), 네이션(Nation) 등 세 가지 차원으로 분석한다. 다만 주의할 점은, 21세기 중국과 인터넷안전을 보는 하위의 분석틀을 정부, 국가, 네이션을 구분하였으나 결국 중국식 국가의 역할은 정부–국가, 네이션–국가 그리고 정부–네이션 유기적으로, 그러나 조합비율을 달리하여 행해지고 있음을 상기할 필요가 있다.

III. 중국의 사이버 범죄 보호정책(Government)

1. 정책의 목표: 사이버 범죄의 예방

중국은 많은 사람들에게 흔히 '전 세계 국가 중 인구가 가장 많은 나라' 로 인식된다. 최근에는 '인터넷 인구가 가장 많은 나라'로 부른다 해도 과언이 아닐 만큼, 2016년 기준 중국 인터넷 인구는 7억 명을 돌파했다. 인구 대비 인터넷 보급률은 51.7%로, 세계 평균보다 3.1%가 높은 수준이다(中国互联网络信息中心 2016). 미국이 3억 정도의 인터넷 인구를 보유한 것을 감안하면, 중국은 자타공인 '인터넷 대국'이 된 것이다. 이렇듯 중국의 엄청난 규모의 인터넷 인구는 중국 인터넷시장을 빠르게 활성화시키고, 많은 정보를 신속히 유통시킴으로써 국민들의 지적 수준까지 끌어올릴 수 있는 큰 효과를 가져온다. 그러나 인터넷 안전의 측면에서 인터넷 인구의 증가로 인해 중국이 감안해야 하는 손실도 증가했다. 다시 말해, 중국 인터넷 시장에서의 인구증가가 거듭될수록 중국정부든, 중국 국민이든 사이버 공격을 받을 위험이 커지게 되며, 이에 대한 규제 역시 많은 비용을 수반한다. 더구나 아직 중국에는 '인터넷민주화'가 실현되지 않았다는 약점 때문에 '민주화 실현'을 명분으로 한 외부의 공격을 받을 여지가 크다.

현재 중국정부가 주시하는 사이버 범죄는 크게 지식재산권의 침해, 유해·거짓정보의 유포, 정치전복활동 등으로 요약된다. 지식재산권의 경우 중국은 2002년 WTO체제로 편입된 이래 수차례 미국과의 지적재산권 분쟁을 겪어왔다. 때문에 중국은 지적재산권 침해가 빈번한 나라로 여겨지지만 사실 중국 내에서도 온라인에서의 지적재산권 침해를 사이버 범죄로 간주하여 꾸준한 예방 노력을 하고 있다. 또한 중국정부는 인터넷 사용자들이 얼마든지 자신의 신분을 감출 수 있다는 인터넷 공간의 맹점을 이용해 국내 여론을 흐릴 수 있는 유해한 정보의 유포를 경계하고 있다. 그러나 중국정부가 가장 두려워하는 사이버 범죄는 역시 인터넷 공간에서의 정치전복활동이다. 하오원쟝은 2000년대 중반, 중국 내 인터넷 보급률이 기하급수적으로 증가하면서, '반사회주의자'들의 인터넷을 통한 활동도 크게 늘었다고 지적하며 이는 국가안보와 국민의 권익을 침해하고 국내정세에 악영향을 야기한다고 주장했다(郝文江 2007). 체제전복활동은 곧 중국 내에서 사이버테러리즘을 의미하는바, 이는 특정조직 혹은 개인이 인터넷을 수단으로 하여 정치적인 목적을 가지고 폭력을 행사하는 모든 행위, 컴퓨터 시스템, 데이터베이스를 활용해 사회에 공포분위기를 조성하고, 정부에 정치적 위협을 가하는 행위, 정보사회와 국가이익을 파괴하고 국민들의 심리적 불안을 야기하며 재산의 손실을 가져오는 활동이다(刘优良 2007; 谢明刚 2011). 사전적으로 사이버테러리즘이 컴퓨터 통신망을 이용하여 정부기관이나 민간기관의 정보 시스템에 침입, 중대한 장애를 일으키거나 파괴하는 등의 범죄 행위를 의미하는 데 반해 중국정부는 '정치체제에 대한 비판'에 보다 큰 비중을 두어 이를 테러리즘으로 상정하여 예의주시하고 있다. 이 때문에 중국에서 민주주의 가치를 바탕으로 한 인터넷자유를 허용하지 않는데, 인터넷자유가 남용된다면 이는 곧 중국에 대한 큰 안보위협으로 발전할 여지가 크기 때문이다(郑东东 2014).

2. 금순공정 및 인터넷안전관리표준화작업

그리고 이러한 범죄의 예방과 정보화라는 시대의 변환에 알맞은 인터넷기반을 갖추기 위해 금순공정이 전개된다. 금순공정(金盾工程, Golden Shield Project)이란 1998년 시작된 공안정보화프로젝트로, '금'자로 시작하는 12개의 행정개혁 프로젝트를 아우르는 금자공정(金字工程, golden project) 중 하나이다. 이는 중국이 시도한 여러 가지 정보화사업 중 가장 영향력 있고, 대대적으로 진행된 사업이라 할 수 있는

데, 금자공정에는 금순공정 이외에도 투자, 건설, 교통, 관광, 농업, 전자화폐, 경제정책, 생산 및 유통 등의 다양한 분야의 정보화를 통한 행정네트워크를 포함한다. 금자공정의 주요 목표는 1) 정보를 온라인상으로 유포하고, 2) 정부의 문서나 아카이브(archive), 데이터베이스를 온라인상에서 사용할 수 있도록 만들며, 3) 전자 데이터베이스와 온라인 문서 전송기능을 통해 행정효율성을 개선하여 온라인 행정을 실현하는 데에 있다(Ma 2005).

금순공정의 기원을 돌이켜보면, 중국의 공안기관들은 80년대부터 컴퓨터를 통한 인구통계, 출입국관리, 범죄정보를 수집해왔으나, 초기의 열악한 정보기술 환경으로 인해 중국 공안당국이 구비했던 정보시스템은 정보수집이라는 제 기능을 해내지 못했다. 시행착오 끝에 중국 공안부는 숙련된 전문가를 고용하고 발전된 정보기술을 수용하며 통신기술부대를 창설하는 등의 발전을 보여왔다. 이어서 중국 공안부 과학기술위원회는 "외국의 정보화성공 사례를 답습하여 현재 중국 공안부내 정보시스템의 단점을 보완하고, 성능을 개선함으로써 중국공안의 전투력을 향상시킬 수 있다"고 보고 금순공정을 추진했다. 당시 국가주석 장쩌민 역시 "4개의 현대화 작업 중, 어느 하나도 정보화와 뗄 수 없다"라며 금순공정을 적극적으로 장려했다(李润森 2002). 금순공정은 이와 같은 장쩌민 전 주석의 "작업정신"을 슬로건으로 하여 1998년 본격적으로 계획되었고 "과학기술을 통한 경찰의 강화(科技强警)"가 당초 목표로 설정되었다. "과기강경"의 구체적 내용으로는 공안시스템의 통일된 지휘체계구축 신속한 대응 및 협동작전, 공안업무효율성 제고 등이 있다. 과기강경을 주요 목표로 하면서 금순공정은 인터넷안전, 기밀정보의 관리, 안정적이고 의존할 수 있는 고효율적인 운영을 제도설계의 기본원칙으로 설정했다. 그리고 궁극적으로 사이버 범죄의 신속한 대응능력강화와 협동작전능력의 강화를 달성하고자 했다. 1998년부터 논의된 금순공정은 2000년대에 비로소 본격화되었는데 2000년 베이징 "China Security 2000"에서 중국정부가 경찰 업무의 효율성을 향상시키기 위해 중앙 경찰 통제능력과 범죄 대응 능력을 강화하기 위한 첨단 정보 및 통신 기술을 채택할 것임을 천명하면서 그 존재가 공개된다(高峰·朱晓兵 2009). 정부는 금순공정 데이터베이스를 기반으로 감시시스템을 구축함으로써 중국 내 모든 시민들의 개개인의 인터넷 기록에 접근할 수 있게 되었다. 뿐만 아니라 중앙정부-지방정부 간의 보안네트워크가 구축되어 통일된 체계에서 인터넷행정관리, 인터넷부대 창설, 인터넷민원서비스, 인터넷전략의 지휘 및 통제 등 다양한 행정업무가 가능해졌다. 중국 공안당국은 금순공정이 본격화된 이래 2005년까지 238,559명의 인터넷범죄자를 체포했다고 발표했는데, 통일된 공안정보체계가 부재하던 시절 중국내에서 인터넷범죄에 대한 인식도 희미했을 뿐더러, 인터넷범죄자에 대한 정보를 수집하기 어려웠기에 금순공정 이후 이 같은 결과를 도출해 낸 것은 주목할 만한 성과이다.

또한 금순공정은 사이버 범죄뿐 아니라 인구관리, 교통관리, 출입국관리 등에서도 뛰어난 성과를 보이고 있어, 중국정부는 금순공정이 중국의 공안 행정관리작업의 수준을 상당히 제고시켰다고 평가한다. 현재는 금순공정에서 비롯된 인터넷안전 관련 정부사업들을 인터넷안전및정보화영도소조판공실(中共中央网络安全和信息化领导小组办公室, 이하 인터넷안전영도소조)에서 담당하고 있다. 인터넷안전영도소조가 운영하는 정부 웹사이트는 인터넷안전동향(网络安全动态) 및 인터넷안전관리(网络安全管理) 창구를 개설하여 중앙정부뿐 아니라 지방정부의 인터넷안전과 관련한 모든 행정업무 및 범죄예방 사례를 찾아볼 수 있다. 이처럼 보다 체계적이고 견고한 네트워크를 구축해낸 금순공정은 이제 개별 사용자 감시에 초점을 맞추어 더욱 "위대한 방화벽(Great firewall)"으로 거듭나고자 하는데, 이를 위해 중국정부는 국내외 많은 정보통신 연구소 및 전문가들과 협력하고 있다. 중국의 이러한 네트워킹 능력 제고에는 중국 칭화대학교(Tsinghua University) 연구진과 캐나다 노텔 네트워크(Nortel Networks)의 긴밀한 협조뿐 아니라, 감시 시스템의 라우터와 방화벽을 제공한 미국의 Cisco Systems 등의 협력이 없었다면 쉽지 않았으리라 생각된다. 현재 중국의 정교한 인터넷방화벽 기술은 쿠바, 짐바브웨, 벨로루시 등의 다른 국가에도 기술을 수출하는 정도에 이르렀다.

현재 인터넷안전 강국으로 나가고 있는 중국은 외국기업 및 전문가들의 협력에 힘입어 이렇듯 큰 성장을 거두었으나 인터넷방화벽이 인터넷자유를 침해하고 있다는 서방국가들의 비판으로 역풍을 맞고 있다. 이에 중국정부는 "금순공정이 해외 '유해'사이트의 유입을 차단함으로써 중국 네티즌들이 중국 내 웹사이트에 의존하여 정보를 얻을 수 있게 되는데, 이는 국내 인터넷서비스 시장의 촉진이라는 긍정적인 경제적 효과도 낳는다. 뿐만 아니라 이를 통해 중국 내 인터넷이 질서 있고, 안정적으로 발전할 수 있었다"고 대응하고 있다(人民网-环球时报 2015/01/28).

이상 금순공정으로부터 시작된 정부의 인터넷안전사업은 중국 스스로 상당히 성공적인 사업으로 평가하는데, 전 중국 국가주석 장쩌민 역시 "금순공정을 통해 전국 공안정보화를 이룩했고, 공안국 간 자원의 공유, 정보공유 등을 가능케 했다. 금순공정은 시대를 초월하는 작업으로 공안업무 발전에 큰 의미가 있다"며 높은 평가를 내린 바 있다. 더하여 비단 인터넷안전의 측면뿐 아니라 금순공정을 진행한 그 자체로도 비교적 단기간 내에 높은 수준의 정보화를 이루어 냈다는 점에서 고무적이라는 중국 내 평가도 있다 .

또한 최근 중국정부는 상기와 같이 인터넷안전을 위한 행정네트워크 및 방화벽 구축뿐 아니라, 인터넷안전을 보다 효율적으로 관리하기 위해 이른바 인터넷안전 표준화 작업을 준비하고 있다. 2016년 8월, 인터넷안전영도소조는 〈국가인터넷안전표준화공작에 관한 약간의견(关于加强国家网络安全标准化工作的若干意见, 이하 의견)〉에서 공식적으로 표준화작업을 추진할 것임을 천명하고 이를 구체화했다. 〈의견〉에 따르면, 중국 정보안전표준화기술위원회는 정부의 지도 아래, 인터넷안전 관련 정부부처의 지지 및 협조하에 인터넷안전의 국가표준체계의 확립을 위한 기술을 개발하고, 또한 인터넷안전 관련 산업의 표준연락망을 구축할 것을 요구하고 있다. 이러한 중국 내 인터넷안전 표준네트워크가 구축되면 인터넷안전 관련 정부의 중대한 과학기술프로젝트가 진행되는 경우 관련 정보를 광범위하게 공유할 수 있는 기제가 마련된다. 또한 〈의견〉은 중앙-지방정부-산업 간 네트워크뿐 아니라 군사안보를 위한 인터넷안전 표준 역시 마련해나갈 것을 제안하고 있는데 이는 자국 내 인터넷안전의 강화 및 산업발전뿐만 아니라 외국으로부터 침입할 수 있는 사이버 범죄에도 신속하고 철저한 대응체계를 마련하기 위함으로 보인다.

구체적으로 〈의견〉은 인터넷안전법(사이버보안법)과의 조화를 이루면서 국가 인터넷안전 전략에 맞추어 국가기밀의 보호, 인터넷안전 검사(인터넷검열), 국가 내 공업통제 시스템의 안전, 빅데이터 안전, 개인정보보호, 인터넷안전 관련 정보 공유망 등이 표준화 작업을 통해 달성될 수 있도록 할 것을 요구하고 있다.

위와 같이 현재 중국은 인터넷안전과 관련하여 부단한 행정개혁을 단행하고 있다. 정부가 적극적으로 주도하고, 관련 부처들이 이를 엄격히 따름으로써 인터넷안전 정책은 당초 정부가 설정한 방향으로 끊임없이 진보하고 있음을 알 수 있다. 특히 최근 시진핑 정부가 인터넷안전의 강화를 중요한 국가전략으로 격상시키면서, 행정체계 역시 눈에 띄는 변화가 발견되고 있는바, 이를 통해 중국의 인터넷안전 행정네트워크가 보다 견고해진다면 7억의 인터넷 인구를 완벽하게 통제할 수 있는 수준에 다다를 수도 있을 것으로 보인다.

IV. 정치권력으로서의 인터넷검열(State)[1]

1. 인터넷안전검사제도(网络安全监测)

이상의 논의와 같이 인터넷범죄의 포괄적인 통제를 위한 행정개혁인 금순공정 및 인터넷안전 표준화 작업에 중국정부는 노력을 지속해왔다. 이에 더하여 중국정부는 항상 외부세력으로부터 주권과 체제를 유지해 정체성과 국가이익을 확보하기 위해 사회통제의 원칙을 지켜왔다(Everard 2000). 그러나 인터넷 시대의 도래가 중국에게는 사회의 발전과 정부의 사회통제에 대한 도전이라는 측면을 모두 포함한 양날의 검이 되는 만큼, 본래 중국정부가 지속해오던 사회통제의 역할에도 변화가 필요해졌다. 그러나 인터넷의 활성화로 인해 13억의 인구, 7억

1 '인터넷안전검사' 용어와 관련하여, 공업및신식화부(工业和信息化部)의 인터넷관리국의 보도자료를 종합해볼 때, '인터넷검열(网络检阅)' 보다 '인터넷안전검사(网络安全检查)'라는 표현이 공식적인 용어로 자주 등장한다. 본 논문에서도 인터넷안전검사라는 용어를 사용하기로 한다

의 인터넷 인구를 동시에 통제하는 작업은 까다로워졌으며 많은 비용을 수반하기 때문에 이는 중국정부가 당면한 또 하나의 큰 도전이 아닐 수 없게 되었다.

과거 인터넷 시대 이전의 중국은 폐쇄적[封闭性] 사회통제 방식을 채택했다. 이는 정부가 불량한 정보라고 판단하면 정보를 유통하는 시스템을 원천 차단하는 방법인데, 이로써 정부가 정치체제에 대한 위협과 관련한 정보의 80% 정도를 완전히 장악할 수 있었다. 그러나 인터넷의 정보 유통 속도가 정부의 통제방식을 월등히 앞지르는 수준에 이르게 되자, 중국정부는 기존의 폐쇄적 방식에서 개방적[开放性] 방식으로 통제 방향을 선회했다. 이는 기존의 "통치자"의 입장에서 "관리자"로 정부의 눈높이를 낮추어 인터넷을 통치하기보다는 관리하는 방식이다(钟玉英·王举兴 2003). 이러한 방식의 변화로 최근에는 인터넷안전 관련법을 개정하고 자가검열시스템을 적극 도입하는 등 보다 "세련된" 검열 체계를 구축하고 있다(Taubman 1998). 그러나 최근에는 인터넷 발전 속도 못지않게 중국의 검열기술이 발전하면서 강력한 인터넷안전검사 정책을 실시하고 있는바, 다시금 본래의 "통치자"의 면모를 드러내고 있다.

현재 중국의 인터넷안전검사는 세계적인 수준으로 정부의 검열시스템은 인터넷 공간상의 유해정보를 자동으로 검열하여 필터링하고 웹사이트에 대한 접속을 차단하는 기능을 갖추고 있다. 이는 매우 체계적이고 포괄적인데, 예를 들어 "티벳의 인권"부터 중국 내 "자연재해로 인한 피해상황"까지 국가적으로 민감한 콘텐츠에의 접근을 엄격히 금지하고 있다(Loo 2004). 뿐만 아니라 정부가 유해하다고 판단하는 해외언론사이트, 종교사이트, 음란물사이트, 서구 대학 웹사이트의 접근을 차단하는 일 역시 빈번히 행해지고 있는데 이는 외국 웹사이트를 통해 반정부적 정보를 생산하는 반정부세력을 차단 혹은 색출하기 위함이다(정의철 2008). 또한 중국 검열당국은 정부가 운영하는 상위 2대 네트워크인 ChinaNET, China 169를 이용하여 외국으로부터 유입되는 불건전 정보를 필터링하기 위해 방화벽, 프록시서버, 필터링 소프트웨어 등 가능한 모든 방법을 동원한다. 이 작업에는 2000년 이래 12개 정부 부처와 약 5만여 명의 정부 관리들이 참여하고 있다(Open Net Initiative 2005; 정의철 2008). 이렇듯 정부의 체계적인 검열정책 덕분에 중국은 '인터넷검열의 세계 챔피언국가(Pain 2005)'라는 근사한 별명도 갖고 있다.

또한 정부는 '국가표준화시스템발전계획(国家标准化体系建设发展计划, 2016-2020)'을 발표하면서 강력한 인터넷안전검사의 법적 근거를 마련하고자 하는 의지를 보인 바 있다. 중국정부는 동 계획에서 "국가보안표준 시스템을 개선하여 보안(기밀)정보 시스템의 등급별 보호, 비밀조사·감독, 안전보안시스템의 표준화 작업을 강화하고 정보기술 표준 연구를 실시하여 정보보안기술 능력을 향상 시킬것"이라고 천명했다. 더하여 중국공안부는 500개 기업들을 대상으로 매년 1회 이상 안전검사를 실시할 것임을 밝혔는데(新华网 2015), 이는 새로 출시되는 인터넷서비스에 대한 안전성, 통제가능성[可控性]을 중점적으로 검사한다. 이러한 정부의 안전성 검사를 통과하지 못하는 인터넷 서비스는 '중국의 인터넷 국경'으로부터 완전히 퇴출된다. 한편 인터넷안전검사는 단순히 검열 기능을 할 뿐 아니라, 자국 기준에 부합하지 않는 해외 기업들의 진입을 차단하기 때문에 중국 내 전자상거래기업, 금융기업들에 보호망을 제공하고 있다. 때문에 인터넷안전검사 정책은 외국기업의 진입장벽을 높여 자국기업을 보호하려는 보호무역의 일환이 아니냐는 오해를 불러일으킨 바 있다. 그러나 중국정부는 인터넷안전검사가 무역보호가 아닌 오직 국가 정보의 안전을 목적으로 하는 것뿐이라는 입장을 고수하고 있다.

또한 최근 통과된 인터넷안전법 제19조 역시 주목할 만하다. 동 조항은 인터넷안전검사와 관련한 조항으로, '중국시장에 진입하기 전에 정부가 제시한 표준에 반드시 부합해야' 함을 규정하고 있다. 구체적으로, "중국 국무원이 관련 기관과의 협의를 통해 인터넷 관련 설비 및 인터넷안전 전용 서비스 목록을 제시하면, 기업들은 제시된 안전 서비스 표준에 맞게 서비스를 설계해야 한다. 정부는 안전 인증절차와 안전검사 결과를 공개하여 중복 인증 또는 검사를 방지한다"는 조항이 마련되었다. 인터넷안전법의 이러한 규정에 대해 해외상품 및 서비스의 중국시장 진출을 막는 것이 아닌가 하는 우려와 반박의 목소리가 있었지만, 이에 대해 중앙인터넷안전협조국국장(中央网信办网络安全协调局局长) 자오저량(赵泽良)은, "인터넷안전법은 믿을 수 있는 인터넷기술의 중국시장 진입을 독려하고, 인터넷안전검사를 통해 자국민의 개인정보와 중요한 데이터를 보호하기 위함일 뿐"이라고 대응했다(科技日报社-中国科技网 2016).

2. 인터넷안전검사의 사례

이렇듯 중국정부는 인터넷 공간의 빅브라더를 자처하여 인터넷안전검사라는 미명하에 정치제제의 수호 및 자국 인터넷기업의 입지 확보라는 두 마리 토끼를 잡고 있다. 이로써 "위대한 만리장성"이라는 정부의 울타리가 생기고, 울타리 안으로 중국의 인터넷 영토가 형성되고 있는 것이다. 그러나 중국의 인터넷 영토, 주권의 범위가 생겼다고 하더라도, 복잡다단한 인터넷세계의 시민들은 이를 받아들일 수 있을까 하는 의문이 남는다.

서구 민주주의 사회에서는 공론장으로서 인터넷민주주의 가능성을 높이 평가하기에 인터넷 공간에서 다양한 행위자들이 자발적으로 참여하여, 소통을 통해 민주적 정치과정을 가능케 한다(정의철 2008). 반면 중국과 같은 권위주의 체제는 인터넷상의 정보흐름을 적극적으로 관리하며 경제발전을 위해 효과적으로 이용하려는 목적을 가진다. 때문에 중국으로서는 불가피하게 인터넷에 대한 정치적 통제, 경제적 활용이라는 양립할 수 없는 이중전략을 채택하게 되는 것이다. 이는 발전지향적 권위주의적 체제에서 흔하게 나타난다(고경민 2006). 중국이 사회의 발전을 명분으로 인터넷을 통제하고 있는 사례는 흔하게 찾아볼 수 있다.

대중들에 대한 인터넷안전검사의 방법은 주로 정치체제와 관련한 키워드를 검색엔진에서 삭제하거나, 관련한 포스트가 개인의 SNS상에서 드러나면, 글을 삭제해버리거나 사용자의 계정을 없애버리는 방식이다. 통계에 따르면, SNS상 개인사용자가 게재한 게시물이 30분 내로 삭제되는 비율이 30%를 웃돈다. 심지어는 중국 최대의 마이크로블로그이자 중국판 트위터로 불리우는 '웨이보'에 대한 검열정책은 별도로 마련되어 있다. 2011년 중국정부는 〈베이징시마이크로블로그발전관리에 관한 약간규정(北京市微博客发展管理若干规定)〉이 그것인데, 중국정부는 웨이보 통제 규정을 제정하여 어떤 개인이나 조직도 웨이보를 이용하여 다음과 같은 위법정보를 유포할 수 없게 했다. 구체적인 규정으로, ① 헌법이 규정한 기본원칙 위반 ② 국가안전을 해치고 국가기밀을 누설하고, 국가정권 전복, 국가통일 방해 ③ 민족단결 파괴 ④ 사교 전파를 통해 국가종교정책 파괴 ⑤ 유언비어 유포로 사회질서 혼란 및 사회안정 파괴 ⑥ 불법집회, 결사, 시위를 선동하여 대중

소요 유발 ⑦ 불법민간조직 명의의 활동 등이 있다. 이를 바탕으로 베이징 공안은 24시간 웨이보 게시글을 감시하고, 정부 입장을 옹호하는 글을 올리도록 지시하고 있다. 베이징공안 웨이보 전담팀의 임무는 공권력에 대한 여론을 파악하고 이를 호의적인 반응으로 전환시키는 데에 있다(이민자 2015). 또한, 중국정부가 웨이보에 직접 협력을 요청하는 경우도 있다. 공안부 검열관이 웨이보 회사에 상주하면서 민감한 내용의 게시글이 포착되면 공안당국에 수시로 그 조회수와 파급력을 보고하기도 하고, 금지하고 있는 내용을 직접 삭제하거나 영향력이 큰 이용자에 직접 경고하는 방식이다.

그럼에도 중국정부는 해외SNS인 페이스북과 트위터에 비해 웨이보에 대해서는 제한된 표현의 자유를 허용하는, 상대적으로 관대한 정책을 펼치고 있다. 즉, 규제할 수 있는 한도 안에서만 제한적인 표현의 자유를 허용하는 것인데 공론장에서 제기되는 이슈가 개인적인 표현의 자유의 신장이나 공공생활과 관련하여 의견 수렴과 토론이 이루어지는 경우에 국가는 이를 허가 또는 묵인하고 있다. 반면 체제의 정당성을 부정하거나 체제를 전복할 수 있을 만한 정치적 이슈인 경우에는 온라인뿐만 아니라 오프라인에서까지 철저하게 탄압하고 있다. 따라서 중국은 이슈의 성격이 국가의 '핵심적인' 정치적 이익, 즉 직접적으로 체제를 위협할 수 있는 이슈인가, 아니면 체제위협과는 거리가 있는 '주변적인' 정치적 이익과 관련된 일상적인 공공생활 이슈인가에 따라 대응방식을 달리하고 있는 것이다(고경민 2007). 한편 중국정부는 네티즌들의 토론장에 대한 갈망을 충족시키기 위해 중국 관영 매체인 인민일보 홈페이지에 토론창구를 개설하여 국민들의 의사소통의 장을 마련하였다. 그러나 여전히 여기서 다루어지는 이슈는 제한적이며, 혹여 민감한 이슈가 제기된다 해도 정부는 이내 민족주의담론을 조장하여 중국공산당에 대한 국민들의 불만을 외부로 돌리는 인터넷정치의 장으로도 활용된다(Goldsmith & WU 2006; Kluver 2001; Hughes 2000; 이민자 2015).

그러나 '제한적인 표현의 자유', '정부의 감시하에 표현의 자유'가 있는 중국에서 인터넷민주화는 요원해 보인다. 몇 가지 예로, 중국정부는 자유, 민주주의 가치 등을 상징하는 2011년 자스민 시위, 2010년 류샤오보의 노벨상 수상 소식의 파급력을 우려하여, 관련 단어 검색을 완전히 차단할 것을 웨이보에 지시한 바 있고(이민자 2015), 지난 2013년부터 인터넷에 정부를 비판하는 글을 쓴 예술가, 작가, 변호사 등 반체제 인사를 구속하고 있다. 대표적인 사건으로, 진보성향의 푸지치양 변호사가 온라인에 중국정부 소수민족 정책을 비판한 글을 써 징역 8년형을 선고받았으며, 신장 위구르족인이 페이스북에 위구르족 독립을 위한 글을 올린 후 이로 야기될 수 있는 유혈사태를 방지하기 위해 중국정부는 페이스북에의 접근을 완전히 차단해버렸다(전자신문 2015). 영토적 경계가 모호하다는 인터넷 공간에서, 중국은 이렇듯 철저하게 자신만의 경계를 구축해나가면서, 표현의 자유를 저해한다는 불만의 목소리에 대해 정부 측 중국전자과기집단(中国电子科技集团) 수석정보안전관 장지엔쥔(张建军)은, "중국 네티즌들은 인터넷검열제도가 언론의 자유를 저해할 수 있다는 점에 대해 우려할 필요가 없다"면서, "이는 단순히 국민들을 위한 복지제도이자 보호우산"이라고 대응한다(新华网 2014/05/26). 또한 중국 사이버 안보 전문가 썬이(沈逸)는 "국제사회에서 주권국가의 역할은 여전히 매우 중요하며, 모든 주권국가에는 법률을 제정하여 국가안전을 보장할 권리가 있다. 국가들은 자신의 이익을 위하여 주권적 재량을 행사할 수 있기에, 중국의 인터넷검열제도 역시 국가안전 및 이익을 위한주권행사의 일환일 뿐"이라고 주장한다. 또한 미국 기업들이 중국의 인터넷검열의 책임을 기업에 전가하고 있다는 주장에 대해서는, "기업이 국가안전의 책임을 모두 부담할 이유는 없으며, 이러한 주장은 국가의 역할을 폄하하는 농담에 지나지 않는다"고 강한 어조로 반박했다. 요컨대 중국의 입장에서 인터넷검열은 서구국가들이 사이버공간을 통해 서구적 정치모델과 가치관, 그리고 생활양식을 중국에 전파하는 데에 대한 정당한 대응(Goldsmith & Wu 2006)이고, 이에 대한 비판은 내정간섭(Endeshaw 2004)인 것이다.

이러한 정부의 대응은 효과적으로 인터넷을 통제하고 중국식 인터넷 공간을 구축하기 위한 전략적 선택의 결과이다. 그리고 이러한 사례들을 종합해 볼 때, 중국정부는 인터넷안전검사를 통해 정치권력을 행사하고 있으며, 이러한 효과적 인터넷 관리전략을 가지고 그들만의 방식대로 인터넷 공간을 건설하는 '중국식 인터넷발전모델'을 발전시켜 나가고 있는 것으로 생각된다.

V. 중국의 다국적기업(MNCs)에 대한 인터넷규제

중국이 사이버 안보를 강화하고, 인터넷주권을 행사하는 중국식의 인터넷강국으로 발전하기 위한 국내외적 노력은 부단하다. 그리고 앞서 논의한 금순공정과 인터넷검열정책 등이 국내 인터넷 공간을 '중국식'으로 통제하고 공고히 하기 위해서였다면, 같은 목적을 위해 중국이 대외적으로 어떻게 '인터넷주권'을 행사하고 있는가를 살펴보고자 한다.

1. 중국 IT기업과 인터넷검열

앞서 논의한 바와 같이, 중국정부는 향후 중국시장에 진입할 국내외 모든 인터넷기업들을 대상으로 그들의 서비스를 자국표준에 맞추도록 하고 수시로 검사할 것을 천명했다. 이와 같은 인터넷검열은 한편으로 권위주의국가에서 당연히 나타나는 일이지만, 중국처럼 부단히 강화할 수 있는 데에는 중국 IT기업이 정부의 든든한 우방으로서, 정부의 인터넷안전검사에 총력을 다해 협조하고 있기 때문이다. 특히 바이두, 웨이보와 같은 기업들은 검색서비스, 사회연결망서비스를 제공하는 기업으로 수많은 네티즌들의 개인정보를 관리하고 있기 때문에 정부의 검열요구에 순응하기 쉽지 않으리라 생각된다. 그럼에도 기업들은 이를 우회하지 않고 대체로 수용하여 기업정책에 반영한다.

이처럼 정부의 검열요구를 받아들인 기업들은 중국정부의 검열정책으로 인해 표현의 자유를 요구하는 네티즌들과의 충돌을 앞으로도 계속 감수해야 한다. 그러나 한편으로 중국정부가 표현의 자유를 중요한 슬로건으로 내건 구글, 페이스북 등의 접속을 차단하고, 검열함으로써 바이두는 전 세계 최다수의 검색네티즌을 확보한 절대강자가 되었고, 웨이보 역시 중국 내 최대의 마이크로블로그라는 명성을 얻게 되었다.

알리바바의 총수 마윈 역시, 바이두가 검열정책의 큰 수혜자임을 인정한다. 마윈은, "7억에 달하는 인터넷 인구를 다스리기 위해서는 어느 정도 통제는 당연히 필요할 것인데, 중국정부는 이를 잘 해내고 있기 때문에 대단한 국가라고 생각한다"고 하며, 덧붙여서 "중국의 인터넷통제를 통해 중국 내 인터넷기업이 전 세계적으로 높이 평가받는 현재의 수준에 달할 수 있었고, 심지어는 전 세계 10대 인터넷기업

중에 4개를 중국의 기업이 차지하게 되었다. 2010년사태에 대해서 구글은 왜 중국에서 실패를 할 수밖에 없었는지 마땅히 자신을 돌아봐야 할 것이다"라며 중국의 인터넷통제에 긍정적인 평가를 내렸다(凤凰网 2013).

그러나 바이두 역시 마냥 중국정부와의 검열 협조가 달가운 것만은 아닐 것이다. 다른 국가의 시각에서 바이두는 중국정부와 '검열공범'으로 보여질 수밖에 없고, 이는 중국 밖으로 눈을 돌리는 바이두에게는 큰 걸림돌이 된다. 다시 말해 중국 내에서 바이두는 구글을 능가하는 최강자이만, 시야를 넓혔을 때 구글은 글로벌 기업으로 인정받는 반면, 바이두는 여전히 중국의 국내기업일 뿐이다. 이러한 현실에도 불구하고 중국정부는 검열정책을 국내법규의 준수라는 미명하에 바이두에 강요하고 있기 때문에, 그들은 해외진출의 어려움을 감수하며 정부의 검열정책에의 협조를 지속해 나갈 것으로 보인다. 최근에는 중국정부의 자국 IT기업에 대한 통제가 더욱 강화되었는바, 중국정부가 IT기업들의 검열정책에 직접 관여하고자 텐센트, 바이두, 넷이즈 등 인터넷기업, 모바일메신저업체의 지분을 보유하고, 정부관계자가 기업들의 이사회에 참여하는 방안을 논의하고 있는 것으로 알려졌다. 만약 기업들이 이 제안을 받아들이면 중국정부의 인터넷 콘텐츠 검열은 더욱 강화될것이고 검열과 감시는 인터넷, 미디어 규제기관인 중국사이버스페이스협회(CAC)와 국가신문출판방송총국 등이 담당하게 된다(한국경제 2016).

그럼에도 불구하고, 민간기업에게 중국정부는, 중국정부에게 기업들은 불가분의 상생의 관계이다. 이러한 정부의 강한 규제의 대가로 기업들은 정부로부터 많은 특혜를 누리게 된다. 정부가 ICT육성정책을 망라한 국가정보화발전전략(2016~2020 国家信息化发展战略)에 따라 ICT분야별 특화 정책을 수립하여, 투자, 금융, 세제, 산업기술, 교육, 정부조달, 지식재산권 등 IT기업들에 다양한 분야의 지원정책을 시행하고 있기 때문이다(홍범석·전춘미 2014). 더불어 최근 사이버보안법의 통과 역시 중국 기업에게는 반가운 일이다. 동 법안의 시행과 동시에 중국에 진출하는 외국 인터넷서비스 기업들은 향후 개인정보 보호를 대폭 강화해야 하고, 이를 위해 핵심 정보 보안 인프라를 구축해야 한다. 또한 정보 인프라의 안전한 운영, 사이버 보안 모니터링 시스템 구축, 긴급 처리 제도 등에 대한 명확한 세부 규정을 제시했다. 이와 같이 사이버보안법의 시행으로 외국기업들의 중국 시장에 대한 진입장벽이 한층 높아지는 한편 중국의 IT업체의 국산화는 촉진될 것이다. 덕분에 중국 사이버 보안 산업이 고속 성장의 기회를 맞이할 뿐 아니라 중국의 사이버 보안 시장이 향후 3-5년간 연평균 25~30%의 성장률을 나타낼 전망이다(뉴스핌 2016/11/10).

2. 미국 IT기업에 대한 인터넷규제

중국이 자국 IT기업에 대한 발전전략으로 검열협조를 요청하는 대신 관대한 진흥정책을 펼치는 반면, "중국은 미국 IT기업의 무덤"이라는 말이 있다. 이는 중국이 세계최대의 시장이라는 명성을 가진 만큼 초기 진입장벽이 높을 뿐 아니라, 중국정부의 규제에 못 이겨 미국기업들이 중국시장에서의 실패를 거듭하면서 생겨난 말이다. 중국정부는 10여 년 전부터 '자국 플랫폼 보호'와 대언론통제 강화라는 명분 아래 규제를 시작했다. 많은 미국기업들이 중국정부가 지나치게 자국 기업에게 유리한 정책을 내놨다는 불만의 목소리가 있었음에도 중국정부는 굴하지 않았다. 이 때문에 중국정부와 다국적기업(MNCs)이 충돌한 대표적 사례로 2010년 구글의 중국 철수 사건이 있다. 구글은 중국정부의 언론통제정책이 강화됨에도 불구하고 2006년 중국 내 인터넷사업을 허가받기 위해 중국정부의 검색심사제도를 수용하여 중국정부의 지시대로 민감한 검색어를 삭제했다. 또한 구글의 이메일서비스인 지메일계정의 이메일에 대해서도 중국정부가 불온하다고 판단하는 경우 임의로 삭제가 가능하도록 타협했다. 이는 구글의 기업 운영 슬로건인 "사악해지지 말자(Don't be evil)"를 스스로 깨는 것과 다름이 아니었는데, 미국기업들이 중국시장에 느끼는 매력을 증명하는 사례이기도 하다. 한편 이러한 타협을 통해 구글은 중국 내 다수의 IT기업들과 협력하며 빠른 현지화에 성공했다. 특히 구글이 중국시장만을 겨냥해 내놓은 구글 병음 입력 시스템(Google Pinyin Input Method), Google Life China, Goole Maps China 등 프로그램이 현지 이용자들의 큰 호응을 얻으면서(Tan 2012) 당초 경쟁기업인 바이두로 인해 구글이 큰 성과를 내지 못할 수 있다는 우려가 무색하게 되었다. 그러나 2010년 당시 구글 부사장인 데이비드 드러먼드는 "구글이 중국정부로부터 사이버 공격을 받았고 이로부터 피해를 받은 기업은 구글뿐 아니라 적어도 20개 이상의 다국적기업을 포함한다. 정부의 공격은 중국 내 인권운동가의 지메일 계정을 해킹하는 것을 목적으로 한 것이다"라고 밝히며 중국정부와 구글의 파국이 시작되었다. 정부의 해킹으로 구글이 자부하던 개인정보 정책은 타격을 입게 되었고 구글은 결국 중국으로부터 철수를 결정했다. 그리고 구글과 중국정부의 충돌은 단순히 하나의 기업과 정부의 충돌로 끝나지 않았다. 당시 미국 국무장관 힐러리 클린턴은 중국의 구글에 대한 사이버 공격에 관한 공식입장을 밝힐 것을 요구했고, 당시 오바마 대통령 역시 중국의 인터넷 자유의 부재에 대한 강한 우려를 공개적으로 표했다. 이처럼 미국정부가 구글의 결정에 대한 지지의사를 내비치면서 충돌은 미국과 중국 간의 대결로 번지기도 했다.

그러나 구글의 중국정부에 대한 도전은 오래 지속되지 못했고 구글은 이내 세계 최대 인터넷 시장인 중국으로 복귀했다. 당시 중국정부는 "구글이 중국정부가 요구하는 '기업의 사회적 책임(Corporate Social Responsibilities)'을 따를 것을 선언했으며, 이에 중국정부는 구글의 복귀를 허용한다"는 입장을 밝혔다(Maon 2009). 그러나 구글과 중국정부의 잡음이 있던 잠시 동안 구글의 경쟁기업이자, 중국 내 최대 검색엔진인 바이두는 구글의 빈자리를 재빠르게 메워 성공을 거두었다. 그리고 중국시장에 복귀한 구글은 세계적 기업으로 성장한 알리바바, 텐센트 등 거대 경쟁상대에 맞서야 했다.

구글의 사례는 미중대결로 연결되면서 세간에 공개되었으나 구글뿐 아니라 현재 중국에서 접속할 수 없는 유튜브, 페이스북, 트위터 등 기업들도 유사한 이유로 중국의 규제를 받았다. 2009년 중국정부가 동영상시장에서의 자국기업 경쟁력을 강화하기 위해 비합법적이고 불건전한 동영상 서비스의 유포를 차단한다는 명분으로 규제에 나섰는데, 동영상 서비스 제공자인 유튜브가 그 대상이 되어 중국으로부터 퇴출되었다. 그리고 정부가 만들어놓은 틈새시장에 유쿠(Youku), 투도우(Tudou) 등 중국 '태생의' 동영상 회사가 자리를 차지하면서 빠르게 성공을 거두었다(중앙시사 2014/10/20). 이에 더하여 최근 몇 년간 중국 현지에서 각광을 받고 있는 애플 역시 예외 없이 정부의 규제를 견뎌야 했는데, 역시 인터넷안전검사의 명분으로 정부는 애플의 기술, 장비 및 암호화 데이터를 조사했다. 또한 2015년 제12회 전국인민대표대회 상무위원회에서 통과된 반테러리즘법(反恐怖主义法) 역시 미국 IT기업을 겨냥한 것이 아니냐는 우려를 낳았다. 반테러리즘법 제

18조는 IT업체들로 하여금 암호화 키를 비롯해 공안당국이 테러 수사를 위해 요구하는 문제에 대해 기술적 지원과 협조에 나서도록 규정하고 있다. 당초 초안에는 IT기업들이 암호화 키와 다른 민감한 자료까지 모두 제출하도록 하는 조항이 담겨 있었다. 이에 대해 미국 측의 반발이 이어지자 전날 전국인민대표대회(전인대) 상무위원회는 법안을 통과시키면서 조항을 일부 수정했다(Metro 2015/12/28). 그러나 암호화프로그램을 통해 철저한 정보보호를 보장하고 있는 애플로서는, 중국정부의 감청과 같은 정보공개 요구에 응할 수 없기에 난감한 입장에 처해 있다.

정보안전 및 검열의 문제뿐 아니라 중국 내 기술·투자 표준 역시 미국 기업들의 발목을 잡고 있다. 미국의 무선 전화통신 개발기업인 퀄컴은 2013년 11월 중국국가발전및개혁위원회(NDRC)로부터 특허 사용료 과다청구로 지적을 받은 바 있다. 중국정부는 이처럼 자국 표준에 부합하지 않는 기업들을 지목하여 가능한 모든 수단을 동원하여 압박을 가하고 있고, 덕분에 미국기업들과 경쟁관계에 있는 동종업계 중국기업들은 무리 없이 경쟁에서 우위를 점하고 있다(互联网 2014/08/20). 현재 중국의 인터넷안전검사 제도 중 미국의 IT기업들이 가장 두려워하는 규정은 미국 기업이 제공하는 서비스가 '안전하고 통제 가능해야[可控性] 한다'는 문구이다(전자신문 2015/09/20). 이러한 '통제가능성' 요건을 받아들이면 중국정부가 해당 기업 서비스를 수시로 검열하고 고객 정보를 열람할 수 있게 된다. 이에 더하여 중국은 외국 IT기업의 진입의 요건으로 1) 중국 안보를 해치지 않을 것, 2) 중국 고객 정보 변환 금지, 3) 중국 고객 정보 국외 유출 금지 등의 내용의 서약서를 작성할 것을 요구하고 있다(전자신문 2015/09/20). 그럼에도 미국 기업들은 거대한 중국의 내수시장을 잃을 수 있다는 우려에 더하여 자칫 크게 반발했다가 '괘씸죄'로 퇴출되지 않기 위해 중국정부와 타협하는 추세이다. 중국 상무부 매이신위 연구원은 "우리의 목표는 외국 기업을 무너뜨리는 게 아니라 공정한 시장 경쟁 규칙을 세우려는 것"이라며, 오히려 "외국 기업이 중국 시장을 독점할 수 있는 위협에 맞서 자국 기업의 권익을 보하는 것은 당연한 일"이라고 목소리를 높인다. 리서우웨이 전인대 상무위원회 법제업무위원회 형법실 부주임은 전날 기자회견을 통해 "당국에 협력한다면 기업활동에 나쁜 영향을 주지 않을 것"이라며 "정부가 불합리하게 기업의 권익을 침해하는 문제는 없을 것"이라고 밝혔다. 더하여 중국이 통과시킨 반테러리즘에 대한 미국측의 반발에 대해 미국이 '이중잣대'를 들이대고 있다고 반격했다. 또한 중국 외교부는 "반테러리즘법은 중국 법치국가 발전에 중요한 발걸음이며, 국제사회의 추세에 맞추어 테러리즘을 방지하고 하는 데 목적을 두고 있다"고 하며, "법안의 입법은 중국의 국내문제이며 미국이 정확하고, 냉정하며 객관적인 태도로 평가해주길 바란다"고 입장을 표명했다(观察者网 2015/12/23).

이와 같은 중국정부의 자국 IT기업에 대한 전폭적 지지는 표면적으로 국제정치의 강한 세력으로 거듭나기 위한 패권경쟁의 일환으로 비춰질 수 있지만 자세히 들여다보면 미국 기업들과의 경쟁에서 중국기업이 우위를 점할 수 있도록 하는 중국정부의 전략적 움직임으로 보인다. 그리고 이러한 전략을 채택하는 중국정부와 미국 기업 간의 갈등은 장기전이 예상된다. 또한 이는 정치적 권위가 시장경제에 개입하는 "발전국가"의 모습인바, 규제가 지속·강화되어 중국기업이 결국 정부의 뜻대로 성장을 거둔다면 이는 근대국가의 통제경제의 모습을 유지하면서도 국가와 기업의 네트워킹을 통해 국가 발전을 이루어내는 "중국형 발전국가" 모델의 성공이라고도 볼 수 있다.

VI. 결론

이상에서 '인터넷안전'이라 불리우는 사이버 안보의 확보를 위해 중국이라는 국가가 전개하는 노력과 그 역할에 대해 논의했다. 논의를 종합해보면, 우선 21세기의 세계정치는 세계화, 정보화라는 큰 변화를 맞이함에 따라 근대국민국가의 모습은 퇴색되고 정보화시대에 걸맞게 국가변환을 해나가고 있음을 이론적 틀로써 제시했다. 그리고 국가 혹은 지역마다 변환의 방식, 즉 정보화시대에 발맞추어가는 방식은 다르다고 보고, 미국, 유럽 그리고 중국의 사례를 검토하였다. 흔히들 중국이 여전히 근대국가적인 정치체제에 머물러 있다는 평가를 하고 있지만, 정보화라는 이름으로 밀려온 거대한 파동을 중국은 완전히 무시할 수 없었다. 이에 중국은 중국만의 방식대로 정보화를 받아들이고 있으며, 그 방식은 기존의 근대국민국가의 체제의 그것과는 조금 다른 모습이라는 점을 본 논문은 지적한다. 요컨대 정보화의 세계정치에서 중국이라는 국가는 변환을 거치지 않았으나, '변화'는 하고 있는 것이다. 이어서 이러한 주장을 바탕으로 정보화시대에 가장 중요한 이슈 중 하나인 인터넷안전(사이버 안보)의 확보를 위해 중국이 국가로서 수행하는 역할에 대하여 1) 정부의 인터넷안전정책, 2) 정치권력으로서의 인터넷검열, 3) 다국적기업에 대한 인터넷규제 사례로부터 중국형 발전국가의 전략이 어떠한가 논의를 전개했다.

우선, '금순공정'으로부터 시작된 인터넷안전정책은 여러 갈래로 발전하여 현재의 인터넷안전법(혹은 사이버보안법)을 탄생시켰고, 시진핑이 주도하는 인터넷안전 및 정보화영도소조, 공업신식화부 등의 관련 부서를 창설하게 했다. 체계적이고 대규모의 행정개혁인 금순공정으로 인터넷안전 관련 행정체계는 빠르게 발전했고, 시행 초기부터 인터넷범죄 척결에 놀랄 만한 성과를 냈다. 덕분에 중국기업들과 국민들은 더욱 안정적이고 안전이 보장되는 인터넷 공간을 이용할 수 있게 되었고, 중국정부 역시 효율적인 정부시스템의 구축으로 인해 많은 시간과 비용을 절감할 수 있게 되었다. 금순공정은 현재 인터넷안전강국을 꿈꾸는 중국에게 중요한 사상적 기반으로 남아 있기도 하다. 두 번째로 살펴본 '인터넷안전검사' 제도는 앞서 금순공정을 통해 세련된 인터넷 공간을 꾸려나가기 위해 행정적인 정비를 마쳤다면, 인터넷안전검사에는 빅브라더의 손으로 자국표준하에서 인터넷상의 이슈들을 관리하고 있다. 중국정부는 표준을 통과하지 못한 기업의 진입을 막는 인터넷안전검사가 결코 무역보호조치가 아니며, 건전한 인터넷문화 조성의 일환이라고 대응해왔다. 그러나 인터넷안전검사라는 미명 아래 많은 인터넷자유는 저해되었고, 많은 외국기업들이 도태되었으며, 중국기업들은 성장하는 희귀한 현상이 나타난다. 여전히 근대국가의 모습을 완전히 탈피하지 못하는 이유가 여기에 있다.

마지막으로 중국정부와 미국 IT기업들이 충돌한 몇 가지 사례를 중심으로 중국의 인터넷규제 상황을 살펴보았다. 미국 기업들이 중국 내에서 실패를 거듭하는 반면 같은 컨텐츠의 중국 IT기업은 지속적인 성장을 해나가는 모습을 목도하면서, 이는 중국이 정치권력을 통해 국제경제시장에서 자국기업이 우위를 점할 수 있도록 돕는 중국형 발전국가 전략이라고 생각해볼 수 있었다.

본 연구의 초반부에서 논의한 바와 같이 정보혁명은 기존의 근대 국민국가가 가졌던 영토, 주권, 국민이라는 세 가지 속성을 희미하게 했다. 때문에 21세기 역시 근대의 형태를 벗어난 탈근대로 국가들이 영토의 제약 없이, 주권의 행사 없이, 국민의 구분 없이 하나의 세계를 공유하는 것이 아닌가 하는 다소 이상적인 주장도 존재할 수 있다. 그러나 중국의 사례로 보아 정보화가 반드시 탈근대의 결과로 나타난 것이 아님을 알 수 있다. 다시 말해, 중국이 정보화를 받아들이는 방식은 여전히 권위주의적인 사회주의체제의 방식이다. 따라서 기술, 지식권력의 확보를 위해 국내적으로 행정개혁을 하는 등 '변화'는 있었지만, 여전히 이러한 기제를 바탕으로 시민사회를 통제하고 나아가 외국자본들의 진입을 견제한다. 요컨대 중국은 인터넷기술을 경제적으로 활용하며 권위주의적 지배를 '세련되게 하여' 정보화 친화적인 '현대적 권위주의 체제'로 변환한 것이다(Alexander 2004).

더불어 중국의 정보화, 세계화의 과정은 정부(government), 네이션(nation), 국가(state) 등 세 가지 차원에서 각각 단편적이면서 복합적으로 겹쳐져 나타나고 있다. 이는 곧 '중국형 인터넷지식국가' 모델로도 볼 수 있을 것이나, '중국형 인터넷지식국가' 모델이라는 이름으로 정의내릴 수 있기 위해서는 여전히 중국 내부의 행정적인, 사회적인, 그리고 대외적으로는 국제정치 차원에서의 세밀한 관찰이 더 필요할 것으로 생각된다. 따라서 비교정치의 시각에서, 혹은 정치경제의 시각에서 보는 중국의 국가변환과 국가의 역할은 향후 연구과제로 남아 있다.

참고문헌

강준영. 2004. "중국의 종교통제와 사회안정." 『중국연구』 34. 한국외국어대학교 중국연구소. pp. 233-251.

고경민. 2006. "비교 사회주의적 시각에서의 인터넷 딜레마와 인터넷 전략 진화과정." 『한국정치학회보』 40(3).

______. 2007. "인터넷 발전과 권위주의 체제는 양립 가능한가?: 중국 인터넷 발전의 정치적 외부효과의 정부의 역할." 『국제정치논총』 47. pp. 29-49.

김관옥. 2015. "미중 사이버패권경쟁의 이론적 접근." 『대한정치학회보』 23(2), pp. 231~255

김도희. 2001. "중국의 사회통제와 法輪功." 『中國學硏究會』 20, pp. 505-520.

김상배. 2006. "네트워크 지식국가론-정보화시대 국가변환의 개념화." 『국제정치논총』 46, pp. 7-29.

______. 2014. "사이버 안보 분야의 미·중 표준경쟁: 네트워크 세계정치학의 시각." 『국가정책연구』 28(3), pp. 237-263.

민병원. 2008. "네트워크국가의 거버넌스 실험: 유럽연합의 개방형 조정방식(OMC)을 중심으로." 『국가전략』 14(3).

박창권. 2013. "미중의 지역내 패권경쟁 가능성과 우리의 전략적 선택방향." 『전략연구』 57, pp. 193-235.

배영자. 2006. "미국의 지식패권과 과학기술정책: 지식국가의 형성과 발전과정." 〈정책자료〉 2006-11.

______. 2011. "미국과 중국의 IT 협력과 갈등: 반도체산업과 인터넷 규제 사례." 『사이버커뮤니케이션학보』 28(1), pp. 53-88.

이동영. 2013. "중국공산당의 사회조직 통제 방식의 변화." 『대한정치학회보』 21(2), pp. 209~229.

이민자. 2004. "중국 온라인 공간의 주도권 쟁탈전: 국가-사회의 경쟁." 『한국과 국제정치』 20(4), pp. 209-212.

______. 2015. 『중국 인터넷과 정치개혁 - 새장 속의 자유』, 서강대학교 출판부.

이상모·유호. 2007. "중국의 전략물자 수출통제 제도."

정대. 2009. "中國의 內部統治制度에 관한 考察." 『중국법연구』. 한중법학회. pp. 47-66.

정의철. 2008. "인터넷규제와 정치공론장 - 구글의 중국진출 케이스를 중심으로." 『정치커뮤니케이션연구』, pp. 209-245.

정재호. 2002. "중국의 개혁개방 20년: 그 성공과 위기에 대한 평가." 『중국개혁개방의 정치경제 1980-2000』.

정종필·이장원. 2015. "웨이보와 중국의 온라인 검열: 정보통제와 대중 참여를 중심으로." 『21세기정치학회보』 25(4).

정종필·손봉. 2011. "전자정부와 정부개혁 - 미국과 중국의 사례분석."

최정운. 1992. 『지식국가론』. 삼성출판사.

홍범석 · 전춘미. 2014. "중국정부의 ICT진흥정책 추진현황 및 시사점." 디지에코보고서. KT경제경영연구소.

Alexander, Marcus. 2004. "The Internet and Democratization: The Development of Russian Internet Policy." *Demokratizatsiya: The Journal of Post-Soviet Democratization* 12-4.

Ansell, Christopher K. and Steven Weber. 1999. "Organizing International Politics: Sovereignty and Open Systems." *International Political Science Review*, 20(1), pp. 73-93.

Bell, Daniel. Summer. 1977. "The Future World Disorder: The Structural Context of Crises." *Foreign Policy*, Vol. 27, pp. 109-135.

Benn, Anthony Wedgwood. 1971. "The Impact of Technology on the Structure of Government." *Bulletin of Atomic Scientists*, Vol. 27, pp. 23-26.

Boyer, William W. 1990. "Political Science and the 21st Century: From Government to Governance." *Political Science and Politics*. pp. 50-54.

Carnoy and Castells and Carnoy, Martin and Manuel Castells. 2001. "Globalization, the Knowledge Society, and the Network State: Poulantzas at the Millennium." *Global Networks*. pp. 1-18.

Castells, Manuel. 2003. *End of Millennium, The Information Age: Economy, Society and Culture*. 박행웅 · 이종삼 옮김. 『밀레니엄의 종언』. 서울: 한울아카데미.

Clinton, Hillary (January 21, 2010). Remarks on Internet Freedom. A Speech delivered at The Newseum, Washington, DC. (http://www.state.gov/secretary/rm /2010/01/135519.htm

Endeshaw, Assafa. 2004. "Internet regulation in China: the never-ending cat and mouse game 1." *Information & Communications Technology Law*, 13(1), pp. 41-57.

Everard, J. 2000. 『*Virtual States*(국가@인터넷)』. 윤영미 역(2002), 한양대학교출판부.

Ferguson, Yale H. and Richard W. Mansbach. 1999. "Global Politics at the Turn of the Millennium: Changing Bases of 'Us' and 'Them'." *International Studies Review 1, 2*. pp. 77-107.

Goldsmith, Jack & Tim Wu. 2006. "Who Controls the Internet: Illusions of a Borderless World." New York: Oxford University Press.

Held and McGrew, 2002. "Governing globalization: power, authority, and global governance." Cambridge; Malden, MA: Polity.

Hughes, R. 2000. "Nationalism in Chinese Cyberspace." *Cambridge Review of International Affairs*, 13-2, pp. 195-209.

Jedidiah, R. Crandall. 2013. "The Velocity of Censorship: High-Fidelity Detection of Microblog Post Deletions." p. 12.

Kluver, Randy. 2001. "New Media and the End of Nationalism: China and the US in a War of Words." *Mots Pluriels 18*.

Loo, Becky P. Y. 2004. "Telecommunications Reforms in China: Towards an Analytical Framework." *Telecommunications Policy 28-9*.
Ma, Lianjie, Chung, Jongpil and Thorson, Stuart. 2005. "E-government in China: Bringing Economic Development through Administrative Reform." *Government Information Quarterly*. vol. 22, no. 1.
Maon, F., Lindgreen, A., & Swaen, V. 2009. "Designing and implementing corporate social responsibility: an integrative framwork grounded in theory and pracitice." *Journal of Business Ethics, 87*, pp. 71-89.
Open Net Initiative, 2005. "Internet Filtering in China in 2004-2005."
Overdevest, Christine. 2002. "The Open Method of Coordination, New Governance, & Learning: Towards a Research Agenda." University of Wisconsin-Madison
Pain, Julien. 2005. "Internet-Censor World Championship, in Reporters without Borders." *Handbook for Bloggers and Cyber-Dissidents*.
Ruggie, John G. 1993. "Territoriality and Beyond: Problematizing Modernity in International Relations."*International Organization*, 47(1), pp. 139-174.
Sbragia, Alberta M. 2000. "Governance, the State, and the Market: What Is Going On?"*Governance*. pp. 243-250.
Strange, Susan. 1996. *The Retreat of the State*. Cambridge: Cambridge University Press.
Tan, Justin and Tan, Anna E. 2012. "Business Under Threat, Technology Under Attack, Ethics Under Fire: The Experience of Google in China." *Journal of Business Ethics*. Vol. 110, No. 4, pp. 469-479.
Taubman, G. 1998. "A not-so world wide web: the internet, China, and the challenges to nondemocratic rule." *Political Communication*, 15(2), pp. 255-272.
Weber, Max. 1919. *Politics as a vocation*.

高峰·朱晓兵. 2005. "金盾工程规划工作初探." 第20卷 第3期, 5月.
李润森. 2002. "开拓进取科技强警-全国公安工作信息化工程(金盾工程)." 概述公安研究 第9期.
刘优良. 2007. "网络恐怖主义对公共信息安全的挑战与对策." 『湖南大学学报-社会科学版』.
谢明刚. 2010. "网络恐怖主义问题研究." 中国人民武装警察部队学院警卫系.
邹忻翌. 2010. "浅谈金盾工程建设发展之路." 『中国人民公安大学学报』 No. 4.
钟玉英·王举兴. 2006. "论网络时代的社会控制与政府角色." 『成都理工大学学报』. Vol. 11 No. 2.
郑东东. 2014. "网络安全与国家主权: 互联网自由的国际法规制."
郝文江. 2007. "我国网络监察工作现状及发展探析." 中国公共安全·学术版.
国务院. 2015/12/21 国务院办公厅关于印发国家标准化体系建设发展规划(2016-2020年)的通知. http://www.stats.gov.cn/wzgl/ywsd/201512/t20151231_1298355.html
科技日报社-中国科技网. 201611/08. "官员:《网络安全法》并不限制国外技术产品入华." http://tech.163.com/16/1108/05/C5B12TKE00097U7R.html

观察者网. 2015/12/23. "中国反恐怖主义法三审 美国声称严重关注." http://www.guancha.cn/

politics/2015_12_23_345650.shtml
北京晚报. 2011/12/16. "北京市出台微博管理规定：发布十一类内容违法." http://news.xinhuanet.com/politics/2011-12/16/c_122436394.htm
新华网. 2011/12/16.《北京市微博客发展管理若干规定》. http://news.xinhuanet.com/legal/2011-12/16/c_111249899.htm
______. 2014/05/26. "网络安全审查制度为网民和网企带来什么." http://news.xinhuanet.com/2014-05/26/c_1110866246.htm
新华每日电讯. 2014/05/23. "我国为何要出台网络安全审查制度." http://news.xinhuanet.com/mrdx/2014-05/23/c_133355699.htm
安防网. 2014/07/30 "金盾工程建设内容简介." http://www.c-ps.net/baike/shipinjiankong/208983.html
人民公安报. 2015/05/21. "公安部网络安全大检查：重点为500个国家级信息系统." http://news.xinhuanet.com/info/2015-05/21/c_134258570.htm
人民网. 2015/04/24. "国家出台网络安全审查制度的战略思考." http://theory.people.com.cn/n/2015/0414/c386965-26841518.html
人民网-环球时报. 2015/01/28 "环球社评：防火墙带给中国互联网哪些影响." http://opinion.people.com.cn/n/2015/0128/c1003-26464480.html
江苏警官学院学报. 2016/05/18. "国家信息化领导小组关于推进国家电子政务网络建设的意见." http://chzt.sbsm.gov.cn/article/gzhy/wzjsywpxh/ygwj/201012/20101200075706.shtml
中国网. 2016/11/7. "网络安全法获通过 将于2017年6月1日起施行." http://news.163.com/16/1107/11/C593EER100014JB6.html
中国网信网. 2016/08/24. "中央网信办'国家质检总局'国家标准委联合发文加强国家网络安全标准化工作." http://www.cac.gov.cn/2016-08/24/c_1119443113.htm
中国互联网络信息中心. 2016/08/03. "中国互联网络发展状况统计报告." http://www.cnnic.net.cn/hlwfzyj/hlwxzbg/hlwtjbg/201608/t20160803_54392.htm
环球时报. 2015/07/31. "沈逸：理性看待网络安全审查制度." http://opinion.huanqiu.com/opinion_china/2015-07/7153022.html
뉴스핌. 2016/11/10. "중국 사이버 보안법 통과에 따른 수혜주 분석." http://www.newspim.com/news/view/20161109000402
전자신문. 2015/09/20. "중국 정부, 미국 IT 기업 압박...중국 정부가 미 기업 통제할 것." http://www.etnews.com/20150918000272
______. 2015/11/01. "중국, 인터넷 자유 순위 꼴찌." http://www.etnews.com/20151101000074
중앙시사. 2014/10/20. "외국 기업 차별 논란 휩싸인 중국 – '제 식구 감싸기' 비난에도 요지부동." https://jmagazine.joins.com/economist/view/303366
한국경제. 2016/04/29. "바이두 · 텐센트 지분 달라는 중국 정부." http://land.hankyung.com/news/app/newsview.php?aid=2016042825461

IT용어사전. "사이버 테러리즘[cyber terrorism]." 한국정보통신기술협회. http://terms.naver.com/entry.nhn?docId=850789&cid=42346&categoryId=42346
Metro. 2015/12/28. "중국 반테러법 강행, 미국 IT기업 속살 벗기나." http://m.metroseoul.co.kr/news/newsview?newscd=2015122800095
TORFOX. 2011/6/1. "The Great Firewall of China: Background" https://cs.stanford.edu/people/eroberts/cs181/projects/2010-11/FreedomOfInformationChina/the-great-firewall-of-china-background/index.html

제2부

사이버 안보의 외교

제4장

미국과 유럽연합의 동맹 안보딜레마: 핵안보 및 사이버 안보 비교

이진경

I. 서론

사이버 공간은 개방성과 연결성 등 고유의 특성으로 인하여 기존의 여러 정치학 개념을 그대로 적용하는 데 많은 문제를 야기해왔다. 특히 사이버 공간에서 이루어지는 공격 행위와 관련된 안보 이슈에서는 전통적인 사고체계가 잘 들어맞지 않는다는 점에서 보다 체계적인 고찰을 요구하고 있다. 예를 들면, 공격행위의 주체 문제, 사이버 공격의 규모와 원인, 파급 효과의 모호성, 사이버 전쟁의 개념화 문제 등이 이에 해당한다. 예측할 수 없는 원인과 결과를 특성으로 하는 사이버 공간을 배경으로 한 다양한 유형의 국가관계는 이처럼 더욱 명확한 개념 규정과 이론적 탐구를 요구하고 있다.

한편 핵무기와 같이 소규모의 비용으로 대규모의 효과를 야기할 수 있는 폭력수단의 점유와 활용은 국내적으로나 국제적으로 매우 민감한 정치적 사안으로 자리 잡아왔다. 핵안보의 문제는 냉전시기 이후 꾸준하게 국제정치의 핵심사안으로 자리 잡아 왔는데, 안보 현안의 여러 측면 중에서도 무기체계의 엄청난 파괴성으로 말미암아 독보적인 지위를 차지하고 있다. 이 장에서는 이러한 핵안보의 문제와 대비하여 최근 새롭게 부각되는 사이버 안보의 문제가 어떤 특성을 갖는지를 집중 탐구한다. 사이버 공간에서 벌어지는 안보문제가 과거의 핵문제만큼이나 국제정치의 패러다임 전환에 큰 영향을 미치고 있기 때문이다. 사이버 안보의 문제는 기술의 발전이 감시통제와 정보 침해, 사회인프라 파괴 등 여러 유형의 위험을 제기하고 있다. 예를 들어 2013년 '스노든 파일' 사건에서 이루어진 폭로에 따르면, 미국 국가안보국(National Security Agency, 이하 NSA로 약칭)은 인터넷 서버, 위성, 수중 광섬유 케이블, 국내외 전화시스템, 개인 컴퓨터를 무차별적으로

도청해왔다.

민간인까지 국가기관의 감시망에 포함되면서, 사이버 공간에서 사람들이 느끼는 공포감은 분명하게 드러났다. 특히 사이버 공간에서 오가는 개인정보들이 국가의 안보를 위하여 불법적으로 수집되고 동의 없이 사용될 수 있다는 가능성을 확인시켜 주었다. 사람들의 일상에 내재해 있는 핵무기에 대한 공포처럼, 사이버 공간에서 일어날 수 있는 다양한 형태의 보이지 않는 위협과 더불어 국가권력으로부터 제기되는 위협에 대한 인식도 점차 확산되기 시작했다. 그렇다면 냉전기의 핵안보와 탈냉전기의 사이버 안보라는 양대 요소가 사람들의 안보 인식에 어떤 차이를 보여왔는가? 핵안보의 이슈와 사이버 안보의 이슈를 비교하고자 하는 이 장의 연구 대상 선정은 이러한 문제의식의 연장선상에서 출발하고 있다.

II. 핵안보와 사이버 안보의 동맹 안보딜레마

1. 동맹의 정치학: 핵안보 시대의 안보딜레마

핵안보의 경우 초강대국들이 치열하게 핵무기 개발 경쟁에 나선 상황에서, 우방이나 동맹국들은 이처럼 핵무기을 보유하고 있는 초강대국의 영향으로부터 자유롭지 못했다. 동맹국이라 할지라도 분쟁이 심각한 양상으로 발전할 경우 초강대국으로부터 버림을 받지나 않을까 하는 우려를 지니고 있었고, 경우에 따라서는 원치 않는 분쟁에 휘말려 들어갈 수 있다는 두려움도 가지고 있었다. 북대서양조약기구의 '이중결정(Double-Track Decision)'은 동맹국 내부에서 일어날 수 있는 이러한 우려를 드러낸 분명한 사례로 꼽힌다. 미국과 소련 사이에 벌어진 경쟁적인 핵무기 보유와 배치, 데탕트 시기의 군비감축협정, 그리고 러시아와 직접 국경을 맞대고 있는 유럽국가들의 공포 와 대응의 역사는, 이처럼 핵무기와 같은 수단을 둘러싸고 동맹 내부에서 벌어지는 이해관계의 갈등과 분열 가능성을 여실히 보여주고 있었다. 이처럼 '적'과의 대립을 눈앞에 두고 '동맹국'과의 갈등을 겪을 수밖에 없는 이중적인 안보딜레마의 모습을 '동맹 안보딜레마(alliance security dilemma)'라고 부른다.

한편 새로운 정보기술을 바탕으로 등장한 사이버 공간에서 동맹 안보딜레마 메커니즘이 작동하고 있다는 징후는 아직 명확하게 드러나지 않고 있다. 하지만 2010년 이후 북대서양조약기구, 유럽연합, 미국 등의 행위자를 중심으로 하여 체결되고 있는 조약, 합의, 정책 등에서 사이버 공간과 관련된 동맹 안보딜레마의 성격이 점차 나타나고 있는 추세이다. 이러한 배경하에 이 절에서는 동맹 안보딜레마 메커니즘이 가시화되기 시작하는 2010년~2016년의 사안을 살펴보고자 한다.

북대서양조약기구 내에서 유럽연합과 미국과의 전통적인 협력과 갈등의 공존 관계를 지적하는 논의는 그다지 새로운 것은 아니다. 일부 연구에 따르면, 냉전기와 탈냉전기에 지속되고 있는 북대서양조약기구 내에서의 유럽과 미국 간 안보관계가 기본적으로 두 행위자들은 협력관계를 전제로 하고 있는데, 이는 동맹 내부의 안보딜레마에 유사한 양태를 보이고 있다. 여기서 동맹국 사이의 관계는 무조건적인 협력이 아니라 '갈등' 관계를 포함하는 협력관계의 모습을 보인다. 특히 유럽연합 국가들은 안보 분야에 있어서 미국과 독립적으로 구성원들 간의 군사적 협력을 추구하고자 했으나, 미국은 이러한 움직임과 관련하여 북대서양조약기구의 '분열'에 대한 우려를 표시해왔다(최수경

2004, 235).

또한 이 절에서 다루고자 하는 북대서양조약기구의 1979년 이중결정에 대한 연구에서도 이와 같은 동맹 안보딜레마의 모습들이 나타난다고 지적되어 왔다. 북대서양조약기구의 이중결정이 핵무기와 관련된 여러 국가들의 외교적 성과였지만, 결과적으로 유럽에서 군비가 증강되었다는 점을 감안할 때 새로운 안보적 위협요인이 발생하였다는 점을 무시할 수 없다. 전형적인 '안보딜레마'의 속성이 노정된 것이다. 또한 이러한 노선을 채택하는 데 있어서 서독의 슈미트 수상과 같은 정치지도자들의 리더십이 큰 영향을 미친 것은 분명하지만, 기본적으로 북대서양조약기구의 이중결정은 동맹 내부에서 회원국들이 핵안보와 관련된 정치적 협력에 힘쓴 노력의 결과물이었다(Readman 2011, 86-88).

동맹 안보딜레마의 역학관계와 관련하여, 냉전시기 핵무기가 서유럽의 안전을 성공적으로 지켜왔다는 사실 그 자체가 북대서양조약기구에게 하나의 안보 딜레마를 부과하였다는 견해도 존재한다. 기본적으로 제2차 전략무기제한협상은 소련이 핵미사일(SS-20) 개발에 성공함으로써 미국과 소련이 동등한 파괴력을 지니게 되었다는 판단에서 시작되었다. 즉, 동등한 위협요인을 가지고 있는 상황에서 군비통제가 이루어진 것이다. 그러나 서유럽 국가들은 이에 대하여 미국이 서유럽의 안보를 강화하기보다는 미국 본토에 대한 소련의 핵위협을 완화하는 데 더 큰 관심이 있다고 생각했다(이수형 1998, 102). 따라서 미국은 서유럽 국가들의 우려감을 불식시키고 소련의 SS-20 미사일 배치와 관련된 소련의 군사적 위협에 대한 대응책을 모색하기 위해 서유럽 국가들과 문제 해결을 위한 협상을 진행했던 것이다.

그 결과 미국과 서유럽 국가들은 북대서양조약기구 내에서의 안보 딜레마를 해결하기 위하여 1979년 12월 '이중결정'에 합의하였다. 이는 소련의 SS-20 미사일에 대항하여 서독 지역을 중심으로 지상발사크루즈미사일과 퍼싱 투(Pershing II) 탄도미사일을 배치하는 것을 골자로 한다. 또한 유럽에서 동독-서독 간의 중거리핵무기 균형을 가능한 한 최저수준으로 유지하기 위하여 미국과 소련 간의 군비통제 협상을 진행하기로 합의했다. 이처럼 핵무기 배치를 둘러싸고 미국과 유럽국가들은 '군비 증강'과 '군비 통제'라는 상호 모순적이면서도 상당한 합리성을 지닌 대응책을 마련하게 된다(이수형 1998, 102-103).

2. 동맹 안보딜레마란 무엇인가?

국제관계에서 '동맹'은 다양한 의미로 정의될 수 있지만, 전통적인 논의로는 스나이더(Glenn Snyder), 모겐소(Hans Morgenthau), 왈트(Stephen Walt)의 연구를 꼽을 수 있다. 스나이더에 따르면, '동맹'이란 군사력 사용에 관한 국가 사이의 공적인 협력으로서 동맹국 외부로부터 야기되는 위협이나 특정한 상황에 대한 대응을 목적으로 한다(Snyder 1997, 4). 왈트는 위협의 균형이론에 근거하여 동맹이란 두 개 이상의 주권국가 사이에서 이루어지는 공식적·비공식적 안보 협력이라고 설명한다(Walt 1987, 12). 이처럼 국가들은 자신들에게 제기되는 생존의 위협에 대응하기 위해 다른 나라와 연합하여 안보상황을 개선하기 위한 노력을 기울이고 있는데, 이러한 '동맹' 전략은 국가들이 선택할 수 있는 대표적인 외교정책의 한 유형으로 자리 잡아 왔다.

동맹 안보딜레마를 본격적으로 논의하기 위해서는 우선 '안보딜레마(security dilemma)'라는 일반적인 구도에 대하여 먼저 언급할 필요가 있다. 이에 관한 초기의 논의를 대변하고 있는 저비스(Robert

Jervis)에 의하면, '안보딜레마'란 한 국가가 자국의 안보를 증강시키려는 행위가 다른 국가들에게 안보 위협을 제기하고 그에 대한 대응조치를 취하도록 함으로써 결과적으로 안보의 불안으로 이어지는 역설적 상황을 의미한다(Jervis 1978, 169-170). 안보 위협을 줄이고 생존의 기회를 극대화시키는 것이 국제정치 환경 속에서 최우선의 국가목표라는 점을 고려할 때, 이러한 상황은 분명 흥미로운 현상이다. 안보를 증진시키기 위한 행위가 안보를 취약하게 만드는 '의도하지 않은 결과'로 이어지기 때문이다. 국제정치학자들은 이러한 딜레마 상황을 이론화하고 그로부터 벗어날 수 있는 대안에 대하여 관심을 가져왔다.

스나이더에 따르면, 이러한 역설적 상황에 대하여 한 국가가 다른 국가를 공격할 의도가 전혀 없다 하더라도 다른 국가들은 그 국가의 의도가 평화적이라고 장담할 수 없다(Snyder 1984, 461). 어떤 나라든지 다른 나라의 '선의'와 상관없이 최악의 시나리오를 상정하고 그에 대응해야 하는 것이 생존의 기본법칙이라는 점을 고려할 때, 상대국가의 군비 증강이 항상 '방어적'이라고 간주한다는 것은 지나치게 위험한 일인 것이다. 그런데 다극체제가 전개되면서 이러한 안보딜레마는 더욱 복잡한 양상을 띠게 되는데, 이것은 동맹을 유지하기 위해 소요되는 비용의 문제와 동맹으로 인하여 적국의 위협이 증가되는 가능성 등에 기인한다. 즉 어떤 나라가 동맹을 형성할 경우 가급적 적은 비용으로 최대의 효과를 누리고자 하기 때문에 다른 조건이 동일할 경우 '최소한의 공약(weakest commitment)'을 제공하고자 한다. 죄수들의 딜레마 논리에서 보면 이것은 동맹국들 사이에 서로 '배신(defect)'의 전략을 택하려는 성향이 있음을 뜻한다.

이와 같은 동맹국 사이의 눈치 보기는 상대방의 안보논리가 지나치게 동맹에 반영될 경우 불필요하게 상대방의 분쟁에 '연루(entrapment)'될 가능성이 커지기 때문에 나타난다. 그렇다고 해서 동맹관계에 대하여 '최소한의 공약'을 제시할 경우에는 유사시에 동맹국으로부터 버림을 받는 '방기(abandonment)'의 위험성이 커진다. 따라서 동맹국들 사이에는 지나치게 비효율적인 '연루'의 가능성과 지나치게 위험한 '방기'의 가능성 사이에서 적절한 균형을 취할 필요가 있다. 이와 같이 동맹국 사이에 존재하는 안보딜레마를 가리켜 '동맹 안보딜레마'라고 부른다. 전통적인 안보딜레마가 '적대국'과의 양자 간 관계만을 염두에 둔 것이라면, 동맹 안보딜레마는 적대국뿐 아니라 동맹국과의 관계도 고려한 복합적인 형태의 안보게임을 상정한다(Snyder 1984, 466-468).

예를 들어 서구 지역의 안보협력체인 북대서양조약기구 회원국 사이의 관계에서 안보딜레마의 상황이 동맹조약 체결 이후 어떻게 전개되어 왔는지를 살펴보면 이러한 점들이 분명하게 드러난다. 특히 동맹이 형성된 후에 생겨나는 '동맹 안보딜레마'의 메커니즘은 안보공동체가 단지 '적'과의 게임만 수행하는 것이 아니라 '동맹국'과의 게임도 동시에 수행하기 때문에 안보딜레마를 안고 있는 국가들의 입장과 전략을 이해하기 위해서는 매우 복잡한 논리가 작동한다는 점을 고려해야 한다. 특히 국제환경이 다극화 체제인 경우 국가들은 냉전기처럼 다른 나라를 단지 '적국'으로서만 대하기가 어려워지는데, 적과 우방의 구분이 다극화 체제에서는 더 이상 큰 의미를 갖기 어렵기 때문이다. 필요에 따라 적이 우방이 되고, 우방국과도 언제든지 경쟁할 수 있는 상황에 놓여 있기 때문에 모든 나라들은 적과 우방 모두에 대한 전략을 구사하는 데 있어 자국에 최대한의 이익이 될 수 있는 전략적 조합을 추구할 것이라고 기대된다. 이처럼 국가들은 적과 우방 사이에서 다양한 선택을 염두에 두고 있기 때문에 '동맹'과 관련한 정책들이 과거와 달리 훨씬 더 불안정하고 민감해질 수밖에 없다(Snyder 1984, 461).

안보딜레마의 두 축을 형성하는 '방기'와 '연루'는 단순히 동맹국이 상대를 배반하거나 원하지 않는 사안에 끌려들어가는 것 뿐 아니라 다양한 전략적 형태로 존재한다. 방기의 경우 적과의 새로운 동맹을 결성한다든지, 동맹의 책임을 방기하고 동맹으로부터 탈퇴한다든지, 명백한 책임을 이행하지 않는다든지, 동맹 상대국이 지원을 필요로 할 때 이를 제공하지 않는다든지 등 여러 방식으로 이루어질 수 있다. 연루의 경우 자국의 국가이익과는 무관하거나 중요성이 크지 않은 동맹 상대국의 이익을 위해 갈등에 끌려들어가는 상황을 뜻하며, 이와 유사한 여러 경우가 발생할 수 있다(전재성 2004, 74). 한편 연루와 방기는 그 속성상 한 가지 선택이 강해질수록 다른 쪽 선택은 약화될 수밖에 없는 긴장관계를 형성하는데, 이런 점에서 '동맹 안보딜레마'에 빠진 국가들은 두려움을 야기하는 두 선택지 사이에서 적절한 균형을 유지해야 하는 어려움을 겪게 된다(Snyder 1984, 484).

이 글에서는 북대서양조약기구내의 동맹국인 미국과 유럽연합 사이의 동맹 안보딜레마 현상이 핵안보와 관련된 1979년의 '이중결정'뿐만 아니라 사이버 안보와 관련되어 근래에 체결되고 있는 조약이나 협정 등에서 동일하게 발견된다는 것을 보이려 한다. 따라서 활용하려는 개념은 스나이더(Snyder)의 '동맹 안보딜레마'가 될 것이다. 또한 연루와 방기의 일반의미를 토대로 '연루'를 자국의 의지와 관계없이 동맹 내부의 강대국의 의사에 포섭되는 것, '방기'를 자국의 의지와 관계없이 동맹 내부의 강대국의 의지에 따라 자국의 안보 위협이 증가하는 것으로 정의한다.

III. 유럽과 미국의 데이터안보

지금까지 사이버 공간에서의 안보와 관련된 각국의 높은 관심도와 이해관계는 사이버 안보에 관한 여러 합의와 문서 등을 통해서 확인할 수 있다. 먼저 유럽연합의 경우 공동체가 창설된 이후 50여 년 동안 회원국들은 정치적 자유와 안정적인 지역 안보를 확보하기 위해 노력해왔다. 이는 인간의 권리에 대한 존중 및 법과 주권에 기초한 제도화를 실현할 수단을 동시에 추구하면서 이루어졌는데, 이로 인해 회원국 간의 국경선 내에만 한정되지 않는 다양한 교류를 도모하는 데 있어 유럽연합의 안정적인 안보를 확보하는 일이 매우 중요하다는 점을 강조한다. 즉, 회원국의 안보적 안정과 평화가 유럽연합이 추구해야 할 주요한 가치로 자리 잡아온 것이다. 사이버 안보와 관련하여, 유럽연합은 인터넷으로 대표되는 사이버 공간에서조차 회원국 국민들이 안보에 대하여 안심할 수 있도록 해야 한다고 명시함으로써 공동체가 추구해온 전통적 안보 논리가 자연스럽게 사이버 안보 영역도 적용될 수 있다고 간주한다(EU 2010, 12).

또한 유럽연합 내부의 안보는 그들이 중시해 온 자유와 민주주의라는 가치를 존속시키며 역내의 시민들을 보호하는 데 무게를 두고 있다. 회원국 국민들이 일상생활에서 느끼는 위협과 공포에서 자유로울 수 있도록, 유럽연합은 기존의 안보환경에서 찾아볼 수 없었던 새로운 위협에 대한 적절한 대응을 제도화를 통해 이루어 나가야 한다고 본다. 이를 위해 유럽연합은 그들의 안전을 위협하는 공통의 위협요인을 명시하고, 이에 대한 적절한 대응을 위해 유럽연합 역내에 공통으로 적용될 수 있는 내부의 안보정책을 수립할 것을 목표로 한다. 이 과정에서 유럽식의 안보 모델이 정착화되어야 할 필요성을 지적하며, 안보와 자유 그리고 프라이버시라는 세 항목 사이의 상호교류를 위해 현존하는 제도적 장치들과 회원국들의 안보적 안정에 대한 기여가 지속되어야 한다는 것이 유럽연합의 입장이다(EU 2010, 12).

새로운 위협과 관련하여, 유럽연합은 냉전 이후 급격하게 달라져 온 외부 환경에 대해서 민감하게 인식하고 있다. 이것은 유럽연합이 초고속 커뮤니케이션, 높은 유동성이나 즉각적인 금융거래 등과 같은 요소가 그들을 둘러싼 환경적 요인으로서, 과거와는 판이하게 달라진 점이라고 명시하고 있다는 점에서 드러난다. 이러한 환경의 변화에 따라 유럽연합이 내부의 안보에 대한 현황을 점검하고 미래의 방향을 새롭게 모색하고 있다는 점은 그들이 새로운 위협으로 상정한 제반 요소들을 살펴보면 알 수 있다. 유럽연합이 공동체 차원에서 '공통의 위협'으로 인식하고 있는 요소들은 테러리즘, 큰 규모의 조직된 범죄, 사이버 범죄, 초국가적 범죄, 폭력, 자연 재해 및 인재(人災)를 포함한다(EU 2010, 13-14). 전통적인 안보의 프레임워크에서 가장 큰 위협 요인으로 인식되어 온 핵무기 에 비해 볼 때, 이러한 새로운 위협의 관념은 그 범위가 다양하게 퍼져 있으며, 명시적으로 그 규모를 파악하거나 위협의 정도를 측정하기에 모호하다는 특성을 지닌다.

이렇듯 기본적인 원칙에서 크게 벗어나지 않으면서 회원국들의 협조뿐만 아니라 공동체 차원에서의 사이버 안보 확립을 체계화하기 위한 공동 커뮤니케이션은 2013년 2월 7일 EU 집행위원회가 EU 외교안보위원회 대표와 함께 'EU의 사이버 안보 전략: 개방적이고 안전한 사이버 공간'을 통해 발표되었다. 사이버 공간을 원래의 취지대로 개방적이고 자유로운 공간으로 유지하기 위해서는, 물리적 공간에서 유럽연합이 유지해 왔던 가치와 규칙, 규범 등을 동일하게 적용해야 한다는 것이 유럽연합의 입장이었다.

해당 전략에서는 사이버 안보의 원칙을 재확인하고 있는데, 공동 전언에서는 국경에 구애받지 않으면서 다층적인 인터넷이 국제환경에서 가장 강력한 수단임을 인정하며, 사이버 공간에 대한 초정부적 차원의 규제 필요성 또한 언급하고 있다. 유럽연합의 사이버 안보 정책의 원칙들은 (1) 유럽연합의 핵심 가치를 사이버 공간에 적용, (2) 근본적인 권리, 표현의 자유, 개인 데이터와 프라이버시의 보호, (3) 개방된 접근성, (4) 민주적이고 효율적인 다중 이해당사자 거버넌스 구조, (5) 안보의 확립을 위한 의무의 공유를 포함한다(EC 2013, 3-4).

또한 이러한 다섯 가지의 원칙을 기본으로 하여 유럽연합은 사이버 안보 정책을 추진하기 위한 다섯 가지의 전략 우선순위를 상정하고 있다. 이는 회원국들의 협조를 기반으로 하는 단기적, 장기적 계획을 모두 포괄하고 있으며 사이버 안보에 대한 인식 공유뿐만 아니라 안정된 제도화로 나아가는 비전을 유럽연합 차원에서 제시하고 있음을 의미한다. 여기에 해당되는 다섯 가지 전략 우선순위는 (1) 사이버 공간의 탄력성 확보, (2) 사이버 범죄의 대규모 억제, (3) 공공안보와 방어정책에 관련된 사이버방어 전략과 역량 강화, (4) 사이버 안보를 위한 산업 및 기술자원의 개발, (5) 유럽연합을 위한 국제적 사이버 공간의 구축과 핵심 가치 증진이다. 이들은 모두 유럽연합 차원의 사이버 안보에 대한 중요성을 인식 및 공유하기 위해 필요한 정책을 제도화하고, 이를 회원국들에게 하향식으로 전달하기 위한 목적을 띤다(EC 2013, 4-5).

미국 또한 유럽연합의 사이버 안보에 대한 인식에 대하여 공감하고 있다. 미국은 무엇보다도 백악관을 컨트롤타워로 하는 체계를 갖추어왔으며, 사이버사령부(United States Cyber Command, 이하 USCYBERCOM으로 약칭)를 2009년에 이미 설립한 바 있다. 또한 오바마 정부에서는 NSC 내에 사이버 안보국을 컨트롤타워로 신설하고, 정부 부처와 군 관련 기관, 안보기관 등을 포함하여 전 국민을 대상으로 한 사이버 안보정책을 총괄 지휘하도록 위임하고 있다.

미 국무부에서 2010년 처음으로 출간되기 시작한 '4개년 외교, 개발 검토 보고서(Quadrennial Diplomacy and Development Review, 이하 QDDR로 약칭)'는 미국 정부의 사이버 안보에 대한 인식 전환을 명시하고 있다. 2010년의 이 보고서에 따르면, 전통적으로 상존했던 전쟁과 공격의 가능성뿐만 아니라 21세기에 새롭게 등장한 위협요인 중 하나로 사이버 공간의 문제를 지적한다. 테러리즘의 위협과 폭력의 문제, 테러조직을 통한 핵무기의 확산, 전지구적 빈곤의 문제, 기후변화, 범국가적 범죄, 전염병을 비롯하여 지적되고 있는 사이버 안보의 문제는 통신 기술과 온라인 네트워크에서 기인한다고 명시하고 있다. 통신기술이 발달하면서 자유로운 정보의 이동이 새로운 불안정성을 만들어냈다는 것이다. 특히 이러한 인터넷 기술의 발달로 인해 외국 정부나 테러리스트들이 미국의 산업기반을 공격하는 데 물리적인 공격수단에 의존하지 않고도 공격을 가능하게 한다는 점을 지적한다. 또한 미국 정부는 사이버 공간에서의 공격뿐만 아니라 그 안에서 이루어지는 정보나 산업기술의 유출 또한 사이버 안보를 넘어선 일반 안보에 대한 위협으로 간주하고 있다(United States Department of State 2010, 11-12).

이렇듯 새롭게 부상한 사이버 공간에서의 위협에 대하여, 미국 정부는 관련 산업 분야의 전문가나 학계의 종사자들과 정부의 협력을 중시하며 커뮤니케이션 시스템을 통해 사이버 공간에서의 공격을 비롯한 다양한 위협에 대처할 것을 요구하고 있다. 또한 사이버 안보의 안전성 확보를 위해 북대서양조약기구의 협력을 중시하는 경향을 보인다. 북대서양조약기구 안에서의 동맹국들의 협력을 통해 북대서양조약기구의 2010년 '신(新)전략 구상'에서 언급한 사이버 위협에 공동 대처할 수 있도록 그 역량, 전술, 절차를 개발하고 유지하겠다는 것이다(United States Department of State 2010, 48).

북대서양조약기구뿐만 아니라 새롭게 등장한 사이버 위협에 대한 대처 방안으로서 여타 동맹국들과 긴밀한 협력관계를 유지할 필요가 있다는 미국 정부의 입장은 QDDR에서도 천명된 바 있다. 미국 정부에 따르면, 미국과 일본 그리고 한국 사이에 사이버 안보 강화하기 위한 3자회담이나 포럼과 같은 제도적 장치를 구축할 수 있다(United States Department of State 2010, 14). 이처럼 북대서양조약기구 내 동맹국들 간의 협력뿐만 아니라 다른 지역의 전통적인 동맹국들과 협력을 통해 새롭게 떠오른 사이버 위협에 대응하려는 미국의 적극적인 움직임을 파악할 수 있다.

이처럼 사이버 안보와 관련하여 미국과 유럽연합은 모두 공식적인 문서를 통해 사이버 공간에서의 제기된 여러 사안을 새로운 위협요인으로 인정하고, 그에 적절하게 대응하기 위해 기존의 협력관계를 강화하고 인식을 공유하며 관련 제도를 확립할 것을 제안하고 있다. 또한 전통적인 안보 분야에 한정된 국가 행위자의 프레임에서 벗어나 민간산업 분야에서 다양한 행위자들도 사이버 공간의 안보를 유지하는데 서로 공조해야할 주체라는 점을 강조한다. 이는 사이버 안보의 문제가 미국과 유럽연합 모두에게 있어 중요한 관심사라는 점을 보여주는 것으로, 이 절에서도 이러한 맥락에서 데이터 보호에 관한 협정이 사이버 안보의 중요한 한 축이라는 점을 부각시키면서 동맹 안보딜레마의 측면을 분석하고자 한다.

IV. 북대서양조약기구와 동맹 안보딜레마

1. 북대서양조약기구와 미국-유럽연합 관계

서론에서 이미 지적했듯이, 미국과 유럽연합은 갈등과 협력관계를 동시에 보여주어왔으며 동맹안보 협력체인 북대서양조약기구 내에서도 유사한 관계가 유지되고 있다. 이는 달리 표현하면 '대서양주의'와 '유럽주의'의 충돌로 이해할 수 있다. 대서양주의와 유럽주의는 대단히 광의적인 표현이지만, 일반적으로 대서양주의는 대서양 연안 국가들의 전통적인 협력을 중시하는 입장을 대변하는 용어이다. 이에 비해 유럽주의는 미국에 대한 의존을 탈피하고자 하는 유럽 지역의 노력을 통칭하는 용어이다(안병억 2008, 105-106).

북대서양조약기구의 공식적인 자료에 의하면, 북대서양조약기구란 유럽과 북아메리카 지역의 국가들로 구성된 집단방위 안보협력체이다. 현재 총 28개의 회원국으로 이루어져 있으며, 1949년 워싱턴 조약을 그 기원으로 한다. 이는 '집단방어(collective defence)'를 지향하면서 UN 헌장의 51개 조항을 준수한다. 제2차 세계대전 이후 냉전이 도래하면서 주요 안보협력체로서의 입지를 다져온 북대서양조약기구는 냉전의 종식과 함께 그 역할과 미래 비전에 있어서 다양화를 꾀하고 있다. 북대서양조약기구 내의 주요 행위자는 미국과 유럽연합을 중심으로 한 서유럽 국가라고 할 수 있다. 이는 북대서양조약기구 내부의 동맹관계에 대한 논의가 미국과 유럽연합을 중심으로 이루어져 왔다는 것으로 알 수 있다. 미국과 유럽연합은 북대서양조약기구 내에서 전통적인 우방국이며, 지리적 근접성을 바탕으로 하여 상호 협력적인 관계를 구축해왔다.

냉전기에는 북대서양조약기구 내에서 유럽 대륙의 동맹국들이 중추적인 역할을 맡도록 하는데 주안점이 두어졌는데, 미국도 이러한 유럽 국가들의 역할이 공산주의를 봉쇄하는 데 효과적으로 기여할 수 있다고 보았다. 또한 양극체제를 상징하는 바르샤바 조약기구와의 대립은 서유럽 국가들과 미국의 동맹관계를 더욱 공고히 유지하도록 해주었다. 냉전의 종식 이후 바르샤바조약기구가 해체되면서 북대서양조약기구의 입지도 실질적으로 위축되었다. 그러나 북대서양조약기구에서 제시한 1991년의 신(新)전략구상에 의하면, 안보를 위협하는 요인들이 여전히 존재하기 때문에 북대서양조약기구는 그에 부합하는 중요한 역할을 담당할 것이라고 천명하였다. 이는 유럽연합과 미국 사이에서 안보의 비용을 누가 어떻게 분담할 것인가에 관하여 갈등의 소지를 야기하는 결정적인 이슈로 남게 되었다(Lindstorm 2005, 14-15).

주로 냉전기에 해당하는 전통적인 핵안보 환경에서 미국과 서유럽 국가들은 이른바 안보딜레마의 상황에 봉착하였는데, 이는 구성 국가들 간의 지정학적 상이성과 소련의 군사적 발전에서 비롯된 것이었다. 즉, 소련의 핵무기 개발과 군비의 증강이 가져온 위협의 확대가 북대서양조약기구 내부에서 미국과 서유럽의 안보딜레마를 불러왔고, 상대적으로 미국보다 취약한 위치에 놓여 있던 서유럽 국가들은 '방기'와 '연루'의 두려움을 갖게 된 것이다(이수형 1998, 95). 1979년의 북대서양조약기구의 '이중결정,' 즉 미국과 소련의 군비감축 노선과 서유럽 지역의 군비증강을 동시에 추구했던 전략적 노선 결정은 이러한 핵안보 환경에서 미국과 서유럽 국가들의 동맹 안보딜레마를 잘 드러낸 것이었다. 서유럽 국가들은 미국과 소련의 제2차 전략무기제한협상(SALT II)으로 인하여 미국의 전략핵무기 철수라는 안보적 환경의 변화를 맞게 되었고, 서유럽 국가들이 유럽 대륙의 안전과 안보

이익 보장을 주장한 결과 북대서양조약기구는 서유럽 지역에 퍼싱 투(Pershing II) 탄도미사일을 배치하는 군비증강정책을 동시에 실행하게 되었다(이수형 1998, 103).

그런데 앞서 언급한 미국과 서유럽 국가들의 안보딜레마와 방기, 연루의 역학관계는 과거에만 한정된 것이 아니었다. 사이버 공간의 경우 핵 환경과 비교할 수 없을 정도로 빠른 기술 발전이 이루어지면서 지리적 요인의 중요성은 상대적으로 퇴색된다. 열린 네트워크 그 자체인 사이버 공간은 새로운 안보위협을 제기하며, 안보의 전통적인 주체인 국가들은 사이버 공간에서 발생하는 위협의 출처와 규모, 그리고 파급효과를 제대로 파악하기 어렵다. 이러한 상황은 사이버 안보의 영역에서도 '동맹 안보딜레마' 상황이 발생하는 계기를 만들어냈는데, 2010년 북대서양조약기구의 '신전략구상'을 필두로 이루어진 다양한 조약과 협정들은 이러한 변화를 반영하고 있다.

2. 북대서양조약기구의 이중결정과 동맹 안보딜레마

군축(disarmament)은 이미 만들어진 무기를 감축하거나 폐기시킴으로써 전쟁위협을 감소시키고 평화와 안전에 기여하기 위한 목적에서 추진된다. 이와 비슷한 용어로서 '군비통제(arms control)'가 사용되기도 하지만 그 의미는 유사하다. 군축은 통상조약이나 협정 등의 문서 형태로 합의되며, 이러한 합의에는 양자적, 지역적, 다자적인 것이 포함된다. 경우에 따라서 병력 감축, 군사예산 감축, 특정 무기 파기 또는 배치 금지 등 일방적인 조치가 취해지는 경우도 있다(류광철 외 2005, 20-21).

군축은 안보를 증진시키기 위한 수단인데, 안보가 한 나라의 평화와 안전을 보장하기 위한 목적이라면 군축은 이를 위한 구체적 수단이다. 군비를 확장시켜 안보를 증진시키는 방법은 단기적으로는 효과가 있을지 모르나, 장기적으로는 군비경쟁을 유발함으로써 전쟁 가능성을 높이고, 발달된 무기의 사용으로 인한 피해를 가중시킬 따름이다(류광철 외 2005, 21). 군축을 목표로 하는 국제회의는 1899년과 1907년의 헤이그 평화회의에서 그 시작점을 찾을 수 있으며, 핵무기와 관련해서는 핵무기 개발 이후인 제2차 세계대전 이후에 연혁을 확인할 수 있다. 1972년 탄도탄요격미사일제한조약(ABM), 전략무기제한협정(SALT I), 1979년 제2차 전략무기제한협정(SALT II), 1987년 중거리핵미사일폐기조약(INF) 등이 이에 해당한다. 다양한 핵무기 감축협정 중에서도 이 절에서는 SALT II에 집중하고자 한다. 이는 동맹 안보딜레마와 관련하여 '이중결정'이라는 중요한 사례로 이어졌으며, 핵안보의 영역에서 미국과 서유럽 간의 동맹 관계에 잠재된 딜레마적 상황을 잘 드러내기 때문이다.

'이중결정'은 1979년에 체결된 SALT II 협정에 그 뿌리를 두고 있다. SALT II로 인해 미국과 소련은 전략핵무기 발사수단을 각각 2400기로 제한하였으며, 대륙간 탄도미사일(MIRVed ICBM), 잠수함발사탄도미사일(MIRVed SLBM), 그리고 중거리 크루즈미사일을 적재하는 폭격기와 발사장치를 1320개로 제한하였고, 사정거리 2,500km가 넘는 크루즈미사일의 개발과 배치를 금지하면서 600km가 넘는 해상 및 지상발사 크루즈미사일의 배치를 금지하였다. 이로 인해 미국은 서유럽 지역에 배치되어 있던 전략 핵미사일을 철수하였는데, 이는 서유럽 지역의 안보 불안을 심화시켰다. 서유럽 국가들은 이로 인해 '방기'당할 가능성이 증가된 것이다.

소련의 군사적 위협에 직면해 있던 서유럽 국가들의 위기감이 고조되면서, 이에 대한 적극적인 대응을 요구하는 목소리가 높아지기 시작했다. 이에 대해서 특히 민감하게 반응했던 국가는 서독이었는데, 서독은 냉전당시 동독 국경을 마주하고 있었으며 안보문제에 있어서 다른 서유럽 국가들보다 더욱 큰 영향을 받을 수밖에 없었다. 소련의 SS-20 미사일 개발 당시 서독 총리였던 슈미트(Helmut Schmidt)는 소련의 지속적인 핵무기 개발과 기술 고도화에 따라서 유럽지역에 안보적 불안감이 가중될 것이라는 점을 크게 우려했다.

미국과 소련 간의 핵무기 개발과 군비 경쟁으로 말미암아 핵무기를 실제 공격에 사용할 수 없다는 역설적인 현상이 야기되었다. 어느 쪽이건 먼저 핵공격을 가하더라도 상대방이 보복할 능력을 갖추고 있다면 결코 핵공격을 먼저 시작할 수 없기 때문이다. 따라서 소련이 핵공격을 실천에 옮길 것이라고 예상하는 사람은 없었지만, 소련에 배치된 SS-20 전략미사일은 서유럽지역, 특히 서독을 겨냥한 치명적인 공격수단이 될 것이라는 예측이 지배적이었다(Readman 2011, 45). 따라서 미국은 서유럽 국가들의 우려감을 불식시키기 위해 소련의 SS-20 미사일을 겨냥한 지상발사 크루즈미사일과 퍼싱 II 탄도미사일을 서유럽에 배치하기로 결정했다. 결국 북대서양조약기구의 이중결정은 미국과 소련 사이의 '군비통제'에 관한 협정을 추진하면서 동시에 서유럽 지역의 '군비증강'을 도모하는 모순적인 양상을 띠게 되었다(이수형 1998, 103). 또한 여전히 거대한 군사력을 서유럽에 주둔시킴으로써 이들 국가들이 언제든지 초강대국 사이의 안보경쟁에 휘말릴 수 있는 가능성, 즉 '연루'의 상황을 만들어놓고 있었다.

이와 같이 소련의 핵무기 개발 양상 및 그로 인해 핵미사일 공격의 사정권 안에 들어가게 된 서유럽 지역의 안보 불안감은 과거와 달리 '지리적 요인'이 상대적으로 덜 중요하게 되었다는 사실을 강조한다. 핵미사일의 사정거리가 증가함으로써 서유럽 지역이 소련의 공격 시 직접적인 타격범위 안에 포함된 것이다. 이렇듯 핵무기 개발로 대표되는 기술의 발전과 이로 인한 물리적 영토성의 약화는 북대서양조약기구 안에서 동맹국들 사이의 '안보딜레마'를 가중시켰으며, 그에 따라 소련이라는 적에 대한 두려움과 더불어 동맹국에 의한 '연루'와 '방기' 가능성에 대한 공포가 상호작용하는 복합적인 상황이 전개되기 시작하였다.

V. 사이버 공간의 동맹 안보딜레마

1. 북대서양조약기구의 2010년 신(新)전략구상: 연루 가능성의 증가와 유럽연합

북대서양조약기구 내의 의사결정 구조는 기본적으로 회원국 사이에 평등하게 분포되어 있다. 이는 의사결정 원칙으로서 모든 회원국들의 동등한 발언권을 보장하고 있기 때문이다. 북대서양조약기구는 많은 하부 위원회를 두고 있으며, 이를 통해 각 회원국 정부의 의사가 최종적인 정책결정에 충분하게 반영되도록 노력하고 있다. 이는 북대서양조약기구 내의 회원국들이 집단안보체제를 통해 보장되는 안정적인 안보의 혜택을 누릴 수 있다는 것을 의미한다. 한편으로는 동맹 차원에서 추구하는 안정적 안보를 위해 각 회원국이 자신들의 의무를 다해야 한다는 것을 뜻하기도 한다.

이러한 상황은 북대서양조약기구가 '위기'를 어떻게 규정하고 있는가를 보면 잘 드러난다. 이러한 인식은 1999년의 '전략구상(Strategic Concept)'에 반영되어 있는데, 조약 회원국들이 공유하고 있는 근본적인 안보 사안에 대한 위기관리의 중요성이 부각된 바 있다. 다시 말하면, 유럽-대서양 지역의 안보와 안정을 추구하고 평화와 안정을 정착하는 방향으로 회원국들이 공동의 의지를 표명해야 한다는 것이다. 이러한 북대서양조약기구 내의 합의는 위기관리와 긴장완화에 있어서 협력해야 한다는 원칙의 근간을 이룬다(North Atlantic Treaty Organization 2001, 155).

이처럼 북대서양조약기구의 회원국들은 핵안보의 영역으로부터 더욱 나아가 다양한 안보 영역과 경제적 측면의 상호작용을 위해 협력하고 있다. 경제발전에서의 협력도 이와 같은 안보협력의 맥락에서 이해할 수 있다. 여기에는 방어를 위한 자원 관리, 방어와 관련된 계획과 예산 집행의 투명성 등 부가적인 원칙이 포함된다(North Atlantic Treaty Organization 2001, 162). 이러한 개념적 확대는 사이버 공간에서 가장 중요하게 취급되는 자원인 데이터를 포함한 사이버 안보와 관련하여 중요한 시사점을 제공한다. 즉, 회원국들은 안정적인 안보계획의 수립과 이행에 있어서 다른 회원국들과 합의를 통한 집단의지를 관철해야 하고, 이는 안보자원의 하나인 '데이터'에 대한 관리에서도 마찬가지이다. 이에 관한 북대서양조약기구의 입장은 그동안 발표된 두 차례의 '신전략구상(New Strategic Concept)'을 통해 살펴볼 수 있다. 신전략구상은 1991년과 2010년 두 차례에 걸쳐서 발표되었다. 1991년의 경우 바르샤바조약기구에 대항하는 안보공동체로서의 성격이 강했던 북대서양조약기구가 소련 붕괴 이후 새롭게 취해야 할 여러 노선들을 제시하기 위한 것이었다. 한편 2010년의 경우 핵안보 외의 영역에서 새롭게 대두되는 다양한 위협에 대하여 북대서양조약기구 동맹국들이 함께 대응해 나갈 것을 재확인하는 취지를 드러낸 것이었다.

1991년의 신전략구상에 의하면, 소련의 붕괴와 독일의 통일이 이전과 달라진 정치적 환경이라는 점이 부각되었다. 이에 따라서 북대서양조약기구의 새로운 역할 모색이 이루어지고 있었는데, 이는 기존에 이루어져 온 군비감축 노선을 지속해 나갈 것이라는 점에 초점을 맞추고 있다. 또한 소련 붕괴와 독일 통일 이후 북대서양조약기구 동맹국들이 맞이할 수 있는 위협이 이전처럼 소련과의 직접적이고 단층적인 대립관계가 아니라 다층적이고 다면적인 위협이 될 수 있음을 지적하고 있다(North Atlantic Treaty Organization 1991, 1). 또한 기구의 성격 변화에 대해서 언급하고 있는데, 북대서양조약기구의 근본적인 존재 목적에 대하여 정치적, 군사적인 자유를 보장하고 UN헌장을 준수하는 안보협력체로서의 성격을 강조하고 있다. 이는 주로 대서양 지역의 평화와 정치적 안정의 제도화를 의미하며, 안정적인 안보를 위해 회원국의 협조와 이를 위한 제도적 이행의 중요성을 지적하고 있다.

2010년의 '신전략구상'은 기존에 지향해오던 안보의 가치를 연장해나갈 것을 천명했으며, 가장 중요한 동맹국가로서 미국과 유럽연합의 신뢰관계를 재확인하였다(North Atlantic Treaty Organization 2001, 4). 1991년의 신전략구상이 언급했던 회원국들의 안정적 안보와 제도적 이행이라는 노선을 기본적으로 계승하고 있는 것이다. 따라서 다층적이고 다원적인 차원에서 앞으로 다가올 위협요인인 사이버 공간의 위협에 대하여 회원국들이 공동으로 대처해야 한다는 점을 주지시키려는 의도를 지니고 있다는 해석이 가능하다.

이는 주로 핵무기와 관련되어 있던 기존의 안정적 안보 개념에 더하여 새로운 위협 요인으로 등장한 사이버 공간의 위협에 관심을 기울이기 시작했다는 신호였다. 물론 북대서양조약기구가 새롭게 인지하는 위협에는 핵무기의 확산 가능성과 이로 인한 안보 불안정성, 북대서양조약기구 권역을 대상으로 하는 테러리즘 등 다양한 요소들이 포함되어 있다. 그중에서도 사이버 안보와 관련하여 두드러지는 점은 '사이버 공격'이 기존의 위협 유형과 대비되는 새로운 종류의 안보위협 요소라고 인정했다는 사실이다. 사이버 공격이 주요한 안보위협으로 인식되기 시작하고, 해당 전략에서 가장 중요한 행위자인 미국과 유럽연합의 동맹관계를 더욱 공고히 하면서 상호 협력할 것을 제시하고 있다는 점에서, 사이버 안보에 대한 인식이 미국과 유럽연합 사이의 동맹 '연루' 관계를 재설정하기 시작했다는 점을 확인할 수 있다.

2. 세이프하버 원칙과 프라이버시 쉴드 협정 : 방기에 대한 유럽연합의 우려와 대응

미국과 유럽연합의 동맹 안보딜레마의 방기의 측면을 살펴보기 위해서는 두 국가 사이에 체결된 데이터 교류에 관련된 협정을 분석할 필요가 있다. 이는 앞서 양측이 모두 사이버 안보의 중요성을 동시에 인식하고 있었던 것뿐만 아니라, 사이버 안보의 영역에서 데이터를 안보적 속성을 지닌 것으로 인식하고 있었다는 사실과 연결지을 수 있다. 즉, 데이터 교류에 관련된 협정인 '세이프하버 협정(Safe Harbor Agreement)'의 폐기와 '프라이버시 쉴드(Privacy Shield)'의 채택을 통하여 유럽연합이 미국에 의한 '방기'에 대해 대응했다는 점을 파악할 수 있다.

기본적으로 유럽연합은 회원국 역내에서 생성된 데이터를 보호하는 것을 헌법적 권리로서 인식한다. 유럽연합 차원의 여러 조약에서 근거를 두고 있는 이러한 인식은 유럽인권보호조약(European Convention on Human Right, 이하 ECHR로 약칭) 8조에서 개인의 사생활과 가족의 생활을 존중할 권리는 유럽연합 회원국 전체가 존중해야 하는 사항으로 규정하고 있으며, 이를 데이터 보호와 관련법의 존재 이유로 확장하고 있다는 점에서 재확인된다. 이처럼 데이터를 규제관리 대상으로 인식하는 것은 유럽연합과 미국 사이에 합의된 데이터 관리 원칙인 세이프하버 협정에서 '프라이버시'가 차지하는 위상을 들여다보면 확인이 가능하다.

세이프하버 협정은 미국과 유럽연합 사이의 개인정보 데이터 교류와 관련된 것으로, 주로 미국의 ICT 기업들이 유럽발(發) 데이터를 이용하는 데 있어 준수해야 할 원칙으로 작동해왔다. 2000년에 체결된 이 조약은, 개인정보에 대해 민감도가 높은 기존 유럽연합의 입장에서는 매우 예외적인 것이었다. 원칙적으로 회원국 시민의 개인정보와 그와 관련된 데이터를 역외로 반출하는 것을 금지하는 유럽연합의 기존 노선에 비춰볼 때 '세이프하버 협정'은 개인정보 데이터의 역외 이동을 일정한 조건 하에 허용하고 있다는 점에서 아주 드문 경우였다. 세이프하버 원칙에 따라 미국의 ICT기업들은 유럽에서 미국으로 이동하는 개인정보 데이터에 대하여 일정한 범위 내에서 합법적인 조취를 취할 수 있게 되었다. 이에 따라 구글, 페이스북, 아마존 등 미국 기업들은 유럽의 개인정보를 상업적으로 이용해왔으며, 유럽발 개인정보 데이터를 원하는 기업이 있다면 세이프하버 협정에 자유롭게 등록할 수 있었다. 이에 따라 4000여 개의 미국 기업들이 협정의 7가지 원칙인 통지, 선택, 제3자 전송, 보안, 정보의 보전, 접근, 집행을 준수하면서 기업 활동을 지속해왔다.

그러나 2013년에 일어난 '스노든 사건'과 그에 따른 파급효과는 세이프하버 협정의 대대적인 전환을 가져왔다. 미국 NSA가 개인 전자정보 감시 프로그램인 '프리즘(Prism)'을 통해 무작위로 개인정보를 수집하고 있다는 의혹이 불거지면서 민간인뿐만 아니라 유럽연합 회원국의 국가 지도자들까지 미국이 도청을 해왔다는 문제가 제기된 것이다. 이 사건은 인터넷과 사이버 공간에서 만들어지는 데이터의 정치적 함의에 대한 고찰을 야기했다. 즉, 인터넷은 더 이상 정보의 공유나 자유로운 접근 등이 가능한 공간이라는 단순한 의미를 넘어서 한 국가가 안보적으로 사용할 수 있는 수단으로 존재할 수 있으며, 사이버 공간에서 만들어진 데이터 자원과 관련 기술들이 특정 국가에 정치적 이점을 가져다 줄 수 있는 대상이 되었다는 것이다.

이뿐만 아니라, 사이버 공간을 통해 안보적 수혜를 누리는 특정 국가 행위자들에 대응하기 위한 전략의 고안이나 집단적 행동의 필요성도 제기되었다(Bauman 2014, 123-124). 이는 동맹관계인 유럽연합과 미국의 관계에 있어서, 데이터망을 통해 전 세계를 감시하는 미국의 행위가 유럽연합도 대상으로 하고 있음이 증명되었다. 이처럼 유럽연합은 미국에 의해 '방기'의 대상이 되었다. 이러한 폭로는 데이터의 이동에 대한 보다 엄격한 규제 장치의 도입이라는 유럽연합 측의 강력한 대응을 촉발했다. 이에 따라 미국과 유럽연합은 스노든 사건 이후 세이프하버 협정에 대한 재검토 협상을 시작했으며, 여기에서 미국에 의한 대량 감시에 대한 우려가 표출되었다(Weiss & Archick 2016, 15). 특히 2015년 10월 6일 유럽 사법재판소는 세이프하버 협정이 무효라고 선언하고 개정을 촉구했는데, 유럽측은 미국에 대하여 다음과 같은 사항들을 요구했다. (1) 상호간의 책임 강화, (2) 강화된 집행, (3) 투명한 보호장치와 의무, (4) 유럽연합 시민들의 권리 보호와 보상조치 강화. 또한 유럽연합 측에서는 역내에서 만들어진 데이터에 대한 미국 정보기관의 접근을 엄격하게 제한할 것을 요구하였다.

세이프하버 조약 이후 새롭게 공표된 프라이버시 쉴드의 원칙에서도 국경을 넘나드는 데이터의 상업적 활용은 인정하였는데, 다만 데이터 자원에 대한 안보가 침해당할 가능성을 차단해야 한다는 점이 부각되었다. 프라이버시 쉴드의 원칙은 (1) 통보 받을 권리, (2) 다른 목적으로의 데이터 자원 이용 제한, (3) 데이터 이전의 최소화와 데이터 보유시간 제한, (4) 데이터 보호 의무, (5) 데이터 이전의 보호 의무, (6) 자기 데이터에 대한 접근과 수집 권리, (7) 이의제기 보장 및 대처를 위한 권리, (8) 미 정부의 데이터 접근 시 배상 등을 포함한다. 이 중에서도 상업적 목적 외에는 데이터의 사용 목적을 제한하는 원칙을 비롯하여 미국 정부의 데이터에 대한 접근 시 적법한 배상을 중요한 원칙으로 삼고 있다는 점이 주목할 만하다. 특히 프라이버시 쉴드 원칙의 여덟 번째에 해당하는 미 정부에 대한 안보적 대처는 데이터 자원에 관련된 것으로서, 이는 '옴부즈만 메커니즘'으로 명명되었으며 이전의 세이프하버 조약에서는 찾아볼 수 없었던 제도적 차원의 대처방안이었다. 옴부즈만 메커니즘에서는 미 국무부 내에 고위 행정감찰 인력을 배치하고, 만약 데이터 자원에 대하여 미국 정부의 불법적 행위가 있었다는 이의가 제기될 경우 철저한 조사와 적합한 대처를 강구하겠다는 조약 당사자들의 의지가 반영된 것으로 볼 수 있다(EU 2016, 19).

이처럼 세이프하버 협정의 폐지와 프라이버시 쉴드로의 전환, 그리고 새롭게 확립된 옴부즈만 메커니즘 등 일련의 과정은 사이버 안보의 영역에서 미국으로부터 '방기'당하고 있는 유럽연합의 적극적인 대응으로 해석 가능하다. 말하자면 동맹국 사이에 벌어지는 안보딜레마의 일환으로서 이해할 수 있는 것이다. 또한 '신전략구상'에서는 북대서양조약기구에서의 주요 행위자인 미국이 유럽연합의 동맹국들과 해당 사안의 중요성에 공감하며 그에 대한 대응에 있어서도 공동보조를 취할 것을 요구받는 일종의 '연루' 상태에 놓이게 되었음을 확인할 수 있다.

3. 핵안보 및 사이버 안보에서 동맹 안보딜레마의 의미

이상에서 논의한 핵안보와 사이버 안보의 영역에서 미국과 유럽연합 사이에 드러난 동맹 안보딜레마 구조를 간략하게 정리하면 다음의 〈표 1〉과 같다. 참고로 이 표에서는 '연루'를 자국의 의지와는 관계없이 동맹 내부의 강대국의 의사에 포섭되는 것으로 정의하였다. 또한 '방기'를 자국의 의자와 상관없이 동맹 내부의 강대국의 의지에 따라 자국의 안보 위협이 증가하는 것으로 규정하고 있다.

핵안보 시기와 사이버 안보 시기에는 동맹안보 딜레마 구조가 유사하게 발견되는 것과는 달리 여러 차이점이 존재한다고 볼 수 있는

표 1. 핵안보와 사이버 안보의 동맹 안보딜레마 비교

	핵안보	사이버안보
	북대서양조약기구의 이중결정	2010 신 전략구상, 세이프하버 및 프라이버시 쉴드
시기	1979	2010~2016
국제환경	양극체제(냉전)	다극체제
중요 위협	핵 위협	사이버 위협
결과	서유럽에 대한 방기 증가: 미국과 소련의 제2차 전략무기제한협상 체결로 인해 서유럽이 방기당할 가능성 증가	유럽연합에 대한 연루 증가: 북대서양조약기구의 2010 신전략구상, 사이버 안보 영역의 동맹국 의무와 협력안보 명시하여 유럽연합의 연루 가능성 증가
	서유럽의 연루 증가: SALT II에 대항하기 위한 지상발사 크루즈미사일및 퍼싱 II 탄도미사일 배치와 이로 인한 연루 가능성 증가	유럽연합에 대한 방기 증가: 유럽발(發) 데이터의 대륙 이전에 관한 원칙인 세이프하버 조약의 폐지와 프라이버시 쉴드 채택은 유럽연합에 대한 방기 증가에 대한 적극적 대응

데, 우선 시기가 상이하다. 핵안보 시기는 1979년 북대서양조약기구의 이중결정을 통해 동맹 안보딜레마가 가시화되었다. 사이버 안보는 탈냉전 이후 북대서양조약기구의 신전략구상이 발표된 2010년을 기점으로 현재에 이르기까지 동맹 안보딜레마가 지속되고 있다. 두 시기는 또한 각각의 국제환경에서 서로 다른 양상을 드러내고 있다. 핵안보 시기는 미국과 소련이 대립하고 있었던 양극체제를 기반으로 하였다. 따라서 미국을 중심으로 한 진영과 소련을 중심으로 한 진영 간의 대립이 극심했으며, 서로에게 주요한 위협 요인은 핵무기였다. 한편 사이버 안보 시기는 탈냉전 시기로서 다극체제의 성격을 띠고 있다. 이 시기의 주요 위협 요인은 사이버 공간과 관련된 것으로, 이 장에서는 데이터 자원을 중심으로 살펴보았다. 물론 사이버 공간의 위협은 환경, 에너지, 보건, 식량 등의 다양한 유형의 위협 요인들과 함께 오늘날의 다변화된 위험요인을 구성하고 있다고 할 수 있다.

핵안보 시기와 사이버 안보 시기는 이처럼 시대적 상황과 국제환경, 주요 위협 요인이 각자 다르지만 동맹관계 내부에서 발생하는 동맹 안보딜레마 구조는 반복되고 있다. 이는 북대서양조약기구 내의 동맹관계에 해당하는 미국과 유럽연합의 상호 관계를 살펴볼 때 쉽사리 파악할 수 있다. 1979년 북대서양조약기구의 '이중결정'은 미국이 소련과의 제2차 전략무기제한협상이라는 군비감축을 진행하면서, 동시에 안보위협을 느낀 서유럽의 의사를 반영하여 군비증강을 추구한 동맹 안보딜레마 구조를 대표하는 사례였다. 미국이 서유럽 국가들의 의사와는 관계없이 소련과 군비감축을 진행함에 따라, 미국으로부터 방기당할 가능성이 커진 서유럽 국가들의 적극적인 대응은 이로부터 야기된 것이었다.

미국은 소련과 직접 국경을 맞대고 있지 않지만, 서유럽은 소련과 지리적으로 가까웠기 때문에 미국이 군비감축을 진행할 경우 강력한 핵무기를 가진 소련으로부터 강한 안보위협을 느낄 수밖에 없었다. 이를 반영하여 미국은 서유럽에 지상발사 크루즈미사일 배치 등 군비증강 조치를 취했다. 하지만 이러한 조치는 서유럽이 미국과 소련 사이의 분쟁에 연루될 가능성을 증가시키는 결과를 초래했다. 서유럽 지역에 존재하는 미국의 군사력이 소련의 안보불안을 가중시키고, 그로 인해 서유럽이 전장(戰場)화될 가능성이 상존하기 때문이다.

사이버 안보 시기에도 이와 같은 안보딜레마 구조는 지속되고 있다. 미국이 사이버사령부를 설치하는 등 적극적 대응조치를 취해왔다는 점을 고려할 때, 사이버 안보의 영역에서 제기되는 안보이슈를 미국이 적극적으로 다루고자 했다는 점은 분명하다. 이는 2010년에 발표한 신전략구상에서 동맹국에 대한 의무사항 중의 하나로서 미국이 유럽 회원국들에 대하여 사이버 안보 대책을 마련하도록 요청했다는 사실로부터 확인할 수 있다. 그럼으로써 유럽연합의 독자적인 의지와는 관계없이 미국이 주도하는 사이버 안보 영역에서 유럽 국가들의 '연루' 가능성은 증가하였다.

그러나 이러한 연루는 필연적으로 유럽연합이 '방기'당할 가능성과 밀접하게 연계되어 있었는데, 이는 스노든 사건 이후 유럽연합이 데이터자원에 대한 안보적 중요성을 체감하고 미국과 유럽연합의 데이터 교류에 대한 규제를 강화하면서 미국 정부의 유럽발 데이터 자원 접근을 차단하려는 제도적 장치를 모색했다는 점에서 찾을 수 있다. 사이버 안보의 영역에서 유럽연합은 자신들의 데이터 자원이 미국에 의해 수집 및 감시당해왔다는 사실을 안보 차원의 '방기'로 규정하고, 이에 대한 적극적인 조치를 취한 것이다. 따라서 사이버 안보 환경에서도 냉전기의 핵안보 환경과 마찬가지로 동맹 안보딜레마의 구조가 여전히 지속되고 있다고 할 수 있다.

VI. 결론

이 장에서는 국제정치의 고전적 개념인 스나이더의 '동맹 안보딜레마'의 개념이 사이버 안보의 영역에서도 작동하는지를 살펴보기 위하여 북대서양조약기구 내의 동맹인 미국과 유럽연합의 관계를 살펴보았다. 우선 핵안보 시기에는 미국과 유럽연합이 겪었던 동맹안보 딜레마 현상이 1979년의 북대서양조약기구의 이중결정이라는 사건을 통해 명확히 규정되고 있었음을 알 수 있었다.

이는 사이버 안보의 시기에서도 크게 다르지 않았는데, 다만 연루와 방기 현상은 기본적으로 반비례 관계에 놓여 있다는 점과, 사이버 공간에서의 안보 위협에 대한 논의가 핵안보 시기만큼 충분하게 축적되지 않았다는 점을 고려할 때 아직까지 분명하게 결론을 내리기는 이르다고 할 수 있다. 그러나 사이버 안보 영역에서는 북대서양조약기구의 신전략구상을 통해 동맹국 내부의 강력한 행위자인 미국의 의사에 의해 분쟁에 '연루'될 가능성이 증가되었다는 점은 분명하다. 또한 스노든 사건 이후 사이버 공간에서 생성된 데이터 자원에 대한 '방기'의 가능성에 대한 대응 차원에서 유럽연합은 세이프하버 원칙을 폐기하고 프라이버시 쉴드를 체결하는 노력을 기울였다. 이와 동시에 미국 정보기관이 유럽의 데이터에 접근하거나 통제할 수 있는 기회를 제한하는 제도적 장치를 마련하였다.

결국 사이버 안보의 영역에서도 국제정치의 전통적 현상인 동맹안보딜레마는 지속적으로 발견되고 있으며, 이를 통해 사이버 공간과 관련된 정책을 수립하는 데에도 국제정세에 관한 기존의 논의가 여전히 타당하다는 점을 알 수 있다. 이와 같은 논의는 북핵위기를 비롯한 북한발 사이버테러로부터 자유로울 수 없는 한반도와 동아시아 지역에도 충분한 함의를 지닌다. 이 장에서는 그 성격을 명확하게 규정하기 어려운 사이버 안보와 관련된 국가관계를 이해하기 위하여 핵안보 시기와의 비교를 수행했는데, 이러한 작업을 통해 향후 동아시아 국가들 사이에 존재할 수 있는 안보 현안, 특히 사이버 안보의 문제를 다루는 데 있어 동맹국들 사이의 협력과 갈등의 조정 메커니즘을 마련하는 데 조금이나마 도움을 얻을 수 있을 것으로 전망된다.

참고문헌

류광철·이상화·임갑수. 2005.『외교 현장에서 만나는 "군축과 비확산의 세계"』. 서울: 평민사.

박건영. 2011. "핵무기와 국제정치: 역사, 이론, 정책, 그리고 미래."『한국과 국제정치』 27(1), pp. 1-45.

안병억. 2008. "1960년대 초 유럽주의와 대서양주의: 드골의 '유럽' 대 미국의 '유럽'." 『유럽연구』 26(1), pp. 101-123.

온대원. 2009. "유럽안보방위정책(ESDP)과 EU-NATO-미국관계."『국제지역연구』 13(2), pp. 189-214.

이규영. 2016. "동독 핵에 맞섰던 서독의 초당적 결단."『신아세아』 23(1), pp. 23-32.

이수형. 1998. "냉전시대 NATO 의 안보 딜레마."『국제정치논총』 38(1), pp. 91-109.

이용호. 2006. "핵무기비확산조약(Non-Proliferation Treaty)과 미국의 핵정책." 『국제법학회논총』 51(2), pp. 83-105.

이중범. 1981. "전략무기제한협정의 실효성."『고시계』 293(6), pp. 139-146.

전재성. 2004. "동맹이론과 한국의 동맹정책."『국방연구』 47(2), pp. 63-67.

최수경. 2004. "미국과 유럽연합의 안보협력과 갈등."『사회과학연구』 15, pp. 215-237.

Bauman, Zygmunt. 2014. "After Snowden: Rethinking the Impact of Surveillance." *International Politics Sociology* Vol. 8 No.2 (May 2014), pp. 121-144.

Council of Europe. 2014. *Handbook on European data protection law*. Belgium: Publication Office of the European Union.

Drezner, Daniel. 2004. "The Global Governance of the Internet: Bringing the State Back In." *Political Science Quarterly* Vol. 119 No. 3 (October 2004), pp. 477-498.

European Commission. 2010. *European Convention on Human Rights*. Belgium: Publication Office of the European Union.

European Commission. 2016. *GUIDE TO THE EU-U.S. PRIVACY SHIELD*. Belgium: Publication Office of the European Union.

EUROPEAN COMMISSION. 2013. *JOINT COMMUNICATION TO THE EUROPEAN PARLIAMENT, THE COUNCIL, THE EUROPEAN ECONOMIC AND SOCIAL COMMITTEE AND THE COMMITTEE OF THE REGIONS*. Cybersecurity Strategy of the European Union: An Open, Safe and Secure Cyberspace (Brussels).

European Union General Secretariat of the Council. 2010. *Internal security strategy for the European Union: Towards a European security model*. Luxembourg: Publication Office of the European Union.

Farwell, James P. and Rohozinski, Rafal. 2011. "Stuxnet and the Future of Cyber War." *Survival* Vol. 53 No. 1 (Feburary/March), pp. 23-40.

Greenwald, Glenn. 2014. *No place to hide:Edward Snowden, the NSA, and the US surveillance state*. 박수민, 박산호 (역),『더이상 숨을 곳이 없다: 스노든, NSA, 그리고

감시국가』(모던타임즈, 2014).

Jervis, Robert. 1978. "Cooperation Under The Security Dilemma." *World Politics* Vol. 30 No. 2 (January), pp. 169-170.

Lindsay, Jon R. 2013. "Stuxnet and the Limits of Cyber Warfare." *Security Studies* Vol. 22 No. 3 (July/September), pp. 365-404.

Lindstrom, Gustav. 2005. *EU-US burdensharing: who does what?* Institute for Security Studies, European Union.

Malik, Suhail. 2005. "Information and Knowledge." *Theory, Culture and Society*. Vol. 22 No. 1 (Feburary), pp. 29-49.

The North Atlantic Treaty Organization. 1991. *Strategic Concept 2010*. Brussels: NATO Publication.

The North Atlantic Treaty Organization. 2001. *NATO handbook: The North Atlantic Treaty Organization*. Belgium: NATO Office of Information and Press.

The North Atlantic Treaty Organization. 2010. *Strategic Concept 2010.* Brussels: NATO Publication.

Quittner, Josh. 2008. "Who Will Rule the New Internet?" *Time* (June), pp. 37-40.

Readman, S. Kristina. 2011. "Conflict and Cooperation in Intra-Alliance Nuclear Politics: Western Europe, the United States, and the Genesis of NATO's Dual-Track Decision, 1977 - 1979." *Journal of Cold War Studies* Vol. 13 No. 2, pp. 39-89.

Sanger, David E. 2013. *Confront and Conceal: Obama's Secret Wars and Surprising Use of American Power*. New York: Crown.

Snyder, Glenn H. 1984. "The Security Dilemma in Alliance Politics." *World Politics*, Vol. 36 No. 4 (July), pp. 461-495.

United States Department of State. 2010. *Quadrennial Diplomacy and Development Review*.

Walt, Stephen M. 1987. *The Origins of Alliances*. Ithaca, NY: Cornell University Press.

Weiss, Martin A. and Archick, Kristin. 2016. "US-EU Data Privacy: From Safe Harbor to Privacy Shield." Congressional Research Service.

http://www.un.org/en/conf/npt/2005/npttreaty.html(검색일: 2016/12/12)

https://www.theguardian.com/technology/2016/oct/22/cyber-attack-hackers-weaponised-everyday-devices-with-malware-to-mount-assault(검색일: 2016/12/13)

http://www.forbes.com/sites/jamesconca/2013/03/24/imagine-theres-no-fear/#3fbb6f1b44b(검색일 : 2016/12/12)

제5장

미국의 사이버 안보 국제협력 전략: 아·태지역 전략과 미일 협력

이종진

I. 머리말

렉스 틸러슨(Rex W. Tillerson) 미 국무부 장관은 2017년 3월 한·중·일 순방 기간 동안 미국 보수언론매체 '인디펜던트 저널 리뷰(*Independent Journal Review*, IJR)'와의 인터뷰에서 "일본은 (아·태) 지역에서 미국의 가장 중요한 동맹(our most important ally in the region)"이며, "한국은 동북아시아 안정과 관련해 마찬가지로 중요한 파트너(an important partner)"라고 달리 언급하여 논란의 중심에 서게 되었다. 이를 외교정책 담당자의 별다른 의미 없는 말실수[1]인지, 아니면 인터뷰 도중 부지불식간에 미국 정부의 속내, 말하자면 미국이 한·미 동맹과 미·일 동맹을 차등화하고 있다는 의미를 드러낸 것인지를 확인할 방도는 없을 것이다. 하지만, 미국 정부의 2015년 "National Security Strategy(NSS)"에서 확인할 수 있듯이, 정부에서 발표한 일련의 공식 문서들에서는 자국의 동맹(ally), 파트너(partner) 등 이를 구분하여 언급하고 있다. 즉 해당 문서에서는 미국의 동맹국으로서 일본, 한국 그리고 호주를 언급하였으며, 뉴질랜드를 밀접한 파트너 국가로, 그리고 필리핀과 태국에 대해서는 새로운 연결을 기대하는 국가로 구분하여 기재한 것이다. 앞서 논란이 된 그의 발언을 되짚어보면, 만약 그의 진심어린 발언대로 한국은 더 이상 미국의 동맹국 수준이 아니라, 이제 파트너 국가 수준으로 격하되었을까? 아니면 단순히 단어 선택의 실수였다면, 과연 현시점에서 미국이 구상하는 아·태 지역에서

1 마크 토너(Mark Toner) 미 국무부 대변인 대행은 2017년 3월 20일 정례브리핑에서 "양국이 역내에서 가장 강력한 동맹이자 파트너라는 것은 명백하다"며 "누가 더 중요한 관계인지에 대한 논쟁을 더는 하고 싶지 않다. 우리는 양국 모두 미국에 지극히 중요하다고 생각한다"고 강조하였다.

의 동맹국 전략의 우선순위는 일본과 한국 중 어디에 있을까? 또는 미국이 아·태지역에서 동맹국으로서 일본 혹은 한국에게 요구하는 역할은 무엇이고, 일본과 한국은 이를 통해 무엇을 얻을 수 있을까? 이와 같은 미국의 아·태 지역에 대한 안보 전략과 관련된 일련의 질문들은 전통 안보뿐만 아니라, 사이버 안보에도 동일하게 적용될 수 있을 것이다.

지난 2015년 제14차 아시안 안보회의에서 미일 사이버 안보 동맹 관계가 이전보다 더욱 확고해졌음을 공표하는 미국 국방부의 발표가 있었다. 애슈턴 카터(Ashton B. Carter) 미 국방부 장관은, "미국 정부는 일본 내 군사기지 등 정부시설뿐만 아니라, 사회 주요기반시설에 대한 사이버 공격 및 위협에 대처할 수 있도록 다양한 방식을 통해 일본 정부를 지원"하기로 동의했음을 발표했다. 즉 미국은 이른바 '사이버 우산'을 일본의 사회 분야까지 확장하여 제공함으로써 일본의 사이버 안보 정책에 대한 전폭적인 지원을 약속한 것이다. 또한 군사안보적 맥락에서의 '미일방위협력지침'보다 더욱 강력한 미일 사이버 안보 협력 전략을 공개하면서 사이버 공격에 보복할 수 있는 능력을 강조하기도 했다. 이에 나카타니 겐(中谷元) 일본 방위상은 "일본의 사회기반시설뿐만 아니라, 일본 자위대와 미군 시설에 대한 다양한 사이버 공격 및 위협을 해결하기 위해 공조할 것"이라고 화답했다. 이전보다 군사안보적 맥락에서 더욱 더 밀접해진 미일 사이버 안보 협력의 배경에 내재되어 있는 미일 양국의 국내적 상황과 사이버 안보 분야에 대한 필요충분 관계를 밝혀야 할 것이다.

미국과 일본의 국가 사이버 안보 전략을 다루고자 하는 본고와 같이, 국가 단위의 사이버 안보 전략을 연구한 기존 연구로서는 세계 각국의 사이버 안보 전략을 비교한 다수의 연구 보고서(이강규 2011a;

2011b)와 미국 정부의 사이버 안보 전략에 대한 세밀한 분석 연구(크레이머 외 2015) 등 연구들이 사이버 안보 분야의 제반 문제에 관해 수행되었다. 하지만, 기존 연구들은 대부분 사이버 안보 자체의 특성과 전략 등 세부적인 문제에 집중하였거나 주요 국가들의 사이버 안보 정책 및 전략을 해석하고 그 의미를 분석하는 것이 아니라, 그 자체를 단순히 제시하는 데 더 많은 무게를 두었던 것도 사실이다. 이러한 연구들로 인해 후속 연구자들이 쉽게 접근 가능한 풍부한 자료와 선행 연구의 성과가 생겼음에도 불구하고, 이러한 세부적인 전략 연구는 자칫 사이버 안보 이슈의 전체적인 흐름을 놓쳐 본질적인 사이버 안보 연구의 진면모를 가리는 실수를 범할 수 있다. 또한 다른 연구들의 흐름은 미·중 간 심각한 갈등과 사이버 테러 등을 상기시켜 사이버 전쟁의 위기감을 조장하면서 사이버 안보 문제에 대해 자칫 '과잉 안보화(hyper-securitization)'의 위험성을 안고 있다(Hansen and Nissenbaum 2009).

이와 같은 사이버 안보의 국가전략 연구의 수많은 어려움에도 불구하고 본고는 국가 간 사이버 국제협력과 갈등 구도 안에서 미국의 사이버 안보 전략을 재구성하고자 한다. 즉 미국의 사이버 안보 전략은 국내적으로 어떻게 구상되었는지, 미국 정부는 전통적 군사안보 논리 속에서 적대적 국가들에 대항하기 위해 미국과 동맹국 관계에 속한 주요 국가행위자들과 사이버 안보 협력 관계를 형성 및 전개하는 과정, 특히 유럽 지역을 염두에 두고 아·태 지역에 대해서 어떤 형태로 적용되고 있는지를 살펴볼 것이다. 또한 미국의 사이버 안보 국제협력 전략과 지역 전략에서 아·태 지역에 속한 일본의 역할을 분석하고 미일 사이버 안보 협력이 아·태 지역과 동북아시아에 어떤 국제정치학적 영향을 미치고 있는지 살펴보고자 한다.

이러한 순차적 분석 과정을 위해 본 장을 네 부분으로 구성하였다. 제2절은 미국의 사이버 안보 전략을 형성하는 데 있어서, "사이버 공간의 장악"이라는 자국 이익과, 사이버 안보에 대한 정치적·군사적 중요성 및 국제협력의 필요성 등을 인식하도록 하는 관념의 변화 과정을 분석한다. 이러한 국가 차원의 이익과 인식 및 관념 변화로 인해 국내적 제도 정비 및 국제협력 차원으로 구체화되는 과정을 분석한다. 제3절은 미국이 러시아, 중국, 이란, 북한 등 사이버 안보 적대 국가로 분류된 국가군에 대항하기 위해 유럽, 중동 그리고 아·태 지역에서 주요 국가들과 어떠한 전략 하에서, 어떻게 협력하고 있는지 분석한다. 제4절은 미국의 사이버 안보 협력의 대표적인 사례로서, 미일 사이버 안보 협력에 대해 미국과 일본의 입장과 전략을 분석한다. 마지막으로, 미국의 사이버 안보 전략 측면에서 유럽 지역과 아·태 지역 간 유사성 및 차별성을 구분해보고, 이를 통해 아·태 지역, 특히 동북아시아 지역에 미치는 국제정치적 함의를 살펴본다.

II. 미국의 사이버 안보 전략 형성

1. 사이버 안보 인식의 변화

초기 사이버 안보 분야에서 해커, 핵티비스트(hactivist) 혹은 소규모 해커 그룹에 의한 사이버 범죄 및 사이버 테러는 다음과 같은 사이버 공격의 고유한 네 가지 특성들로 인해 어려움을 겪었다. 첫째, 사이버 공격의 특성상 피해자는 있어도 공격자를 찾기 힘들다. 이는 사이버 공격의 실체를 찾기 힘들며, 따라서 해당 피해에 대한 책임을 묻기 힘들다는 것이다. 둘째, 사이버 공격의 은밀함은 시스템에 잠복하고 있을 때에는 피해자 자신도 그 사실을 알지 못하며, 눈에 띄는 피해가 있어야만 알 수 있다. 이로 인해 공격자의 신원, 장소, 경로 등의 공격에 대한 정보를 분석하기 힘들게 된다. 셋째, 사이버 공격에선 공격이 방어보다 비용 및 효율적으로 훨씬 유리하다. 이는 비국가 행위자들에게 사이버 공격에 대한 강력한 유인을 발생시켜 정부를 상대로 한 '비대칭적 전쟁(asymmetric war)'을 수행하도록 만든다. 마지막으로, 사이버 공격을 막을 수 있는 효과적인 억지 전략이 없다. 냉전 시대의 핵억지 전략이었던, 보복(punishment)을 통한 억지와 거부(denial)를 통한 억지 전략은 사이버 안보에선 효율적으로 작동하지 않았다. 즉 사이버 공격에 대한 사후적인 조치인 보복에 의한 억지 전략은 사이버 공격의 대상을 파악하기 힘들고, 파악한다고 해도 그에 대응하기 위한 적절한 조치나 수단을 강구하기 힘들기 때문이다. 또한 사전적 조치인 거부에 의한 억지전략도 공격보다 불리한 방어 조건에 완벽한 방어 체계를 갖추기 불가능하다는 점으로 인해 효과적이지 않기 때문이다.

더불어 2000년대 말엽 이후로 종전에는 비국가 행위자들의 배후에서 조연 배우의 역할을 담당하던 국가 행위자들이 사건의 전면에 나서고 있다. 국가안보에 대한 사이버 공격의 잠재적 충격에 대한 관심이 늘어나면서 많은 나라들이 사이버 군사력을 확대하기 시작했던 것이다. 2007년의 에스토니아에 대한 러시아의 사이버 공격이나 2008년 조지아(그루지야)에 대한 디도스(Distributed Denial of Service, DDoS) 공격의 사례처럼, 실제로 물리적 전쟁의 개시를 전후하여 이와 병행하는 방법으로 국가 간의 사이버 공격이 감행될 가능성은 매우 큰 것이다(Evron 2008; 김상배 2015, 6). 이와 같이 사이버 안보 문제에 국가 후원 해커 혹은 국가 행위자가 전면에 등장함으로써 피해 정도 및 공격력은 이전에 비할 바 없이 커지게 되었다. 즉 막대한 예산과 대규모 전문 인력을 통해 지속적이고 정밀한 타격 능력을 지니게 되었으며, 정부 기관뿐만 아니라, 국가 주요기반 시설에도 사이버 공격 및 테러 가능성이 커지게 되었다.

미국은 1980년대 중반부터 컴퓨터 범죄 또는 사이버보안에 관한 법을 제정하기 시작해 클린턴 정부부터 본격적으로 주요 기반시설에 대한 강화 정책을 시작하였다. 이 시기에 국가 주요기반 시설 보호를 위한 전략 개발이 연방정부를 중심으로 이루어지기 시작하였으며, 1998년 5월 "Presidential Decision Directive(PDD)" 63호 공표를 통해 주요기반 시설에 대한 범정부적 보호체계를 처음으로 마련하였다(김은혜 · 이재일 2011, 12).

클린턴 정부에 이어 2001년 출범한 부시 정부는 국방부 펜타곤이 공격을 받고 세계무역 센터 빌딩이 무너지는 9 · 11 테러 사건에 직면하게 되고, 이를 계기로 주요기반시설 보호의 중요성이 더욱 강조되었다. 2002년 11월 제정한 「국토안보법」(Homeland Security Act), 12월 「연방정보보안관리법(FISMA)」을 근거로 국토안전 및 사이버보안 주무부처인 국토안보부(Department of Homeland Security, DHS)를 신설하였다. 국토안보부는 9 · 11 테러의 충격으로 미국 내 분립되어 있던 안전 정보 관련 정보기관들을 통합해 당시 17~18만 명의 직원 규모의 조직으로 출범하였고, 오바마 대통령이 취임했던 2009년까지 미국의 사이버보안과 국토 안보를 주도하였다(송은지 · 강원영 2014, 6). 부시 행정부는 2003년 2월 "National Strategy to Secure Cyberspace(NSSC)"을 발표하고(White House 2003), 2008년 1월 "National Security Presidential Directives(NSPD)" 54호, "Homeland Security Presidential Directive(HSPD)" 23호 등을 바탕으로, 국가 안보 차원에서 사이버 안보 문제를 인식하고 대응책을 마련한 최초의 작업으로 평가(김상배 2018, 153) 받는 "Comprehensive National Cybersecurity Initiative(CNCI)"을 발표하였다(White House 2008). 이 보고서는 사이버 안보 위협에 즉각적으로 대응하는 안보라인 구축, 전면적 사이버 안보 위협에 대한 대응능력 강화, 그리고 사이버 공격에 대한 억지능력 및 전략 강화 등을 강화함으로써 보다 적극적인 사이버 안보 전략을 제시했다. 이런 맥락에서 2009년 5월 오바마 정부는 우선 사이버안보조정관(Cybersecurity Coordinator)을 신설하여 "Cyberspace Policy Review(CPR)" 수립을 총괄한 멜리사 해더웨이(Melissa Hathaway)를 임명하였으나, 3개월 뒤 사퇴함에 따라 12월에 하워드 슈미츠(Howard A. Schmidt)를 임명하였다. 이 직책은 국가안보위원회의 일원이자 대통령 특별 보좌관으로 대통령에게 사이버 안보 관련 사안을 정기적으로 보고하며, 연방정부 최고기술책임자(CTO)·최고정보책임자(CIO)와 협력하여 정책 개발 및 입법 방향을 정리하며, 사이버 안보 정책 간 우선순위와 기관 간 협업을 조정하는 중요한 임무(김은혜·이재일 2011, 17)를 담당하게 되었다.

사이버 안보에 대한 인식 변화는 미국 행정부뿐만 아니라, 국방부에서도 진행되었다. 2010년 5월 미 국방부는 전략사령부(U.S. Strategic Command, USSTARTCOM) 내에 사이버 사령부(U.S. Cyber Command, USCYBERCOM)를 창설하였다. 또한, 2010년 "Quadrennial Defense Review(QDR)"에서는 사이버 공간을 육·해·공·우주에 이은 '제5의 전장(戰場, domain)'에 포함시키기도 했다.

점증하는 사이버 안보 문제에 대한 정부 차원의 대응과 맞물려 미 정부 기관의 핵심 인물들은 '제2의 사이버 진주만(cyber-Pearl Harbor)', '사이버 9·11' 등과 같이 대중과 사회 여론에 자극적인 단어를 인용하면서 사이버 안보의 중요성을 거듭 강조하였다. 2011년 미 상원 군사위원회 인사청문회에서 미 국방부 장관 후보자였던 리언 파네타(Leon Panetta)는, "우리가 직면할 다음 '진주만 공습'은 전력, 안보, 금융, 정부시스템을 망가뜨릴 사이버 공격이 될 것이다."라고 경고했으며, 2012년 클린턴 행정부 국가안보국(NSA) 국장, 조지 W. 부시와 오바마 행정부에서 국가정보국(DNI) 국장을 지낸 존 마이크 매코넬(John Michael McConnell)은 파이낸셜 타임즈와의 인터뷰에서 "(9.11 때와 같은 규모의) 사이버 공격은 미국의 금융 및 전력시스템과 그 밖의 필수 기반시설들을 마비시킬 것"이라고 주장했다. 그리고 자넷 나폴리타노(Janet Napolitano) 전 국토안보부 장관은 2013년 1월 24일 우드로 윌슨 센터를 방문한 자리에서 "9·11과 맞먹는 인터넷상 사이버 테러로 인해 미국 내 전력망과 수도시설, 수송 네트워크, 금융 네트워크 등이 마비되는 사태가 언제든 가능하다는 점을 상기해야 한다"고 언급했다. 이에 "연방 의회가 사이버 보안을 강화할 수 있는 관련 법안을 시급히 통과시켜야 한다"고 촉구했다. 이와 관련하여 조셉 리버먼(Joseph Liberman) 연방 상원의원 등은 사이버 비상상황이 닥쳤을 때 대통령의 권한으로 모든 인터넷 네트워크를 일시 차단시킬 수 있는 법을 시행해야 한다고 주장했다.

이러한 흐름 속에서 미국 정부는 사이버 안보와 관련하여 안보 개념의 인식 변화를 추진하였다. 이러한 안보인식의 변화는 다음과 같은 세 가지 측면에서 살펴볼 수 있다. 첫째, 안보의 대상, 즉 위협의 주체가 무엇인지, 무엇으로부터 안전을 보장해야 하는 것이냐에 대한 인식의 변화이다. 둘째, 안보의 내용, 즉 위협으로부터 보호되어야 할 영역이 무엇이고 어디까지냐에 대한 인식의 변화이다. 마지막으로, 안보의 추구방법, 즉 위협의 방지와 대처를 위한 방법 및 수단이 무엇이냐에 대한 인식의 변화이다(채재병 2013, 174-175). 이를 좀 더 구체적으로 살펴보면, 안보의 대상이라는 측면에서는 국가 외부의 적으로부터 국내외 개인 및 비국가 행위자를 통해 다시 국외의 국가 행위자로 선회하였다. 그리고 안보의 내용 측면에서는 사이버 공간상의 온라인 정보 및 지식으로부터 오프라인에 존재하는 주요 기반 시설뿐만 아니라, 민간 영역, 즉 인간의 생존에까지 확대되었다. 마지막으로 안보의 추구 방법은 사이버 공격에 대한 온라인상 방어 전략에서 공세적 전략으로 전환됨과 동시에 재래식 공격무기의 사용을 가능케 하는 오프라인 수단을 병합하여 사용할 수 있는 방안을 모색한 것이다.

2. 제도 변화 및 국제협력의 필요성

1990년대 이후 미국은 첨단 과학기술을 이용한 군사력의 발전을 모색하는 한편, 21세기의 새로운 군사 패러다임으로서 군사 혁신(RMA)[2]을 주창하고 이를 적극적으로 추진하기에 이르렀다. 이 전략은 사이버 안보 분야에서도 동일하게 적용 및 추진되고 있다.

우선 사이버 안보 분야의 R&D 프로그램을 통해 사이버 공격자에 대한 IP 추적 및 해커의 신원에 대한 검색을 가능하도록 하는 방어 체계를 구축하고 있다. 또한 적의 공격 행위가 예상될 경우 상대방에게 그러한 공격의 이익보다 이에 뒤따르는 손실 비용이 훨씬 더 클 것이라는 부담을 줌으로써 사전에 공격을 차단할 수 있다. 즉 보복을 통한 억

2 군사 혁신(Revolution in Military Affairs)은 국방과학기술용어사전에 따르면, 새로운 군사 과학 기술을 응용하여 새로운 전력 체계를 개발하고, 이와 유관하여 작전 운용 개념과 조직 편성을 혁신적으로 발전시키고 조화롭게 운용함으로써 전투 효과를 극적으로 증폭시키는 현상을 지칭한다.

지가 가능하도록 사이버 공격 무기 체계에도 투자를 아끼지 않고 있다. 만약 선제공격을 당하더라도 반드시 '보복'할 수 있는 '2차 공격 능력'을 위한 사이버 공격 무기를 개발하여 보유하고 있다. 한편 거부를 통한 억지를 위해 사전에 정보 탐색 및 사이버 첩보를 강화하고 예상되는 상대방의 공격에 대한 '방어'를 강화함으로써 그것이 성공하지 못하게 만들며 상대방의 공격을 무력화시키는 '방어시스템'을 구축하고 있다. 특히 미국 국방부는 기존 수동적 방어에서 사이버 공격을 포함하는 공세적 개념으로 전환하였다(이호균 2014, 88). 이는 사이버 안보에서 방어보다는 공격이 훨씬 유리하다는 점과 거부를 통한 억지가 상대적으로 어렵다는 점이 작용한 것이다.

2011년 9·11 테러를 계기로 사이버 안보 정책을 주도했던 국토안보부로부터, 오바마 행정부에서는 백악관 주도로 최상위 리더십을 발휘하였다(DHS 2009). 2014년 11월 말 발생한 소니 해킹 사건을 필두로 각종 사이버 테러 위협이 고조되고 있음에도 연방 기관의 대응이 체계적이지 못하고 중복된다는 지적에 따라, 미국 백악관은 해킹 등 각종 사이버 위협에 대응하고 거버넌스 체계를 재정립하기 위해 E-거브 사이버(E-Gov Cyber)를 설립했다. 백악관 예산관리국(Office of Management and Budget, OMB) 산하에 설치된 E-거브 사이버는 백악관 자체 사이버안보 규정을 마련하는 작업뿐 아니라 연방 기관의 사이버 전략을 감독 및 조율하는 역할을 한다. 또 각 기관의 사이버 위협 노출 정도를 평가해 해당 기관에 맞는 맞춤형 보안대책을 권고하고, 연방 기관의 사이버 공격 피해 시 대(對)테러 대책 주무부처인 국토안보부와 협력해 신속한 대응책을 마련하게 된다(연합뉴스, 2015.2.4).

또한 국가정보국(DNI) 산하 기구로 사이버위협정보통합센터(Cyber Threat Intelligence Integration Center, CTIIC)를 설립하여 국외

사이버 위협과 사고 관련 정보를 제공한다. 그리고 미국 상무부 내의 국립표준기술연구소(National Institute of Standards and Technology, NIST)를 설치하여 사이버 안보의 인력 양성 및 기술 개발을 꾀하고 있다. 하지만, 미국의 국가 사이버 안보 전략은 국내에 있는 주무 기관, 행정 절차, 제도 및 조직 등에 대한 신설 및 조정만으로 효과적으로 펼치기 힘든 점이 있었다. 왜냐하면, 사이버 안보에서의 주요 기반시설에 속하는 보호 대상으로, 국내뿐만 아니라 해외에 있는 자국의 군사시설 및 인프라가 존재하고 있으며, 이는 전 세계 동맹 네트워크를 통해 편재해 있기 때문이다. 그러므로 미국의 사이버 안보 전략 변화는 동맹국과의 동반 변화를 요구하게 된다.

미국의 사이버 안보 국제협력에 대한 구상은 2011년에 발표된, "International Strategy for Cyberspace, Prosperity, Security, and Openness in a Networked World(ICS)"[3]에 잘 드러난다. 이 구상안은 아래 〈표 1〉과 같이 7개 분야 정책에 대한 사이버 안보의 국제협력 전략을 발표했다. 여기에는 보다 나은 가치에 입각한 사이버 공간을 조성하기 위한 주요 요소들, 특히 국제 파트너십 역량을 강화하는 협력 구도를 담고 있다. 또한 사이버 환경에 대한 범국가적 관리의 필요성과 이를 위한 정책 방향을 제시하였으며, 이는 기본적 자유권, 프라이버시, 정보의 자유로운 흐름 등 3대 핵심원칙을 바탕으로 수립되어야 함을 명시했다.

그런데 여기에 제시된 여러 정책 분야 중에서, 미국의 사이버 안보 국제협력 전략과 유사한 양상을 갖고 있는 분야는 바로 군사안보

3 International Strategy for Cyberspace, Prosperity, Security, and Openness in a Networked World, 2011. https://www.hsdl.org/?abstract&did=5665 (검색일: 2017년 12월 25일)

표 1. ISC(2011. 5)

정책	주요 내용
경제	국제 표준 선도, 혁신적이며 개방형 시장 환경 조성
네트워크 보호	보안성, 신뢰성 및 복원력 제고
법 집행	법 공조체계 강화
군사	21세기 안보 위협 대비
인터넷 거버넌스	효과적인 인터넷 거버넌스 체계 마련
국제 발전	인터넷 역량, 보안 및 번영 구축
인터넷 자유	근본적인 자유와 프라이버시 보장

정책이다. 물론 아직은 비실체적이고 여전히 그 안보위협에 대해 많은 이견이 존재하는, 신흥안보로서 사이버 안보의 특성에 반해, 군사안보 분야만의 고유성, 즉 실체적이고 현실적인 안보위협을 다루고 있으며, 구체적이고 효과적인 전략을 구사하는 군사전략으로 인해 사이버 안보 전략과는 양극단에 위치한 것으로 볼 수도 있다. 하지만, 미국은 실체적인 사이버 안보 위협을 가하는 적대 국가를 상정하고 이에 대항하여 동맹 국가와의 사이버 안보의 국제협력 구도를 형성 및 전개하고자 했다. 즉 군사안보 정책의 테두리 안에 사이버 안보 이슈를 포함하여, 동맹 관계를 변화시키고자 하였다.

ISC에 따르면, 미국 정부는 군사 분야와 관련해서 21세기의 안보 도전에 대비하기 위해 다음의 세 가지 대응 전략을 모색했다. 첫째, 군사 분야에서 신뢰할 수 있고, 안전한 네트워크의 필요성이 증대되고 있다는 사실을 인식하고 받아들여야 한다는 것이다. 둘째, 사이버 공간에서의 잠재적인 위협에 대응하기 위해 나토 등 기존의 군사동맹을 활용하고 발전시켜야 한다고 주장하고 있다. 즉 사이버 안보는 일국의 능력으로 대처할 수 없기 때문에 군사 동맹국과 파트너 국가와의 협력을 강화하여 집단 억지 능력(collective deterrence capabilities)을 강화해야 한다는 것이다. 끝으로, 집단 안보를 강화하기 위해 동맹국 및 동반자국과의 사이버 공간에서의 협력을 확대해야 한다고 보고 있다(이강규 2011b, 4; ISC 2011, 20-21).

III. 미국의 사이버 안보 전략 전개

1. 사이버 안보의 국제 전략

2015년 11월 미 의회는 USCYBERCOM에 러시아, 중국, 이란 및 북한을 상대로 사이버 워 게임 시뮬레이션(simulated 'war games')[4]을 시행하도록 지시했다. 이는 미국 정부가 사이버 안보 전략에서 적대국, 동맹국 등 국가 단위 행위자를 설정하고 그에 맞는 대응 전략을 구상하고 있다는 점을 보여주는 적절한 사례일 것이다.

이와 같이 미국은 사이버 안보 국제 전략을 구축함에 있어서 사이버 안보 위협을 가하는 적대국들, 즉 러시아, 중국, 이란, 북한 등을 감안하여 전 세계 권역을 크게 유럽 지역, 중동 지역 그리고 아·태 지역으로 세분하였다. 먼저 러시아를 염두에 둔 유럽 지역에서는 나토(NATO) 동맹국들과 협력 관계를 맺고 있다. 그리고 핵무기 개발 등 이란과의 불협화음이 끊이지 않는 중동 지역에서는 전통적 동맹 국가인 이스라엘과의 협력을 증진하고 있다. 마지막으로 부상국 중국과 항상 안보 불안을 지닌 북한이 포진하고 있는 아·태 지역에 대해서는 미

4 가상의 적대 국가들이 2020년, 2025년에 갖추게 될 사이버 공격능력에 대한 방어 체계 구축 및 대응 훈련을 바탕으로 한 가상전쟁 훈련을 펼치게 되는 것이다.

국은 지리적으로나 정서적으로나 상대적 거리감을 느끼고 있다. 즉 아시아 지역에 속하지 않는 미국으로서는 해당 지역에 대한 영향력을 투사하기 위해서 태평양지역의 동맹국인 호주와 더불어 아시아에서 미국에 대한 절대적 의존도를 가진 일본과 삼각동맹 관계를 구성하고 있다. 이러한 미국의 삼각동맹 구도를 통해 아시아·태평양 지역을 포괄하는 사이버 안보의 국제협력을 위한 연결성을 갖출 수 있게 되었다.

지역별로 살펴보면, 우선 미국의 유럽 지역에서 가장 큰 사이버 위협국은 최근 유럽 국가들의 선거 개입 및 가짜 뉴스의 배후로 지목되고 있는 러시아를 지목할 수 있다. 러시아는 2007년 에스토니아 '사이버 테러'의 배후로 지목되었으며 그동안 수차례의 사이버 테러 및 범죄에 대한 해커 비밀 집단과의 의혹 및 지원을 부인하였지만, 대다수의 사례에선 러시아 정부와의 강력한 연관성을 지녔던 것으로 관련 전문가들은 분석하였다. 미국의 유럽 지역에 대한 사이버 안보 전략은 구 소련에 대항하여 창설된 나토 동맹국 구도를 중심으로 이루어지고 있다. 나토는 비록 소련의 붕괴 이후 기존 재래식 군사동맹체로서의 성격이 퇴색하고 있지만, 러시아, 중동, 아시아 등의 지역으로부터의 사이버 공격이나 테러, 난민 등의 신종 위협에 공동 대응하는 집단안전보장기구로서 역할을 유지하고 있다. 미국은 나토와의 공동기구 차원에서의 기술 및 교육, 전문 인력 양성 등의 사이버 협력을 진행하는 한편, 나토의 주요 동맹국인 영국, 독일과 프랑스에 대해서는 양자적 사이버 협력 관계를 구축하고 있다. 또한 미국은 사이버 안보전략에서도 유럽과의 전통적 군사관계 구축과 유사한 형태로, '유럽이 아닌 유럽 속의' 영국을 중계자 혹은 매개자 역할을 부여하려고 하고 있다. 즉 영국을 통해 유럽 국가들과의 사이버 안보 협력 관계를 구축하고, 공동의 사이버 위협을 대비하고자 한다.

다음으로 중동 지역에서 미국의 사이버 안보 전략에서 빠질 수 없는 국가는 이스라엘이다. 2000년 중반 이란의 나탄즈(Natanz) 핵 프로그램을 저지하기 위해 미국과 이스라엘은 이란의 핵 시설에 스턱스넷(Stuxnet) 공격을 가했다. 이후 미국에 대한 이란의 반격은 여러 차례 시도되었고, 그 중 2012년 미국의 다수 은행을 표적으로 한 APT(Advanced Persistent Threat) 공격이 있었다. 미국 정부는 이를 이란에 의한 공격으로 추정했다. 이에 미국 정부 당국자는 "미국 산업의 컴퓨터를 노린 해외의 적에 의한 최초의 대규모 디지털 공격"으로서 이란의 사이버 공격의 산업 피해액에 주목했고 120여 개 국가의 협력을 요청했다. 중동지역에서 사이버 안보 분야의 든든한 동반자로서 이스라엘은 사이버 안보 자신감을 표출하였다. 2014년 베냐민 네타냐후(Benjamin Netanyahu) 이스라엘 총리는 텔아비브에서 열린 사이버 안보 국제회의에서 "세계는 안전하고 자유로운 사이버 공간을 요구하고 있으며, 이스라엘은 그 중심적인 참여자로 될 준비가 되어있다"고 표명했다. 이후 2015년 알레잔드로 메이요르카스(Alejandro N. Mayorkas) 미 국토안보부 차관은 이스라엘을 방문해 에비에타르 마타니아(Eviatar Matania) 국가 사이버국장을 만나 사이버 공격자 및 사이버 방어 전략, 사이버 연구개발에 대한 협력과 정보 공유를 촉진하는 것을 재확인하는 공동성명서에 서명했다.

마지막으로 아시아·태평양 지역에서는 미국의 사이버 안보 전략에 대한 위협국으로는 중국, 북한 등을 지목할 수 있다. 우선 중국은 1990년대 경제 개방 정책을 도입하여 제한적인 자본주의 시장경제를 구축하면서 유래 없는 놀라운 경제발전 속도를 보이며 최근 미국에 이은 세계 2위의 경제 규모를 보유하게 되었다. 이러한 경제적인 부상(浮上)에 대해 미국의 입장에선 중국은 세계 경제 분야에서의 동반자인 동시에 잠재적 경쟁자로 인식하고 있다. 또한 미국의 안보 전략에서는 중국을 동아시아 지역 세력 균형 유지에 대한 도전국으로서 군사적 위협을 인식하고 있다. 허나 미국은 지금까지 중국의 사이버 위협을 양국의 외교적 현안이 아닌 비공식적으로 조용하게 다루어왔다. 하지만 최근 미중 정상회담에서 처음으로 사이버 안보가 의제로 설정될 만큼 미국의 위기의식은 커졌지만, 미국과 중국은 사이버 공격세력에 대한 인식의 차이를 좁히지 못하고 있다(장노순 2013, 1). 여기에 2015년 9월 중국 시진핑 주석의 방미 일정 동안 오바마 미 대통령이 사이버 안보에 관한 논의, 특히 미중 간의 사이버 첩보를 포함한 양국 간 경제 및 안보 분야의 사이버 공격 문제를 중요하게 언급하고 합의를 거두었지만, 이에 대한 중국의 불이행으로 인해 자칫 사이버 전쟁으로 확대되지 않을까 하는 우려 섞인 시각도 존재하고 있다.

중국에 이어 미국의 사이버 위협국인 북한은 2015년 6월 로동신문을 통해 미국에 대해 사이버 공격을 감행하겠다고 보도했다. 이는 미국의 북한에 대한 스턱스넷 사이버 공격이 실패로 돌아갔으며, 이에 대한 보복으로서 북한 정부가 미국에 대한 사이버 공격 의사를 시사한 것으로 보인다. 미국 정부를 대상으로 북한의 사이버 공격에 대한 직접적인 사례는 아직 밝혀지진 않았지만, 로버트 워크(Robert O. Work) 미 국방부 부장관은 2015년 9월 미국 상원 군사위원회에 제출한 서한에서 2014년 소니 픽처스에 대한 북한의 사이버 공격을 '사이버 위협' 항목의 첫 사례로 지목하며 북한의 위협을 언급했다. 그리고 한국 정부를 상대로 한 2009년 DDoS 공격으로 인해 청와대, 국회, 포털 네이버 인터넷 사이트 전산망이 마비되었으며 2011년 농협 금융 전산망에 침투해 시스템을 파괴시키는 바람에 금융 업무에 치명적 타격을 입기도 했다. 2013년에도 언론사와 금융사 전산망 해킹이 있었고 2014년 한국수력원자력 원전의 도면 해킹 사태의 배후로 북한이 지목되기도 했다. 마틴 뎀프시(Martin Dempsey) 미 합참의장은 2015년 12월에 발표한 "National Military Strategy(NMS)"를 통해 "일부 국가들이 국제질서의 주요한 면을 바꾸려고 하고 미국의 국가안보를 위협하는 방향으로 행동하고 있다"면서 북한 등 4대 위협국을 거론했다. 특히 북한의 무기증강, 사이버전쟁 능력 강화 등을 언급하면서 북한의 사이버 위협을 재삼 강조했다.

2. 아시아·태평양 지역 전략

아·태지역에 대한 미국 오바마 정부의 전략적 포석은 이미 2010년 전후부터 시작되었다. 2012년 1월에 발표한 "Defense Strategic Guidance(DSG)," 2014년에 발표한 QDR 그리고 2015년 2월에 발표한 NSS 등을 통해 미국 정부는 스스로를 아시아·태평양 국가라고 규정하였다. 그리고 이 지역에서의 중국의 부상과 해·공군력 강화, 북한의 핵 및 미사일 개발과 군사적 도발, 그리고 중동지역의 정세 불안정 등에 대응하기 위한 차원에서 일본, 한국, 호주 등과의 동맹체제 및 기타 국가들과의 파트너십 강화를 일관되게 표명해 왔다. 역대 미국 정부가 유럽과의 관계를 우선시해 왔다면, 이에 반해 오바마 대통령은 아·태지역의 경제적 활력, 특히 부상하는 중국에 대한 전략적 대응의 필요성에서 소위 아·태지역에 대한 재균형(rebalancing) 정책에 중점을 두기 시작하였다. 중국의 세계 2위 경제대국으로의 부상, 그에 따른 동중국해와 남중국해로의 진출과 기존 지역질서에 대한 도전(박영준 2015, 1) 등으로 인해 미국은 중국에 대한 강도 높은 대외정책을 구상하였다. 즉 오바마 정부는 미국의 아시아·태평양 재개입정책(Asia-

Pacific Re-engagement Policy)에 박차를 가하면서 대(對)중국 압박의 강도를 높여가고 있다. 미국 최고 지도자들은 미 국방예산을 앞으로 10년간 최대 1조 달러를 삭감할 예정이지만, 아·태지역의 핵심 전력을 계속 유지한다는 입장을 기회가 있을 때마다 강조하고 있다. 즉 오바마 대통령도 호주 의회 연설에서 국방예산 삭감이 아·태지역에 대한 미국의 군사적 영향력 감소로 이어지는 일은 없을 것이라고 발표했다. 또한 미국은 호주, 필리핀, 인도와도 새롭게 군사교류를 확대하고 있다. 그리고 경제적 측면에서도 미국은 중국의 영향력 확대를 저지하려고 한다. 중국은 한국, 일본과 동남아시아국가연합(ASEAN)이 포함된 10개국의 동아시아자유무역지대(EAFTA)를 창설한다는 구상 아래 움직이고 있는데, 환태평양경제동반자협정(TPP)는 이에 대한 견제 성격이라는 것이다(김성철 2015, 17)

이러한 미중 간의 갈등 상황 속에서 미국의 아·태 지역에 대한 국가 안보전략은 사이버 안보 분야에서도 동일한 입장을 유지하면서 더욱 강화되는 모습을 보이고 있다. 2015년 5월 아시아 안보회의에서 카터 미 국방부 장관은 기후, 북한, 사이버 안보 등 불안정 요인들을 예시하며 군사, 경제 차원에서 한국, 일본, 호주, 인도, 필리핀, 베트남, 말레시아 등 역내 동맹 및 파트너 국가들과의 협력 강화를 통한 "재균형 정책" 실천의지를 밝혔다.

한편 아·태 지역에서는 유럽 지역의 나토와 같이 미국이 주도할 수 있는 전통적 군사동맹 체제는 형성되지 못하였다. 따라서 미국은 아·태 지역 군사동맹 관계인 일본, 호주, 한국 등 각 국가들과의 양자 사이버 협력 관계를 구축하고 있다. 미국은 아·태 지역의 사이버 안보 협력관계에서 유럽 지역의 영국이 담당하고 있는 역할에, 적극적이고 공세적인 성격을 가미하여 일본에 요청하고 있다. 즉 나토와 같은 집단적 안보협력관계가 형성되기 힘든 아·태 지역에서 일본은 중개자 혹은 매개자 역할뿐만 아니라, 미국의 사이버 안보 전략을 투영할 수 있는 전략적 교두보로서의 역할까지 담당하게 된다. 또한 아·태 지역에 대해 미국이 지닌 상대적 거리감, 즉 아시아 지역에 속하지 않는 미국으로서는 동 지역에 대한 영향력을 투사하기 위해 한편으로는 태평양지역 동맹 국가인 호주를, 다른 한편으로는 아시아 지역에서 일본과의 삼각동맹 관계를 구성하고 있다. 이러한 삼각관계 속에서 미국은 '3자 전략대화'를 통해 미·일 동맹과 미·호 동맹의 연계를 추구해 왔던 것이다. 이러한 2~3개 동맹의 '소다자적' 연계를 추진하고 있는 미국의 정책 배경에는 중국 주도의 '배타적 동아시아 지역주의'가 형성될 가능성에 대한 회피 전략이 포함되어 있으며, 동맹의 연계가 효율적인 다자주의 안보협력체가 부재한 아·태 지역의 특성상 불가피한 선택일 것이다. 이에 대해 중국은 미국 주도의 동맹 연계는 궁극적으로 중국을 봉쇄하는 데 목적이 있다고 판단하고 미국, 일본, 호주의 '3자 동맹대화'를 강력하게 비난하고 있다. 미·호·일 간의 3자 동맹대화를 통해 삼국 간의 밀접한 동맹관계를 보여주고 있지만, 미국과 한국 간 사이버 안보 협력은 정체되어 있진 않지만, 상대적으로 느린 행보를 보이고 있다.

IV. 미일 사이버 안보 협력

아·태 지역, 특히 동북아시아에서는 북한의 미사일·핵개발 문제, 대만 해협 위기, 중국의 부상, 그리고 러시아의 위협 등 전통적 안보 요소로 인해, 미일동맹은 한층 확고해지고 있다. 또한 2010년 천안함 사건과 연평도 사건이 발생한 이후 북한에 대응하는 한·미·일 안보협력이 두드러지게 강화되었고, 북한을 옹호하는 중국에 대한 비난과 압력이 강해진 것이다. 여기에는 한국·미국·일본이 중국을 견제하려는 안보적 요인과 중국과 경제 협력을 유지하려는 대중국 유화정책의 경제적 요인이 복합적으로 존재하고 있는 것이다(김성철 2015, 9-10).

동북아시아에서 부상하고 있는 지역 패권국 중국의 해양 전략과 한반도 정세에 대해서, 만일 국가들 간의 군사 분쟁이라는 최악의 사태가 발생하면 당사국뿐만 아니라 미일 양국을 포함한 전 세계에 커다란 안보문제로 등장할 것이다. 따라서 미국에게 있어서 미일안보조약을 체결하고 유지할 때 중요한 이익들 중 하나는 조약의 제6조,[5] 즉 일본 기지를 일본 방위 이외에 사용하는 권리를 보유하고 있는 것이다. 이것이 미일 조약에서 미국 최대의 이익이 되고 있다.

1. 미국의 대(對)일 사이버 안보 전략

저명한 사이버 안보 연구자의 주장을 통해, 미국의 사이버 안보 전략 측면에서 일본에 대한 요청사항은 다음과 같이 정리할 수 있다(Lewis 2015, 15-17). 우선 미국은 일본 정부에게 사이버 안보에 대한 충분한 예산 및 인력을 배정하도록 요청하였다. 그리고 미일안보조약 제5조[6]를 바탕으로 사이버 안보 분야에서도 미일 간 집단자위권을 수행하는

5 미일안보조약 제6조는 "일본의 영역 외에서 무력분쟁이 발생한 경우 일본의 안전과 극동의 평화와 안전에 기여하기 위해 미국은 재일 미군기지를 사용할 것이 허용된다"고 서술하고 있다.

6 미일안보조약 제5조에는 "미일 양국은 일본의 영역 및 재일 미군기지 어느 한쪽에 무력공격이 있는 경우 자국 헌법상 규정 및 절차에 따라 공통의 위협에 대처하도록 행동할 것을 선언한다"고 기술되어 있다.

것을 목표로 하고 있다. 또한 사이버 위협에 대응하여 양자 협력 및 정보 공유를 수행하며, 이를 위한 현실적이고 구체적인 합동 훈련 및 연습을 요청하였다. 더불어 이러한 사이버 안보 영역을 군 시설과 국가 시설뿐만 아니라, 사이버 첩보에 대항하여 민간 기간 시설까지 확대하는 것을 요청했다. 이러한 미국의 사이버 전략은 일본과의 사이버 안보 동맹을 구축하고 이를 통해 동북아시아 전체로 확대시키고자 하는 것이다. 특히 일본에 대한 미국의 사이버 안보 전략에서 주목해야할 점은 두 가지 측면이다. 첫 번째는 사이버 안보 분야에 투입하는 예산 배정 및 사이버 안보에 종사하는 전문 인력 구조이다. 두 번째는 사이버 안보에 사용되는 사이버 기술 개발이다.

우선 미국은 자국 내 사이버 안보의 속성에 맞게 재편한 주요 기관, 법, 제도 및 조직 등을 일본에게도 유사하게 요청하였다. 즉 국방비의 대폭적인 축소와 같은 제한적 상황에서 사이버 안보 분야는 재래식 군사력을 대체할 수 있는 가격 대비 효율적인 구조를 갖추고 있다. 또한 국가 기관과 부처에 소속되어 사이버 안보에 종사하는 전문 인력의 교육 및 육성에 정부기관과 군 기관뿐만 아니라, 이러한 인력 자원을 다방면으로 활용할 수 있는 산업계, 그리고 교육 및 학계를 통합하는 사이버 보안 및 안보의 전문 인력에 대한 순환 구조를 형성하는 것이다. 이러한 인력의 선순환 구조를 통해 미국 정부는 국방비의 부담을 사회, 산업계, 민간 기업 등에 분산할 수 있었다. 이러한 사이버 전문 인력의 순환 구조는 미국에 비해 턱없이 부족한 일본의 사이버 안보 전문 인력 구조를 개선할 수 있게 해줄 것이다. 즉 IT Promotion Agency가 추산한바, 일본의 사이버 안보를 유지하기 위해서는 적어도 350,000명의 전문 인력이 필요하다고 한다. 하지만, 2015년 현재 일본 내 265,000명의 전문가가 활동하고 있으나, 이 중 160,000명은 사이버 안보에 대한 재교육이 필요한 실정임을 미국 또한 인지하고 있는 것이다.

그리고 미국은 자국의 사이버 기술 개발 과정에서 드러난 사이버 안보 분야의 특성에 대해서도 대비를 하였다. 즉 사이버 안보에서는 완벽한 방화벽 구축은 불가능하다는 점이다. 따라서 사이버 공격에 대항하여 높은 수준의 방화벽을 구축하는 동시에, 공격에 따른 손실 혹은 파괴된 데이터에 대해서 빠르고 안정된 복원력(resilience)을 갖추는 것이 중요함을 강조하였다. 그리고 사이버 방어 기술보다는 공격 기술을 통해 사이버 안보에서 우위를 점할 수 있다는 것도 잊지 않았다. 미국은 NSA 산하에 3,000여 명의 해킹 인력을 보유하고 있고 이 중 80%는 공세적 대응 분야에 속할 정도로 공격 분야에 치중하고 있다(문화일보, 2015.12.2). 결국 미국은 일본의 사이버 기술 개발 분야에서 방어 기술에 대한 투자도 있어야 하지만, 복원력을 갖추는 환경과 사이버 억지를 목표로 한 사이버 공격 무기 개발에 대한 투자를 더욱 늘려야 함을 요청한 것이다.

2. 일본의 대(對)미 사이버 안보 관계

밀접한 미일동맹의 관계는 2015년 신가이드라인(미일방위협력지침)에서도 재확인할 수 있는데, 미일 사이버 안보 협력에서는 더욱 진일보한 모습을 보여주고 있다. 즉 일본에 대한 사이버 사안이 발생한 경우, 일본은 주체적으로 대처하고 미국은 적절한 지원을 실시한다. 만약 일본의 안전에 영향을 끼치는 심각한 사이버 사안이 발생한 경우, 양 정부는 긴밀히 협력하고 적절한 협력 행동을 취하여 대처할 수 있음을 명시했다. 또한 미국은 일본과 2015년 "미일 사이버 안보전략 워킹 그룹 공동 성명(Joint Statement of the U.S.-Japan Cyber Defense Policy Working Group)"을 통해 사이버 안보 분야에서의 실무적 협력을 다지고 있다.

한편 미국의 적극적인 사이버 안보 요구에 따라 일본 정부의 사이버 안보 관련 예산은 2012년 369억 5,000만 엔(약 3,732억 원), 2013년 249억 3,000만 엔(약 2,518억 원)에서 2014년에는 542억 3,000만 엔(약 5,478억 원)으로 급증하였다. 특히 2013년에는 경기 침체로 초기 예산액 239억 9,000만 엔(2,354억 원)에서 추가 보정 예산이 9억 4,000만 엔(92억 원)에 불과했던 반면, 2014년에는 이를 크게 웃도는 585억 엔(5,838억 원)의 예산이 요청되어 일본 정부가 사이버 안보에 큰 비중을 두고 있음을 시사하고 있다. 특히 방위성의 사이버 안보 관련 정책에 막대한 예산이 투입되었는데, 이는 최근 사이버 공격의 범위가 글로벌 단위로 확산됨에 따라 국방 차원에서 구식 시스템 교체 등 체제 정비의 필요성이 대두됐기 때문으로 해석할 수 있다(한국인터넷진흥원 2014, 10).

한층 강력해진 미일 사이버 동맹은 일본 정부의 정책 방향뿐만 아니라, 일본 사회 및 산업계의 상황과도 상호 영향력을 가지게 되었다.

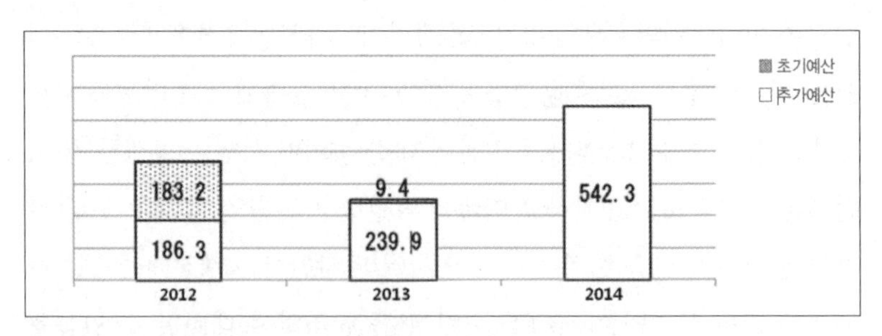

그림 1. 일본 정부의 사이버 보안 관련 예산액 추이(2012~2014) 단위: 억 엔

출처: 내각관방 일본 정보보호센터(2014. 6)

즉 일본에서 사이버 공격은 해마다 증가하고 있는 실정이다. 2012년 1.08백만 건에서, 2013년 5.08백만 건으로 약 5배로 급증하였다. 이렇게 빈번하는 사이버 공격에 대해 일본 정부는 2014년 「사이버 보안 기본법」을 제정하고, 이를 바탕으로 내각관방 산하기관인 사이버 보안센터(NISC)[7]를 확대 및 운영하게 되었다. 신설된 「사이버 보안 기본법」을 통해 NISC는 일본 정부 및 기관을 총괄하고 일본의 사이버 안보를 전담하는 기구로 재편된 것이었다. 즉 NISC는 국가 안보와 정책, 정부 부처의 사이버안보를 책임지고, 국제협력의 최전선에 서는 폭넓은 책임 및 권한을 부여받았다. 이러한 일본 정부의 적극적인 움직임에도 불구하고 일본 사회의 수동적인 자세와 산업계의 고립적 태도로 인해 어느 정도 지지부진한 면모를 보였다.

하지만, 2015년 들어 일본산업계와 사회에서 사이버 안보에 대한 인식 변화의 움직임이 생기기 시작하였다. 2015년 2월 일본경제단체연합회(けいだんれん)의 사이버 워킹 그룹에서는 일본 정부에 대해 사이버 안보에 대한 권고안을 보냈다. 이 권고안에서는 핵심기반시설 보호와 억지능력 증진에 대한 내용을 담고 있다. 이를 위해 사이버 위협정보 공유, 전문인력 자원의 교육, 기술개발 그리고 사이버 국제협력을 추진하기를 요구했다. 또한 2015년 6월 일본연금기구의 대규모 해킹 사건도 벌어졌다. 당시 일본연금기구에서 근무하고 있던 직원의 e-메일을 통해 침투한 바이러스는 연금 시스템을 감염시켰고, 이를 통해 연금과 관련된 개인정보가 유출된 것이다. 이 사건은 세계에서도 손꼽히는 첨단 IT 기술을 보유하고 있기에 사이버 보안에 자신감을 보이던 일본 정부를 당황시켰다. 미즈시마 토이치로 일본연금기구(JPS) 이사

7 내각 사이버보안센터(NISC)는 2000년 초에 설치되었음에도 불구하고, 관련 정부 부처를 총괄하고 관장할 수 있는 적절한 권한을 가지지 못하여 유명무실한 상태였다.

장은 긴급 기자회견을 열고 공식적인 사과를 하였을 뿐만 아니라, 아베 신조(安倍晋三) 일본 총리도 "연금은 (일본)사람들에게 매우 중요한 문제이다. 시오자키 야스히사(鹽崎恭久) 후생노동성 장관을 통해 해킹 상황을 파악하고 가능한 모든 도움을 줄 수 있도록 조치하겠다."고 언급했다. 이에 시오자키 장관은 "해킹을 막지 못해 죄송하다"며 거듭 사과하며 "연금 수호에 우선순위를 두겠다"고 발표했다.

일본 정부의 사이버 안보 정책을 위한 예산 배분, 법과 제도의 정비 시기와 맞물려 일본 산업계와 사회에 전해진 충격적인 사이버 해킹 사건은 일본의 사이버 안보 전략뿐만 아니라, 일본에 대한 미국의 사이버 안보 전략에 호재로 작용하였다. 우선 미국은 일본, 호주 그리고 한국 등 아·태지역 동맹국을 중심으로 사이버 안보 국제협력 전략을 구상하였는데, 특히 미국은 지정학적 측면뿐만 아니라, 사이버 안보 분야에서도 아·태 지역의 교두보로서 일본의 적극적 역할에 큰 기대를 걸고 있었다. 전통 군사안보 동맹의 복합화를 통해 사이버 안보 협력에 대해 적극적인 미국의 요구에도 불구하고 일본은 국내외 정치경제적 제약 조건으로 인해 미국의 기대에 부응하지 못하고 있었다. 즉 장기적인 경제 불황과 정부 부처 간 협력이 효율적으로 이루어지지 않았고, 일본 산업계는 사이버 안보에 대해 충분한 복원력을 갖추지 못하고 있다고 분석되었다. 하지만, 일본 사회와 산업계는 2011년 소니의 온라인 네트워크 서비스 해킹 공격,[8] 2012년 클라우드 서비스 퍼스트서버의 대규모 서버 데이터 소실,[9] 2013년 야후 재팬의 개인정보 유

8 소니의 콘솔 게임 온라인 서비스인 플레이스테이션 네트워크가 해외 해커집단에 의해 공격당해 대규모의 정보 유출 등의 피해를 입은 사건.

9 야후 재팬(Yahoo Japan)의 자회사인 클라우드 스토리지 사업자 퍼스트서버가 시스템 오류로, 5,000여 기업 고객의 데이터를 유실한 사건으로, 당시 데이터 백업조차 이뤄지지 않아 고객들이 막대한 피해를 받음.

출 사고[10](한국인터넷진흥원 2014 발췌 주석 참조) 등 매년 급증하는 사이버 공격에 대한 위협을 점차 인식하게 되었고, 일본 정부와 사이버 안보에 대한 전략적 보조를 맞추기 시작하였다. 또한 2020년 도쿄 올림픽 주최는 미일 사이버 안보 협력의 행보에 중요한 촉진제로서 작용하였다. 지난 2012년 런던올림픽 당시 공식 웹사이트는 2억 건의 사이버공격을 받을 정도로 사이버 공격이 급증했던 점을 비추어 볼 때, 도쿄올림픽의 준비를 담당하고 있는 엔도 도시아키(遠藤利明) 올림픽 장관은 "(도쿄 올림픽의) 사이버 공격 횟수는 자릿수가 바뀔지도 모른다"며 "해커는 단 한 개의 보안 구멍을 찾기만 하면 원하는 바를 이룰 수 있다. (올림픽까지) 5년의 시간은 그리 길지 않다."며 사이버 안보에 대한 중요성을 거듭 강조했다. 이에 일본 정부는 2020년 도쿄올림픽을 대비하여 2018년 CSIRT을 창설하고 2019년 럭비 월드컵을 통해 사이버 안보 정책에 대한 충분한 경험과 실전 연습을 계획하고 있다.

V. 맺음말

본고는 국가 간 사이버 안보의 국제협력과 갈등 구조 안에서 미국의 사이버 안보 국가전략을 재구성하고자 하였다. 앞서 3절에서 살펴본 것처럼, 미국의 사이버 안보 전략은 유럽 지역과 아·태 지역에서, 해당 지역의 전통 안보 및 사이버 안보와 관련한 제반 요소들을 고려하여 전개되었다. 즉 두 지역 간의 전통적 안보 환경, 국제기구 및 다자간 안보동맹체의 존재, 사이버 안보의 기술 수준 등에 따라 구별하여

10 일본 최대 웹사이트 중 하나인 야후 재팬에서 약 2,000만 명의 고객 개인정보가 유출될 뻔한 사고로, 실제 유출 여부는 현재로 불확실한 상태.

전개된 것이다. 첫째, 전통적 안보와 마찬가지로 두 지역 간의 사이버 안보에서 적대 국가로부터의 사이버 위협 강도이다. 즉 유럽 지역 국가들의 사이버 안보를 위협하는 국가는 러시아(구 소련), 중국, 중동 세력 및 국가(이란 등), 북한의 순으로 언급될 것이다. 하지만, 중동 세력 및 국가는 국가별·국지적 인명 테러 등에 치우쳐져 있고, 북한의 사이버 공격 대상은 유럽보다는 미국에 집중되고 있는 실정이다. 또한 중국의 사이버 공격은 그 횟수나 손실 면에서 결코 적은 수치는 아니지만, 중국 무역의 경제 이익 규모와 비교하고, 유럽의 사이버 방어 기술을 감안할 때 어느 정도 수준까지 감내할 가능성이 큰 것으로 보인다. 물론 러시아로부터의 사이버 공격은 횟수나 강도 면에서 유럽 국가들에게 큰 위협이 되고 있다. 하지만, 나토를 기반으로 한 유럽 국가들 간의 사이버 기술 협력 및 정보공유를 통해 유럽 지역 개별 국가의 기술 수준 또한 높아져가는 상황에서 미국의 사이버 기술 제공 및 국제협력에 대한 유인이 적은 것도 분명하다. 이에 반해 아·태 지역에서는 미국이 사이버 안보 분야의 소위 '사이버 적대국'으로 지정한 4개의 국가들 중 2개(중국, 북한)가 포진하고 있으며 1개(러시아)의 영향력이 끼치고 있다. 이들 국가들은 사이버 안보 분야뿐만 아니라, 전통적 안보 위협 국가임에 틀림없다. 이러한 강력한 안보 위협으로 인해 아·태 지역은 유럽 지역에 비해 전통적 안보와 사이버 안보 간의 결합이 용이한 환경을 조성하고 있다.

둘째, 다자간 군사안보 동맹 혹은 안보기구의 유무이다. 유럽 지역에서는 냉전기 미국을 중심으로 결집된 나토가 적대국이었던 소련의 붕괴에도 불구하고 소멸되지 않은 채 여전히 유지되고 있다. 즉 나토가 본래 목적인 소련에 대한 봉쇄에 대한 필요성이 사라졌다고 해도, 그 기구가 유럽 국가들 간의 안보동맹 역할을 지속하고 있는 것이다. 이러한 다자간 동맹체로 인해 유럽 국가들은 미국을 완벽히 배제할 수는 없지만, 유럽 국가들 간의 국제협력 및 교류를 통해 전통 안보뿐만 아니라, 사이버 안보 분야에서도 국제적 우위를 유지할 수 있는 것이다. 반면 아·태 지역에서는 아세안과 같은 경제적 동맹 기구는 존재하고 있지만, 나토와 같은 안보동맹체는 아직까지 형성된 적이 없다. 이러한 미국을 중심으로 한 다자간 안보 동맹체가 없는 아·태지역에서는 미국과의 양자 혹은 삼자 동맹을 통해서 지역 안보동맹 구조를 형성하고 있다. 이러한 단방향 구조 속에서 각 국가는 미국에 대한 의존도가 높아질 수밖에 없으며, 사이버 안보의 국가전략에 대해서도 더욱 의존할 수밖에 없는 상황이다.

마지막으로 사이버 안보 기술의 수준 차이가 존재한다. 태생적으로 인터넷과 사이버 공간 및 사이버 안보 분야의 원천 기술은 미국과 유럽 국가들로부터 개발되었으며, 이들 간의 국제협력 및 정보 공유를 유지하고 있다. 따라서 미국을 포함한 유럽 국가들과 아·태 국가들 간의 사이버 안보 기술에는 여전히 수준 차이가 존재한다. 물론 한국과 일본 등 일부 아·태지역 국가들이 진보된 사이버 기술 수준을 보유하고 있지만, 이들 국가들의 사이버 공격에 대한 취약성을 감안할 때, 유럽 지역 국가들과의 사이버 안보 기술 분야에서의 '확증(assurance)' 차이를 인정해야만 한다. 이러한 측면에서 한국과 일본을 포함한 아·태지역의 국가들은 절대적 기술 우위를 가진 미국의 사이버 기술에 의존할 수밖에 없으며, 이를 수용 및 활용하기 위해서 미국의 사이버 안보 전략에 대해서도 점점 동질화되고 있다.

결국 미국의 사이버 안보 전략은 유럽 지역에서는 나토에 대해 사이버 기술 및 인력 교육, 정보공유 등 수평적 국제협력 전략을 취하고 있다면, 반면에 아·태 지역에서는 동맹국 위주, 특히 일본에 대한 사이버 기술 공여 및 전방위적 지원 등 수직적 국제협력 전략을 취하고 있다.

그렇다면, 미국의 사이버 안보 전략은 아·태 지역, 특히 동북아시아에 어떤 영향을 미치고 있는가? 아·태 지역에서 미국은 일본, 호주, 한국 등 전통적 우방 국가들과의 동맹관계에 사이버 안보 이슈를 가미하여 그 성격을 중층적으로 변화시키고 있으며 이들 동맹 국가들에 대해 고루 동등한 중요도를 부여하고 있지는 않다. 특히 태평양 지역의 호주, 아시아 지역의 일본 등 각 지역의 중점 국가를 설정하여 사이버 안보 양자 협력에 집중하고 있다.

한편 미국의 사이버 안보 전략이 사이버 안보 분야의 특수성에도 불구하고 아·태지역에서는 유럽 지역과는 달리 전통적 군사안보 동맹 성격을 더욱 짙게 지니고 있다. 이를 두고 미국이 사이버 안보 이슈를 신흥 안보로서의 성격을 간과한 채, 자국의 사이버 안보 전략을 전개하고 있다고 분석하는 것은 섣부른 단정일 것이다. 즉 사이버 안보의 고유한 성격에도 불구하고 동북아시아 안보 환경이 사이버 안보 이슈를 전통적 군사안보 프레임 속에 중층화시켜 동맹관계를 복합화하기 용이한 제반 여건을 지녔음을 전제로, 미국은 사이버 안보 전략을 전개시키고 있는 것이다. 결국 사이버 공간과 현실과의 연결성 및 의존성, 상호 비례적 보복 가능성 등을 골자로 한 미국의 사이버 안보 전략은 사이버 공간과 현실 간의 간격을 의도적으로 좁히고 있으며, 이러한 미국의 전략적 의도는 아·태 지역의 현실적 조건들, 즉 전통적 안보 위협 국가 다수 존재, 다자간 안보동맹체 부재 그리고 사이버 기술의 국가 간 편차 등의 영향으로 전통적 동맹 국가들과의 사이버 안보 협력관계에 적극적으로 표출되고 있는 것이다. 이처럼 전통적 안보 이슈와 사이버 안보 이슈를 결합함으로써 미국은 아·태 지역에서 중국의 부상, 북한 미사일 및 핵개발로 인한 안보 불안, 그리고 여전히 사이버 위협을 지닌 러시아와 대항하기 위해 아·태 지역 동맹 국가들, 특히 일본을 중심으로 한 협력 구도를 구축하고 있는 것이다.

그렇다면 향후 사이버 안보 협력을 포함한 미일관계는 어떻게 변화될 것인가? 현재의 미일동맹의 강화 추세를 보건대, 미국의 아시아·태평양 안보전략의 핵심을 구성하는 일본의 전략적 가치는 앞으로도 변함이 없을 것으로 보인다. 중국의 부상과 북한 핵·미사일 사태로 지역 안보질서의 불안정성이 커지고 있는 상황에서 일본으로서도 미일동맹을 대체할 수 있는 현실적인 선택지는 많지 않다(조양현 2013, 5). 결국 단단한 미일동맹을 바탕으로 한 미일 사이버 협력으로 인해 미일 양국은 상호이익을 취하고 있는 것이다. 즉 미국의 사이버 안보 전략 측면에서, 동북아시아 지역 내 일본은 '유럽에 있어서의 영국'과 같은 교두보인 동시에, 아시아 지역을 거점화시킬 수 있는 '린치핀(linchpin)'의 역할을 담당하고 있다. 또한 일본은 미국의 적극적인 지원 속에서 자국의 아시아 지역 전략을 구상함에 있어서 보다 적극적 자세를 유지할 수 있다. 결국 미국의 아·태 지역에서의 사이버 안보 전략과 사이버 안보 자체의 특성이 서로 맞물려 일본의 보통국가화 의도는, 사이버 안보 분야가 재래식 군사 분야에 비해 가시적·실체적 변화가 적은 '조용한' 개발 및 발전이 가능하기 때문에, 아시아·태평양 지역 국가들의 극렬한 정치적, 군사적 거센 반발에도 불구하고 더욱 가속화될 가능성을 지니고 있는 것이다.

이와 같은 전통적 군사 안보가 여전히 맹위를 떨치고 있는 아시아 지역에서 미국의 사이버 안보 전략은 동맹국가인 일본에 대해 적극적 역할을 요구하며 전폭적인 지원을 약속했다. 이에 일본은 법적, 사회적, 경제적 어려움에도 불구하고 자국의 사이버 안보 정책을 변화시켰고 미국의 요구에 호응했다. 이는 일본의 사이버 안보 정책에 대한 변화뿐만 아니라, 전통적 안보 측면에서의 미일동맹 관계를 강화를 통해 일본은 보통국가화를 위한 발판을 마련할 수 있게 되었다. 이러한 미일 사이버 안보 협력을 통한 미일동맹의 강화는 중국, 북한 및 러시아에 대한 미국의 견제와, 보통국가화 및 우경화를 원하는 일본의 속내가 맞물리면서 더욱더 가속화되고 있다. 결국 미일동맹의 강화는, 동북아시아의 중국, 북한, 그리고 러시아를 향해 일본의 군사적·정치적 야심을 표출시키는 강력한 동인이 되고 있으며, 지역 안보 측면에서도 안보적 불안감을 가중시키는 주요한 요인으로 지목되고 있다.

참고문헌

국방기술품질원. 2011. 『국방 과학 기술 용어 사전』. 서울: 국방기술품질원.

______. 2015. 『2015 국방과학기술수준조사서』. 서울: 국방기술품질원.

김상배. 2015. "사이버 안보의 복합 지정학: 비대칭 전쟁의 국가전략과 과잉 안보담론의 경계." 『국제지역연구』 24(3), pp. 1-40.

______. 2018. 『버추얼 창과 그물망 방패: 사이버 안보의 세계정치와 한국』. 경기: 한울엠플러스.

김성철. 2015. 『미일동맹의 강화와 미일방위협력지침의 개정』. 경기: 세종연구소.

김은혜 · 이재일. 2011. "미 오바마 정부의 사이버보안 주요 정책 및 법안." 『인터넷&시큐리티 이슈』 8, pp. 5-30. 한국인터넷진흥원.

박영준. 2015. "미일 가이드라인 개정과 아태지역 안보질서 전망." 『EAI일본논평』 5, pp. 1-3. 동아시아연구원.

이강규. 2011a. "세계 각국의 사이버 안보 전략과 우리의 정책방향-미국을 중심으로." 『초점』 23(16), pp. 1-27.

______. 2011b. "미국 사이버 전략보고서를 통해 본 우리의 사이버 안보전략 수립 방향." 『주간국방논단』 제1384호.

이호균. 2014. "국방 사이버전 발전추세 및 개발동향." 『국방과 기술』 422, pp. 86-99.

장노순. 2013. "사이버 안보와 미중관계." 『*JPI PeaceNet*』 2013-11. Jeju Peace Institute.

정보통신기술진흥센터. 2016. "일본 정보보안 정책 현황." 『해외ICT R&D 정책(2016-02호)』. 서울: 정보통신기술진흥센터.

조양현. 2013. "일본의 군사적 보통국가화와 동북아 안보환경." 『JPI 정책포럼』 9(16), pp. 3-6. 제주평화연구원.

채재병. 2013. "안보환경의 변화와 사이버안보." 『정치정보연구』 16(2), pp. 171-193.

프랭클린 크레이머 · 스튜어트 스타 · 래리 웬츠 편. 2015. 김경곤 · 김기남 · 장은경 역. 『사이버 보안과 국가 안보 전략』. 경기도: 에이콘.

한국인터넷진흥원. 2014. "일본 정부의 사이버보안 강화 전략 분석." 『*Internet & Security Bimonthly*』 Vol. 3.

『문화일보』 2015.12.02. "국방과학기술수준 조사서 각국, 사이버무기 개발 총력."

『연합뉴스』 2015.02.04. "미 백악관, 사이버대책 총괄기구 'E-Gov Cyber' 설립."

『조선일보』 2015.07.24. "미 · 일 '사이버 동맹' 아니다."

Cabinet Decision. 2015. Cybersecurity Strategy. The Government of Japan.

Cabinet Secretariat. Overview of the Act on the Protection of Specially Designated Secrets(SDS). Cabinet Intelligence and Research Office.

Evron, Gadi. 2008. "Battling Botnets and Online Mobs: Estonia's defense Efforts during the Internet War." *Georgetown Journal of International Affairs*, 9(1), pp. 121-126.

Hansen, Lene, and Helen Nissenbaum. 2009. "Digital Disaster, Cyber Security, and the Copenhagen School." *International Studies Quarterly*, 53(4), pp. 1155-1175.

Information Security Policy Council. 2013. Cybersecurity Strategy: Towards a world-leading, resilient and vigorous cyberspace. The Government of Japan.

______. 2014. Cybersecurity Annual Report. Fiscal year 2013 〈Overview〉. The Government of Japan.

Kramer, Franklin D., Stuart H. Starr, and Larry K. Wentz. eds. 2009. *Cyberpower and National Security*. Washington DC: Potomac Books.

Lewis, James A. 2015. *U.S.-Japan Cooperation in Cybersecurity*. CSIS.

U.S. Department of Defense. 2012. *Defense Strategic Guidance -Sustaining U.S.Global Leadership: Priorities for 21st century Defense*. January. http://archive.defense.gov/news/Defense_Strategic_Guidance.pdf(검색일: 2017년 12월 25일)

U.S. Department of Homeland Security. 2009. *Cyberspace Policy Review: Assuring a Trusted and Resilient Information and Communications Infrastructure*. May. https://www.dhs.gov/publication/2009-cyberspace-policy-review(검색일: 2017년 12월 25일)

U.S. Joint Chiefs of Staff. 2015. *The National Military Strategy of the United States of America*, June. http://www.jcs.mil/Portals/36/Documents/Publications/2015_National_Military_Strategy.pdf(검색일: 2017년 12월 25일)

White House. 2003. *The National Strategy to Secure Cyberspace*. February. https://www.us-cert.gov/sites/default/files/publications/cyberspace_strategy.pdf(검색일: 2017년 12월 25일)

______. 2008. *Comprehensive National Cybersecurity Initiative*. January. https://fas.org/irp/eprint/cnci.pdf(검색일: 2017년 12월 25일)

______. 2011. *International Strategy for Cyberspace: Prosperity, Security, and Openness in a Networked World*. May. https://www.hsdl.org/?abstract&did=5665(검색일: 2017년 12월 25일)

______. 2015. *National Security Strategy*. February. http://nssarchive.us/wp-content/uploads/2015/02/2015.pdf(검색일: 2017년 12월 25일)

Keidanren. 2015. サイバーセキュリティ対策の強化に向けた提言.

Ministry of Defense. 2015. 방위백서: 일본의 방위.

NISC. 2015. サイバーセキュ…リティ戦略.

제6장

중국의 사이버 안보 전략과 외교: 중국의 시각

유신우

I. 서론

1978년 개혁·개방 이후 중국은 급속한 경제성장으로 국제적 위상을 회복하게 되었다. 특히 상대적으로 안정된 탈냉전기 국제환경 속에서 중국은 군사, 경제, 과학, 문화 등 여러 면에서 발전을 이뤘다. 이렇게 중국이 지역 강대국으로 부상하면서 세계 패권국인 미국이 주도하는 국제정치질서에 도전하게 되었고, 미·중 양국이 경쟁을 벌이게 된다. 중국은 후발국으로서 오랫동안 전통안보를 중시해왔는데 정보화 시대에 직면하여 과학기술과 신흥안보의 중요성 또한 인식하게 되었다. 사이버 안보[1]는 국가의 군사적 안정과 관련되어 있을 뿐만 아니라 경제 발전과 더욱 긴밀하게 연결되어 있다. 사이버 안보 역량을 강화하는 데 있어 과학기술의 발전은 매우 중요하다. 따라서 사이버 안보 문제를 적절히 다루기 위해서는 과학기술을 향상시키면서 국제협력 또한 함께 이루어야 한다. 중국은 2014년에 "사이버 안보가 없으면 국가안보도 없으며 정보통신기술의 발전이 없고 현대화도 없다"는 슬로건을 내세웠다(中国共产党新闻网 2014/11/20). 중국이 사이버 안보를 중요한 안보이슈로 상정한 것은 선진국보다 늦지만 최근 신속히 사이버 안보 전략을 구축하고 있다.

사이버 안보는 사이버 공간의 불확실성 때문에 다른 안보문제보

1 사이버 안보에 관한 용어는 국가마다 다르게 사용되고 있다. 사이버 안보를 지칭할 때 미국은 주로 사이버 안보, 정보 보안, 컴퓨터 보안 등으로 쓰고 있으며 중국은 인터넷 안전(网络安全) 및 네트워크 안전으로 사용하고 있다(김상배 2015). 서로 다른 용어로 번역되고 있지만 용어 속에 내포되어 있는 의미는 비슷하다. 사이버 안보는 사이버 공간에서의 안보 활동이며, 외부의 사이버 공격으로부터 사이버 공간을 보호하고 국가 기관의 기능을 유지하기 위한 사이버 방어 업무와 정보 수집 및 공세적 대응 활동이다(김인중 2013).

다 더욱 복잡하다. 미·중 양국은 상대방의 의도를 파악할 수 없기 때문에 과도한 경계심을 가지고 있다. 미국의 입장에서 중국은 끊임없이 미국의 기술과 무역 정보를 해킹하고 있을 뿐만 아니라 강한 '사이버 공간 억지(Cyberspace Deterrence)' 전략(Chase, Chan 2016)을 취하고 있다. 미국은 중국을 정보 안전의 위협으로 보고, 상하이에 주둔하는 중국 61398 해커부대가 미 국방부 전산망에 대한 해킹을 무차별적으로 시도하며 해킹기술을 개발하고 외국 정부기관의 자료를 빼내고 있다고 주장한다(Hannas et al. 2013; Lindsay et al. 2015; Mandiant 2013). 반면에 중국학자들은 미국이 국제적인 패권지위를 유지하기 위해 잠재적인 라이벌인 중국을 억제하고자 한다고 본다. 특히 오늘날 미국이 세계 최첨단 과학기술을 장악하고 있어 기술패권을 더욱 강화하게 될 것이라는 주장이다.

기존연구에서 미국은 중국이 해커부대를 이용해 미국 등 다른 국가들의 정보를 절취한다고 주장한다(Hannas et al. 2013). 중국은 미국에 대항하기 위해 사이버[2] 공간을 포함하여 핵, 군, 우주 등 여러 영역에서 힘을 키우고 있다(Chase, Chan 2016). 그리고 미·중 양국은 어느 정도 협의를 달성하고 있음에도 불구하고 중국이 대화와 소통을 통해 갈등을 해결할 의지가 없을 뿐만 아니라 향후 국제규범에 따라 행동할 가능성이 낮기 때문에 양자 간의 협력을 이루기가 어렵다고 판단한다(Harold et al. 2016). 사이버 안보 문제와 같은 초국적 이슈를 관리하기 위해 국제레짐(장노순 2013; 조화순·나하정 2015)의 역할이 매

2 사이버는 컴퓨터나 디지털 간의 상호작용을 의미하여 사이버 공간은 마이크로프로세서, 메인 프레임과 기본적인 컴퓨터 등이 상호작용을 하는 네트워크 시스템이다. 사이버 능력은 사이버 공간을 통제와 적용하는 능력이고 군사능력을 강화시키는 잠재력이라고 볼 수 있다(Valeriano, Maness 2015).

우 중요하지만, 사이버 테러 및 공격이 늘어나고 국가정보유출과 같은 사건이 빈번해지면서 국제협력은 오히려 어려워지고 있다.

이러한 기존연구와는 달리, 본 연구는 중국의 시각에서 이 문제를 다시 살펴보고자 한다. 우선 사이버 안보 이념, 역량, 추진제체와 법제화를 포함한 중국의 사이버 안보 전략에 대해 논의한다. 이를 통해 중국은 공격과 억지 전략보다 여전히 방어적인 전략을 우선시한다는 것을 밝히고자 한다. 또한 사이버 분쟁을 해결하기 위해 중국은 양자, 삼자, 지역 및 글로벌 협력에 참여함으로써 국제사회에서의 영향력을 확대하고자 노력하고 있다. 중국은 꾸준한 경제성장과 국민들의 생활수준 향상에 집중하고 있기 때문에 안정적이고 협력적인 국제환경을 필요로 한다. 그럼에도 불구하고 사이버 안보를 지키기 위해서 중국은 미국이 주도하는 국제규범에 따라 행동하기보다 제3세계 국가를 대표하여 개도국의 발전과 어울리는 규범을 만드는 것이 더욱 효과적이라고 믿는다.

최근 미·중 세력전이로 인해 양국 간 벌어지는 경쟁이 더욱 치열하게 나타나고 미국이 "역외 균형자(Offshore Balancer)"(Mearsheimer 2001)로서 동아시아 지역에 다시 개입할 의도를 가진 것이 명확해 보인다. 오늘날 사이버 공간은 국가들이 경쟁하는 새로운 전장이 되었다. 미국은 초국적인 시민사회가 주도하는 다자적 "이해당사자주의(multistakeholderism)"를 주장하고 있고 사이버 공간의 권리는 주권국가뿐만 아니라 비국가 행위자, 초국적 사회운동, 국제기구와 함께 연계되어야 한다고 강조하는 반면, 중국은 "정부주도주의(governmentalism)"를 주장하면서 정보의 무질서를 막기 위해 정부가 정보유통에 적극적으로 개입해야 한다고 주장한다(장노순 2014). 즉, 중국은 정부가 주도권이 있어야 사이버 범죄 및 테러를 예방할 수 있고 국가 및 개인의 정보안전을 확보할 수 있다고 주장하는 것이다. 이에 더해 중국은 국익수호를 위해 국제사회에서 영향력을 확대함으로써 더욱 많은 국가들의 인정을 받고자 노력하고 있다.

본 연구는 중국 사이버 안보 전략의 국내적 차원과 국제적 차원을 살펴본다. 즉 중국이 어떤 사이버 안보 전략을 취하고 있는지를 분석한 후에 중국의 사이버 공간에서 큰 영향을 미치는 미국과의 관계를 살펴보고 더욱 광범위한 국제협력까지 검토할 것이다. 논문의 구성은 다음과 같다. 2절은 중국의 사이버 안보 전략을 중심으로 사이버 이념과 계획, 구체적인 국내 역량, 추진체제와 법제화 현황을 살펴보았다. 3절은 미·중 양국의 사이버 공간에서의 갈등, 경쟁 및 협력관계에 대해 분석하였으며 4절은 국제사회에서의 양자, 삼자, 지역 및 국제규범 참여 등 중국의 구체적인 협력관계를 분석하였다.

II. 중국의 사이버 안보 전략: 이념과 역량 및 제도

1. 사이버 안보위협 인식

최근 인터넷, 정보통신기술, 빅데이터 등의 발전으로 인해 전 세계에서 사이버 안보에 대한 관심이 더욱 늘어나고 있다. 인터넷을 비롯한 통신기술은 사회의 소통과 교류에 편리를 제공하는 동시에 국가정보 및 개인 프라이버시 안전을 위협하기도 한다. 중국은 정보통신기술이 빠르게 성장하고 있는 개도국으로서 선진국인 미국에게 감시를 당하는 일도 발생한다. 2007년부터 미국은 프리즘(PRISM)을 통해 일반시민들의 개인정보를 대규모로 수집하게 되었으며 국가 지도자들의 통화내용까지 도청하고 있다. 2013년 6월 전 미국 중앙정보국 직원이자 국가안보국에서 근무한 에드워드 스노든이 홍콩에 와서 미국의 도청 활동을 폭로하면서 중국을 포함한 전 세계에서 충격을 일으켰다. 중국은 미국으로부터 사이버 위협을 당할 뿐만 아니라 국내의 많은 인터넷 사기사건, 개인정보 도용, 스팸 등 사이버 범죄에 시달리고 있다. 중국의 사이버 안보는 여전히 취약하고 국내외에서 많은 공격을 받고 있다. 중국의 국가 인터넷 응급센터의 통계에 의하면 2015년 한 달에 6만 이상의 디도스(DDos, Distributed Denial of Service) 공격을 감수한 경우도 있었다. 때문에 중국 정부는 사이버 안보를 지키기 위해 국내 암거래를 예방 및 관리하고 외국 기술에 대한 의존도를 줄이면서 사이버 보안 시스템을 꾸준히 구축할 필요성을 절감하고 있다. 이에 더해 중국 정부가 우려하는 점은 지구화와 정보화의 시대의 도래로 국가주권 전반이 약화되고 있다는 것이다. 이에 정부는 빅데이터 기술을 이용하여 새로운 주권 개념인 '빅데이터 주권' 또는 정보주권을 확립하고자 한다(김상배 2015).

2014년 11월 시진핑은 중국 절강성(浙江省) 우전(乌镇)에서 개최된 제1차 글로벌 사이버 대회와 2015년 12월 2차 대회에서 "사이버 주권을 존중한다"는 발표를 하였다. 사이버 공간은 영해, 영토, 영공, 우주와 더불어 주권의 개념이 적용된 국가의 "공간"이 되었다. 사이버 안보를 강화하는 데 있어 중국 정부는 주도적인 역할을 하고 있다. 중국의 사이버 공간에서 많은 암거래가 존재하여 국가 전체의 인터넷 경제 발전과 네티즌의 정보 안전 및 개인의 이익까지 위협하고 있다. 국가가 사이버 공간을 관리하지 않으면 국가뿐만 아니라 많은 네티즌들이 피해를 입을 수밖에 없으니 국가가 대내 사이버 주권을 행사하는 것이 중요하다. 사이버 주권을 통해 건강한 인터넷 질서를 지키는 동시에 전체적인 경제 이윤을 높일 수 있다. 이러한 이유로 중국은 사이버 주권을 매우 중시하고 있다.

최근 중국의 부상을 억제하기 위한 미국의 사이버 감시 행위는 중국 입장에서 국가주권 침해와 다름이 아니다. 그렇지만 사이버 주권을 지키는 과정에서 반드시 충돌이 발생하지 않고도 평화적인 방식으로 세력전이를 이룰 수 있다. 중국은 사이버 주권을 중시함에도 불구하고 적극적으로 양자, 삼자 및 국제협력에 참여함으로써 다른 국가들의 인정을 받도록 활동하고 있기 때문이다. 정보 자원은 국가의 물질적인 자원과 마찬가지로 국가의 소유이기 때문에 국가는 이런 자원을 관리할 권리를 가진다고 주장한다. 중국은 사이버 공간에서 분쟁을 줄이려면 상호 사이버 주권을 존중하는 내정 불간섭 원칙을 주장한다.

2016년 12월 27일 중앙 사이버 안보와 정보 영도소조 승인에 따라 국가 인터넷 정보 사무실은 처음으로 중국 사이버 안보 이념과 정책을 정리한 〈국가 사이버공간 안전전략〉을 발표하였다. 이 전략은 다시 한 번 사이버 주권의 중요성을 강조하면서 국가안전 유지, 정보기초시설 보호, 사이버 문화 건설, 사이버 범죄와 테러 예방, 사이버 거버넌스 체제 개선, 사이버 안전기초 다짐, 사이버 방어력 향상, 그리고 사이버 공간 국제협력 강화 등 전략 목표 9개를 제시하였다(新华网 2016/12/28). 오늘날 인터넷은 경제발전의 선도 역량으로써 국민들의 일상생활과 긴밀하게 연결되어 있다. 정보 기술의 발전은 전통산업의 개혁을 촉진하면서 새로운 기술, 산업, 경영 패러다임 등의 탄생을 촉진시킨다. 그리고 사이버는 문화 전파의 새로운 미디어이기 때문에 건강한 사이버 문화 건설을 이루기 위해서는 네티즌의 개인적인 책임뿐만 아니라 국가의 전체적인 권리도 간과할 수 없다. 무엇보다 사이버는 국가 거버넌스 체제를 현대화시키는 과정에서 중요한 역할을 하게 되었다. 전자정무를 통해 국민들이 정부 정보를 직접 검색할 수 있으므로 정보 공유와 민주화 보급에 도움이 된다.

중국이 주권이념을 강조하는 이유는 민본(民本)이념과 연결되어 있기 때문이다. 사이버 공간은 상대적으로 개방적이고 자유적인 공간이기 때문에 불량 정보 유포, 사기 및 테러 사건들을 예방하기 쉽지 않다. 따라서 사이버의 지속 가능한 발전을 유지하기 위해 중국은 사이버 공간에 사회주의 핵심가치관(社会主义核心价值观)[3]을 도입한다. 물론 중국의 사이버 공간에서 주권이념과 민본이념이 공존하는 것에 대한 논란들이 없지 않다. 주권을 강조한다면 국민들의 권리를 약화시킬 수밖에 없고, 국민을 중심으로 정책을 만든다면 주권을 어느 정도 양보해야 할 것이다. 그렇지만 주권이념과 민본이념은 반드시 양자택일의 대립관계가 아닐 수도 있다. 주권을 존중한다는 전제 아래 외국에서 오는 위협들을 효과적으로 대처할 뿐만 아니라 국민들의 개인이익을 지킬 수 있기 때문이다. 중국은 사이버 공간에서 가해자의 인권을 보호하기보다 주권의 범위에서 피해자의 인권 보호와 일반국민들의 편리를 더욱 중시하고 있다.

2016년 4월 국무원은 "'인터넷+정부서비스'를 추진하고 시험적으로 정보화 혜민방안(惠民方案)을 전개한다"는 문건을 통과시켰다(新浪财经 2016/4/26). 이는 인터넷을 이용하여 정부의 효율을 높이고 절차를 간소화하여 정부의 업무를 최적화하려는 것이다. 구체적으로 광주시(广州市)에 "일창식(一窗式)"과 포산시(佛山市)에 "일문식(一门试)" 업무 개혁을 실현함으로써 국민들이 더욱 편리하게 민원을 해결하게 할 수 있기 위한 것이다. 상하이시(上海市)와 심천시(深圳市)는 시험 장

3 2012년 11월 중국공산당 18회 전국 대표대회에서 사회주의 핵심가치관, 즉 부강, 민주, 문명, 조화, 자유, 공평, 공정, 법치, 애국, 경업, 우호를 제기하였다.

소로 먼저 "지역 공공서비스 종합 정보플랫폼과 데이터 공유플랫폼"을 설립하여(国办发[2016]23号) 인터넷을 통해 일반적인 민원을 더욱 신속히 접수하고 처리하고 있다. 국가 주도에 따라 행정업무뿐만 아니라 여러 생활영역까지 국민들에게 편리를 제공한다.

중국은 내륙지역과 연해지역 간에 불균형한 경제발전으로 지역격차가 매우 심하다. 내륙지역은 저발전 상태에 정체되어 있어 교통, 교육, 편리 시설 등 인프라 수준이 낮다. 전통적인 방식으로 지역 격차를 줄이려면 상당한 재정원조와 긴 시간이 필요하지만 이제 인터넷을 이용함으로써 뚜렷한 성과를 얻을 수 있게 되었다. 유선 랜이 있으면 농촌에 살고 있는 아이들이 집에서 편하게 공부를 하고 정보 검색을 할 수 있는 것이다. 전자상거래를 통해 청년들이 연해 대도시에 가지 않아도 고향에서 쉽게 전자 업무와 관련된 사업을 창업한다. 중국 정부는 2016년 "인터넷+정확한 빈민구제(精准扶贫)" 전략을 세우고 10월에 중앙 망신 판공실, 국가 발전개혁 위원회, 국무원 구빈 판공실은 〈인터넷 구빈운동 계획〉을 발표하였다(正北方网 2017/1/3). 새롭게 나온 인터넷 과학기술을 충분히 이용함으로써 일반 국민들의 생활수준을 높이는 것은 중국 사이버 안보 전략 중에 하나이다. 2016년 7월 27일 발표한 〈국가 정보화 발전 전략 강요〉에 따르면 사이버 안보를 지키려면 올바른 사이버 안보관을 수립해야 한다. 일반국민들의 안전 의식은 국가 안보에 매우 중요하다. 다시 말하면 "사이버 안전은 국민을 위한 것인 동시에 사이버 안전은 국민에 의한 것이다." 사이버 안보를 지키는 것은 국가의 책임뿐만 아니라 국민들의 주인 정신을 양성시키도록 한다.

2. 사이버 안보의 역량 제고

시진핑 주석은 혁신을 국가 발전을 이루게 하는 핵심 요소로 강조하면서 일련의 혁신 사상, 혁신 논단, 그리고 혁신 요구를 제기하였다(央视网 2016/2/28). 중국은 앞으로도 확고하게 "중국 특색의 자주 혁신의 길(中国特色的自主创新道路)"을 걸어갈 것임과 동시에 과학기술에 관한 체제의 개혁을 가속화시킴으로써 자주혁신에 더욱 유리한 시스템을 구축하도록 한다는 지시를 내렸다. 시진핑 주석은 "사이버 강대국"으로 부상하기 위해 외국 기술에 대한 의존도를 줄이고 국산기술을 개발하는 데 관심을 두고 있다. 이 목표를 이루려면 국가뿐만 아니라 민간 IT기업들과 다양한 재단기금들도 함께 나서야 한다.

중국의 사이버 안보 역량은 항상 전통안보와 연결되어 있다. 사이버 안보에 대한 많은 관심을 기울이고 있는 시진핑 주석은 실질적인 전략 계획을 수립하고 실시하고 있다. 공산당 제18기 중앙위 5중전회에서 "중국군 지도부는 각 군구와 육·해·공에 분산된 사이버전 부대를 통합하고 지휘를 일원화"하는 방안을 발표하였다(전자신문 2015/10/26). 이러한 전략 수립에도 불구하고 정보기술의 급속한 발전 속도와 폭넓은 활용 범위를 고려한다면 중국 사이버 안보의 전체적인 방어력은 아직 부족하다. 개도국 중국은 패권국 미국의 감시를 방지하기 위해 자주적 기술 개발의 역량을 확대하는 것을 우선시하고 있다. 핵심칩, 운영 시스템, 데이터베이스 등 소프트웨어 및 하드웨어 부분은 외제품을 사용하는 경우가 많기 때문에 잠재적인 위협이 숨겨 있다. 따라서 중국은 "중국칩(中国芯)"의 개발 및 일반화를 이루기 위해 지도 정책을 수립하고 자본을 투입하고 있다(华夏经纬网 2016/5/12). 미·중 양국 과학기술의 발전 수준을 살펴보면, 미국이 여전히 압도적인 우위에 있지만 일부 하위 영역에서 중국 또한 신속한 발전을 보여주고 있다.

중국은 사이버 기술과 군사작전의 결합 역시 매우 중시하고 있다. 미래 전쟁이 발발한다면 전쟁의 양상이 상당한 변화를 겪게 될 것인데, 핵무기의 파괴력을 고려한다면 핵전쟁이 발발할 가능성이 매우 낮을 것이다. 한편 사이버 기술을 원용하는 사이버전은 상대적으로 낮은 인명 피해와 적은 비용을 발생시킬 것이다. 이 새로운 환경 변화에 대응하여 중국은 정보화를 군대의 현대화 건설의 발전 방향으로 정하였다. 미·중 세력전이 과정에서 중국은 평화부상의 목표를 달성하기 위해 적극적인 방어 전략을 취하고 있다. 사이버 영역에서는 정보화 군사이론을 발전시키고, 작전상으로는 기계화와 정보화의 융합을 추진하는 동시에 정보 안전 방어체계를 구축하며 정보화 국지전에서의 능력을 강화시키고자 한다(新浪网 2016/7/27). 그리고 국내외 위협세력들이 인터넷을 이용하여 중국의 국가통일을 파괴하거나 반란을 선동하거나 국가기밀을 누설하는 불법 행위를 막음으로써 사이버 주권과 국가의 안전을 지키고자 한다. 기술역량의 증대뿐만 아니라 사이버 공간에서 주도권을 가지려면 인력양성도 중요한 이슈이다. 〈국가 정보화 발전전략 강요〉에 따라 정보화 작전에서 정보시스템 운영, 조작 및 수리를 담당하는 인재들을 양성할 필요가 있으며 군인들이 전쟁에서 정보시스템과 정보화 장비를 사용하는 능력을 증강하도록 해야 한다.

민간 영역에서도 발전된 샤오미, 화웨이, 레노버 등 전자제품 생산기업과 알리바바, 바이두, 치후360과 같은 인터넷 업체들이 꾸준히 성장해왔다. 2018년까지 정부 데이터 자원 공유, 국가 빅데이터자원 통일, 공공서비스 빅데이터 프로젝트, 공업과 신흥 산업 및 현대농업까지 통합적인 빅데이터를 구축할 예정이다(法制日报 2016/1/12). 심양

(沈阳)은 360회사와 베이징에서 협의를 서명하였으며, 국내 최초의 빅데이터 인터넷 안보 초기경보 플랫폼을 건설할 계획을 발표하였다(沈阳日报 2016/3/18). 중국이 스스로 개발한 기술상품에 의존한다면 미국에게 해킹 가해자로 오해받는 가능성을 줄일 수 있는 동시에 향후 중국이 자국의 정보를 노출하거나 감시를 당할 위험성도 낮아질 것이다. 이로써 불필요한 걱정이 어느 정도 해소되므로 양국관계를 개선하는데 도움이 될 것이다.

중국의 성공적인 혁신이 가능하기 위해서는 산업혁명의 전체적인 추세를 미리 파악해야 할 뿐만 아니라 우수한 인재 양성에도 특별한 관심을 기울일 필요가 있다. 중국에서 사이버 보안 인재에 대한 수요는 50만여 명에 달하는데, 현재는 5만 명만 있다고 알려져 있기 때문이다(연합뉴스 2016/2/12). 2016년 2월 2일 중국에서는 처음으로 "사이버 보안 전문기금"이 설립되었으며, 이에 따라 3억 위안 기본 기금이 투자되었다. "사이버 안보 전문기금"은 정자쑨(郑家纯) 정협상위 겸 기업가의 기부에 의해 설립된 것이며 사이버 안보 인재, 우수 교사, 우수교재 및 사이버 전공 우수 학생들의 연구와 생활을 지원하고 사이버 인재 양성을 장려하려는 민간조직이다(南方都市报 2016/2/2).

중국이 2015년 3월 "중국제조2025"라는 제조업 혁신 계획을 선언하며 반도체, 로봇 등과 함께 배터리 산업을 키우겠다는 전략을 세웠다. 현재 기술과 원가 경쟁력이 뒤진 중국 업체가 선진 업체를 따라잡기 위해서는 아직 정부의 지원과 규제가 필요하다(미디어펜 2016/5/18). 2016년 중국 산터우 대학교 사이버 연구원, 사이버 실험실, 중국과 글로벌 싱크탱크가 공동으로 발표한 『G20국가 사이버 발전에 관한 연구 보고서』에 따르면 G20 국가들의 사이버 보급률은 세계 평균 수준보다 높은 69%에 이르고 있다. 그중에 미국과 중국 양국은 사이버에 대한 응용혁신 영역이 가장 활발하다고 기록되었다(网易新闻 2016/9/1). 하지만 중국 내 지역 간 경제발전의 격차로 인해 기술 보급이 상당히 불균등하게 이루어지고 있다. 예를 들면, 동부 연해 지역에 사는 국민들의 인터넷 접근성을 굉장히 높은 반면, 서부 농촌 지역에서의 인터넷 사용은 제한이 많다. 내륙 지역의 복잡한 지형과 낙후한 인프라 때문에 인터넷의 보급 원가가 높아져 많은 사람들이 빠르고 안정된 인터넷을 사용하지 못하고 있는 것이다.

3. 국내 추진체제와 법제화

중국의 사이버 거버넌스 체제는 다음과 같이 나뉘어져 있다. 중국공산당 정치국 및 상무위원회, 중앙 군사 위원회, 국무원이라는 세 기관이 사이버 안보에 관한 업무를 관리하고 있다. 그리고 2014년 시진핑이 조장을 맡은 중앙 인터넷 안전정보화 영도소조(영도소조)가 신설되어 국가정보화영도소조와 국가 네트워크 및 정보안전 협력소조를 흡수하면서 중국공산당 정치국 및 상무위원회 아래 최고의 사이버 안보 영도기관이 되었다(Lindsay et al. 2015).

영도소조는 국가 안보, 장기적인 이익과 경제발전에 초점을 맞추어, 경제, 정치, 문화, 사회 및 군사 등 여러 영역의 사이버 안전과 정보화 문제들을 총괄하여 관리한다. 영도소조는 사이버 안전과 정보화 발전의 전면적인 전략을 구축함으로써 중국 내 사이버 법제화 형성과 안보능력 향상에 주도적인 역할을 하게 된다(新华网 2014/2/27). 중국은 방대한 네티즌 수와 인터넷 거래량을 갖고 있기 때문에 “사이버 대국”이라고 부를 수 있지만, 아직 “사이버 강대국”은 아니다. 따라서 거대하고 복잡한 사이버 자원을 관리하기 위해 영도소조를 만들게 되었다. 중국의 사이버 안보 영역에서 영도소조는 최고 권위를 갖고 있는 정치기구이다. 중국이 향후 정보화 발전을 효과적으로 지속하기 위해 상위의 지도층부터 개혁을 시작하는 것이다. 국가 비밀국과 국가 암호관리국은 정부 사이버 정보의 기밀성, 암호화에 대한 책임을 지고 있다. 비밀국은 〈비밀법(保密法)〉의 집행을 감독하고 비밀유지책임을 담당할 뿐만 아니라 공산당, 정부, 군대, 국민단체 및 개별 사업단위의 비밀 정보를 지키는 데에 지도적인 역할을 하고 있다.

중국 중앙 군사 위원회 총참모부는 군사력의 건설과 작전 지휘의 최고 군사 사령부였으며 총참모부 제2부는 군사·정치 정보를 수집 및 분석하는 부서였고 제3부는 미국의 국가안전국(NSA)과 유사하여 "감청부"라고도 하였다(Lindsay 2015). 하지만 이전에는 중앙 군사 위원회 아래의 총참모부(总参谋部), 총정치부(总政治部), 총후방부(总后勤部)와 총장비부(总装备部) 4가지 부서의 권력을 각 부서의 최고 책임자에게 집중하는 경향이 있기 때문에 향후 효율적이고 통합적인 작전을 수행하는 데 매우 불리하게 여겨졌다. 뿐만 아니라 육·해·공·제2포병단은 주로 전면전을 대비하는 군대이기 때문에 국부전을 대비하는 것은 현실적으로 어려운 문제가 있었다. 이에 따라 2015년 말부터 시진핑 주석은 대규모의 군 개혁을 시작하게 되었다. 기존 중앙 군사 위원회 아래의 4개의 부서는 15개의 기능 부서로 개편되었다. 또한 시진핑 주석은 사이버 공간을 체제 유지의 주요 전장으로 간주하고, "병력 30만 명을 감축하는 동시에 사이버 공간과 우주의 군사 이용을 담당한 전략지원부대를 창설한다"고 발표한 바 있다(뉴시스 2016/3/25). 결과적으로 2015년 12월 중국 인민 해방군은 육군, 해군, 공군, 로켓군과 전략지원부대로 개편되었다.

시진핑은 전략지원부대를 국가안전을 지키는 신형 작전 역량의 핵심이라고 강조하였다(国搜时政 2016/8/30). 전략지원부대는 전통적인 군부대와 달리 전쟁에 직접적으로 참여하지 않지만 모든 작전부대가 필요한 정보들을 제공하는 "천망군(天网军)"이라고 볼 수 있다. 새롭게 설립된 전략지원부대는 이전의 총참모부 정보부의 역할을 대체하여 독립한 부대로서 정보수집, 기술정찰, 전자대항, 사이버 방어 및 공격, 심리전을 포함한 다섯 가지 기능을 수행할 것이다(腾讯新闻 2016/1/1). 미군과 러시아 군대에서는 이전부터 사이버 부대를 설치하여 발전시켜 왔지만 여전히 육·해·공 등 여러 부대에 분산되어 있다고 알려져 있다. 반면에 중국은 정보화시대 신형전쟁에서 전자권(电磁权)을 확보하기 위해 통일된 지도에 따른 중국특색의 새로운 군종을 만들었다(网易军事 2016/1/4). 미국 국방부 자료에 따르면, 중국군은 10만여 명의 해킹 병력을 보유하고 있다고 추측되며 베이징 하이뎬구에 본부를 두고 상하이, 칭다오, 산야, 광저우 등에 지부가 있다고 알려져 있다(연합뉴스 2016/1/20). 중국은 국내에 사이버 부대가 존재하지 않는다고 주장하고 있지만, 군대의 정보화·현대화·합동화의 건설에 있어 사이버전을 대비하기 위해 사이버 기술에 능한 군인을 양성하는 것을 중시하고 있다.

또한 중국의 인터넷 검열은 서방 국가들로부터 많은 비판을 받고 있지만 검열을 통해 국민들의 정신 건강에 유해한 허위 및 악성 정보를 제거한다. 정보의 투명성과 국민의 알 권리를 확보하기 위해 1991년부터 국무원 정보(신문) 판공실이 설립되었다. 판공실은 "중국 미디어를 이끌어 전 세계에 중국의 정책, 경제발전 현황, 국가 역사와 문화"를 전파하는 기관이다. 2011년 5월에 판공실 내에 국가 인터넷 정보판공실이 설립되었다. 인터넷 정보판공실은 불량정보를 관리하는 동시에 인터넷 정보 전파에 관한 법률을 통과시키는 업무를 담당한다. 2008년 국무원 기관개혁방안에 따라 공업 및 정보화부(공정부)를 편성하였는데, 공정부는 장비개발과 자주혁신을 추진함으로써 국가의 정보화 건설을 거시적으로 지도한다(中央编办发[2015] 17号). 구체적인 사이버 기술 원조 및 집행 조직은 공정부 영도 아래의 국가 사이버(인터넷) 응급센터(CNCERT/CC)이다. 응급센터는 비정부·비영리 안보기술 협조 기관이며 중국의 사이버 운영 현황을 감시하면서 사이버 위협을 조기에 발견하고 예방하도록 한다. 또한 사이버 안전을 해치는 사건이 발생할 경우 집중적으로 대처함으로써 최대한 빠르게 사이버 공간을 정상으로 회복시킨다(国家互联网应急中心 홈페이지).

1997년 컴퓨터 정보 시스템의 안전을 보장하고 컴퓨터의 사용과 발전을 촉진하기 위해서 국무원 정보화 근무영도소조는 〈중화인민공화국 컴퓨터 정보시스템 안전보호조례〉를 만들었다(光明网 2010/11/9). 그 후 인터넷, 정보보호, 도메인 등 다양한 국가법규 및 지방법규가 나왔지만 포괄적이고 강력한 법이 없었다. 그러다 2015년 7월 1일에 중국 정부가 제12회 전국인민대표대회 상무위원회 15차 회의에서 〈인터넷 안전법(초안)〉을 통과시키면서 본격적으로 사이버 안보 법제화 단계에 들어서게 되었다. 초안은 총 7장 68조로 구성되어 있으며, 이에 따르면 중국은 "사이버 거버넌스를 강화하고, 사이버 공격, 간섭, 해킹, 불법정보를 퍼뜨리는 행위를 예방, 제재 또는 처벌까지 함으로써 국가 사이버 공간에서의 주권, 안전과 지속한 발전을 수호한다(제5조)"(中国人大网 2015/7/6).

나아가 중국 정부는 2016년 11월 7일 제12회 전국 인민대표대회 상무위원회 24차 회의에서 〈인터넷 안전법〉을 통과시켰다(网易新闻 2016/11/7). 최종 발표된 인터넷안전법은 총 7장 79조로 구성되어 있고 이 법은 다음과 같은 내용을 포함한다. 먼제, 〈인터넷 안전법〉은 국가 상위의 사이버 안보를 지킬 뿐만 아니라 "국민, 법인 및 기타조직을 포함하여 법에 따라 사이버를 사용하는 권리를 부여한다(제1조), 모든 개인은 사이버 공간에서 헌법을 준수하면서 공공질서와 사회공덕을 지켜야 한다(제6조)." 테러, 민족차별, 포르노 및 극단주의 사상을 유포하거나 공공이익, 지식재산권 등을 침해하는 행위는 처벌을 받을 것이다(제12조). 국가는 사이버 범죄를 예방하고 평화, 안전, 개방, 협력의 사이버 공간을 만들기 위해서 국제교류와 협력을 추진하고 있다(제7조).

안전법의 통과는 중국 사이버 영역에서 하나의 혁신적인 진보라고 할 수 있다. 이 법은 중국 사이버 안보를 지키는 데 지도원칙을 제공할 뿐만 아니라 과거에 존재했던 사이버 안전과 관련된 모호한 부분에 대해 법적으로 명확한 기준을 세우기도 한다. 상무회의에서 안전법이 통과된 중요한 이유 중 하나는 사이버 주권을 확보하기 위함이다(제1조). 중국은 서구와 다른 사이버 이념을 추구하고 있는데, 이를 법률을 통해 중국 내에 확립하였다. 따라서 〈인터넷 안전법〉과 함께 중국은 향후 사이버 주권을 더욱 강화할 가능성이 높다. 그리고 사이버 주권을 지키는 것은 사이버 공간에서 국가안전과 공공 이익을 수호하는 것이자 국민, 법인, 조직들의 합법적인 권리를 보장하는 것과 크게 어긋나지 않다. 안전법과 중국의 사이버 안보 전략에 모두 개인정보 보호에 대한 구체적인 규정이 들어 있다.

III. 미·중 사이버 갈등과 경쟁 및 협력

1. 미·중 사이버 갈등

최근 미·중 양국의 사이버 경쟁은 상대방의 군사정보를 파악함으로써 자국의 방어력을 강화시키는 것과 상대방의 기술 및 산업정보를 얻는 두 가지 차원에서 진행되고 있다. 상대방의 시장정보를 획득한 다음에 이에 대비하는 전략을 미리 수립함으로써 자국의 경제성장을 이루도록 하는 동시에 국가 영향력과 국제지위를 높이는 것이다. 미·중 양국은 서로 상대방을 해킹하지 않는다고 주장하면서, 자국이 해킹의 피해국이라고 강조한다. 세계 최첨단 기술의 보유국 미국은 중국이 공정한 경쟁의 원칙을 위반하면서 해킹을 통해 미국의 기술 및 무역정보를 절취함으로써 국내 기술력을 높이고 경제발전을 지속한다고 지적하였는바, 미국의 중국에 대한 불만과 적대감은 계속해서 높아지고 있다. 2000년대 후반부터 미국 정부와 언론은 중국 정부와 군의 지원을 받는 해커들이 미국의 물리적인 인프라와 지적재산을 침해하고 있다는 "중국해커위협론"을 펼쳐왔다(김상배 2015).

중국은 미국 정부와 회사의 정보를 해킹하고 이를 통해 미국의 기술적 우위를 약화시키고자 시도해왔다. 예를 들면 2009년 중국이 구글을 대상으로 한 "오로라 공격"은 미국에 대한 체계적인 침투 중에 하나라고 하였다(Clark 2011). 결국 2010년 3월 구글이 중국에서의 해킹과 검열을 이유로 중국시장에서 철수하게 되었고 동시에 이와 관련한 중국 당국의 조사를 촉구하였다. 미국의 Mandiant사는 2006년부터 전 세계에서 벌어진 APT1(Advanced Persistent Threat)사건을 조사했는데 IP주소를 추적한 결과 중에 90% 이상은 중국이라고 밝혔다.

그리고 이 결과를 입증하기 위해 해킹에 직접적으로 참여한 세 사람을 공개하였다. 뿐만 아니라 이 보고서는 중국이 장기적으로 미국의 정보통신, 우주, 공공관리, 위성, 에너지, 교통 등의 정보를 해킹해왔으며 상하이에 주둔하는 중국 61398 해커부대는 미국에 대한 해킹을 무차별적으로 시도하고 있다고 발표하였다(Mandiant 2013).

2011년 당시 미 국무장관 힐러리는 공개적으로 중국, 쿠바를 "사이버 자유 제한 국가"라며 언론에 발표한 바 있다. 2011년 당시는 지메일 해킹 사건으로 미국은 중국에 대해 강경한 입장을 보이고 양국 갈등이 더욱 고조되고 있던 시점이었다(파이낸셜뉴스 2011/6/3). 나아가 2014년 미국은 자국 기업의 기밀에 대한 해킹을 이유로 5명의 중국 군인을 기소하였다. 이 사건은 미국 정부가 처음으로 미국 회사에 대한 해킹 행위로 외국 정부의 공직자를 고소한 사건이다. 그리고 2015년 미중 정상회담에서 상호 해킹을 중단하기로 합의한 다음날, 미국 쪽은 중국 국영기업이 미국 노동조합을 포함한 5개 회사의 네트워크에 침입한다는 의혹을 제기하였다. 화춘잉(华春莹) 중국 외교부 대변인은 중국 정부의 연루 의혹을 부정하였지만, 이 일련의 사건들은 양국 사이버 협약에 대한 불신을 드러냈다(아주경제 2015/10/20).

미국의 비난에 대해 중국 국방부는 확실한 증거가 없는 상태에서 중국이 해커를 동원하여 다른 국가들을 해킹한다고 주장하는 미국의 언론은 중국에 대한 근거 없는 의혹제기라고 지적하였다. 중국은 자국이 사이버 공격의 제일 큰 피해국이라고 주장하고, 해커들의 IP주소의 추적한 결과에 따르면 해킹 공격이 대부분 미국발이라는 점을 지적하고 있다. 미국은 국제사회에서의 정치, 경제, 군사, 과학기술 등의 패권 우위를 이용하여 동맹국을 포함한 전 세계에 대한 감청을 실시해왔는데, 이런 행동은 국제법을 위반할 뿐만 아니라 인권을 침해하여 사이버 안전을 흔들리게 한다(中国记协网 2014/5/27).

2013년 에드워드 스노든이 미국 정부가 감청한 내용을 폭로하면서 미국의 해킹행위가 전 세계에 알려지게 되었다. 특히 스노든은 미국이 중국을 대상으로 중국 지도자, 과학연구, 대학교, 기업 등을 포함한 인터넷과 통화 내용을 감시할 뿐만 아니라 대규모 사이버 공격까지 시도했다고 폭로하였다. 또한 미국은 급속히 발전하고 있는 중국의 전자상품과 기업에 대해 많은 우려를 나타내고 있다. 특히 중국 화웨이의 창업자 런정페이(任正非)는 중국 군 장교 출신인데, 이 점에서 미국은 화웨이 통신장비가 중국 정부의 사이버 전쟁에 악용될 가능성이 있다고 밝혔다(매경이코노미 2016/6/13). 또한 "화웨이뿐만 아니라 미국은 중국의 통신 네트워크를 해킹함으로써 중국군과 관련한 중요한 정보들을 절취하기도 한다"(中国记协网 2014/5/27).

오바마 행정부가 발표한 "사이버 공간 국제전략 보고서"는 규칙과 질서의 중요성을 강조하면서 자위권, 자유 행동력, 위협에 대한 대처, 복구 및 보복 공격 능력을 중시한다는 의지를 표하였다. 그럼에도 불구하고 이 보고서는 미국이 사이버 공간에서의 주도적 지위를 확보한다는 목적이 있다고 평가되고 있다(汪婧 2015). 다시 말해, 미국은 국제사회뿐만 아니라 사이버 공간에서도 패권을 확립하는 전략을 세운다는 것이다. 현재 미국은 사이버 공간에서 압도적인 우위를 가지고 있다. 인터넷 홈 디렉터리를 관리하는 루트 서버는 전 세계에 총 13대가 있는데, 그중에 10대와 유일한 메인 루트 서버 또한 미국에 있다. 사이버전도 미국이 제일 먼저 제기하였으며 사이버전이 발생하더라도 미국은 서버를 이용하여 다른 국가들의 인터넷을 차단하거나 본국의 인터넷을 외부와 단절시키는 방식으로 전쟁에서 주도권을 획득하기 쉽다.

그럼에도 불구하고 미국이 중국 사이버 위협론을 주장하는 이유는 언론을 이용해 중국의 국제 이미지를 악화시키고, 나아가 중국의 부상을 억지하려고 한다고 추측된다(田立加, 王厚光 2015). 미국은 "사이버 자유"라는 명목으로 중국의 사이버 주권을 간섭하는 동시에 본국의 사이버 군사 능력을 향상시키기 위해 인력, 자금, 기술 등 여러 면에 집중적으로 투자하고 있다. 미국은 방대한 사이버 군대를 보유하고 있을 뿐만 아니라 2015년 기준으로 사이버 안보 예산은 4조 1000억 달러(4909조 7500억 원)에 이르고 있다. 이러한 규모는 전년 대비 35%라는 큰 폭으로 증가한 것이다(전자신문 2016/2/10). 다시 말해, 미국은 사이버 공간에서 주도권을 공고화하기 위해 사이버 역량을 적극적으로 확대하고 있다는 것이다.

FireEye보고서에 따르면, 2014년 6월부터 중국에 속하는 72개 의심단체들의 해킹 행위는 큰 폭으로 감소하였으며 2016년 5월까지 미국은 중국 해킹을 거의 검측하지 못하는 정도가 되었다(그림 1). 한 미국 관계자는 중국이 이렇게 해킹 행위를 감소시키는 이유가 2015년 9월 미중회담에서 시진핑이 양국의 부정적인 분위기를 완화시키기 위해 취한 대책의 일환이었다고 지적하였다. 반면에 중국은 미국에 대한 해킹을 애초부터 하지 않았으며 오히려 자국은 해킹의 피해자가 되고 이를 대비하여 방어조치를 구축하고 있다고 주장하였다. 사이버 공간의 특수성, 애매성과 유동성 때문에 해킹에 대한 추적은 항상 명확하지 않다. 때문에 미국이 발표했던 72개 의심단체가 과연 중국 해커들의 소행인지 역시 확신할 수 없다.

요컨대 미중 간 사이버 갈등은 양국의 경쟁적이고 대립적인 관계로 인해 나타나는 상호불신의 결과라 볼 수 있다. 미국은 중국의 해킹을 검측하지 못함에도 불구하고 여전히 중국이 미국 기관들을 해킹하

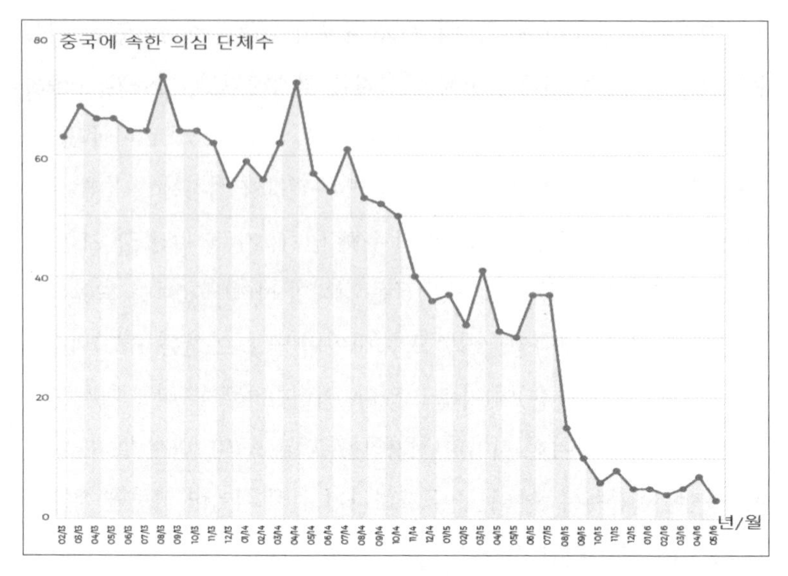

그림 1. 중국에 속하는 의심단체들이 미국에 대한 사이버 공격 (월마다)

출처: FireEye(2016).

고 있다고 주장한다. 한편 중국의 사이버 능력은 미국의 기술력보다 뒤처지고 있기 때문에 미국의 강한 보안 시스템을 해킹하기가 쉽지 않다. 또한 해킹사건이 발생하더라도 중국의 국가적 차원이 아닌 개인범죄일 가능성이 높고, 중국이 아닌 여타 국가들의 소해일 가능성 또한 존재한다.

2. 미·중 사이버 경쟁

국제 사이버 정책센터(International Cyber Policy Center)에서 2016년 나왔던 『아시아-태평양지역 사이버 성숙도』에 따르면 미국이 정부통치력, 금융 사이버 범죄 집행, 군사, 무역, 그리고 사회 5가지 지표에 의한 전체적인 성숙도는 여전히 작년과 같이 1위(88.1점)로 기록하였는데 한국은 한 단계 상승하여 2위이고 중국은 겨우 8위(63.0점)에 위치해 있다. 사이버 영향력은 항상 과학기술의 발전과 연결되어 있다. 1998년 미국이 처음으로 개발한 인터넷 검색엔진 구글(Google)은 오늘날 최대의 인터넷 검색 서비스 회사가 되며 전 세계 60개국 이상에 지사를 두고, 130개 넘는 언어로 인터페이스를 제공하고 있다. 정보(데이터)주권의 핵심부분은 검색주권이라고 볼 수 있다. 전 세계에서 자국 검색엔진을 가진 나라는 미국(구글), 한국(네이버), 중국(바이두), 러시아(얀덱스)와 체코(세즈남) 5개국뿐이다. 그 중에 미국의 구글은 전 세계적으로 가장 널리 사용되고 있는 검색엔진이며, 데스크탑 구글의 세계 점유율은 꾸준히 늘어나고 있고 2016년 10월까지 75.20%를 기록하였다.

중국 검색엔진 바이두는 적절한 언어 알고리즘을 이용해서 국민들에게 더욱 편리한 검색 서비스를 제공하여 국내 과반수의 사용자수를 확보하였다. 그럼에도 불구하고 전문지식과 같이 고급기능을 요하는 검색을 할 경우 구글은 여전히 대체할 수 없는 역할을 하고 있다. "미국은 구글 외에도 2위 사업자인 야후, 4위 사업자인 마이크로소프트사의 빙(Bing) 등 전 세계를 대상으로 검색서비스를 제공하는 '글로벌 검색엔진'을 보유하고 있다"(한국일보 2016/1/26). 특히 구글은 효율적인 검색 알고리즘과 거대한 자본력, 압도적인 데이터 축적 등 실력으로 기타 검색엔진보다 절대적인 우위에 있다.

미국은 2015년 12월 19일 사이버 정보공유법(CISA, Cybersecurity Information Sharing Act)을 공식적으로 발효하였다. 이는 민간분야가 정부와 필요 시 첩보 혹은 정보를 강제로 공유해야 한다고 규정한다. "자국 검색엔진을 보유하지 못한 국가들의 입장에서 구글의 검색시장 점유는 온라인에서 검색어로 표현되는 모든 정보가 구글에 노출되고, 심할 경우 감시 대상이 될 수 있다"(문화일보 2016/3/15). 구글은 사용자들에게 편리를 제공하는 동시에 매우 쉽게 수많은 정보들을 수집하기도 한다. 향후 구글이 다시 중국 시장에 돌아갈 계획이 있기는 하지만 중국은 정보 안정성을 고려하고 있는 관계로 양국이 아직까지 재합의를 달성하지는 못했다.

구글보다 늦은 2004년에 개설된 미국의 유명한 소셜 네트워크 서비스 웹사이트인 페이스북(Facebook)은 미국이 만든 전 세계 사이버 공간을 하나로 연결할 수 있는 또 하나의 성과이다. 페이스북은 월 실사용자 수가 12억 명을 넘었으며(Investopedia 2015/5/1) 페이스북 사용이 금지된 중국, 북한, 이란, 쿠바, 베트남, 시라아, 이집트, 방글라데시, 파키스탄, 모리셔스(Index 2014/2/4)를 제외한 국가와 지역에서 많이 사용하고 있다. 페이스북은 시간과 공간의 한계를 극복하여 일반인들에게 소통을 편리하게 할 수 있도록 하고 인간관계의 구축에 도움이 되지만 개인정보가 노출되는 위험도 동시에 존재하고 있다. 중국은 페이스북, 구글, 아마존 등과 대등한 인인망, 바이두, 알리바바 등 국산 인터넷 산업을 발전시켰다. 무엇보다 국산 검색엔진, 웹사이트, 앱이 중국인의 사용습관과 더욱 어울린다. 사이버 주권을 지키는 것은 반드시 일반 국민들의 편의를 희생하는 것만이 아니라 국민들의 요구를 만족시키는 동시에 국가의 정체성을 확보하면서 국제 영향력을 높일 수 있다.

중국은 자주혁신의 중요성을 인식하고 미국에 대한 기술 도전을 한다. 2015년 슈퍼컴퓨터 순위를 집계하는 'TOP500'에서 중국의 슈퍼컴퓨터 톈허(天河)-2호가 33.86페타플롭(petaflop, 1초당 1천 조회 연산) 속도로 또다시 세계 최강의 슈퍼컴퓨터가 됐으며 2016년 중국은 또다시 자주 개발한 신웨이(神威)는 톈허를 초월하여 1위에 올랐다고 밝혔다(연합뉴스 2015/11/18; 网易新闻 2016/6/20). 중국이 미국과 경쟁을 벌이고 있는 슈퍼컴퓨터 분야에서 6회 연속 최고 성능 1위를 차지하면서 양국 경쟁이 격화하고 있다. 미국은 1위 자리를 되찾기 위해 더 빠른 슈퍼컴퓨터를 개발하는 계획을 발표하였다. 또한 "화웨이는 통신장비시장에서 세계 1위에 올라선 데 이어 스마트폰 시장에서도 지난해 삼성전자 애플에 이어 세계 3위를 기록했다"(조선비즈 2016/6/3; 网易新闻 2017/2/6). 화웨이는 인공지능 기능을 강화한 슈퍼폰을 2020년까지 개발할 것이라고 밝히면서 2021년 삼성과 애플을 제치고 1위에 서는 것을 목표로 하였다(베타뉴스 2017/2/18).

중국 스마트폰 제조사 샤오미는 스마트폰용 칩 제작에 직접 나서고 2017년 3월에 파인콘을 개발하고 있다고 발표하였다. 이를 통해 퀄컴칩에 대한 의존도를 낮추고 스마트폰의 성능을 최적화할 수 있을 것으로 예상된다(아이뉴스24 2017/2/13). 샤오미는 북미과 유럽의 스마트폰 시장에 진출할 뿐만 아니라 최근 스마트폰보다 얇은 "미 TV4" 베젤을 출시할 예정이라고 밝혔다(ZDNet Korea 2017/2/20). 군사 측면에서 중국군의 장비는 미국보다 낙후하였지만 선진국 군대를 이길 수 있는 전투 능력과 현대화 군대를 만들기 위해 기술개발에 집중하고 있다. 미국 국방부 보고서를 따르면 중국은 원거리 무인 항공기를 개발하는 중이고 2023년까지 4만 대 넘게 생산할 것이다(연합뉴스 2015/5/10). 중국은 최근 일어난 4차 산업혁명에 직면하고 있고 국내 첨단기술 개발, 생산 메커니즘 전환, 경제구조 개선 등에 대해 적극적으로 개혁하고 있다. 중국은 이번 산업혁명의 기회를 통해 선진국 진영에 진출하도록 노력하고 있다.

사이버 공간의 불확실성으로 인해 미국은 중국의 의지를 완전히 파악하기 어려워서 항상 중국에 대해 부정적이거나 과도한 평가를 내린다. 2016년 나왔던 RAND 보고서를 살펴보면 미국 입장에서 중국은 핵, 재래식, 우주와 사이버 공간에서 "통합적인 억지 전략(Integrated Strategic Deterrence)"을 실행하고 있다. 중국은 사이버 정보 시스템을 이용함으로써 인민해방군에게 "정보지배권(information dominance)"을 이루도록 돕고 있다(Chase, Chan 2016). RAND는 같은 해 발표했던 다른 보고서에서 중국을 공격적으로 분석하였으며 중국이 위기시기에 사이버 공격을 통해 미국의 중요한 기반시설을 파괴한다는 우려를 표하였다(Harold et al. 2016).

중국은 적극적으로 국가 사이버 안보 전략에 착수하고 있지만 최대한 미국과 정면적인 충돌을 피하고자 한다. 오늘날 미·중 관계는 냉전기 미·소 관계와 달리 끊임없는 군비경쟁으로 국가안정을 지킬 필요가 없는 반면에 다양한 교류 경로를 통해 상대방의 의사와 실력을 어느 정도 파악할 수 있어서 국제 정세에 적절한 외교 전략을 세울 수 있다. 중국은 국내 사이버 공간 정비와 신흥 인터넷 산업 양성에 몰두하고 있고 대표적인 인터넷 산업을 키우기 위해 투자와 혜택정책을 실시하고 있다. 그럼에도 불구하고 중국 인터넷 산업들이 독창성이 상대적으로 부족해서 미국 인터넷 산업보다 정보 보유고와 기술의 발전수준이 낮은 편이다.

미국과 상당한 거리를 두고 있지만, 향후 중국의 BATH, 즉 바이두(Baidu), 알리바바(Alibaba), 텐센트(Tencent), 화웨이(Huawei)는 미국의 FLAG, 즉 페이스북(Facebook), 린킨(Linkin), 아마존(Amazon), 구글(Google)과 경쟁할 시대가 올 것이다. "신흥 인터넷 산업들이 중국 경제발전에서 과학기술의 선도자인 역할을 담당함으로써 전통산업이 쇠퇴한 빈틈을 메울 것이다." 뿐만 아니라 미래 미·중 경쟁은 경제소비로 전이할 가능성이 커서 중국의 방대한 시장은 인터넷 산업 발전의 든든한 뒷심이 되기도 한다(和讯网 2016/8/30).

3. 미·중 사이버 협력

미국과 중국은 사이버 공간에서 일정한 기술과 시장의 상호 보완성이 있기 때문에 협력할 여지가 적지 않다. 그리고 『아시아·태평양지역의 사이버 성숙도 보고서』를 보면 미국이 1위(88.1)이고 중국이 8위(63.0)를 기록하였지만 양국은 모두 사이버 공간에서 양자회담과 다자포럼의 참여도에서 높은 점수(9)를 받았다. 즉 미·중 양국은 지역 및 글로벌 협력에 적극적으로 참여할 의도가 있다는 것이다. 양국 각자의 협력 의지는 미·중 사이버 협력에도 긍정적인 영향을 미칠 것이다.

그렇지만 미국이 여전히 중국의 협력의지를 파악하지 못하고 있다. 양국은 합의된 표준에 따라 행동하는 것이 아니라 각자가 구축한 표준이 있기 때문에 잠재적인 위험을 가져올 수 있다고 미국 학자들이 지적하였다(Harold et al. 2016). 그 중에 한 난제는 미·중 양국이 대화와 협상을 통해 갈등을 해결하기 어렵다는 점이다. 미국 입장에서는 중국이 항상 대화를 회피할 뿐만 아니라 사이버 주권을 지키려고 비합리적인 요구를 강요하는 것으로 인식된다. 미국은 중국과 정상적인 대화를 하기 위해 중국을 적극적으로 인도할 필요가 있고 상황에 따라 중국에게 대화를 회피하는 대가를 치른다는 대책을 마련해야 한다고 주장한다. 중국 입장에서 미국의 행동은 중국을 강제로 미국의 이익에 복종하게 만든다는 수법에 불과하며 미국이 대화를 나누는 성의와 실질적인 협력을 달성하는 결심이 없는 것으로 보인다.

그럼에도 불구하고 미국과 중국이 각자 사이버 지역 협력과 글로벌 협력에 적극적으로 참여하고 있으므로 양자 간 서로 소통과 협상할 기회가 어느 정도 생기기도 한다. 그렇지만 단순히 지역과 글로벌 협력을 통해 미·중 양국의 핵심적인 갈등과 오해를 해결할 수 없다. 즉 양국 협력을 이루려면 양자의 직접적인 대화가 불가결하다. 중국은 미국과 깊이 있는 대화를 원한다는 의지를 표하였다. 미국 대기업들이 중국에서 본사, 연구센터를 여는 것은 중국의 지지를 받고 있으며 중국은 미국의 중소기업까지 받아들일 생각도 있다. 대표적으로 마이크로소프트는 1995년 중국에 진출한 후에 중국 업무가 꾸준히 늘어나는 동시에 중국의 정보기술 산업 발전도 추진시켰다.

2015년 9월 양국 지도자 시진핑과 오바마는 G2정상회담에서 사이버 해킹 방지와 관련 평화협정을 체결하였다. 양국은 서로 상대방에게 오랫동안 해킹을 당하고 있다고 주장하였으며 회담을 앞두고 사이버 해킹 문제를 둘러싼 신경전까지 벌였다(조선비즈 2015/9/26). 그럼에도 이번 정상회담을 통해 양국 지도자는 사이버 문제에 대해 정면으로 논의하게 되었고 사이버 범죄 예방, 지적재산권 보호, 국가규칙 추진, 고위급 공동대화 등 여러 면에서 합의를 이뤘다. 회담이 끝난 후에 양국은 합의된 내용을 행동으로 뒷받침하기 위해 꾸준히 실천해왔고 일정한 성과를 거뒀다. 우선 미·중 양국 간 해킹 사건은 큰 폭으로 줄이는 양상으로 나타나고 사이버 범죄를 공동으로 대처하기 위해 핫라인을 활용하고 있다.

또한 양국 지도자의 직접적인 추진으로 열리게 되는 사이버 범죄 및 관련 문제 등에 대처하기 위한 "고위급 공동대화 메커니즘"을 구축하기로 하였다. 2015년 12월부터 미·중 사이버 안보문제 해결에 대한 논의가 시작되었으며 궈성쿤(郭声琨) 중국 국무위원 겸 공안부장은 제이 존스 미국 국토안보부 장관과 같이 처음 공동대화를 개최하였다(전자신문 2015/12/1). 양국은 "의법, 대등, 탄회, 실무"의 원칙에 의해 사이버 범죄를 공동으로 단속하기로 결정하였다. 양국이 〈사이버 범죄 및 관련 문제에 대처하는 지도원칙〉에 관한 합의를 달성하면서 사이버 범죄 단속하는 경험을 교류할 뿐만 아니라 서로 연합함으로써 공동으로 사이버 범죄를 대처하기로 하였다(新浪新闻 2015/12/2).

2016년 6월 14일에 2차 고위급 공동대화는 베이징에서 열렸고 2016년 내에 3차 회의는 워싱턴에서 개최하기로 예정하였다. 2차 대화를 통해 미·중 양국이 합의 7개, 즉 탁상 연역, 핫라인 연락 메커니즘, 사이버 보호, 정보공유, 사이버 범죄 억제, 미·중 사이버 공간에서 국제 규칙에 관한 고위급 전문가 회의, 제3차 고위급 대화(『搜狐新闻』 2016/6/15)를 달성해서 미·중 사이버 협력이 또다시 새로운 단계에 들어섰다. 그리고 2016년 12월 7일에 계획대로 3차 고위급 공동대화는 워싱턴에서 개최하였으며 이 대화를 통해 미·중 양국은 대화 메커니즘의 중요성, 필요성을 인정하고 향후 미·중 사이버 공간에 여러 영역의 협력을 강화하는 것에 대한 합의를 달성하였다. 양국은 사이버 범죄 예방, 사이버 안전 협력, 정보공유 등 영역에서 지속적으로 협력해왔으며, 이는 상호 존중하고 윈윈하는 신형강대국관계를 구축하는 데 효과적이다(中国教育和科研计算机网 2016/12/8). 그리고 공동대화는 단순한 형식이 아니라 양국은 공동으로 사이버 테러와 이메일 피싱 범죄를 단속함으로써 국가와 국민들의 실질적인 이익을 보장한다. 이번 대회에서 양국은 2017년 중국에서 제4차 대화를 여는 것을 합의하기로 하였다.

오늘까지 사이버 범죄 및 관련 문제 고위급 공동대화 메커니즘은 지속적으로 진행되어왔고 향후 경쟁과 협력이 공존하는 역적역우적인 미·중 관계를 기대해도 될 것이다. 사이버 범죄는 국민과 국가에게 큰 피해를 입히게 되었는데 이런 범죄들이 초국경적인 성격이기 때문에

한 국가의 힘만으로 쉽게 해결하지 못한다. 미·중 양국의 협력은 양국의 안보문제 해결, 경제발전, 국가 및 국민들의 개인정보 보호, 더 나아가 전 세계의 안전과 평화까지 중요한 역할을 하게 될 것이다.

사이버 안보는 미·중 양국의 핵심 이익과 직접적으로 연관된 안보문제가 되었기 때문에 미·중 신형강대국관계를 실현하는 데 중요한 요소이기도 하다. 양국은 "충돌하지 않고 대항하지 않으며, 상호존중하면서 상생협력"(网易科技 2015/9/21)적인 사이버 이념을 지키면서 사이버 안보 문제를 해결하도록 모색하고 있다. 블루스 맥커너히 미국 동서방연구소 고급 부총재는 미래 더욱 복잡한 사이버 테러문제를 해결하려면 각 국가 간 협력이 필요할 뿐만 아니라 정부부서와 개인부문이 공동으로 테러를 대응하면서 사이버 범죄를 추적해야 한다고 밝혔다(中国军网 2016/11/11). 사이버 영역은 한 국가가 주도하는 공간이 아니라 여러 국가들이 공존하는 공간이 되어야 한다. 사이버 자원은 인류사회의 공통적인 자원으로 많은 국가들의 관심과 참여가 사이버 안전과 발전에 매우 중요하다. 최근 미국 동서방연구소와 중국 인터넷협회는 공동으로 전 세계 스팸 메일과 악성 소프트웨어의 위험을 줄이기 위해 대안을 만드는 중이며 미·중 사이버 전문가들도 자주 만나서 미·중 사이버 안보문제들을 해결하도록 토론을 진행하고 있다. 양국은 실질적인 협력보다 아직 표면적인 협상 단계에 머무르고 있지만 사이버 충돌을 예방하는 데 긍정적인 효과가 있다.

IV. 중국의 사이버 안보의 국제협력과 외교

2016년 11월 16일 제3차 글로벌 사이버 대회 개막식에서 시진핑 주석은 생방송을 통해 중국의 사이버 안보 이념과 미래의 꿈에 대해 발표하였다. 중국은 국제사회와 같이 인류의 공동복지를 이루는 것을 목표로, 동시에 사이버 주권이념을 지키면서 공정한 글로벌 사이버 거버넌스를 실현하도록 노력할 것이며 사이버 공간의 평등, 존중, 혁신, 발전과 안전을 추진할 것이라고 하였다. 시진핑 주석은 "사이버 공간에서 명확한 국경이 없어서 사이버 자원을 최대한 이용하고 관리하며 발전시키기 위해 사이버 공간의 국제 협력을 심화시키면서 '사이버 공간 운명 공동체(网络空间命运共同体)'를 구축하도록 국제사회와 손을 잡고 함께 행동해야 한다"(凤凰科技 2016/11/16)고 말하였다.

사이버 공간 운명 공동체를 구축하려면 법을 보완하는 동시에 각국 사이버 공간에서 평등한 발전 권리와 거버넌스 권리를 지킴으로써 다자적인 민주와 투명한 글로벌 사이버 거버넌스 체계를 만들어야 한다. 국가들이 사이버 공간에서 공통적인 규칙을 준수하는 것은 안정한 사이버 질서를 만드는 데 도움이 되기는 하지만 지금 실제적인 국제형세를 고려한다면 아직 실현하기가 어려울 것이다. 국가 간 다른 국정, 문화 및 경제 발전 수준으로 인해 사이버 공간의 발전 방식과 속도가 다를 수밖에 없다. 이런 배경에서 공동 발전을 이루기 위해 "화이부동(和而不同)"을 전제로 해야 할 것이다. 각국들이 반드시 같은 규칙과 이념을 준수할 필요 없이 형식이 다르더라도 국제 사이버 협력구조를 여전히 이룰 수 있는 것이다.

11월 18일 발표한 〈2016년 세계 사이버 발전 우전리포트〉에 따르면, 전 세계 인터넷 사용자 수는 2015년에 32억 명에서 2016년에는 35억 명으로 성장하였으며 전 세계 인터넷 보급률이 47.1%에 달했는데 여전히 과반수 사람들이 인터넷을 사용하지 못하는 상태이다(网易新闻 2016/11/18). 인터넷을 접하지 못하는 인구는 대부분 개발도상국이나 저개발국가의 국민이다. 중국은 지역격차와 빈부격차로 인해 내륙 농촌지역에서 인터넷 보급률이 상대적으로 낮은 편이다. 사회 전체적인 편리를 생각하면서 국내 인터넷 산업들이 국제교류와 협력에 참여해야 한다. 국경을 넘어서 선진국이 저개발국의 인터넷 산업과 협력한다면 더 많은 사람에게 인터넷을 사용하게 만들 뿐만 아니라 저개발국의 넓은 잠재적인 시장을 개발할 수도 있다. 또한 협력을 통해 각 국가 간 다른 이념으로 인해 생긴 오해를 해소할 수 있어서 영향력 확대에도 도움이 된다.

1. 양자 및 삼자 협력

미·일, 한·미, 영·미는 이미 사이버 협력관계를 형성하고 있으며 중국도 양자 및 삼자 협력을 추진하기 시작하였다. 2016년 4월 27일 중국 사이버 공간 안보 협회와 러시아 안보 사이버 연맹이 공동 주최한 "제1차 중·러 사이버 공간 발전과 안보 포럼"은 모스크바에서 개최되었다. 양국은 중·러 정보통신 기술의 협력 전망을 중심으로 사이버 안보, 개인 프라이버시 보호, 사이버 범죄 방지 등 여러 의제를 토론하였다(新华网 2016/4/28). 중·러 양국은 인터넷 산업에서 서로 보완적인 부분이 존재하기 때문에 급속한 발전을 이루고 있다. 오늘날 중국의 전자상거래는 급속히 발전하고 있는데 러시아에서 아직 국제적인 인터넷기업이 없다. 중국의 화웨이와 알리바바 등 산업들이 러시아에 진출하고 있는 동시에 러시아도 대표적인 본토 인터넷 산업을 키우기 위해 중국과 경험을 교류하고 있다. 사이버 안보는 이미 중국과 러시아의 국가전략 중에 중요한 구성부분이 되었다. 양자는 국내 사이버 역량을 키우고 미국과 다른 규칙을 만드는 동시에 전략적인 연합도 구축하고 있다. 2016년 6월 25일 시진핑 중국주석과 푸틴 러시아 대통령은 정보화 사이버 공간의 발전을 촉진시키기 위해 공동성명을 체결하였다. 양국은 정보간섭을 반대하며 다른 국가들의 고유한 문화전통과 사회이념을 존중하고 인정하는 것을 제창한다. 즉 사이버 주권원칙을 존중하는 전제 아래 국가들의 사이버 안전과 발전의 요구를 만족시키는 것을 지지함으로써 국제연합이 규정한 보편적인 국제규칙 테두리 안에서 공통적으로 평화, 안전, 개방, 협력한 정보화 사이버 공간을 구축하도록 행동할 의지를 표하였다(外交部 2016/6/26).

사이버 공간에서 아직 정보유출, 저작권 침해, 도용, 테러 등 여러 문제가 존재하고 있기 때문에 국가 하나의 힘으로만 안정한 사이버 공간을 구축하기 불가능하다. 중국과 러시아는 전 세계의 권력 분배에서 공동의 이익을 가지고 있어서 주권이 있는 사이버 공간을 만드는 데 상호 협조하고 있다. 양국은 사이버 주권을 주장하고 있으며 사이버 공간의 정보자원들을 국가의 다른 물질적인 자원과 마찬가지로 국가의 소유로 간주하고 있다. 그러므로 중·러는 미국을 중심으로 하는 서방 국가들의 자유로운 정보사용을 반대한다. 중·러 공동성명은 양국이 사이버 공간에서 기술혁신, 경제발전, 문화소통 등 여러 측면에 협력의 기초가 될 것이다. 양국은 유엔 정부 전문가 그룹(UNGGE)을 통해 사이버 주권이념을 국제사회에서 알리도록 하고 있으며 미국식 사이버 이념과 공존할 수 있는 대안을 모색하고 있다. 오늘 세계는 다자주의 사회이지만 국가마다 본국의 이익을 최우선시 하고 있다. 같은 이익을 가진 국가들이 항상 새롭게 나타난 영역에서도 같은 진영에 들어갈 경향이 있다.

중·러 간의 협력뿐만 아니라 중국은 아시아·태평양 지역 국가들과 사이버 안보에 대한 의견 교류를 바탕으로 구체적인 합의와 협력을 이끌고 있다(정종필 2016). 동북아 대표국가인 한·중·일 3국은 2015년 10월 2차 사이버 정책협의회를 열었으며 사이버 위협을 포함한 사이버 안보 환경, 사이버 공간상 국제규범 및 신뢰구축조치, 사이버 범죄 및 사이버 테러 등 3국 간 협력 가능분야(통일뉴스 2015/10/14) 등의 의제를 논의하였다. 한·중·일은 같은 지역에 있는 국가로서 공통적인 문화적 전통을 갖고 있으므로 사이버 공간에서 상호신뢰를 쌓는데 유리하다. 협의회는 각국의 사이버 정책 및 경험 등 정보공유를 통해 구체적인 협력방안을 모색하는 계기를 제공하였다. 그럼에도 불구하고 3국 사이버 협력의 수준이 아직 낮은 수준에 머무르고 있다. 특히 미일동맹을 고려한다면 중국은 일본과 실질적인 사이버 정보 공유와 협력을 이루기가 매우 어려울 것이다. 뿐만 아니라 한국도 자국의 이익을 최우선이라 항상 미국과 중국 간에 한국을 중심으로 하는 네트워크를 구축하도록 행동하기 때문에 중국과 불신을 완전히 없애지 못한다. 이로써 3국은 사이버 테러나 범죄를 대비하기 위해 기술 측면에서 어느 정도 협력이 존재하기는 하지만 신뢰가 부족하기에 국가 전략 측면에서 서로 경계하기도 한다.

그렇지만 중·일보다 한·중은 사이버 협력에서 일정한 성과를 이뤘다. 한미동맹에도 불구하고 한국과 중국이 지리적인 인접성 때문에 양국은 사이버에 관한 여러 소통과 외교활동을 진행하고 있다. 2015년 10월 베이징에서 한국 미래창조과학부는 중국 정보화 정보보호를 포함한 정보통신기술 분야 정책·규제·감독 기관인 공업신식화부와 "한·중 사이버 보안 국장급 협력회의"를 개최하였으며 2016년 12월 제2차 한·중 사이버 안보 포럼을 개최하였다. 이를 통해 "사이버 침해사고 대응 및 정보공유, 주요 기반시설 보호, 보안 산업 진흥 등 주요 정책과 공동 관심 현안에 대한 협력방안을 논의하였다"(연합뉴스

2016/12/20). 포럼에서 정부 간 공동 모의훈련에 대한 논의를 할 뿐만 아니라 "한국 안랩, SK인포섹 등 보안기업과 중국의 차이나 텔레콤, 차이나 모바일, 알리바바, 바이두, 텐센트 등 인터넷 기업도 참여하여 보안 이슈와 대응 전략 마련에 머리를 맞댄다"(전자신문 2016/12/20).

한·중 양국은 사이버 공간에서 협력을 하고 있음에도 불구하고 중국은 미국을 견제하기 위해 북한과 협력관계도 어느 정도 유지하고 있다. "플래시포인트" 동아시아 연구 담당 이사 겸 애널리스트인 존 콘드라는 북한의 사이버범죄 조직은 중국의 지원을 받으며 심지어 중국내에서 운영되고 있다고 하였다. 한국이 북한의 도발을 대비하여 취하는 군사 전략은 중국 입장에서 중국의 안전을 위협할 수도 있을까 해서 중국을 북한과 같은 전선에 서 있게 한다. 북한은 한국을 해킹하는 동시에 중국은 한국의 의도를 파악하기 위해 북한과 정보 공유할 가능성이 완전히 없지 않을 것이다. 한반도의 안정은 중국의 안정에도 매우 중요하기 때문에 중국은 남북한과 모두 협력할 생각이 있다. 그렇지만 남북 간 심한 갈등으로 남·북·중 3국관계는 아직 불안정하다.

2. 기타 지역 협력

사이버 공간의 복잡성과 불확실성으로 인해 한두 나라만으로는 해결하지 못하는 난제들이 많다. 따라서 같은 지역 국가들이 공통적인 이익을 확보하기 위하여 다양한 지역 몇 다자협력까지 모색하게 되었다. 다양한 지역협력기구들은 사이버 안보에 관한 협상테이블을 마련해준다. 중국은 상하이 협력기구(SCO), 아세안 지역 안보포럼(ARF), 아시아·태평양 경제 협력체(APEC) 및 아프리카까지 적극적으로 사이버 협력체를 구축하고 있다.

상하이 협력기구는 중국, 러시아, 우즈베키스탄, 카자흐스탄, 키르기스스탄, 타자키스탄 6개국이 2001년에 설립한 국제기구이다(上海合作组织 홈페이지). 2015년 7월에는 인도와 파키스탄이 회원국이 되었고, 아프가니스탄, 이란, 몽골, 벨라루스가 준회원국으로 활동하게 되었다. 상하이 협력기구의 회원국들 대다수는 개발도상국이고, 중국은 주도적인 역할을 담당하고 있다. 상하이 협력기구는 처음으로 중국이 적극적으로 제안하여 설립된 국제기구이다. 또한 이 기구는 중국의 도시명을 지닌 국제조직으로 현재 2개의 상설기구를 보유하고 있으며 베이징의 비서처와 우즈베키스탄의 수도 타쉬켄트에 대테러본부를 두고 있다. 참여국들이 정치, 경제, 과학, 문화, 교육, 에너지 등 다양한 영역에서 협력함으로써 지역 안정과 평화를 추진한다는 것이 이 기구의 목표이다. 중국과 러시아는 상하이 협력기구를 통해 다른 국가들과 안보 인식을 공유하고 국제사회에서 명성을 높이고자 한다.

정보화 시대에 들어서 성원국들은 사이버 안보의 중요성을 인식하게 되었고, 그 결과 "정보 보호 및 사이버 테러" 억제에 대한 합의를 달성하였다. "2015년 10월 협력기구 성원국 주관기관은 처음으로 사이버 테러를 겨냥해서 중국 푸젠성(福建省) 샤먼시(厦门市)에서 '샤먼-2015' 사이버 반테러 훈련을 전개하였다"(公安部网站 2015/10/19). 이러한 반테러 훈련은 사이버 주권 원칙을 부각시키고, 각 국가들이 자국의 법률에 따라 국내 사이트에서 발견한 테러정보를 분석함으로써 사이버 범죄자를 추적하기 위함이다. 또한 러시아, 파키스탄 등 상하이 협력기구 참여국들은 우전에서 개최한 글로벌 인터넷 대회에도 참여하고 있다. 중국과 러시아 등의 참여국들은 회의와 협력체를 통해 서구 국가가 주장하는 것과는 다른 사이버 주권 이념을 글로벌 사이버 영역에서 더욱 알리고자 한다.

아세안 지역 안보포럼은 아 · 태지역의 평화와 안정을 추구하기 위해 아 · 태지역 내 정부 간 안보문제를 정기적으로 논의하여 대화와 협의를 통한 지역 현안을 해결하도록 한다. 참여국은 아세안 10개국을 중심으로 중국, 미국, 한국, 일본 등 아세안 대화 상대국 10개국과 기타 7개국이다. 이 포럼은 주로 대테러, 초국가범죄, 군축, 비확산 등 안보문제에 대해 논의해왔지만, 정보화의 급속한 발전에 따라 각 국가들이 정보 기반 시설 보호의 중요성과 지역 협력을 강조하게 되었다. 이에 따라 2012년 19회 포럼에서 각 국가 외교부 장관들은 "사이버 안보 보장 협력 성명서"를 채택하였다. 중국은 비록 아세안 회원국은 아니지만 포럼에 적극적으로 참여하고 사이버 범죄 및 테러를 예방하도록 대안을 모색하고 있다.

2014년 9월 중국 국가 인터넷 판공실과 광서장족자치구(广西壮族自治区) 인민정부는 공동으로 제1회 중국-아세안 사이버 공간 포럼을 개최하였다. 이 포럼은 "발전과 협력"을 중심으로 진행되었으며, 중국과 아세안 국가들이 사이버 공간을 더욱 중시하게 된 계기를 마련하였다. 중국은 2020년까지 핵심 기술의 선진화를 달성하고, 정보산업의 국제 경쟁력을 높이며, 정보화를 통해 국가 현대화를 추진하고자 한다. 인터넷 국제 출구브로드밴드는 20Tbps에 달함으로써 육상 · 해상 신 실크로드의 실시와 운영을 받치도록 할 것이며, 중국-아세안 정보센터를 설립하여 아세안 국가들과 정보통신으로 연결되는 인터넷 실크로드를 구축하도록 할 것이라고 밝혔다(新浪网 2016/7/27). 중국-아세안 정보센터는 향후 해상 실크로드의 중요한 정보 허브가 될 것이고 중국과 아세안 국가들의 소통과 무역발전에 매우 중요해질 것이다.

아시아 · 태평양 경제 협력체는 아시아 · 태평양 연안 국가들의 원활한 정책 공조와 협의를 이루기 위해 회원국들이 자발적으로 참여하여 매년 정상회의를 개최하고 있다. APEC는 개방적인 지역주의와 역내 무역·투자 자유화, 경제·기술협력을 통한 공동 번영을 목표로 하고 있다. 2000년에 들어 APEC는 정보기술의 중요성을 인식하고 브루나이 반다르세리베가완 회의에서 정보기술을 중심으로 하는 새로운 경제 발전 방식의 중요성을 강조하면서 〈신경제행동의정〉을 통과시켰다. 2001년 10월 제9회 각국 정산 간의 비공식회의는 중국 상하이에서 개최되었고 장쩌민(江泽民)이 회의를 주재하였다. 회담 참여자들은 9·11테러사건이 경제발전에 미친 영향과 인력자원 건설 그리고 APEC 향후 발전 방향 등 다양한 의제에 관한 의견을 서로 교환하였다. 또한 정보화 시대에 발맞춘 〈디지털 아시아·태평양 경제 협력체 전략〉을 통과시켰다.

APEC전자상무 공상연맹 인터넷 금융위원회는 대폭적으로 성장하고 있는 전자상거래를 안정화시키고, 올바른 인터넷 질서를 지키기 위해 새로이 설립되었다. 이 위원회는 인터넷 금융 기업의 발전을 돕는 비영리 단체이고, 현재 중국에서 시험적으로 운영되고 있다. 2016년 6월 제6차 APEC전자상거래 기업동맹 포럼(APEC E-Commerce Business Alliance Forum)은 중국 푸젠성(福建省) 진장시(晋江市)에서 개최되었고 국경 간 전자상거래는 각 국가의 무역 발전에 영향을 주는 "일반특혜"에 대해 토론하였다. APEC는 비구속적 이행을 원칙으로 공동 번영을 이루기 위해 다자적인 메커니즘을 구축하는 것을 목표로 한다. 국경 간 전자상거래는 거래, 기술, 통관, 법률, 세수, 데이터 프라이버시인증 등 여러 측면에서 안정화되어 있지 않기 때문에 일반특혜에 대한 합의는 장기적인 경제발전에 중요할 것이다. 중국은 현재 국가 간 전자상거래에 관심을 가지고 있고, 아태지역에서 경제적 영향력을 확대시키고자 하기 때문에 APEC 참여국들과 새로운 규칙을 수립하고자 노력하고 있다.

오늘날 사이버 안보는 국가 안보의 중요한 구성 요소가 되었고 전자상거래는 경제발전의 중요한 부분이 되었다. 중국은 육상 · 해상 신 실크로드의 구축을 위해 주변국인 아세안과 APEC참여국과 새로운 규칙에 대해 논의하고 있을 뿐만 아니라 아프리카 국가들과도 협력하고 있다. 중국의 대 아프리카 원조는 1990년대 후반부터 꾸준히 큰 폭으로 증가해오면서 오늘날까지 지속되고 있다. 아프리카는 중국의 중요한 전략 파트너이기 때문에 정보화 시대의 사이버 영역에도 협력할 여지가 많다. 2016년 11월 17일 중-아 인터넷 협력 포럼은 우전에서 개최되었다(央视网 2016/11/18). 아프리카의 기술 발전 수준은 여전히 매우 낮은 상태이기 때문에 인터넷은 여전히 널리 보급되지 않는 상태이다. 마오쩌둥 시기에 중국이 미국을 중심으로 하는 자본주의 진영에 대항하기 위해 아프리카 국가들과 외교관계를 맺어 지지를 얻으려 했던 것처럼 중국은 더욱 많은 국가들로부터 사이버 주권 이념을 인정받기 위한 차원에서 아프리카에 대한 기술 원조를 적극적으로 진행하고 있다.

3. 국제규범 참여 외교

대부분의 서구 선진국들이 미국이 주도하는 이해당사자 사이버 이념을 따르고 있는 반면에 중국이 주장하는 사이버 주권 이념에 대해 상대적으로 덜 친숙하다. 따라서 중국은 사이버 양자 및 삼자 협력, 지역 협력에 적극적으로 참여하는 것은 물론 국제기구 내에서의 사이버 안보와 관련한 활동에도 적극적으로 나서고 있다. 2001년 유엔 총회 결의안에서 러시아는 정보 안보 영역에서의 잠재적인 위협에 대해 논의하고 협력 방안을 마련할 것을 목표로 하는 15개 국가의 전문가들로 구성된 정부 전문가 그룹(Group of Government Experts)의 설립을 제안했고, 그 결과 2004년에 GGE가 설립되었다(정종필 2016). UNGGE를 통해 중국은 사이버 주권 이념의 합리성을 국제사회에 알리고 특히 사이버 후발국들의 국가 이익을 대변하여 국제사회의 주목을 받고자 한다. 이는 사이버 패권국인 미국이 주장하는 주요 사이버 표준과 다르지만 자국에 유리한 합의를 달성하기 위해 유엔을 통해 단계적 성과를 이루도록 노력하고 있다.

중국은 GGE 활동을 주도하고 있는 러시아와 함께 활동하면서 제1차회의부터 제5차회의까지 참여해오고 있다. 1차에서는 각 국가들의 의견 불일치로 합의를 도출하지 못하였지만, 2차회의와 3차회의에서 실질적인 성과를 이루지 못했음에도 불구하고 유엔 총회에 보고서를 제출하였다. 그리고 4차회의에서는 사이버 주권, 내정불간섭 등 원칙을 준수해야 한다는 보고서까지 제출하였다. 푸총(傅聪) 중국 정부 전문가 겸 외교부 사이버사무협조원은 4차회의에서 중국의 입장을 발표하였다. "사이버 공간에서 주권 원칙을 반드시 준수해야 하고 사이버로 침략이나 군비경쟁을 방지해야 한다"고 지적하였다(人民网 2014/7/26). 보고서는 법적 구속력이 없지만 중국이 주장하는 사이버 이념을 선진국을 비롯한 여타 국가들에게 알린다는 의미가 있다. "2016년 7월 중국과 유엔 공동으로 개최한 사이버 안보 국제세미나는 베이징에서 진행되었으며 20여 국가, 유엔기구, 국제조직 등 총 80여 대표들이 참여하였다"(新华网 2016/7/12). 유엔에서 중국은 미국과 다른 목소리를 냄으로써 최대한 자국의 이익을 지키고자 한다. 국제기구를 통해 중국이 얼마나 실질적인 성과를 얻을 수 있는지 확실하지는 않지만, 다른 국가들과의 협의를 통해 평화적인 방식으로 국가 간 불신을 해소하는 데 유리할 것으로 예상된다.

세계 사이버 공간 총회(Conference on Cyberspace)는 사이버 공간의 규범과 현안을 포괄적으로 논의하는 국제회의이다. 이 회의는 2011년 1차 런던, 2012년 2차 부다페스트, 2013년 3차 서울, 그리고 2015년 4차 네덜란드에서 열렸다. 회의의 참여국들은 사이버 발전으로 인해 경제발전과 인류사회의 공동 진보에 가져온 긍정적인 영향을 인정하는 동시에 사이버 공간에서 벌어진 범죄와 테러 사건도 무시할 수 없다고 강조하였다. 인터넷을 이용한 모든 범죄행위에 대해 상세한 규정을 두고, 이를 처벌하도록 한 최초의 국제조약인 부다페스트 조약이 발효되었다. 그렇지만 여전히 사이버 범죄를 관리하는 공동의 행동 수준이 상대적으로 낮은 편이다. 즉 각 국가들이 사이버 공간의 위협을 해결하는 것을 목적으로 하지만 구체적으로 어떻게 대처해야 하는지 아직 합의를 도출하지 못하는 것이다. 중국은 2011년부터 사이버 공간 총회에 꾸준히 참여해왔고, 사이버 공간에서 미국과 중국이 모두 받아들일 수 있는 포괄적인 규칙을 합의하고자 많은 노력을 기울이고 있다. 하지만 회의에서 미국, 영국 등 서방 국가들은 암묵적으로 중국을 해킹의 가해자로 보고 있고, 사이버 자원은 국가 정부가 관리해서는 안 된다고 주장하고 있다(李澄 2011). 중국은 사이버 영역의 후발국으로서 인터넷 사용자가 급속히 증가하는 단계에 처하고 있기 때문에 여전히 보이지 않는 많은 변수들이 존재하고 있다. 따라서 국가의 관리 없이 자유방임적인 방식이라면 중국 사이버 공간은 더욱 혼란에 빠지게 될 것이다.

미국이 사이버 기술 개발 및 표준화에 있어서 우위를 선점하고 있는 현상황에서 중국이 영향력을 확대하기란 쉽지 않다(정종필 2016). 국제 인터넷 주소관리기구(Internet Corporation for Assigned Names and Numbers)는 비영리 기관이지만, 미국의 주도 아래 국제적으로 인터넷 도메인 이름을 제공하거나, IP주소 번호를 부여하는 등의 기능을 한다. 중국은 사이버 공간에서 자주성과 안전성을 높이기 위해 독자적으로 국산 도메인을 사용하고 있다. 『중국 인터넷 발전 현황 통계 보고서』에 따라 2015년 말까지 중국의 IPv4 주소는 3.37억이고 도메인 네임은 3102만에 달하였다. 그중에 "CN" 도메인 수는 총 도메인의 반을 넘어서 52.8%를 자치하여 1636만이 기록되었다. 이렇게 중국은 국내 도메인을 사용하는 것뿐만 아니라 미국과 표준 경쟁을 하기 위해 국제전기통신연합(International Telecommunication Union)에서의 영향력을 높이고자 한다. 중국은 1972년 ITU행정 이사회 27차 회의에서 합법적인 신분을 회복하여 그 이후로 꾸준히 활동해왔다. 2000년과 2002년 ITU와 중국 정부는 함께 홍콩에서 "아시아 전기통신 전람회"를 개최하였으며, 2014년에는 자오허우린(赵厚麟)이 ITU 사무총장으로 당선되어 중국이 향후 ITU 통신 정책의 결정 과정에서 영향력이 높아질 것이라고 예상할 수 있다.

V. 결론

사이버 안보가 신흥안보 이슈로 부상함에 따라 국가마다 사이버 공간의 안전을 확보하기 위해 적극적으로 전략을 구축하고 있다. 미국의 초국적 시민사회가 주도하는 다자적인 "이해당사자주의"와 대비하여 중국은 사이버 주권을 중심으로 민간단체, 기업 및 시민들의 힘을 동원하여 민본 이념을 실현하는 추진체제와 법제화를 이루고 있다. 미국은 중국이 해커부대를 만듦으로써 미국의 무역과 기술 정보를 빼내고 있을 뿐만 아니라 미국에 대항하기 위해 사이버 공간에서 공격과 억지 전략을 취하고 있다고 지적하는 반면에 중국은 지속적인 경제발전과 기술 측면의 자주혁신을 중시한다고 밝히고 있다.

비록 양국은 모두 대화를 통해 갈등을 해결할 의지를 보이고 있기는 하지만, 사실상 경쟁관계에서 벗어나지 못하고 있다. 미국은 사이버 공간에서 오랫동안 패권적인 지위를 차지해 왔으며 중국을 미국이 만든 기존의 사이버 규범질서에 편입시키고자 한다. 그렇지만 중국은 자국의 신흥 인터넷 산업들을 키우기 위해 잠재적인 국가 인터넷 시장을 보호하고 있다. 이 때문에 사이버 공간에서 패권적 지위를 유지하고 이를 확장시키려는 미국의 전략과 자국의 인터넷 산업을 보호하려는 중국의 전략 간에 충돌이 발생한다. 뿐만 아니라 양국은 모두 상대국가가 주도하는 해킹을 당하고 있다고 판단하고 있다.

그럼에도 불구하고 미·중 양국 간 협력을 이룰 가능성이 없지 않다. 과거에 양국이 해킹을 얼마만큼 했는지 정확한 수치를 파악할 수 없지만 최근 들어 양국 간 해킹 시도는 꾸준히 줄어들고 있다는 보고가 존재한다. 중국은 "자주혁신"의 계획을 세우고 과학기술을 개발하는 데 있어 단순히 미국을 따라가는 것이 아니라 스스로 독창적인 첨단 기술을 개발하고 있다. 이는 미·중 양국 간 긴장관계를 완화시켜서 향후 건설적인 경쟁관계와 협력관계를 만드는 데 긍정적인 영향을 미칠 것이다. 양국은 서로 상이한 표준에 의거해 행동하고 있지만, 여전히 대화와 협력은 가능할 것이다. 한 번의 시도를 통해 양국 간에 합의를 달성하는 것은 어렵지만, 점진적인 협상을 통해 상호간의 의도를 파악하면서 단계적인 협력을 실현하는 것은 불가능한 일이 아니다. 경쟁과 협력은 공존할 수 없는 것이 아니며 협력 속에서 경쟁 또한 존재할 수 있다. 실질적으로 경쟁과 협력은 동태적인 균형 상태에 있는 것이다. 경쟁은 인류사회의 과학기술의 진보를 촉진시키는 동시에 협력은 지역 및 글로벌 질서의 안정을 유지시킬 수 있다. 미·중 양국은 미래 "역적역우"적인 신형 강대국 관계를 맺고자 계속 노력하고 있다.

또한 중국은 양자 및 다자 협력에 적극적으로 참여하고 있다. 중·러 양국은 공동의 이익을 확보하기 위해 사이버 공간에서 협력관계를 맺어 국제 영향력을 확대하도록 한다. 한·중 및 한·중·일의 사이버 협력 수준은 아직 상대적으로 낮은 수준이지만, 동북아의 평화로운 국제관계를 만드는 데 긍정적인 역할을 하고 있다. 뿐만 아니라 중국은 상하이 협력기구, 아세안 지역 안보포럼, 아시아·태평양 경제 협력체 및 아프리카 등 지역 협력에도 참여하고 있다. 이를 통해 중국은 자국이 주장하는 사이버 이념을 더욱 많은 국가들에게 인정을 받고자 한다. 이와 동시에 유엔 GGE, 사이버 공간총회, 국제전기통신연합, 국제 인터넷 주소 관리 기구에서 광범위하게 활동함으로써 중국에게 유리한 국제규범을 구축하고자 노력하고 있다.

참고문헌

김관옥. 2015. "미중 사이버패권경쟁의 이론적 접근." 『대한정치학회보』 23(2), pp. 231-255.

김상배. 2014. "사이버 안보 분야의 미·중 표준경쟁: 네트워크 세계정치학의 시각." 『국가정책연구』 28(3), pp. 237-263.

______. 2015. "사이버 안보의 미중관계: 안보화 이론의 시각." 『한국정치학회보』 49(1), pp. 71-96.

김인중. 2013. 『사이버 공간과 사이버 안보』 글과생각.

장노순. 2014. "사이버무기와 안보딜레마의 전이." 『국제지역연구』 17(4), p. 379.

정종필. 2016. "중국의 사이버 안보 전략과 국제협력." 『사이버 안보의 국가전략 국제정치학의 시각』 서울대학교 국제문제연구소, 국가보안기술연구소, pp. 111-130.

조화순·나하정. 2015. "사이버공간의 국제레짐과 미·중 패권경쟁." 2015여수하계학술대회.

汪晓风. 2015. "美国网络安全战略调整与中美新型大国关系的构建." 『现代国际关系』 第6期. 17-24.

杜志朝. 2015. "论网络主权与网络安全的关系." 北京交通大学国际法专业. 硕士论文.

季澄. 2011. "伦敦国际网络空间大会." 『国际资料信息』 第12期. 39-42.

王婧. 2015. "美国对中国网络战能力的评估与对策." 『四川师范大学学报(社会科学版)』 Vol. 42 No. 2.

田立加, 王厚光. 2015. "中国网络空间安全现状研究." 『山西大同大学学报(社会科学版)』 Vol. 29 No. 2.

ASPI. 2015. *Cyber Maturity in the Asia-Pacific Region*. International Cyber Policy Center.

______. 2016. *Cyber Maturity in the Asia-Pacific Region*. International Cyber Policy Center.

Chang, Amy. 2014. *Warring State China's Cybersecurity Strategy*. Center for a New American Security. https://cryptome.org/2014/12/chinas-cybersecurity-strategy-china-file-14-1205.pdf (검색일: 2017/1/25).

Chase, Michael S., Arthur Chan. 2016. *China's Evolving Approach to "integrated Strategic Deterrence."* RAND Corporation, Santa Monica, Calif.

Clark, Richard. 2011. "China's Cyberassault on America." *Wall Street Journal*, June 15.

FireEye. 2016. *Redline Drawn: China Recalculates Its Use of Cyber Espionage*. https://www.fireeye.com/content/dam/fireeye-www/current-threats/pdfs/rpt-china-espionage.pdf (검색일: 2017/1/25).

Hannas, William C, James Mulvenon and Anna B. Puglisi. 2013. *Chineseindustrial espionage: technology acquisition and militarymodernization*. New York: Routledge.

Harold, Scott Warren, Martin C. Libicki, Astrid Stuth Cevallos. 2016. *Getting to Yes with China in Cyberspace*. RAND Corporation, Santa Monica, Calif.

Lindsay, Jon R. 2015. "The Impact of China on Cybersecurity: Fiction and Fiction", *International Security*, Vol. 39 No. 3. pp. 7-47.

Lindsay, Jon R., Tai Ming Cheung and Derek S. Reveron. 2015. *China and Cybersecurity: Espionage, Strategy, and Politics in the Digital Domain*. Oxford University Press.

Mandiant APT1. 2013. *Exposing One of China's Cyber Espionage Units*. http://intelreport.mandiant.com/Mandiant_APT1_Report.pdf (검색일: 2017/1/25).

Mearsheimer, John J. 2001. *The Tragedy of Great Power Politics*. New York: Norton.

Posen, Barry R. 1984. *The Sources of Military Doctrine: France, Britain, and Germany between the World Wars*. Ithaca: Cornell University Press.

Swaine, Michael D. 2013. "Chinese Views on Cybersecurity in Foreign Relations." *China Leadership Monitor*, No. 42. pp. 1-27.

Valeriano, Brandon and Ryan C. Maness. 2015. *Cyber War versus Cyber Realities: Cyber Conflict in the International System*. Oxford and New York: Oxford University Press.

White House 2011. *International Strategy for Cyberspace: Prosperity, Security, and Openness in a Networked World*. Washington, D.C.

Yan Xuetong 2010. "The Instability of China-US Relations", *The Chinese Journal of International Politics*, Vol. 3. pp. 263-292.

조선비즈. 2015-9-26. "[G2 정상회담] 오바마 · 시진핑 '사이버 산업스파이 근절' 합의." http://biz.chosun.com/site/data/html_dir/2015/09/26/2015092600292.html (검색일: 2017/2/22)

______. 2016-6-3. "화웨이 "연구비 수년 내 2배"...연간 100억~200억달러 '인텔+MS' 수준." http://biz.chosun.com/site/data/html_dir/2016/06/03/2016060302629.html (검색일: 2017/1/22)

______. 2016-6-5. "충돌하는 G2...미중 전략·경제대화 관전포인트." http://biz.chosun.com/site/data/html_dir/2016/06/05/2016060500523.html (검색일: 2017/1/26)

전자신문. 2016-12-20. "한-중 사이버 위협 대응 · 산업 협력 머리 맞댄다... 21일 한중 사이버보안포럼 개최." http://www.etnews.com/20161220000399 (검색일: 2017/1/26)

뉴스1. 2016-6-6. "미중 경제전략대화 개막…남중국해 문제 초반 기싸움." http://news1.kr/articles/?2683510 (검색일: 2017/1/26).

공감신문. 2016-6-4. "미중 무역분쟁 격화…닭발에서 철강 · 가전으로 확대."

아이뉴스24. 2017-2-13. "샤오미, 스마트폰용 칩 직접 만든다." http://news.inews24.com/php/news_view.php?g_serial=1006348&g_menu=020600&rrf=nv (검색일: 2017/2/22). http://www.gokorea.kr/news/articleView.html?idxno=4209 (검색일: 2017/1/26)

연합뉴스. 2015-5-10. "중국군, 무인기 4만대 넘게 생산 계획 <미 국방부>." http://www.

yonhapnews.co.kr/bulletin/2015/05/10/0200000000AKR20150510011800009.HTML?input=1195m (검색일: 2017/2/22)

______. 2015-11-18. "中 슈퍼컴퓨터 6회 연속 세계 1위…미중 경쟁 치열." http://www.yonhapnews.co.kr/bulletin/2015/11/18/0200000000AKR20151118104700089.HTML?input=1195m (검색일: 2017/1/26)

______. 2016-12-20. "미래부, 한중 사이버보안 포럼 개최." http://www.yonhapnews.co.kr/bulletin/2016/12/20/0200000000AKR20161220041500017.HTML?input=1195m (검색일: 2017/1/26)

동아뉴스. 2016-6-4. "금융 이어 통상… 美, 밀월기류 北中 동시압박 연일 초강수." http://news.donga.com/3/all/20160604/78491700/1 (검색일: 2017/1/25)

IT조선. 2016-8-3. "구글 지도 데이터 반출 규제 한국만 있다더니...중국 등 21개국 지도 데이터 반출 제한." http://it.chosun.com/news/article.html?no=2822480 (검색일: 2017/1/23)

지디넷코리아. 2016-7-18. "구글, VR- AR 결합한 하드웨어 선보이나." http://www.zdnet.co.kr/news/news_view.asp?artice_id=20160718080827 (검색일: 2017/1/24)

통일뉴스. 2015-10-14. "한중일 사이버정책협의회, 15일 서울에서 개최." http://www.tongilnews.com/news/articleView.html?idxno=114055 (검색일: 2017/1/26)

파이낸셜뉴스. 2011-6-3. "G메일 해킹 , 美 '발끈' 中 '발뺌'." http://www.fnnews.com/news/201106031651437515?t=y (검색일: 2017/2/22)

아주경제. 2015-10-20. "美 '중국, 오바마-시진핑 사이버협약 바로 다음 날도 해킹 시도'." http://www.ajunews.com/view/20151020145022384 (검색일: 2017/2/22)

매경이코노미. 2016-6-13. "화웨이다 굴기와 통상전쟁." http://news.mk.co.kr/newsRead.php?no=423098&year=2016 (검색일: 2017/2/22)

베타뉴스. 2017-2-18 "화웨이 2021년 애플과 삼성 넘는다, 핵심 전략은 '슈퍼폰' 개발." http://betanews.heraldcorp.com:8080/article/681262.html (검색일: 2017/2/22)

ZDNet Korea. 2017-2-20. "샤오미, 스마트폰보다 얇은 '미 TV4' 출시 임박." http://www.zdnet.co.kr/news/news_view.asp?artice_id=20170220094437&type=det&re= (검색일: 2017/2/22)

The Atlantic. 2016-1-19. "Why Google Quit China—and Why It's Heading Back." ttp://www.theatlantic.com/technology/archive/2016/01/why-google-quit-china-and-why-its-heading-back/424482/ (검색일: 2017/1/23)

Business Insider. 2016-9-1. "A major SpaceX explosion just destroyed Facebook's first satellite." http://www.businessinsider.com/spacex-falcon9-explosion-facebook-satellite-amos6-2016-9 (검색일: 2017/1/23)

CNBC. 2015-4-2. "Why Google and China are in a war over the internet." http://www.cnbc.com/2015/04/02/why-google-and-china-are-in-a-war-over-the-internet.html (검색일: 2017/1/23)

Fortune. 2016-3-28. "Google Makes Short-Lived Return to China." http://fortune.com/2016/03/28/google-china-firewall/ (검색일: 2017/1/25)

theguardian. 2015-9-21. "Google is returning to China? It never really left." https://www.theguardian.com/technology/2015/sep/21/google-is-returning-to-china-it-never-really-left (검색일: 2017/1/25)

The Guardian. 2016-3-20. "Facebook's Mark Zuckerberg meets China propaganda chief in Beijing." https://www.theguardian.com/world/2016/mar/20/facebooks-mark-zuckerberg-meets-china-propaganda-chief-in-beijing (검색일: 2017/1/25)

The Verge. 2016-9-1. "Today's SpaceX explosion is a major setback for Facebook's free internet ambitions." http://www.theverge.com/2016/9/1/12750872/spacex-explosion-facebook-satellite-internet-org-zuckerberg (검색일: 2017/1/25)

QUARTZ. 2016-3-23. "The only way Facebook enters China is as a tool of the government." http://qz.com/644588/the-only-way-facebook-enters-china-is-as-a-tool-of-the-government/ (검색일: 2017/1/23)

PCWorld. 2014-10-30. "China: Facebook not banned, but must follow the rules." http://www.pcworld.com/article/2841252/china-facebook-not-banned-but-must-follow-the-rules.html (검색일: 2017/1/23)

Engadget. 2016-7-16. "Google is still working on a standalone headset." https://www.engadget.com/2016/07/16/google-mixed-virtual-reality-headset/ (검색일: 2017/1/24)

Digital Trends. 2016-7-18. "Google's Headset Will Blend Augmented, Virtual Reality" http://www.digitaltrends.com/virtual-reality/google-vr-ar-headset/ (검색일: 2017/1/24)

外交部(외교부). 2016-6-26. "华人民共和国主席和俄罗斯联邦总统关于协作推进信息网络空间发展的联合声明(全文)." http://www.fmprc.gov.cn/web/zyxw/t1375314.shtml (검색일: 2017/1/25)

新华网. 2016-12-27. "《国家网络空间安全战略》全文." http://news.xinhuanet.com/politics/2016-12/27/c_1120196479.htm (검색일: 2017/1/25)

网易新闻. 2016-11-7. "(受权发布)中华人民共和国网络安全法(全文)." http://news.163.com/16/1107/19/C59SU7PN000187V5_all.html# (검색일: 2017/1/25)

中国记协网. 2014-5-27. "《美国全球监听行动纪录》(全文)." http://news.xinhuanet.com/zgjx/2014-05/27/c_133363921.htm (검색일: 2017/1/23)

凤凰财经. 2016-6-6. "习近平在第八轮中美战略与经济对话开幕式上的讲话." http://finance.ifeng.com/a/20160606/14465716_0.shtml (검색일: 2017/1/25)

中国互联网络信息中心. 2016-1-22. "中国互联网络发展状况统计报告." http://cnnic.cn/gywm/xwzx/rdxw/2015/201601/W020160122639198410766.pdf (검색일: 2017/1/24)

中华人民共和国国防部. 2015-5-26. "中国的军事战略(全文)." http://www.mod.gov.cn/auth/2015-05/26/content_4586723.htm (검색일: 2017/1/25)

新浪网. 2016-7-27. "中办国办发《国家信息化发展战略纲要》(全文)." http://news.sina.com.cn/c/nd/2016-07-27/doc-ifxunyxy5687194.shtml (검색일: 2017/1/25)

新华网. 2016-12-28. "《国家网络空间安全战略》发布." http://news.xinhuanet.com/2016-

12/28/c_1120200592.htm (검색일: 2017/1/25).
央视网. 2017-1-1. "新年新规:《网络安全法》今起实施." http://news.cctv.com/2017/01/01/ARTItFbMzOSt89Y69X8k1Swh170101.shtml (검색일: 2017/1/25).
国搜时政. 2016-8-30. "习近平: 努力建设一支强大的现代化战略支援部队." http://politics.chinaso.com/xjpbdj/leader_detail/20160830/1000200003167331473131279228556035_1.html (검색일: 2017/3/28)
腾讯新闻. 2016-1-1. "我国成立战略支援部队 体制上领先美军." http://news.qq.com/a/20160101/026347.htm (검색일: 2017/3/28)
网易军事. 2016-1-4. "战略支援部队其实就是天网军: 将改变战争." http://war.163.com/16/0104/08/BCFMF4HF00014J0G.html (검색일: 2017/3/28)
正北方网. 2017-1-3. "践行五大理念 网信事业为经济社会发展注入新活力." http://www.northnews.cn/2017/0103/2352187.shtml (검색일: 2017/1/25)
新浪网. 2017-1-3. "聚焦《国家网络空间安全战略》—筑起个人信息安全防火墙." http://finance.sina.com.cn/roll/2017-01-03/doc-ifxzcvfp5760667.shtml (검색일: 2017/1/25)
中国教育和科研计算机网. 2016-12-8. "中美双方就推进网络安全合作等达成广泛共识." http://www.edu.cn/xxh/ji_shu_ju_le_bu/wlaq/201612/t20161208_1474265.shtml (검색일: 2017/1/25)
凤凰科技. 2016-11-16. "习近平: 深化网络空间国际合作 让互联网更好造福人类." http://tech.ifeng.com/a/20161116/44495049_0.shtml (검색일: 2017/1/24)
新华网. 2016-4-28. "首届中俄网络空间发展与安全论坛在莫斯科举行." http://news.xinhuanet.com/2016-04/28/c_1118756226.htm (검색일: 2017/1/24)
中国军网. 2016-11-11. "布鲁斯 · 麦康纳: 维护网络安全是中美两国的共同利益." http://www.81.cn/2016hlwdh/2016-11/11/content_7354506.htm (검색일: 2017/1/24)
新浪新闻. 2015-9-25. "中美都是网络大国 应打造合作亮点." http://news.sina.com.cn/o/2015-09-25/doc-ifxieynu2227890.shtml (검색일: 2017/1/24)
IT之家. 2015-12-26. "外媒: Facebook入华意愿强烈, 中国不可能无视." http://www.ithome.com/html/it/197134.htm (검색일: 2017/1/23)
______. 2016-8-3. "除了Uber, 这些国外巨头在中国也倒下了." http://www.ithome.com/html/it/246267.htm (검색일: 2017/1/23)
中国软件资讯网. 2016-8-2. "谷歌'微软'苹果'Facebook抢滩 VR\\AR." http://www.cnsoftnews.com/news/201608/51163.html (검색일: 2017/1/24)
C114中国通信网. 2016-7-25. "扎克伯格未来十年的雄心: 让全世界都能上网." http://www.c114.net/news/52/a964608.html (검색일: 2017/1/24).
搜狐新闻. 2016-6-8. "中美战略与经济对话闭幕 达成330多项成果." .http://news.sohu.com/20160608/n453527037.shtml (검색일: 2017/1/24)
______. 2016-6-15. "第二次中美打击网络犯罪对话达成七成果." http://news.sohu.com/20160615/n454536426.shtml (검색일: 2017/1/24)
搜狐军事. 2016-3-25. "苏斌就盗美王牌军机资料认罪 媒体为其喊冤." http://mil.sohu.com/20160325/n442039714.shtml (검색일: 2017/1/22)

搜狐财经. 2016-9-2. “G20各国互联网发展速览：中美创新最活跃, 印度增速最快.” http://business.sohu.com/20160902/n467288520.shtml (검색일: 2017/1/23)

网易财经. 2016-6-2. “关于谷歌重回中国这件事, 他们的CEO刚刚给出了答复.” http://money.163.com/16/0602/17/BOIR2N9600253B0H.html (검색일: 2017/1/23)

______. 2016-9-2. “Facebook首颗卫星被炸毁 小扎联接世界雄心受挫.” http://money.163.com/16/0902/07/BVUMJLD7002580S6.html# (검색일: 2017/1/23)

网易科技. 2015-9-21. “专家谈中美网络安全：双方都上升到国家战略.” http://tech.163.com/15/0921/09/B41DBM0Q00094OE0.html (검색일: 2017/1/23)

网易新闻. 2016-8-19. “中美俄韩互联网安全理念碰撞火花.” http://news.163.com/16/0819/10/BUQTBU8T00014SEH.html (검색일: 2017/1/26)

______. 2016-9-1. “G20国家互联网发展研究报告发布：中美应用创新最活跃.” http://news.163.com/16/0901/16/BVT3T3DH00014JB6.html (검색일: 2017/1/26)

______. 2016-11-18. “互联网从业者：国内互联网公司有必要参与国际交流与合作.” http://news.163.com/16/1118/17/C661KS1500014JB5.html (검색일: 2017/1/24)

宇博智业. 2015-12-28. “2015年全球网络安全行业竞争格局分析.” http://www.chinabgao.com/k/wangluoanquan/21515.html (검색일: 2017/1/26)

和讯网. 2016-8-30. “中美竞争从生产转消费：BAT对上脸书谷歌.” http://opinion.hexun.com/2016-08-30/185778101.html (검색일: 2017/1/23)

中国社会科学网. 2016-9-3. “中美互联网产业比较.” http://ex.cssn.cn/xwcbx/xwcbx_cmjj/201608/t20160809_3154528.shtml (검색일: 2017/1/3)

78商务网. 2016-9-2. “《G20国家互联网发展研究报告〈总报告〉》.” http://www.78b2b.com/news/show-64065.html (검색일: 2017/1/23)

游资网. 2015-11-25. “VR'AR现状：各国技术比拼 中国路在何方？” http://www.gameres.com/472189.html (검색일: 2017/1/24)

제3부

사이버 안보의 규범

제7장

핵과 사이버 안보레짐에서 미국과 러시아의 역할

도호정

I. 연구문제와 현황

본 연구는 강대국의 협력이 안보레짐(security regime) 형성에 어떤 영향을 미치는지에 대한 연구이다. 특히 이 연구는 미국과 러시아의 안보이익이 서로 충돌하는 상황에서 상호 안보정책의 조정을 통해 특정한 안보 이슈가 국제레짐으로 형성되는 과정, 또는 불발되는 과정을 설명하고자 한다. 전통적인 안보레짐 중 가장 대표적인 사례는 군비통제, 특히 핵무기 규제레짐을 꼽을 수 있다. 따라서 핵무기 규제라는 안보이슈가 단계적인 협력을 통해 안보레짐으로 자리매김하는 과정을 먼저 살펴보고, 이를 바탕으로 사이버 안보 규범이 별도의 국제레짐으로 형성되기 위한 조건을 충족하는지를 짚어본다. 만약 그러한 조건을 충족하지 않는다면 그 이유가 무엇인지 알아본 후 이를 위해 필요한 조건이 무엇인지 제시하려 한다. 본 장은 이러한 목표하에 크게 두 부분으로 나누어 논의를 전개한다. 우선 강대국 간의 협력이 국제 안보레짐 형성에 어떤 영향을 미치는지 설명한다. 이를 바탕으로 전통적 안보이슈인 핵무기 규제와 최근에 시작된 사이버 안보의 규범화 사례가 안보레짐의 형성 과정에서 어떻게 다른 모습을 보여 왔는가를 강대국 협력에 초점을 맞추어 살펴보고자 한다.

이를 위해 이번 절에서는 국제레짐 연구와 핵안보 및 사이버 안보에 관한 기존 연구들을 간략히 서술한다. 핵안보와 달리 사이버 안보의 국제레짐 형성은 기술적 특성에 의해 영향을 받아 상당히 더디게 진행되고 있으며, 아직도 초기 단계에 머물러 있다고 할 수 있다. 2절에서 핵안보 및 사이버 안보의 기술적 특성과 이것이 강대국과 국제레짐에 어떤 영향을 미치는지 설명한다. 핵과 사이버의 기술적인 특성은 상대국이 특정 행위를 할 시 동일하거나 강한 강도로 대응하겠다는 처벌에 의한 억지를 어렵게 한다. 반면 핵안보레짐은 상대방이 특정 행위를 하지 못하도록 다른 요인들을 통제하는 거부를 통한 억지를 통해 국가 간 협력을 이루었다고 볼 수 있다. 국제원자력기구나 핵확산금지조약은 핵비보유국들의 핵물질이나 기술 획득을 통제함으로써 상당히 성공적으로 거부를 통한 억지를 행사했다. 즉, 국가들이 처벌의 억지보다 거부를 통한 억지가 특정 공격행위를 차단하는데 효과적이라고 인식하게 되면 협력이 이루어질 수 있는 환경이 조성된다. 초기단계에 있는 사이버 안보레짐도 핵안보레짐과 같이 처벌에 의한 억지보다 거부를 통한 억지로 나아가는 것으로 보인다. 물론, 사이버상에 이루어지는 수많은 공격과 예정된 공격을 통제하기는 거의 불가능하지만, 사이버상 국가 간 지켜야 할 포괄적 규범 형성과 특정 사이버 공격을 금지하는 과정에서 핵안보레짐보다 느슨한 거부를 통한 억지를 실행할 것으로 보인다. 3절에서 핵안보레짐인 국제원자력기구(International Atomic Energy Agency)의 설립 및 헌장 발효 과정에서 전개된 강대국의 안보 조정과 안보이익 양립 과정을 기술한 후, 이 과정이 안보레짐 설립에 어떤 영향을 주었는지 알아볼 것이다. 4절에서는 유엔 정부전문가그룹(United Nations Governmental Group Expert)의 활동을 통해 사이버 안보의 규범화 과정에서 나타난 강대국의 이익 조정과 양립이 불가능하게 된 과정을 설명한다. 이를 위해 1998년부터 2015년까지 국제연합총회에서 채택된 결의안과 유엔 정부전문가그룹 보고서를 중심으로 살펴볼 것이다. 마지막으로 결론에서는 향후 사이버 안보 규범 형성과 국제레짐 설립을 위해서 어떤 노력이 필요한지 서술한다.

국제레짐은 국가 간의 협력이 특정 이슈나 지역에서 제도화된 결과이다. 푸찰라와 홉킨스(Puchala & Hopkins)는 국제레짐을 행위자들의 기대가 겹쳐지는 원칙과 규범, 절차의 집합인 '정형화된 행위(patterned behavior)'라고 포괄적으로 규정했다(Puchala & Hopkins 1982, 245-75). 하지만 국제레짐의 개념은 일반적으로 크래스너(Stephen Krasner)가 제시한 대로 '국제관계의 일정 영역에서 행위자들의 기대가 수렴하는 일군의 묵시적 혹은 명시적인 원칙, 규범, 규칙 및 의사결정 절차'라고 정의할 수 있다(Krasner 1983, 2). 국제레짐에 대한 기존 연구의 대부분은 국제경제 분야에서 이루어졌는데, 특히 국제무역, 국제통화, 국제금융과 같은 이슈에서 나타나는 국가들의 협력관계를 주로 다루고 있다. 한편 군사 및 안보 분야에서는 경제분야와 달리 권력의 비대칭성과 더불어 안보딜레마(security dilemma)라는 어려운 걸림돌이 존재한다. 즉 개별 국가들은 국제레짐이 지속되길 바라면서도 상대국이 공동의 이해관계를 벗어나 신뢰관계에 훼손을 미치지 않을까 우려한다(Jervis 1989, 358). 이런 관계에 놓인 국가들은 협력의 이익에도 불구하고 개별적인 행동을 통해 자국의 안보를 증진할 수 있다고 판단할 경우 손쉽게 협력관계를 저버린다. 따라서 안보분야에서 이루어지는 국제레짐 연구는 경제 분야보다도 더 특수한 이슈와 상황을 중심으로 하고 있다.

안보레짐 중 가장 연구가 활발히 이루어지고 있는 이슈는 군비통제, 특히 핵무기 비확산이다. 이 논문은 냉전 당시 핵안보레짐의 형성 초기 단계를 살펴보고 이러한 국제레짐에서 강대국인 미국과 소련의 협력이 어떤 의미를 가지는지, 그리고 현재 국제레짐 형성이 시작되고 있는 사이버 안보 규범과 어떤 차이점을 보이고 있는지를 살펴보고자 한다. 사이버 안보를 다룬 기존의 연구들은 크게 4가지 유형으로 나눌 수 있다. 첫째, 정보통신기술과 사이버 공간의 특성에 대해 서술하고 기존의 전통안보와 어떤 차이점 또는 유사점을 지니고 있는지 비교하는 연구; 둘째, 전통적인 범죄 및 안보이슈와 그것을 규제하는 규범 및 국제기구를 사이버상의 이슈와 비교하면서 사이버 안보에 기존의 국제법이나 규범을 적용할 수 있는지에 대한 연구; 셋째, 9·11 테러 이후 사이버 공간에서 이루어지는 공격이 현실 공간으로 어떻게 확산되며 이에 따라 어떤 안보전략이 요구되는지에 관한 연구(Nye 2013; 장노순·한인택 2013); 마지막으로 사이버 공간에 대한 지역 차원의 조약과 규범, 그리고 유엔에서 발표한 결의서와 보고서를 중심으로 한 규범 형성과정을 다룬 연구가 있다(박노형·정명현 2014; 장노순 2016; 정재준 2013).

II. 안보레짐과 국제정치: 기술의 영향

1. 핵안보와 사이버 안보의 기술적 특성

핵무기와 사이버 무기를 만들기 위해 필요한 "기술(technology)은 개발자의 기술(skill)과 뗄 수 없는 관계"이다. 특히나 사이버 무기를 설계하기 위한 기술은 프로그램의 오류를 발견하거나 사이버 작전에 필요한 소프트웨어를 개발할 수 있는 개발자의 능력에 결정되기 때문에 사이버 공간에서 "기술이 곧 무기이다(Slayton 2017, 85)." 사이버 무기를 만드는 기술은 국가 외 비국가 행위자가 쉽게 접근할 수 있으며, 비용도 핵물질과 핵무기 개발보다 현저히 저렴하다. 하지만, 사이버 무기는 물리적 무기와 달리, 무기로서 공개되면 효용가치를 잃게 되며, 쉽게 공격을 막아낼 수 있다. 따라서 고급 기술과 고도로 훈련된 개발자의 능력은 특히나 더 중요하다. 핵기술과 핵무기 제조는 사이버 무기보다 상당한 양의 지식이 필요하며, 이는 핵무기 개발 초기 단계에 설계와 현실세계에서 실험이 항상 일치하지 않거니와, 실험을 위한 자원과 자본이 한정되었기 때문이다. 자원이 불충분하기 때문에 핵탄두는 철저하게 시험할 수 없으며 기술자를 훈련하기 위해 소요되는 시간이 상당했기 때문에 핵무기 개발에도 기술이 중대한 영향력을 행사했다(MacKenzie & Spinardi 1995, 44-99).

기술적 영향은 무기 수준뿐만 아니라, 기술에 대한 강대국의 억지 정책에도 영향을 미쳤다. 강대국들은 안보 규제레짐을 형성할 때, 자국의 안보전략과 양립 가능성 여부에 따라 다른 강대국 또는 국가들과 협력하기 때문에 안보 정책 조정은 상충하는 안보 이익을 가진 국가들 간의 협력을 용이하게 만든다. 미국과 러시아의 핵안보와 사이버 안보 규제를 위해 사용된 억지정책을 통해 정책 조정과 양립 가능성을 알 수 있다. 강대국들은 다른 강대국들이 자신을 공격하지 못하도록 억지하는 동시에 해당 기술이나 물질의 확산을 제한 또는 차단하여 나머지 국가들에 대해 억지한다. 따라서 핵무기와 사이버 공격에 대한 규제레짐은 근본적으로 억지정책과 함께 동반되었다. '억지'란 상대방로 하여금 특정 행위를 통한 비용이 이득보다 크다고 믿게 하여 행위를 하지 못하게 차단하는 것이다. 고전 억지 이론에 의하면, 억지는 행위에 대한 신뢰할 수 있는 처벌의 위협(처벌에 의한 억지)과 행위로 인해 발생한 이익 거부(거부를 통한 억지)라는 두 가지 방법에 기반을 둔다(Nye 2017, 54). 처벌에 의한 억지는 최후의 수단으로써 공격행위를 방지하기 위해 더 크고 치명적인 공격을 위협하는 것이다. 반면 거부를 통한 억지는 적이 위협이 되는 기술을 획득을 물리적으로 제한하거나 차단하는 것이다(Geers 2010, 299-301).

1954년까지만 해도 미국은 핵무기로 소련을 완전히 제거하진 못하더라도 회복이 어려운 수준의 피해를 끼칠 수 있다고 믿었다. 이런 시각은 두 국가 간의 군비경쟁을 유발함과 동시에 상대국으로부터 공격에 대한 우려를 야기했다. 그러나 1955년 이후 미국과 소련은 핵무기를 통해 완전한 승리를 거둘 수 없으며, 상호 간의 핵전쟁이 일어나지 않을 것이라는 시각을 공유하게 되었다. 국제원자력기구의 설립에는 미국과 소련이 핵안보 억지정책을 처벌에 의한 억지에서 거부를 통한 억지로 바꾼 것이 상당히 큰 영향을 주었는데, 이는 두 강대국이 핵공격에 대항한 효율적인 방어가 불가능하다고 인식했기 때문이다. 사이버상에서는 기본적으로 국가를 대상으로 비국가 행위자가 공격을 시도하기 쉬우며, 공격자를 추적하는 데 상당한 비용이 들며 해당 공격자의 신원에 대한 불확실성을 수반한다. 사이버 억지에 대한 이론의 초기 작업들은 거부를 통한 억지를 부각하였다. '사이버 공간상 작전을 위한 국방부 전략(2011)'에서 나타나듯, 미국은 보복과 처벌보다는 방어를 중점으로 두었다(Nye 2017, 54). 즉, 공격을 통해 얻을 수 있는 이득에 비해 공격의 비용을 높여 정교하지 않은 대다수의 공격을 막고자 한 것이다. 물론 다른 사이버 강대국의 군 또는 정보기관을 통한 고도의 위협적인 공격은 막을 수 없지만, 나머지 사이버 공격을 억지함으로써 해당 정부가 상당히 위협적인 공격에 집중할 수 있게 한다(Nye 2017, 56-57). 따라서 핵과 사이버 안보는 거부를 통한 억지를 공통적으로 기반하고 있다. 그러나 핵기술과 정보통신기술의 고유 특성은 억지의 속성인 귀속(attribution)과 비대칭성에 상이하게 영향을 끼쳐 핵기술 규제레짐인 국제원자력기구 형성 단계와 정보통신기술 및 사이버 안보 규제 규범 형성 단계에 차이를 발생시킨다.

처벌에 의한 억지정책의 국내 단계에서 미국과 소련은 핵 또는 사이버 기술과 공격에 대한 자국의 군사교리를 정비해 자국이 여기는 핵심 위협을 규정하고 군사적 대응 전략을 세운다. 그 다음, 잠재적 적대국이 핵무기나 사이버 무기를 통해 자국을 공격한다면 유엔헌장에서 명시한 무력사용을 통해서 공격할 것임을 경고하는 국제 단계를 거친다. 핵개발 초기 미국과 소련이 상대국으로부터 공격을 막기 위해 선제공격이라는 전략을 염두에 두었으나, 수소폭탄의 개발로 인해 상호확증파괴 전략이 효율적이라는 인식을 가지게 되었다. 처벌에 의한 억지는 귀속이라는 속성이 있는데, 이는 기술적 특성에 따라 미국과 러시아의 사이버 안보 협력 단계에 영향을 끼친다. 귀속은 심각한 피해를 입은 후, 범인을 정확하게 확인할 수 있는 가능성을 지칭한다. 핵무기를 제조하면 폭발과 같은 가시적인 성과가 발생했기 때문에 실험조차 숨기기 매우 어렵다. 따라서 귀속은 핵을 보유한 소수의 국가들로 제한되었다. 또한 핵무기 사용은 심각한 결과를 수반하기 때문에 상호억지를 하는 강대국들은 상대국의 공격 위협에 발 빠르게 대응해야 했으며, 그 위력이 인류 전체에 대한 피해를 줄 수 있었기 때문에 사실상 핵무기를 사용하겠다는 결심조차 어려웠다. 반면 사이버상 침입은 문제 발생까지 공격당한 국가는 모를 수 있으며, 파괴력이 분산되어 장기간 지속될 수 있다(Nye 2011, 22). 따라서 역추적을 통해 공격의 근원을 알아낸다 해도 상당한 시간이 소요되며, 핵무기와 달리 범인에 대한 확실한 추적이 용이하지 않다.

이런 상반되는 기술의 특성은 강대국 간의 상이한 처벌에 의한 억지의 어려움을 보여준다. 이는 핵 규제와 사이버 공격 규제의 거부를 통한 억지 형태에 영향을 미친다. 즉, 핵 규제의 경우 미국과 소련은 나머지 국가에 대한 핵물질 및 핵개발 비확산이라는 정책 수렴이 이루어졌으나, 사이버 규제의 경우 양상이 조금 다르다. 물론 사이버 규범은 현재 시작단계에 불과하며, 핵 시대와 달리 사이버라는 가상의 공간에서 이루어지기 때문에 공간이 기술에 미치는 영향도 무시할 수 없다. 그러나 사이버 강대국뿐만 아니라 대부분의 정부들은 자국의 사회를 인터넷으로부터 보호하는 동시에 자국의 사회를 위해 인터넷을 보호하길 원한다(Nye 2014, 7). 중국이나 러시아는 자국 내로 유입되는 정보로부터, 미국과 유럽은 사이버 공간을 활용한 인터넷 상 공격 또는 핵심기반시설 공격으로부터 사회를 보호하고 싶어 한다. 인터넷상 정보의 자유에 대해 시각이 다르지만, 미국과 러시아는 자국의 사회가 인터넷을 통해 지속적으로 이윤이 발생하길 바라면서도 자신에게 유리하게 인터넷을 어느 정도 규제하고자 한다. 이런 노력들은 국가들의 거부를 통한 억지, 또는 기술 및 물질의 비확산에서 나타난다. 핵무기와 사이버 공격은 앞서 보았듯이 기술에 의해 상당히 영향을 받지만, 동시에 상당히 다른 양상을 보인다.

표 1. 핵기술과 사이버 기술의 비교

	핵기술	정보통신기술
개발 목적	군사, 안보	개방된 의사소통 및 정보 공유
주요 행위자	국가	국가, 비국가 행위자(민간업체 등)
기반시설 층위	물리적 층위	물리적 층위에 기반 한 정보 층위
기술의 비대칭성	국가와 정부의 우월한 기술 보유	비국가 행위자들도 기술 보유 용이

우선 핵무기는 전쟁 당시 군사적 목적을 가지고 개발되었다. 따라서 핵무기와 핵기술은 대체적으로 국가 주도 사업이며, 상당한 수준의 전문가, 기술 그리고 자원이 필요하다. 특히나 현실세계에서는 국가가 대규모의 무력행사에 대해 독점권을 가지고 있기 때문에 핵무기는 국가주권, 영토보존과 같은 전통적 안보 규범과 일맥상통한다. 대부분

의 전통적 안보와 일맥상통하는 핵안보는 국가주권과 통제가 지배하는 물리적 공간에서 국가 간 소수의 핵무기와 같은 자원을 두고 대립하는 경쟁 자원의 법칙이 성립니다. 반면, 인터넷과 사이버 공간은 민간 개발자들이 만들었으며, 개방된 의사소통과 정보의 공유가 목적이다. 즉, 사이버 공간에서 기술과 무력은 국가의 전유물이 아니다. 특히 민간기업들과 같은 비국가 행위자들이 사이버 공간에서 상당한 경제적 이익을 창출하면서 사이버 공간은 규모수익이라는 경제법칙에 의해 지배되며 완전한 국가주권 행사 및 지배가 어렵다(Nye 2011, 20). 특히나 사이버 공간에서는 국가영토에 기반한 물리적 기반시설 층위(physical infrastructure layer)와 국가 경계선이 모호한 정보 층위(information layer) 두 가지가 혼재되어 있기 때문에 핵안보와 다른 양태를 보인다.

특히 과거 국가의 전유물이었던 대규모의 무력사용은 핵공격과 사이버 공격에서 현저한 차이를 보인다. 핵무기를 이용해 무력우위를 가지기 위해서는 국가는 상당한 자원과 기술을 투입해야 하며, 실질적으로 강대국만이 가능함으로 진입장벽이 매우 높다. 따라서 과거 핵무기 보유국들은 정보의 비대칭을 이용해 핵무기 비보유국은 물론 비국가 행위자들에 대한 정보의 우위를 가졌다. 그러나 사이버 공간에서는 비국가 행위자가 정보의 비대칭성을 이용해 오히려 자원이 비싸고 적은 현실공간에 존재하는 국가를 공격할 수 있다. 이들은 인터넷은 사용이 편리하도록 설계되었기 때문에 방어보다 공격이 용이한 점을 이용한 것이다(Nye 2011, 20). 특히나 사이버 공간에서 행위자는 다양하며 때로는 익명이고, 물리적 거리는 크게 문제되지 않으며, 바이러스와 같은 공격은 값싸기 때문에 국가뿐만 아니라 비국가 행위자들에게도 진입장벽은 상대적으로 매우 낮다. 특히 강대국들은 국방 및 경제

활동을 영위하기 위해 사이버 공간에 상당히 의존하고 있기 때문에 비국가 행위자들은 이런 비대칭성을 이용할 수 있다. 유엔 정부 간 전문가그룹 보고서에서 지속적으로 언급된 '실행 가능한 투명성과 신뢰구축 방안'은 사이버 공간에서 강대국들이 기술과 공격을 효과적으로 제한 또는 차단할 수 없는 기술적 환경을 반영한 것이다.

2. 국제레짐과 강대국의 역할

이 논문은 강대국들의 협력이 어떤 경우에 이루어지며, 강대국의 협력이 안보레짐 형성으로 이어지기까지 공유되는 안보 위협은 무엇이며, 공유된 안보 위협에도 불구하고 안보레짐의 형성 또는 형성 불발은 왜 일어나는지를 알아보기 위해 기본적으로 코헤인의 『헤게모니 이후(*After Hegemony*)』에 제시된 협력과 레짐의 관계를 차용 및 수정한다. 무정부 상태인 국제체제가 국가에게 영향을 미치고, 주 행위자는 국가이며, 행위자는 합리적이며, 안보 이익을 추구할 것이라는 코헤인의 주장은 현실주의의 기본 가정과 같다. 하지만 현실주의 시각에 따르면 안보문제와 관련된 국가 간 협력은 어렵기에 한 국가가 자구력을 갖추려는 노력이 다른 국가들에게 불안감을 심어주어 안보협력을 어렵게 만든다. 그럼에도 코헤인은 공유이익이 충분하고 다른 조건들이 충족되면 협력이 나타난다고 주장한 바 있다.

코헤인은 '협력(cooperation)'을 사전에 협력 경험이 없는 독립적인 개인이나 조직의 행동이 흔히 '정책 조정(policy coordination)'이라고 불리는 협상과정을 통해 서로 부합할 것을 요구하는 것이라고 정의했다. 협력은 '행위자들이 실질적이든 잠재적이든 정책을 중심으로 갈등이 존재한다고 인식하는 상황'에서만 발생한다. 행위자들은 '정책 조정(policy coordination)'을 통해 상호 수용할 수 있는 수준까지 서로의 행위를 변화시킨다. 정책조정은 일련의 정책들이 조정되면서 상호간에 회피, 감소, 상쇄, 압박 등을 통해 어느 한 결정이 다른 결정에 영향을 미치는 경우라고 정의할 수 있다(Lindblom 1965, 227). 즉, 협력은 정책 조정이라는 과정을 통해 행위자들이 그들의 행태를 다른 행위자들의 실질적, 기대 선호에 맞출 때 일어나기 때문에 고도로 정치적이다.

강대국의 협력과 국제레짐 형성 과정을 명확하게 나타내기 위해 협력과 불화가 강대국 간의 정책 조정과 정책 수렴에 따라 발생하는 부분에 중점을 두었다. 따라서 강대국의 협력은 3단계를 거쳐 안보레짐의 형성 또는 형성 불발에 이르게 되는데, 첫 번째 단계는 안보이익 충돌이다. 안보 이익 충돌은 한 강대국이 다른 강대국의 기술발전이 가까운 미래에 자신의 군사기술 및 무기 독점상태를 위협한다고 여기거나, 우월한 기술 및 무기를 가진 한 강대국에 의해 다른 강대국들은 해당 강대국의 공격을 두려워할 때 발생한다. 특히 사이버 안보와 핵안보는 기술의 발전상황에 따라 대응책이 만들어졌기 때문에 강대국들은 구체적인 안보정책 가이드라인을 가지고 있지 않았다. 따라서 강대국은 기술발전을 통한 자국의 우위를 유지하고, 다른 강대국보다 더 우월한 무기와 군사 기술을 보유하기를 원했으며, 이런 기술이나 우위를 획득할 수 있는 다른 강대국의 능력을 제한하고자 했다.

두 번째 단계는 안보정책 조정으로, 강대국들이 특정 안보이슈에 대해 정책조정이 필요한지를 공유하는 데 따라 결정된다. 해당 강대국이 안보 이익 충돌을 인지한 후, 해결하는 과정에는 두 가지의 선택지가 있다. 전자는 자신의 안보 이익을 방해하는 국가를 자신의 우월한 기술과 무기를 통해 완전히 제거하는 것이다. 하지만 국제관계에서 군사적, 기술적 우위를 가지더라도 자신을 위협하는 국가에게 회복할 수 없는 보복하기 상당히 어렵기 때문에 비현실적인 선택이다. 안보레짐 형성을 위해 강대국들은 안보위협이 되는 다른 강대국을 겨냥한 군비경쟁 정책이나 무력충돌을 통한 비용이 높다고 인지해야 한다. 후자의 경우, 강대국은 자신을 위협하는 강대국과 끊임없이 군비경쟁을 할 수도, 상대를 완전히 제거할 수도 없음을 인지한다. 안보정책 조정이 필요하다는 인식은 이처럼 안보이익 달성을 위해서는 위협국으로 인지한 강대국과 이익을 공유할 때 일어난다.

세 번째 단계는 안보이익 수렴으로, 국제레짐 형성을 위한 중요한 조건을 형성한다. 각국의 조정된 안보정책이 양립 가능성 여부에 따라 국제레짐은 형성 또는 불발되기 때문이다. 안보정책 조정 후 수렴 가능성은 특정 강대국 주도 국제레짐이 자국 안보정책 핵심목표에 위배되는가의 여부에 따라 달라진다. 안보정책 조정은 특정 안보이슈에 대해 대립하는 강대국들이 안보이익을 공유한다고 인식할 때 발생한다. 즉, 상대국의 안보정책이 자국의 안보이익 달성에 방해가 된다고 여기는 두 강대국이 핵무기의 공격적 사용을 상호파괴로 이어질 수 있다고 인식할 때, 또는 사이버 공간에서 일어나는 사이버 공격에 대해 제한 및 규제를 하지 않으면 자국의 피해는 더욱 증가될 것으로 인식할 때 공유하는 안보이익이 있음을 알게 된다. 이때 '위배'란 정책조정이 불가능할 정도로 해당 강대국의 안보 위협이나 안보 대상에 대한 근본적인 조정이 필요한 상태이다. 핵 안보레짐 형성에서 미국은 소련과의 협력을 안보이익에 도움이 된다고 여긴 반면, 사이버 안보 규범 형성 과정에서는 미국이 러시아와의 협력을 안보이익 방해가 된다고 본다.

III. 핵안보와 국제원자력기구를 둘러싼 강대국 협력

1. 핵안보에서의 강대국 간 이해관계 충돌과 조정

핵기술 개발 초기(1945~1953)에는 미국이 핵폭탄을 제조하여 폭파시키는 데 성공하자, 미국의 우방국인 영국과 적대국이었던 소련도 재빨리 핵폭탄을 제조할 수 있는 기술 및 시설을 정비하면서 핵무기 군비경쟁에 참여했다. 즉, 미국이 제2차 세계대전을 끝내고 자국에 피해를 최소화하기 위해 개발한 핵무기는 다른 국가들에게 안보위협으로 인식되었다. 실제로 소련의 핵무기 개발은 이미 1945년부터 시작되었는데, 이는 트루먼(Harry Truman) 대통령이 미국이 "지금까지 보지 못한 파괴력을 가지는 신무기를 보유하고 있다"고 말하자 스탈린이 "일본에 대하여 잘 사용하기 바란다"고 화답한 이후 당시 외상이던 몰로토프에게 소련도 핵폭탄 개발에 박차를 가하라고 지시했다는 사실에서 유추할 수 있다(Zhukov 1971, 674-5). 또한 소련은 일본에 대한 미국의 핵폭탄 사용을 '미국이 전후 합의과정에 우위를 가지고, 극동지역에 대한 소련의 영향력을 제거하려는 의도'로 간주하였을 만큼 미국의 핵무기 사용이 자신들의 안보이익 달성에 방해가 된다고 여겼다(Holloway 2010, 377). 1949년 핵폭탄 실험이 성공적으로 이루어진 이후 소련은 1953년 중급 규모의 수소폭탄을 개발하였고, 1955년에는 소련도 미국과 유사한 수준으로 핵무기를 개발할 수 있음을 보여주었다(Holloway 2010, 383). 즉, 미국과 소련은 1950년대부터 서로의 핵기술 발전 정도가 향상될수록 자국의 안보이익과 상충한다는 것으로 자각하고 있었다.

안보 정책 조정은 해당 강대국이 안보이익 충돌을 인지한 후 발생한다. 강대국 간의 안보 정책 조정이 필요하다는 인식은 안보이익 달성을 위해서는 위협국으로 인지한 강대국과 이익을 공유할 때 일어난다. 각 강대국의 안보정책은 자신을 위협하는 강대국과 끊임없이 군비경쟁을 할 수도, 상대를 완전히 제거할 수도 없음을 인지하게 되면 협력을 보다 쉽게 달성할 수 있는 형태로 조정될 수 있다. 미국과 소련은 핵무기를 성공적으로 개발한 시기가 다르지만, 두 국가 모두 대체적으로 개발 초기에는 어느 정도의 공격적 안보정책들이 주를 이루었다. 1949년 이전 미국은 만약 소련이 공격할 시 핵무기를 사용하여 완전히 전멸시킬 팽창적인 계획을 가지고 있었으나, 소련의 핵기술이 정교화해지고 핵무기의 파괴력이 증가하자 핵무기를 이용한 완전한 승리는 거두지 못할 것이라는 인식이 생기기 시작했다.

1953년은 양국 간에 정책에 변화가 발생한 의미 있는 해였다. 미국에는 아이젠하워 행정부가 출범하였으며, 소련은 스탈린의 죽음 이후 핵 안보정책이 바뀌었다. 아이젠하워 행정부는 NSC-162/2를 기본 국가안보 정책으로 채택하였으며, 이 문서는 소련의 위협과 이와 관련된 국가안보정책 및 국방계획을 담고 있었다. 국가안보는 (1) 강한 공격력에 의한 대량 보복적 피해를 끼칠 수 있는 능력을 강조한 강한 군사태세, (2) 미국과 동맹국들은 공산권 군사력에 빠르게 대항하면서 주요 지역과 통신선을 유지할 것, (3) 일반전쟁이 일어날 경우 승리를 보장할 수 있는 동원기지 등에 대한 내용을 포함하고 있다. 특히 1954년까지만 해도 예방전쟁은 주요 전략적 선택이 아니었으나 '선제공격'은 여전히 주요한 안보정책이었다. 당시 아이젠하워는 소련과의 공격에서 이길 수 있다는 강한 자신감을 보였다. 반면 1954년 초부터 '평화공존(peaceful coexistence)'라는 용어가 소련 최고회의 지도자 연설문에 나타나기 시작했다. 평화공존은 '자본주의와 사회주의가

장기간 공존 가능하다'는 의미였으나, 실제로 평화공존은 이념적 공존이 아니라, 핵전쟁을 방지하기 위해 공존할 수 있는 정책을 의미했다(Holloway 1994, 336). 그해 3월 말 말리셰프(Malyshev)가 흐루쇼프(Khrushchev)에게 보낸 서신에는 '핵전쟁의 위험과 아이젠하워의 제안'이라는 논문이 첨부되었는데, 이 논문은 "핵무기는 수천 킬로나 떨어진 목표물에게 전달될 수 있고, 이런 무기에 대한 방어는 불가능하니 핵무기의 대량 사용은 적대국의 파괴로 이어진다"고 주장해 소련도 핵무기의 위력을 알고 있었음을 보여준다.

1955년에는 양국 모두 자국의 핵 안보이익을 달성하기 위해 협력이 필요하다고 인식하게 되었다. 그해 2월 발간된 '기습공격의 위협 대응' 보고서는 기존의 아이젠하워 행정부의 핵전략의 유용성에 의문을 제기했다. 소련이 당시에 이미 중간급 폭탄과 1메가톤급 폭탄을 보유했기 때문에 미국에게 심각하게 피해를 입힐 수 있으며, 이와 같은 위협은 소련이 수소폭탄과 장거리 전달항공기를 보유할 경우 기하급수로 증가할 것이라고 내다보았다(Rosenberg 1983, 38). 미국은 전략적 우위를 3-5년 정도 유지할 수 있지만 그 기간 동안 심각하고 결정적인 기습공격에 취약하기 때문에 보고서는 핵으로 무장한 방공미사일의 사용을 권장했다. 같은 달 발간된 두 번째 보고서는 미국이 임박한 소련의 공격을 '그 근원지에서부터' 막을 능력이 더 이상 없을 수도 있다는 의문점을 제기했다. 소련의 핵무기 전달능력은 기술의 발전에 따라 정교해졌고, 1955년 11월에 수소폭탄 실험이 성공함에 따라 소련이 비슷한 폭탄이 몇 개로 공격해도 미국의 국방에 큰 타격을 입힐 수 있다는 입장이 강화되었다(Rosenberg 1983, 40). 마찬가지로 소련은 수소폭탄 실험의 성공을 통해 '핵무기를 이용해 전쟁을 저지할 수 있을 만큼' 강해졌다(Holloway 1994, 344). 하지만 미국과 같이 소련도 핵전쟁의 여파가 끔찍하다는 것을 인지하고 있었기 때문에 상대국이 핵전쟁을 시작하지 않을 것이라는 신념을 공유했다.

이런 인식의 공유는 제네바회의에서 여실히 드러났는데, 당시 미국은 두 나라가 선제공격을 준비하고 있지 않음을 확신시키기 위해 미국과 소련 각국이 군사기관의 청사진과 공중정찰 정보를 제공하자고 제안했다. 소련은 자국의 영토 내 공중정찰은 거부했으나, 선제공격을 하지 않는다는 믿음을 주기 위해 동유럽에 대한 정찰에 동의했다. 제네바 회의에는 구체적인 협약이 부재했으나, "소련과 서방 강대국의 지도자들은 핵무기와 핵전쟁에 대해 이해를 같이 한다"는 것을 보여주었다(Holloway 1994, 342). 수소폭탄과 제네바회의를 거치면서 미국과 소련은 1945-1950년대 초와 달리 양국의 핵무기 기술의 발전으로 서로에게 상당한 피해를 줄 수 있다는 인식을 공유했다. 소련은 1940년대 후반에는 미국이 주도한 원자에너지의 평화적 사용을 위한 협력의 필요성은 자신을 비롯한 나머지 국가의 핵개발을 차단한다고 생각했다. 하지만 소련이 핵무기를 보유한 후 핵무기와 핵물질의 제한이 필요하다는 인식을 어느 정도 지니고 있었다. 이는 미국과 소련이 상호간의 핵공격은 심각한 피해를 유발한다고 보았으나, 당시 핵을 보유하지 않은 다른 강대국들과는 이러한 생각에 동조하지 않았다. 따라서 미국과 소련을 제외한 나머지 국가들에게 원자력의 평화적 사용을 제공하는 대신 군사 목적의 핵물질과 기술을 차단하여 더 이상의 핵보유국 탄생을 막는 것이 상호 안보 이익에 부합한다고 보았다.

2. 안보이익의 수렴과 공식 합의

안보정책 조정 후 특정 강대국 주도 레짐이 다른 강대국과 협력을 통해 성공적으로 형성 또는 불발될 조건은 레짐 형성이 다른 강대국의 안보정책 핵심목표 위배 여부에 따라 달라진다. 협력을 통하여 서로의 공유이익을 달성하기 위해 한 강대국이 제안한 안보레짐이 상대국 안보정책의 핵심목표와 위배하지 않을 때 협력은 가능하다. 1953년 아이젠하워가 유엔총회에서 원자에너지의 평화적 사용에 대해 연설할 당시, 미국과 소련은 공통적으로 핵무기가 위험하다고 보았지만 당시 핵물질 및 핵무기를 규제하는 목적에서는 서로 달랐다. 이런 의견차는 우선, 핵무기와 핵물질을 규제하는 기관이 어디에서 활동할 것이며, 어떤 권한을 가지고 있는지, 또한 핵폭탄과 위험물질은 어떤 시기에 제거할 것이며 이를 어길 시 얼마나 강력한 제제를 가할 수 있는지, 마지막으로 국제연합 안전보장이사회가 원자력에 대해서 어떤 권한을 가질 수 있는지 등에 대한 입장에서 뚜렷하게 드러났다.

핵무기와 핵물질 규제에 대한 쟁점은 이미 1946년 미국만이 핵무기를 보유했을 때 논의되었는데, 1946년 유엔 원자력위원회에서 미국대표인 바루크(Baruch)가 제안한 바루크 안은 철저히 핵무기에 대한 독점권을 가진 미국의 입장을 대변했다. 주요 제안은 원자력의 관리를 초국가적 권한을 가지는 국제원자력개발기구(International Atomic Development Authority)에 맡길 것이며, 원자력을 통제할 수 있는 충분한 시스템이 만들어지고 처벌이 정해진 후에 핵폭탄의 제조를 중지하고 기존 폭탄을 폐기할 것이며, 그리고 원자력을 파괴적인 목적으로 사용한 국가를 처벌하기 위해 유엔 안전보장이사회는 거부권을 행사할 수 없음으로 요약할 수 있다(Baruch 1946). 이에 대하여 소련은 '그로미코 안(Gromyko Plan)'으로 자신들의 이익을 대변하고자 했다. 특히 소련은 당시 핵무기를 보유하지 않았기 때문에 미국의 제안이 미국을 제외한 다른 국가들이 핵무기를 개발하지 못하게 막는 것이라고 비난했다. 미국의 바루크 안과 정반대로 소련은 어떠한 경우에도 핵무기의 사용은 있어서는 안 되며 원자력을 사용한 무기의 생산과 보관을 금하며, 개별 국가가 자율적으로 원자력을 통제하도록 허용하며, 그리고 합의안이 발효되는 즉시 3개월 이내로 완성되거나 미완성된 모든 핵무기를 폐기해야 한다고 주장했다.

이와 같은 강대국의 힘겨루기는 국제원자력개발기구가 바루크 안을 채택했음에도 소련의 거부로 인해 최종 승인이 불발되었다. 소련은 핵무기 개발 이후 1952년과 1954년 두 차례에 걸쳐 국제기구의 감독과 통제에 대한 자신의 입장을 조금씩 수정했으나, 원자력 관리기구가 국가의 내부문제에 간섭하지 말 것과, 유엔 안전보장이사회가 핵무기를 생산하지겠다는 국가를 제재할 권한이 있다는 두 가지 사안에 대한 기존의 입장을 고수했다. 비협조적인 소련의 태도로 인해 미국은 소련이 참여하지 않더라도 국제원자력기구를 설립을 강행하겠다는 의지를 보였으나, 1955년 소련은 갑작스럽게 돌변하여 새로운 국제기구의 설립에 참여하겠다고 주장했다. 이는 소련 국내 지도부가 핵무기를 통해 상대방을 완전히 전멸시키는 것이 어렵기 때문에 어쩔 수 없이 협력이 필요하다는 판단도 있었지만, 미국이 신설되는 국제기구에 지대한 영향력을 행사하는 것을 막으려는 이유도 있었다(Holloway 2016, 186).

1955년 소련은 8개 국가가 기존에 협의한 국제원자력기구 헌장의 초안에 5가지 추가제안을 했는데 이는 첫째, 기구의 활동은 유엔 안전보장이사회와 총회의 관리·감독하에 놓일 것, 둘째, 어떤 국가나 국가들의 집단이 특혜를 누리지 못하도록 분명히 하며, 기구가 제공하는 원조는 헌장과 양립할 수 없는 정치적, 경제적 또는 군사적 조건에 해당되지 않을 것, 셋째, 기구에 의해 진행되는 감독과 사찰은 국가의 주권을 침해하지 않을 것, 넷째, 유엔 회원국 외의 모든 국가들은 기구의 창립국이 될 자격을 보유할 것, 마지막으로 유엔의 안전보장이사회 상임이사국들이 기구의 상임이사국이 될 것이라는 내용을 담고 있다. 이에 새로운 헌장 초안은 소련의 제안을 일부 수용해 유엔 총회에 매년 보고를 하되, 평화와 안보에 관련된 질문이 있을 시 안전보장이사회에 문의할 것, 원조는 헌장의 내용과 양립할 수 없는 정치적·경제적·군사적 또는 기타 조건에 의해 영향 받지 않을 것, 그리고 이사회 구성을 조정해 소련은 국제원자력기구의 활동에 거부권을 행사할 수 있게 된다는 내용으로 수정되었다. 하지만 주권을 침해하지 않는 감독과 사찰은 기구의 권한을 악화시킬 우려가 있었으며, 유엔 회원국 외의 국가 참여는 소련이 중국(당시 중화인민공화국)을 참여시키려는 의도가 있다고 판단되어 수용되지 않았다.

이러한 과정을 거쳐 1957년에 발효된 국제원자력기구 헌장은 이미 핵무기를 보유한 국가를 제외한 나머지 국가들이 핵무기를 개발함으로써 강대국의 안보이익과 충돌할 가능성을 차단했다. 특히 헌장 11조 A항과 F항 4번을 통해 강대국들은 나머지 국가들에게 '당근과 채찍' 전략을 구사했다. 11조 A항에서 '해당 목적을 위해 필요한 특수한 핵분열 물질과 기타 물질, 서비스, 장비와 시설'은 국제원자력기구가 핵 비(非)보유국에게 지원할 수 있는 원조를 말한다. F항 4번의 "(a) 원조는 군사적 목적을 발전시키기 위해서 제공되지 않으며, (b) 원자력 사용 계획은 12조에 언급된 안전조치에 해당된다"는 점은 원조를 얻기 위해서 원자력이 평화적 목적으로만 허용되어야 한는 것을 뜻한다. 11조 A항은 평화적 목적이라면 국제원자력기구가 해당 국가를 도울 것이나, 11조 F항 4번은 만약 가입국이 군사적 목적을 가진다면 도와주지 않을 뿐더러, 제재대상이 될 것임을 헌장에 명문화했다. 즉, 국제원자력기구는 철저하게 핵보유국과 핵 비(非)보유국을 나누어 참여

강대국의 군사·기술 우위를 유지했다.

비록 바루크 안에서 처음 주장했던 것보다는 국제원자력개발기구의 권한과 제재가 훨씬 약화되었음에도 국가주권을 침해하는 기구의 감독과 사찰을 거부하는 소련의 제안을 미국이 거부함으로써 국제원자력기구의 권한은 어느 정도 보장되었다. 더불어 국제원자력기구는 비(非)핵보유국에 대한 원조 및 제제를 위한 기구였기 때문에 안전조치는 핵보유국인 미국과 소련에게 해당되지 않았다. 즉, 국제원자력기구 헌장은 강대국들이 상대국에게 선제공격한다면 자신도 피해를 상당히 입을 것이며, 핵 안보레짐을 통해 상대국이 기습 공격할 의사가 없음을 보여주었기 때문에, 합의를 도출할 수 있었다. 또한 다른 국가들이 핵무기를 더 이상 개발하고 보유하지 못하도록 제한함으로써 미국과 소련을 제외한 제3의 핵무기 보유 국가의 등장을 차단했다.

IV. 사이버 안보레짐을 위한 노력과 국제연합 정부전문가그룹

1. 사이버 안보에서의 미국-러시아 갈등

정보통신기술과 사이버 공격 관련 프로그램은 미국이 앞서서 개발했으나, 현재 러시아, 중국, 영국, 독일 등 강대국은 물론 다른 국가들도 관련 기술과 기반시설을 도입해 사용하고 있다. 특히 국제안보 관점에서 볼 때 사이버 공격과 사이버전(戰)에 대한 미국과 러시아의 인식은 각국의 '안전한 사이버 공간'에 대한 인식의 차이에서 기인했다. 1999년부터 러시아는 '정보 무기'의 탄생으로 대량살상무기와 비슷한 효과와 결과를 도출할 수 있으며, 이러한 정보 무기의 "보편성, 비밀성 또는 비인격성, 국경과 국가경제에 광범위하게 사용할 수 있는 가능성, 그리고 전반적인 효율성으로 인해 기존의 국제법은 이러한 무기의 발전과 적용을 규제할 수 없다"고 주장했다.[1] 또한 러시아는 국제정보안보에 주요 위협 요인 10가지를 나열했는데 그 중 정보 '기술'의 이용 외에도 '정보' 자체가 가질 수 있는 위협에 대해 다루었다. 반면 미국은 정보안보가 국제평화와 안보와 관련된 부분도 있지만, 글로벌 소통과 관련된 기술적 부분과 경제협력과 무역, 지적재산권, 법의 집해, 대(對) 테러 협력 등과 같은 비(非)기술적 부분도 포함한다고 보았으며, 사이버 안보는 국가뿐만 아니라 민간부문도 관련된 이슈라고 주장했다.[2] 특히 유럽회의에서 사이버 범죄에 관한 초안과 G8의 하이테크 범죄그룹(Group of Eight High-Tech Crime Group)을 언급하며 미국의 관심은 테러리스트들의 정보사용이나, 핵심 정보 기반시설 보호에 있다는 것을 보여준다. 또한 미국은 주권평등이나 내정간섭을 명목으로 특정 정보의 유통을 막는 것은 자유로운 정보의 흐름을 방해하는 것이라고 여겼다.[3]

사이버 안보에 대한 정책의 조정의 경우 핵안보와 달리 강대국들이 상대적으로 소극적이고 핵문제 관련 정책조정과 같은 필요성을 인식하지 않고 있다. 하지만, 정보통신기술이 발달하며 사이버 공간에서 국가와 비(非)국가 행위자들이 활발하게 경제적, 정치적, 사회적으

1 General Assembly, *Developments in the Field of Information and Telecommunications in the Context of International Security*, Report of the Secretary-General, UN document A/54/213, 10 August 1999.

2 *Ibid*.

3 General Assembly, *Developments in the Field of Information and Telecommunications in the Context of International Security*, Report of the Secretary-General, UN document A/59/116/Add. 1, 28 December 2004.

로 활동을 하게 됨에 따라 사이버 범죄 역시 정교해지고 빈번하게 발생하고 있다. 1998년 러시아에 의해 '국제안보 관점에서 정보통신기술 발전방안(Developments in the Field of Information and Telecommunications in the Context of International Security)' 결의안 초안이 채택된 후로 실제로 사이버 공격을 받은 적이 있는 중국, 독일, 영국과 같은 강대국들은 물론 공격을 받지 않은 국가들도 러시아가 발의한 결의안을 공동 채택했다. 이 결의안은 구체적인 제안은 없었으나 사이버 공간에서 사용되는 정보통신기술과 이를 이용한 사이버 공격을 제한하기 위해 공동노력의 중요성을 피력했다. 강대국인 미국과 러시아는 정보통신기술이 자국의 안보에 위협을 끼칠 잠재력을 가지고 있으며, 구속력에는 정도의 차이가 있으나 사이버 안보 규범을 어느 정도 규정이 필요하다는 것은 공유했다. 하지만, 미국과 러시아는 상대국의 사이버 안보 정책이 자국에게 미치는 정책 선택의 폭을 감소시키고 서로 인식하는 위협이 달랐기 때문에 마지막 단계에서 안보정책 수렴이 불가능하게 된다.

사이버 안보는 핵안보와 달리 가상의 공간이라는 특수한 환경에서 이슈가 발생한다. 당장 타격을 얻을 수도, 물리적 공격을 할 수도 없는 사이버 공간 환경의 특수성에 의해 강대국의 안보경쟁은 핵안보에 비해 비용이 저렴하고, 상대국의 정보통신기술 및 사이버 공격능력이 열악하더라도 사이버 공격만으로 상대국을 완전히 제거할 수 없다. 하지만 강대국인 미국과 러시아가 상정하는 안보위협 자체는 상이하다. 미국은 정보통신기술을 이용한 개인 또는 비(非)국가 행위자의 범죄행위로 인한 경제적 손해 및 국가 핵심 기반시설의 파괴를 사이버 안보에 대한 위협으로 여겼다. 2003년부터 미국의 사이버 안보 목표는 국가 핵심 기반시설의 보호와 사이버 공간에서 미국의 전략적 우위 유지였다. 먼저 핵심 기반시설의 보호에 대해서는, 2003년 국토안보부 대통령지시(Homeland Security Presidential Directive) 제7호에 의해 테러리스트 공격으로부터 현실공간과 사이버 공간의 핵심 기반시설을 식별하고 우선순위를 정하는 국가정책이 확립되었다(Pernik 2016, 11). 2010년에는 국가안보의 우선사항을 기반시설로 정의하여 기반시설에 대한 위협은 미국의 사이버 안보 위협임을 강조했다. 2010년의 '국가안보전략(National Security Strategy)'은 미국의 디지털 기반시설이 전략적 국가자산이며, 그것을 보호하는 것이 국가안보 우선사항이라고 정의했다.[4] 특히 이 문서는 미국 연방정부가 개인 활동 범죄 해커와 범죄집단에 의한 사이버 범죄에 중점을 두던 기존 입장에서 테러리스트 네트워크와 발전된 국가들로부터 오는 사이버 공격까지 사이버위협의 원천을 확대 인식하고 있었다.[5] 또한 백악관이 발행한 '사이버 공간에 대한 국제 전략(International Strategy for Cyberspace)'에서는 미국이 국제파트너들과 관계를 맺고 국가 우선사항을 소통하려는 2010년 이전의 미국의 국가안보 정책 조정을 나타낸 듯 했다. 하지만, 2011년의 정책 조정은 미국과 러시아의 사이버상 안보이익 공유보다는 영국 및 서유럽 국가들과 밀접한 협력관계를 맺기 위한 목적을 지니고 있었다.

반면 러시아는 정보 자체로 인한 위협을 중시했으며, '자국의 정책과 정치체제에 반대하는 정보가 확산되어 정권이 붕괴되는 것'을 위협으로 여겼다(장노순 2016, 11). 따라서 러시아 사이버 안보정책의 핵심은 미국과 달리 외부에서 유통된 정보가 영토 내로 유입되어 정권유

4 White House. 2010. *National Security Strategy*. p. 27. Retrieved from http://www.whitehouse.gov/sites/default/files/rss_viewer/national_security_strategy.pdf
5 *Ibid*.

지에 방해되는 것을 막는 것이다. '러시아 정보안보 독트린(2000년)'에는 정보 영역에서 러시아의 국가이익을 위한 4가지 요소를 제시했는데, '개방된 정부 정보 자원이 시민들에게 접근 가능하게 제공될 때, 러시아 연방의 국가정책과 러시아 및 국제사회에서 일어난 의미 있는 사건들에 대한 러시아의 공식입장에 대해 러시아와 국제여론에게 신뢰할 수 있는 정보를 제공하여, 러시아 연방의 국가정책의 정보 지지를 포함한다. 또한 승인되지 않은 접근에 대해 정보 자원을 보호하고, 러시아 영토에 이미 배치되었거나 설치 중인 정보통신시스템을 안전하게 하는 것'이 그것이었다.[6] 또한 '러시아 연방의 정보안보 독트린(2016)'에는 "세계 여러 지역의 국내정치와 사회적 상황을 불안정하게 만들어 타국의 주권을 약화시키고 영토보전을 침해하기 위한 특정 국가의 정보기관들의 정보와 심리적 도구 사용은 증가하고 있다"고 주장해 러시아의 안보위협은 정보를 이용한 자국의 주권 및 영토보전 약화에서 비롯됨을 보여주었다.[7]

국방정책에서도 미국과 러시아는 극명한 차이를 내보이고 있다. 미국은 사이버 공격이 정교해지고 기반시설에 타격을 줄 수 있는 수준에 이르렀다고 보고, 영토 내 기반시설이 사이버 공격을 받는다면 현실세계에서 그에 준하는 수준의 보복 또는 공격을 정당화할 수 있도록 사이버 공간에서 국제법이 적용되어야 한다는 입장이다. 2006년 발행된 '사이버 공간 작전을 위한 국가 군사전력(National Military Strategy

6 Federation of Russia. 2000. 'Doktrina informatsionnoi bezopasnosti Rossiiskoi Federatsii [Information Security Doctrine of the Russian Federation]'. Russian Security Council, on the Internet: http://www.scrf.gov.ru/documents/5.html (retrieved 8 April 2017).

7 Doctrine of the Information Security of the Russian Federation Unofficial English Transcript (2016).

for Cyberspace Operations)'은 미국이 '사이버 공간에서 미군의 전략적 우위'라는 군사전략을 추구하고 있음을 보여준다. 특히 사이버 공간에서 사이버 범죄 발생 초기부터 미국은 "다른 전투 공간(war-fighting domain)과 달리 미국이 상당한 노력을 기울이지 않는다면 사이버 공간에서 적국과 동등해질 가능성이 있다"고 평가함으로써 사이버 공간이 전투공간이 될 가능성을 염두에 두고 있었다.[8] 협력보다는 안보 전력 강화에 중점을 둔 미국의 정책은 2011년 '미국의 국가 군사전략(National Military Strategy of the United States of America)'에서도 나타난다. 미국은 사이버 공간이 다른 전장과 다른 성격을 가지고 있으나 항공, 우주와 함께 전투 공간으로 인정하여 기존에 고수하던 핵심 기반시설의 보호와 미국의 전략적 우위 정책을 유지함을 보여준다.

반면 러시아의 국방정책은 '전략적 억지를 보장하고 정보기술의 사용으로 인한 무력분쟁을 막는 것; 러시아 연방 군대, 기타 군대, 정보의 대치를 위한 군대와 도구를 포함한 국방기관의 정보 안보 시스템의 개선; 정보 영역에서 나타나는 러시아 연방 군대에 대한 위협을 포함한 정보위협을 예견, 식별, 그리고 평가; 정보영역에서 러시연방의 동맹국의 이익을 촉진; 자국을 보호하기 위한 역사적 기반과 애국적 전통을 약화시키는 정보와 심리적 행위에 대항할 것'을 국가 안보로 규정했다.[9] 특히 2000년에 발표된 러시아 정보안보 독트린에서는 '몇몇 국가들이 세계의 다른 국가들의 정보영역에 위험한 공격을 할 수 있는 근거를 제공하는 정보전 개념을 개발하여, 다른 국가들의 정보통신시스템의 정상적 작동을 방해하고, 정보자원의 안보를 뚫어 승인되

8 2006 National Military Strategy for Cyberspace Operations p. 9.

9 Doctrine of the Information Security of the Russian Federation Unofficial English Transcript (2016).

지 않는 접근을 얻는 것'을 러시아연방의 정보 안보의 외부적 위협으로 규정했다. 사이버 공간의 군사화를 추구하는 미국의 안보정책과 달리 러시아는 미국의 무력분쟁 가능성을 차단하고, 정치·심리전에 대한 대응을 추구했다.

큰 맥락에서 미국과 러시아는 사이버 공간에서 발생하는 공격에 대한 논의의 필요성에 대해 서로 공유하고 있지만, 상반되는 안보정책으로 추구하고 있다. 미국과 러시아는 시간이 지남에 따라 테러리스트와 러시아를 포함한 국가 주도 공격에 의해 핵심 기반시설의 파괴와 미국과 같은 서유럽 국가들이 승인되지 않은 정보를 국내로 유입해 자국의 정치적·사회적 혼란을 유발할 것을 안보위협으로 인식했다. 다만 상대국가에서 오는 위협은 핵 안보 정책과 달리 상호 파괴적이지 않았다. 따라서 미국과 러시아는 안보위협은 공유함에도 정책 조정이 일어나지 않았으며, 각국의 안보정책은 양립 불가능했다. 강대국의 사이버 안보정책의 양립 불가능성은 현재 진행되고 있는 사이버 안보 규범 합의과정인 정부전문가그룹 보고서의 진행을 지체시키면서 국제레짐의 형성을 어렵게 만들고 있다.

2. 레짐의 한계와 향후 전망

사이버 공간에서 이루어지는 공격은 최근 들어 개인 또는 범죄 집단들의 경제적 이득을 위한 공격으로부터 정치적 목적을 달성하기 위한 테러 또는 국가 주도 양상으로 변화하고 있다. 이처럼 빠르게 바뀌는 사이버 안보의 환경 속에서 이를 규제 및 관리하기 위한 국제레짐의 형성은 상대적으로 느리게 이루어지고 있다. 이와 관련하여 러시아가 1998년 '국제안보 관점에서 정보통신기술 발전방안(Developments in the Field of Information and Telecommunications in the Context of International Security)'을 제안한 바 있으며, 해당 제안으로 설립된 정부간전문가그룹 회의에서 사이버 공간에서의 국제법 적용 가능성에 대하여 합의에 도달한 바가 있다. 하지만 이러한 노력에도 불구하고 이것이 강대국 간의 국제레짐을 위한 본격적인 노력이라고 볼 수는 없다. 앞서 보았듯이 미국과 러시아의 사이버 안보정책은 위협 인식부터 보호 대상에 이르기까지 근본적인 차이를 보인다. 미국은 기반시설의 공격을, 러시아는 정보의 국내 유입으로 인한 정치적 혼란을 안보위협으로 여기기 때문에 서로 '위협'에 대한 인식을 바꾸기 전에는 정책조정과 수렴은 발생할 수 없다. '개방된, 상호 정보 교환이 가능한, 안전하고 신뢰할 수 있는 정보통신 기반시설을 국제적으로 촉진'하는 것을 안보정책으로 표방하고 있는 미국은 국가주권과 영토보전을 통해 정보를 통제하려는 러시아의 안보정책과 근본적으로 편차를 보이고 있는 것이다. 이에 2010년부터 사이버규범 논의에 참여해온 미국은 러시아와 협력보다는 자국의 안보정책에 도움을 줄 수 있는 다른 서유럽 국가들과의 밀접한 정책협력을 도모해왔다.

제2차 정부간전문가그룹 보고서는 서로 대립하는 강대국 간의 의견 차이를 반영한 듯 구속력이 없으며, 개괄적이고 도덕적인 권고사항만을 제시하고 있다. 2010년에 발표된 이 보고서는 4가지 핵심 내용을 권고하고 있는데, 첫째, 국가 기반시설의 위험을 줄이고 보호하기 위해 정보통신기술의 국가차원 활용에 대한 규범 구축; 둘째, 분생상황에서 정보통신기술을 포함하여 신뢰구축과 위험감축 대책; 셋째, 국가 입법, 국가 정보통신 안보전략, 정책 그리고 기술에 대한 정보 교환; 넷째, 저개발국의 역량 구축, 정보 안보의 공유 개념 확보와 개념 구정의 정교화 등을 논의하였다(장노순 2016, 12). 이러한 4가지 핵심 내용은 모두 미국의 사이버 안보정책과 상당히 유사하며, 특히 첫 번째 권고사항은 2003년부터 미국이 줄곧 주장해온 안보정책이다. 반면, 정보 자체가 국가주권과 영토보전에 위협을 끼친다고 주장한 러시아의 입장은 거의 반영되지 않았다.

제3차 정부전문가그룹 보고서는 사이버 공간에 유엔헌장과 같은 기존의 국제법을 적용할 수 있으며, '국가들이 실행 가능한 투명성과 신뢰구축 방안에 합의'했다는 점에서 의의를 가진다. 사이버 공간의 주권 인정과 사이버 공격에 대한 자위권 차원의 무력 사용에서 미국과 러시아는 서로 상반되는 입장을 보이고 있다. 비록 국가들이 모두 동의하는 주권 인정과 자위권 행사에 대한 입장은 주권국가로서 미국과 러시아가 동일하지만, 세부적으로는 사이버 안보정책에 따라 안보위협을 다르게 인식한다. 즉, 정책 조정 양립이 불가능한 것이다. 우선, 사이버 공간에서는 미국과 러시아를 비롯한 국가들 모두 '유해한 행위는 다른 국가의 주권, 영토 불가침, 정치적 독립을 침해'하는 것으로 간주한다(장노순 2016, 13). 하지만 이 주장은 외부에서 오는 공격을 적극적으로 사전에 예방 또는 방치하는 조치를 취할 수 있으며, 외부의 간섭을 배제할 수 있는 정당성을 부여한다(Donnelly 2000, 54-55). 즉, 전통적으로 국제사회에서 통용된 국가주권과 영토 불가침을 주장함으로써, 러시아는 사이버 안보정책에 있어서도 그간 주권국가의 영토 내 정보 통제를 어느 정도 정당화할 수 있게 되었다.

두 번째로 미국과 러시아는 사이버 위협에 대한 물리적 대응과 관련하여 상반된 안보정책을 규정하고 있으며, 이는 제3차 보고서에서 발표한 국제법의 적용 범위에서 두드러지게 나타난다. 기본적으로 미국과 러시아는 주권국가로서 '사이버 공격이 유엔이 규정하는 물리력 이용 혹은 무력공격의 범주에 포함될 수 있음'에 동의한다(장노순

2016, 14). 또한 사이버 공격에 대한 교전은 비례성의 원칙과 차별성의 원칙을 따라야 한다는 점에 대해서도 미국과 러시아는 동의한다. 하지만 자국의 안보정책에서 명시하고 있듯이, 미국은 기반시설에 대한 사이버 공격과 그로 인한 파괴는 물리적 공격과 근본적으로 동일하다고 여긴다. 따라서 국제법의 적용에 있어서 유엔헌장에 명시된 자위권도 허용되어야 한다고 주장한다. 반면 러시아의 경우 이란 핵시설에 대한 스턱스넷 공격 사례를 들며 사이버 공간의 군사화를 추구하는 미국의 입장을 견제하고 있다.

마지막으로 2015년에 발표한 제4차 보고서는 제3차 보고서에 논의되었던 사이버 공간의 국제법 적용을 더욱 확대하여 유엔헌장 제51조에 명시되어 있는 '자위권(self defense)'의 적용을 확인하였으며, 무력분쟁법의 인도적 책임, 필요성, 비례의 원칙과 차별성의 원칙을 다루고 있다. 특히 자위권의 적용은 '국방부 전쟁법 교본'에 사이버 공간을 전투영역으로 명시한 미국의 안보 정책과 일맥상통하며, 이는 미국이 핵심 기반시설에 대한 공격은 전시상태로 간주하여 국제법에 따라 개별국가 또는 집단자위권을 정당화하려는 의도를 반영하고 있다. 특히 제4차 보고서에는 새로운 규범과 원칙을 위해 11가지 권고사항을 제시했으며, 이는 크게 (1) 제한적인 속성, 그리고 (2) 긍정적 실천 및 의무의 두 가지로 나뉜다. 실천 및 의무 부분에서는 '사이버 범죄 협력, 핵심 기반시설의 보호, 그리고 컴퓨터 대응반(CERT)/컴퓨터 침해사고 대응반(CSIRTS)'이 명시되었는데, 이는 미국이 평시에 지켜야 할 원칙으로서 제안된 것들이다.[10] 미국은 평시상태에는 자발적 조치

10 Rõigas, H. & T. M. 2015. "2015 UN GGE Report: Major Players Recommending Norms of Behaviour, Highlighting Aspects of International Law." Retrieved April 06, 2017 from https://ccdcoe.org/2015-un-gge-report-major-players-recommend-

를 통해 국가들의 핵심 기반시설에 대핸 공격을 자제하는 규범을 형성하고자 했다. 반면 러시아는 사이버 공간에서 정보기술을 사용한 무력분쟁을 안보정책에도 규정해왔으며, 정부간전문가그룹 회의에서도 이를 지속적으로 주장했다. 사이버 공간에서 이루어지는 미국의 공격적 행동을 견제하기 위해 러시아는 정부간전문가그룹에서 제시된 규범을 구속력 있는 규범으로 강화해야 한다고 주장해왔으나 제4차 보고서에는 이와 같은 러시아의 안보정책이 적극적으로 반영되지 않았다.

사이버 공간에서 미국과 러시아의 상반된 입장은 기술적 특성과 정보의 정의와 정치적 맥락에 근거를 둔다. 사이버 공간에서 기술적 특성은 과거 미국과 소련이 상호 공격능력의 파악을 어렵게 만들 뿐만 아니라, 공격 중지의 상호 합의를 어렵게 한다. 즉, 핵무기를 사용한 공격은 사전에 파악할 수 있었으며, 공격을 통해 두 국가 모두에게 치명적 피해를 준다. 1955년 수소폭탄의 성공적 폭발로 인해 미국과 소련은 위의 사실을 공유하였다. 그러나 사이버 공격은 핵공격과 달리 피해를 가늠할 수 없으며, 공격자의 익명성이 상당히 보장된다. 따라서 미국과 러시아가 서로에 대해 공격을 했을 때, 핵공격과 달리 책임을 지우기 곤란하며, 상대국을 공격이 자국에게 주는 피해는 매우 적다. 따라서 미국과 러시아를 비롯한 강대국들은 사이버 공격 또는 사이버 무기 개발을 규제하거나 통제하기 위한 합의를 도출하기보다는 상대의 사이버 공격에 대응할 수 있는 정교한 무기를 개발하고, 이를 막을 수 있는 시설을 구축하는 데 집중한다. 또한, 정보에 대한 정의는 해당 국가의 정치적 이념과 상당히 밀접한 관계가 있기 때문에, 핵안보레짐과 같이 단순한 군사적 정책의 변화로 해결하기 어려울 것이

ing-norms-behaviour-highlighting-aspects-international-l-0.html CCDCOE.

다. 미국은 정보에 대한 개방적으로 자유로운 유통을 요구하며, 사이버 공간에서 활동하고 있는 다양한 자국 회사의 경제적 활동이 지속되기 바란다. 반면, 러시아는 정치적인 상황에 따라 사회적 혼란을 주는 정보가 정권의 분열을 야기할 수 있기 때문에 국가주권을 보존하기 위한 정보의 검열을 요구한다. 따라서 정보에 대한 근본적인 국가 인식의 변화 없이는 두 국가의 상반된 입장을 좁히기 어려울 수 있다.

V. 결론 및 한계점

안보 문제는 국제사회에서 국가의 생존은 물론 국가 간의 관계를 위협하는 가장 큰 요소이다. 기술의 발전이 고도의 파괴력과 위력을 가지는 무기 개발을 가능하게 만들면서 기술에 의한 안보 문제는 강대국일지라도 스스로 해결할 수 없게 만들었다. 그렇다면 어떤 경우에 강대국들은 협력을 할까? 본 연구는 우월한 군사력과 기술력을 가진 강대국이 어떤 조건 하에 자신의 안보이익 추구에 방해를 하던 다른 강대국과 협력이 가능한지와 핵안보레짐과 달리 사이버 안보레짐은 아직까지 등장하지 못하는지에 대한 두 가지 질문으로 시작했다. 냉전 당시 강대국의 안보이익은 핵기술 및 핵무기의 강력한 영향을 받았지만, 탈냉전 시대에는 정보통신기술을 이용한 사이버 무기 및 공격이 강대국뿐만 아니라 모든 국가들의 안보이익에 지대한 영향을 미치고 있다. 이 논문에서는 코헤인이 제시한 조화, 협력, 그리고 불화의 관계에 대한 이론적 프레임워크를 참고하여 강대국들이 안보이익 충돌, 안보정책 조정, 그리고 안보이익 양립 단계에서 안보레짐 형성에 어떤 영향을 미치는지 알아보았다. 냉전 시기에 서로 대립하던 미국과 소련의 안보인식 공유가 국제원자력기구의 설립으로 이어졌던 반면, 두 나라의 사이버 안보정책은 근본적으로 양립하기 어려운 상황이다. 따라서 상반되는 강대국의 안보이익을 고려한 사이버 안보 규범에 대한 논의는 여전히 느슨한 형태로 진행되고 있는 실정이다.

이 연구는 강대국 간의 협력과 강대국의 안보이익이 안보레짐 형성에 어느 정도 영향을 미치는가에 초점을 맞추었다. 특히 국가가 개별 국익 추구가 아닌, 어느 정도 이익의 제한을 받을 것을 감수하면서 어떻게 안보레짐을 형성에 참여하는지를 살펴보고자 했다. 이를 위해 국제사회에서 주요 행위자는 합리적인 행위자로서의 국가로서 국제사회의 환경에 의해 큰 영향을 받는다는 현실주의 시각을 차용하였다. 따라서 이 연구는 강대국 중심의 연구라는 점과 탈냉전기에 대두되는 비(非)국가 행위자들을 충분하게 고려하지 않고 있다는 한계를 가진다. 특히 정보통신기술 분야에는 국가 행위자보다 민간기업과 국제기구와 같은 비(非)국가 행위자들이 먼저 진출을 하여 활발하게 활동하고 있다. 따라서 국가, 특히 강대국 중심으로 사이버 공격 및 범죄를 바라보는 데에는 제약이 있다. 또한 양극체제였던 냉전 당시 형성된 핵안보레짐과 달리 사이버 규범 논의 과정에는 미국과 러시아뿐만 아니라 영국, 중국, 인도 등 다양한 강대국들도 참여하고 있지만 이 연구에서는 이들에 대한 포괄적인 논의가 이루어지지 못한 상황이다. 마지막으로 정부간전문가그룹의 만남은 2017년에 이어질 예정이기 때문에 앞서 전개되었던 규범 합의사항에서 더 발전할 수도 퇴보할 수도 있다. 따라서 이 논문은 사이버 안보 규범이 레짐 형성으로 이어지기 매우 어렵다고 주장함으로 끝맺음을 하지만, 향후 2017년 정부간전문가그룹의 보고서 출판에 따라 레짐 형성을 위한 미국과 러시아의 안보정책이 조정 가능할 수도 있다고 예상된다.

참고문헌

박노형·정명현. 2014. "사이버전의 국제법적 분석을 위한 기본개념의 연구: Tallinn Manual의 논의를 중심으로." 『국제법학회논총』 59(2), pp. 65-93.
장노순. 2014. "사이버 안보에서 갈등구조와 신뢰구축." 『정치정보연구』 17(2), pp. 87-112.
______. 2016. "사이버 안보와 국제규범의 발전." 『정치정보연구』 19(1), pp. 1-28.
장노순·한인택. 2013. "사이버 안보의 쟁점과 연구 경향." 『한국국제정치학회』 53(3), pp. 579-618.
정재준. 2013. "국제 사이버 범죄에 대한 대응방안: 부다페스트(Budapest)조약 10년의 성과와 반성." 『형사법의 신동향』 39, pp. 110-140.

Baruch, B. 1946. *The Baruch Plan*. Presentation to the United Nations Atomic Energy Commission, New York, June, 14.
Bernstein, Barton J. 1995. "The atomic bombings reconsidered." *Foreign Affairs*, 135-152.
CCDCOE. "NATO Recognizes Cyberspace as a 'Domain of Operations' at Warsaw Summit." https://ccdcoe.org/nato-recognises-cyberspace-domain-operations-warsaw-summit.html (access date:March 13, 2017)
Dinerstein, H. S. 1959. *War and the Soviet Union*. NY: Praeger.
Donnelly, J. 2000. *Realism and International Relations*. Cambridge: Cambridge University Press.
Evangelista, M. 1990. "Cooperation theory and disarmament negotiations in the 1950s." *World Politics*, 42(04), 502-528.
Federation, R. 2000. 'Doktrina informatsionnoi bezopasnosti Rossiiskoi Federatsii [Information Security Doctrine of the Russian Federation]'. Russian Security Council, on the Internet: http://www. scrf. gov. ru/documents/5. html (retrieved 30 March 2017).
Gartzke, Erik. 2013. "The Myth of Cyberwar: Bringing War in Cyberspace Back Down to Earth." *International Security*, 38(2), 41-73.
Geers, K. 2010. "The Challenge of Cyber Attack Deterrence." *Computer Law & Security Review*, 26(3), 298-303.
Gowing, M. & Arnold, L. 1974. *Independence and Deterrence. Britain and Atomic Energy, 1945-1952*. Volume I. Policy making.
Haftendorn, H. 1991. "The security puzzle: theory-building and discipline-building in international security." *International Studies Quarterly*, 35(1), 3-17.
Hewlett, Richard G. and Jack M. Holl. 1989. *Atoms for Peace and War, 1953-1961: Eisenhower and the Atomic Energy Commission*. Vol. 3. Oakland: University of

California Press, 1989.

Holloway, David. 1979. "Research note: Soviet thermonuclear development." *International Security*, 4(3), 192-197.

______. 1994. *Stalin and the Bomb: the Soviet Union and Atomic Energy, 1939-1956*. London: Yale University Press.

______. 2010. 'Nuclear Weapons and the Escalation of the Cold War, 1945 – 1962', in Leffler, M. P. and Westad, O. A. (eds.) *The Cambridge History of the Cold War*. Cambridge: Cambridge University Press.

______. 2016. "The Soviet Union and the creation of the International Atomic Energy Agency." *Cold War History*, 16(2), 177-193.

Iasiello, Emilio. 2015. "Are Cyber Weapons Effective Military Tools?" *Military and Strategic Affairs/The Institute for National Security Studies*.

International Atomic Energy Agency. 1997. *History of the International Atomic Agency*. Vienna: IAEA.

Jervis, Robert. 1989. *The Meaning of the Nuclear Revolution: Statecraft and the Prospect of Armageddon*. NY: Cornell University Press.

Keohane, Robert O. 2005. *After Hegemony: Cooperation and Discord in the World Political Economy*. Princeton University Press.

Krasner, S. D. 1983. *International Regimes*. NY: Cornell University Press.

Lindblom, Charles E. 1965. *The Intelligence of democracy: decision making through mutual adjustment*. New York: Free Press.

Lipson, C. 1995. "Are Security Regimes Possible? Historical Cases and Modern Issues." *Regional Security Regimes: Israel and Its Neighbors*, 3-32.

MacKenzie, D. & Spinardi, G. 1995. "Tacit Knowledge, Weapons Design, and the Uninvention of Nuclear Weapons," *American Journal of Sociology*, 101(1), 44-99.

Nye Jr, J. S. 2011. "Nuclear Lessons for Cyber Security?," *Strategic Studies*, 19.

______. 2013. "From bombs to bytes: Can our nuclear history inform our cyber future?" *Bulletin of the Atomic Scientists*, 69(5), 8-14.

______. 2014. "The Regime Complex for Managing Global Cyber Activities." *The Centre for International Governance; Global Commission on Internet Governance*, Paper Series 1, 1-15.

______. 2017. "Deterrence and Dissuasion in Cyberspace." *International Security*, 41(3), 44-71.

Pernik, Wojtkowiak, Verschoor-Kriss 2016. "National Cyber Security Organization: United States," NATO Cooperative Cyber Defense Centre of Excellence. https://ccdcoe.org/sites/default/files/multimedia/.../CS_organisation_USA_122015.pdf

Puchala, D. J. & Hopkins, R. F. 1982. "International regimes: lessons from inductive analysis." *International Organization*, 36 (02), 245-275.

Rõigas, H. & T. M. 2015. "2015 UN GGE Report: Major Players Recommending Norms of Behaviour, Highlighting Aspects of International Law." Retrieved April 06, 2017 from https://ccdcoe.org/2015-un-gge-report-major-players-recommending-norms-behaviour-highlighting-aspects-international-l-0.html (access date: March 13, 2017)

Rosenberg, D. A. 1982. "US nuclear stockpile, 1945 to 1950." *Bulletin of the Atomic Scientists*, 38(5), 25-30.

______. 1983. "The origins of overkill: Nuclear weapons and American strategy, 1945-1960." *International Security*, 7(4), 3-71.

Shackelford, Scott J. 2012. "Towards Cyberpeace: Managing Cyberattacks Through Polycentric Governance." *American University Law Review*, 62: 1273-1364.

Sheldon, John B. 2014. "Geopolitics and Cyber Power: Why Geography Still Matters." *American Foreign Policy Interests*, 36: 286-293.

Slayton, R. 2017. "What Is the Cyber Offense-Defense Balance? Conceptions, Causes, and Assessment." *International Security*, 41(3), 72-109.

Stevens, Tim. 2012. "A Cyberwar of Ideas? Deterrence and Norms in Cyberspace." *Contemporary Security Policy*, 33(1): 148-170.

Ullman, R. H. 1983. "Redefining security." *International Security*, 8(1), 129-153.

UNODA. "Fact Sheet: Developments in the Field of Information and Telecommunications in the Context of International Security." https://www.un.org/disarmament/factsheets/ (access date: March 13, 2017)

Walt, Stephen M. 1987. *The Origins of Alliances*. Ithaca, NY: Cornell University Press.

White House. 2010. *National Security Strategy*. Retrieved from http://www.whitehouse.gov/sites/default/files/rss_viewer/national_security_strategy.pdf

Zhukov, Georgiĭ Konstantinovich. 1971. *The Memoirs of Marshal Zhukov*. NY: Delacorte Press.

제8장

사이버 공격의 개념적 적용과 함의: 탈린 매뉴얼을 중심으로

정하연

I. 서론

'사이버 안보'는 국가마다 그 정의에 다소 차이가 있지만, 무엇보다 '사이버'의 측면이 군사적 맥락에서의 '방위' 문제와 맞물리게 되면서 범죄, 첩보, 테러, 전쟁 등 다양한 분야에서 고려되기 시작했다. 특히 2007년 에스토니아에 대한 러시아의 대대적인 분산서비스거부(DDoS) 공격은 북대서양조약기구(NATO)의 집단방위 발동 여부의 문제를 제기했으며, 이후 사이버 안보는 국제정치 문제로 급부상하게 되었다. 이를 계기로 북대서양조약기구는 에스토니아에 '사이버 방어센터(Cooperative Cyber Defense Centre Of Excellence)'를 설립하고 국제법 전문가들을 소집하여 사이버 전쟁에 적용할 수 있는 '탈린 매뉴얼(Tallinn Manual)'[1]을 발간했다.

2013년 국제연합 군축연구소의 발표에 의하면, 193개 회원국들 중에 2011년 기준 사이버 전쟁에 관한 군사계획과 군 조직을 보유한 국가가 32개국에서 2012년에는 47개국으로 증가했다. 각 국가들이 사이버 안보 문제를 국방의 대상으로 포함시키는 와중에도 끊임없이 국가를 대상으로 한 사이버 공격들이 발생해왔다. 2008년에는 조지아와 러시아의 전쟁 당시 조지아의 통신망이 마비되고 주요 정보가 유출되는 사건이 발생했으며, 2010년에는 이란의 핵시설이 스턱스넷이라

1 이 연구는 2013년 발표된 『탈린 매뉴얼』을 중심으로 하되, 2017년 2월에 발표된 『탈린 매뉴얼 2.0』의 내용 역시 일부 반영한다. 『탈린 매뉴얼 2.0』의 기본 규칙들은 2013년의 것과 크게 다르지 않다. 다만 전작이 '사이버 전쟁에 적용 가능한' 매뉴얼을 중심으로 다룬 데 반해, 최근 작업은 '사이버 작전에 적용 가능한' 매뉴얼로, 무력사용이나 무력공격의 수준에 미치지 않는 사이버 위협 행위들에 대한 접근 기준을 제시한다는 점에서 초기 탈린 매뉴얼보다 그 대상 범위를 포괄적으로 삼고 있다. 특히 보복의 범위나 공격의 귀책 문제, 인권법적 측면, 해상 및 공중에서의 사이버 작전 등에 있어서 기존의 탈린 매뉴얼을 보완하고 있다.

는 웜바이러스의 공격을 받아 사이버 영역을 통한 물리적 파급력의 가능성이 실현된 첫 사례로 주목받았다. 한국 역시 지난 10여 년 동안에 걸쳐 북한이 그 배후로 추정되는 크고 작은 사이버 공격에 지속적으로 노출되어 왔다. 하루에도 백만 건에 이르는 사이버 위해 행위가 발생하고 있으며, 그 중 대부분이 북한을 비롯한 중국 등으로부터의 공격인 것으로 알려져 있다. 한편 2012년 미국과 중국 간에 사이버 해킹 및 첩보활동 문제가 대두되었을 당시, 미국은 국방부를 비롯한 다수의 주요 기관 및 기업, 단체에 대한 해킹의 배후로 중국을 지목했다. 중국은 이를 부인했지만 2013년 보안회사 맨디언트(Mandiant)는 당시 해킹조직으로 알려진 'APT1'이 곧 중국 인민해방군 부대임을 밝혀낸 바 있다.

이처럼 사이버 공간은 오늘날 국가정책과 국제문제 있어 외교·안보와 군사 영역의 주요 대상으로 자리매김했다. 하지만 사이버 공간에서의 각종 위해 행위들에 대해 그 구분과 용어 사용이 모호하고 다양할 뿐만 아니라, 사건의 해석에 있어서도 기존의 법규범의 적용이 쉽지 않은 실정이다. 일반적으로 '사이버 공격,' '사이버 테러,' '사이버 전쟁' 등과 같이 무분별하게 사용해오는 용어들은 엄연히 국제법상 논하는 '전쟁'이나 '공격' 행위의 의미와는 다르다. '테러와의 전쟁'이나 '범죄와의 전쟁'과 같이 상징적으로 사용해오는 용어는 분명 국가가 정책을 수행하는 데 있어 그 정당성과 필요성을 뒷받침하는 데 유용한 수사(rhetoric)이다. 그러나 실제 국가안보와 국제정세가 불안한 상황에서 사이버 공간에서 혹은 사이버 공간을 통한 위해 행위가 발발했을 경우, 이를 어떻게 접근하고 대응할 것인지에 대한 문제는 국가의 법적 책임과 맞물려 중대한 사안이 될 수 있다. 가령 미국은 사이버 공간에서의 불법적 무력사용에 대해서 자위권을 잠재적으로 적용할 수 있다는 입장을 견지해왔다. 2011년 오바마 정부가 발표한 '사이버 공간을 위한 국제 전략'은 이러한 입장을 잘 나타내고 있다.

> 정당화된다면, 미국은 사이버 공간에서의 적대행위에 대해 자국에 대한 다른 위협과 마찬가지로 대응할 것이다. 모든 국가는 자위권을 가지며, 사이버 공간을 통한 어떠한 적대 행위들이 미국의 군사 동맹국들과의 약속을 행하도록 할 수 있다. 우리는 자국과 동맹, 파트너, 그리고 미국의 이익을 수호하기 위해 적용 가능한 국제법에 따라 외교, 정보, 군사, 경제적인 모든 필요한 수단들을 동원할 권리가 있다(U.S. White House 2011, 14).

실체적인 법규범을 중심으로 한 논의가 부족한 상황에서는 지속적으로 발발하는 크고 작은 사이버 공격들에 대해 국가 차원에서 대응하는 것에는 한계가 따른다. 사이버 공격의 문제를 어떻게 다룰 수 있을 것인지에 대해 기존의 국제법을 바탕으로 접근하려는 시도들이 주로 법학계에서 이루어져 왔으나, 탈린 매뉴얼을 바탕으로 실례에 적용한 연구는 아직까지 부족하다(Harrison Dinniss 2012; Blank 2013; Lubell 2013; 박노형·정명현 2014; Schmitt 2015; 성재호 2015; 장신 2015). 그뿐만 아니라 결국 국가들 간 갈등 상황에서 발생하는 사이버 공격은 정치적인 문제일 수밖에 없기 때문에, 법적 근거를 바탕으로 한 정치적 해석이 수반될 필요가 있다. 국가 간 갈등 관계에서 발생하고 있는 사이버 공격들에 대해 그저 단순히 범죄 행위로 볼 것인지, 아니면 무력사용, 나아가 무력공격 행위로 간주할 수 있을 것인지 등과 같이 사건에 어떻게 접근하고 해석할 수 있을지의 문제는 향후 사이버 공간을 둘러싼 국제 문제의 핵심 이슈가 될 수 있다. 따라서 사이버 공간을 둘러싼 국가 간 분쟁에 대해 법규범의 적용이 가능하려면 보다 명확한 기준이 필요하다. 탈린 매뉴얼은 그 간극을 메우기 위한 규범의 초석을 마련한 시도라고 할 수 있다.

이 글에서는 탈린 매뉴얼을 바탕으로 국가 간 갈등이 사이버 공간으로 표출된 사례들에 어떻게 접근하고 이해할 수 있는지, 그리고 그러한 사건에 대해 어떠한 적절한 대응이 있을 수 있는지에 대해 탐구한다. 더불어 이를 통해 탈린 매뉴얼의 장점과 한계, 그 국제정치적 함의를 살펴본다. 이어지는 내용에서는 탈린 매뉴얼에서 규정하는 사이버 공격의 정의를 살펴보고, 매뉴얼의 내용을 크게 행위자와 성격, 대상의 차원으로 나누어 살펴본다. 이 연구에서는 단순히 개인이나 집단의 차원에서 발발하는 사이버 범죄 행위가 아니라, 기존에 국가 간 갈등이 있던 상황에서 혹은 적대 관계에 놓인 행위자들 사이에 발생한 대표적인 세 가지 사건을 대상으로 분석한다. 따라서 매뉴얼의 주요 규칙과 주석들을 바탕으로 하여 공격의 행위자, 성격, 대상을 중심으로 주요 내용을 정리하고, 이를 바탕으로 기존의 에스토니아, 조지아, 이란에 가해진 사이버 공격의 사례에 대해 탈린 매뉴얼을 적용하여 분석한다. 이를 통해 향후 사이버 공간에서 표출되는 국가 간 갈등 문제에 대해 접근 및 해석할 수 있는 기준을 고찰하고 기존의 탈린 매뉴얼의 유용성과 한계를 짚어본다.

II. 사이버 공격의 개념과 속성: 탈린 매뉴얼을 중심으로

1. 사이버 공격에 대한 일반적 정의

2010년 미 국방부가 발표한 '사이버 공간에서의 작전에 관한 합동 용어집'에 의하면, 사이버 공격이란 '상대의 주요 사이버 시스템, 자산, 기능을 방해하거나 파괴할 의도를 가진, 컴퓨터나 관련 네트워크 혹은 시스템을 이용한 적대적 행위'를 지칭한다(U.S. DoD 2010, 5). 이 밖에도 '정치적 혹은 국가안보의 목적에서, 상대의 컴퓨터 네트워크의 기능을 약화시키기 위한 공격'(Hathaway et al. 2012, 826), '컴퓨터나 컴퓨터 시스템, 전자커뮤니케이션 네트워크에 해를 입히거나 파괴, 혹은 접근하기 위한 시도'(Davis 2015, 1) 등으로 정의되고 있다. 한편 싱어와 프리드먼은 사이버 공격을 기본적으로 '정보'에 대한 공격으로 인식하고, 이를 범주화하는 기준을 기밀성(confidentiality), 무결성(integrity), 가용성(availability)에 해당하는 CIA의 '정보보호의 3요소'에 대한 공격으로 제시한 바 있다(Singer and Friedman 2014, 70-71).[2] 이처럼 기존의 사이버 공격에 관한 일반적인 정의는 사이버 수단을 통한 범죄 행위에서부터 군사·전략적 목적에서 행해지는 작전에 이르기까지 다양한 행위들을 포괄한다(Singer and Friedman 2014, 68). 국가 간 갈등상황에서 발생하는 사건들에 접근하기 위해서는 통일되지 않

2 우선 기밀성에 대한 공격은 사용자 정보와 시스템의 데이터를 탈취하거나 감시하려는 목적으로 컴퓨터 네트워크에 침입을 시도하는 것이며, 가용성 공격은 서비스거부공격 등과 같이 네트워크 접속을 방해하는 공격이다. 무결성에 대한 공격은 시스템에 침투하여 정보를 변경하는 행위이다. 이 공격은 시스템과 데이터 조작을 통해 사용자의 행동이나 인식을 변화시키거나 물리적 장치나 프로세서의 파괴를 야기할 수 있다(Singer and Friedman 2014, 70-71).

고 사용되는 일반적이고 포괄적인 정의보다는 법규범에 입각한 정의가 필요하다. 이에 이어지는 내용에서는 탈린 매뉴얼에 입각하여 사이버 공격의 개념과 그와 관련된 속성을 살펴보고 이를 실제 사례에 적용하여 해석한다.

2. 탈린 매뉴얼의 사이버 공격

탈린 매뉴얼은 사이버 공격에 대해 "그것의 공격 및 방어적 성격에 관계없이, 사상자 또는 물적 손해 내지 파괴를 야기할 것이 합리적으로 예상되는 사이버 작전"으로 정의한다. 여기서 '사이버 작전'이란 "사이버 공간상의 목표나 사이버 공간을 통한 목표달성을 주된 목적으로 사이버 역량을 사용하는 것"을 지칭한다. 즉 정의상 사이버 공격보다 사이버 작전이 더 포괄적인 범주로서, 사이버 작전을 사이버 공격이라 지칭하기 위해서는 보다 구체적인 요소가 고려되어야 한다. 일반적으로 "공격"이라 함은 제네바협약 제1추가의정서 제49조 1항에 의거, "공격과 방어 여부에 관계없이 상대방에 대한 폭력행위"를 의미한다. 따라서 사이버 심리전 또는 사이버 간첩행위와 같은 비폭력적 작전은 공격으로 인정되지 않는다. 한편 어떠한 작전을 '폭력행위'라고 판단하기 위해서는 그것이 폭력적 행위 자체보다는 '결과'의 측면에서 고려되어야 한다. 즉 폭력행위가 반드시 동적 힘(kinetic force)을 발산하는 행동에만 국한되는 것이 아니다. 이는 이미 생화학, 방사능 등과 같이 비동적(non-kinetic) 효과를 갖는 공격이 무력충돌법 상의 공격으로 보편적으로 인정되고 있는 것과 마찬가지이다. 또한 무력충돌법의 바탕이 되는 인도주의적 목적을 고려할 때, 공격의 개념은 개인의 부상이나 사망뿐만 아니라 부상에 준하는 심각한 질병과 정신적 고

통까지 확대하는 것이 합리적이라고 여겨진다. 즉 민간에 공포를 확산시켜 정신적 고통을 야기하는 것 역시 이에 해당될 수 있다(Schmitt 2013, 106-109).

사이버상의 교전 수칙을 담은 탈린 매뉴얼은 사이버 전쟁(cyber warfare)에 대해 자체적 정의를 내리지는 않으며, 다만 "비규범적(non-normative) 차원에서 단지 기술적(descriptive) 용어로 사용"한다(Schmitt 2013, 18). 탈린 매뉴얼은 사이버 활동에 대하여 무력사용(use of force)에 관련된 '전쟁에 대한 법(*jus ad bellum*)'과, 무력충돌(armed conflict)의 문제를 다루는 '전쟁에서의 법(*jus in bello*)'의 관점에서 사이버 작전 활동을 다루고 있다. 이와 같이 기본적으로 탈린 매뉴얼은 전쟁 혹은 무력사용과 무력충돌의 성격을 전제로 하여 사이버 공간에서의 문제를 다룬다. 탈린 매뉴얼에 의하면 무력충돌 상황에서 수행된 사이버 작전은 무력충돌법에 따른다. 이 때 '무력충돌'이라는 용어는 1949년 제네바 협약에서 처음 사용되었으나 그 정확한 정의가 내려지지 않았으며, 오늘날 '전쟁'이라는 용어로 대체되었다. 또한 매뉴얼상 '사이버 공격'은 '사이버 작전'에 포함되는데, 사이버 공격은 특정 범주의 사이버 작전을 의미하고 인도주의적 지원에 영향을 미치는 작전에 대해서는 그것이 '공격'의 수준에 미치지 않더라도 무력충돌법이 적용된다(Schmitt 2013, 75-76).

3. 공격의 주체: 국가 및 비국가 행위자

탈린 매뉴얼에 의하면 국가는 자국의 주권 영역 내의 사이버 기반시설과 사이버 활동에 대해 통제권을 행사한다. 국가 관할권 내의 사이버 기반시설은 국가의 법적·규제적 통제의 대상이며, 국가는 그 시설을 보호한다. 따라서 다른 국가의 사이버 기반시설에 대한 사이버 작전은 대상이 되는 국가의 주권을 침해할 수 있는 것으로 해석된다.[3] 다만 물리적 손상을 초래하지 않는 악성소프트웨어의 설치는 주권 침해에 해당하는지 여부가 확실하지 않다(Schmitt 2013, 15-16).

한편 국가는 자국에 귀속되며 국제 의무를 위반하는 사이버 작전에 대해 국제법적 책임이 있다. 문제의 행위가 국가에 귀속되고, 국제법상 의무의 위반일 경우 해당 국가는 그 행위에 대해 법적 책임을 진다. 대표적으로 국제연합헌장, 무력충돌법상 의무의 위반 등이 그에 해당하며, 평시에도 불간섭원칙 등과 같은 규칙의 위반 역시 국제적 불법 행위로서 국가에 책임이 있다. 한편 현행 국제법에서는 첩보 활동을 다루지 않고 있으므로, 사이버 공간에서의 첩보 활동이 특정 국제법 금지를 위반하지 않는다면 국제법의 문제로 다루지 않는다(Schmitt 2013, 29-30).

국가 기관의 모든 작위나 부작위는 국가에 귀속되며, 국가 기관이 아니어도 정부의 권한을 행사할 수 있는 권한이 부여된 사람이나 실체는 국가에 귀속된다. 가령 민간에게 사이버 작전을 수행할 권한을 정부가 부여한 경우에도 해당 행위는 국가의 책임으로 귀속된다(Schmitt 2013, 31). 비국가 행위자에 의해 수행되는 사이버 작전이 국가의 지시나 통제, 혹은 교육에 연관되거나, 국가가 해당 작전을 알고 있고 그것을 국가의 행위로 채택할 경우 해당 작전은 국가에 귀속된다(Schmitt 2017, 94). 여기에서 주의할 점은 개인이 자발적으로 사이버 작전을 수행할 경우에 어떻게 이해할 것인가이다. 탈린 매뉴얼은 소위 핵티비스트(hactivist)나 애국 해커(patriot hacker) 등의 활동에 대해, 국가가

3 여기서 사이버 기반시설이란 정보 시스템이 작동하는 통신, 저장, 기타 컴퓨터 자원을 의미한다(Schmitt 2013, 15).

특정 지시나 작전의 지침을 내리거나 통제할 경우 그 책임이 국가에 귀속된다고 보았다.[4] 하지만 이들에 대한 단순한 지지나 독려 사실만으로는 정부 책임을 물을 수 없다는 것이 매뉴얼의 입장이다(Schmitt 2013, 30-33).

한편 국가의 지시를 받지 않은 비국가 행위자의 행위가 무력공격을 구성할 수 있는지에 관해 전통적으로 헌장 제51조와 국제관습법은 국가만을 행위자로 여겨왔다. 그럼에도 불구하고 미국이 9·11 테러에 대해 자위권을 발동시키는 무력공격으로 그 대상을 알카에다로 지목한 실례로 보아, 오늘날 비국가 행위자에 의한 공격도 자위권의 대상이 될 여지도 있다(Schmitt 2013, 58-59).

4. 공격의 성격: 무력사용(use of force)과 무력공격(armed attack)

사이버 교전 법칙을 다룬 탈린 매뉴얼은 기존의 전쟁법을 바탕으로 구성되어 있다. 전쟁법은 일반적으로 개전법규로도 불리는 '전쟁에 대한 법(*jus ad bellum*)'과 국제인도법인 '전쟁에서의 법(*jus in bello*)'으로 구분된다. 사이버 공격에 대해 탈린 매뉴얼은 '전쟁에 대한 법' 관점에서 무력공격의 기준에서 판단하며, '전쟁에서의 법' 관점에서는 공격 혹은 방어 여부에 관계없이 폭력의 사용을 포함하는 군사작전의 특정한 형태를 지칭한다.

전쟁에 대한 법의 관점에서, 사이버 공격이 '무력공격'으로 간주

4 탈린 매뉴얼은 비국가 행위자의 행위도 무력공격의 목적상 국가에 귀속되는 경우도 있음을 밝히고 있다. 가령 국제사법재판소이 니카라과 판례를 들어, 국제사법재판소는 정규군뿐만 아니라 '국가가 파견하거나 국가를 대신하는 무장 세력, 무장 집단, 비정규군이나 용병'이 수행하는 행위에 대해서도 무력공격이 해당됨을 제시하고 있다(Schmitt 2013, 32-33).

되는지의 여부가 무엇보다 중요하다. 이에 관한 문제가 중요한 이유는 무력공격의 대상이 되는 국가가 자위권을 발동할 수 있는 기준이 될 수 있기 때문이다. 무력사용은 국제연합헌장 제2조 4항에 규정된 국제법의 위반 여부와 관련이 있고, 무력공격은 헌장 제51조에 규정된 피해국가의 자위권 발동의 허용 여부와 관련 있다.[5] 헌장 제2조 4항에서는 "모든 회원국은 그 국제관계에 있어서 다른 국가의 영토보전이나 정치적 독립에 대하여 또는 국제연합의 목적과 양립하지 아니하는 어떠한 기타 방식으로도 무력의 위협이나 무력사용을 삼간다"고 규정하고 있다. 이는 국제관습법상의 규범으로 인정되며, 탈린 매뉴얼에서 역시 "타국의 영토적 보전이나 정치적 독립에 대한 무력사용 및 위협이나 국제연합의 목적과 양립하지 아니하는 방식의 사이버 작전은 불법"이라고 명시하고 있다(Schmitt 2013, 42-43).

1) 무력사용으로서의 사이버 공격

탈린 매뉴얼은 사이버 공간에서의 무력사용에 대하여, "그 규모와 효과가 비(非)사이버 작전에 의한 무력사용의 수준에 상응하는 경우에 무력사용으로 본다"고 명시하고 있다. 헌장 제2조 4항의 '무력사용'이나 '위협'에 관한 권위 있는 정의나 기준은 없으나, '무력(force)'에 '정치적 또는 경제적 성격의 압력을 포함한 모든 형태의 압력'이 포함되지는 않는 것으로 여겨진다. 즉 단순히 정치적 혹은 경제적 강압은 무력에 해당되지 않으며, 이와 유사한 사이버 작전도 금지된 무력사용으로 보기 어렵다는 것이 탈린 매뉴얼의 입장이다. 한편 정부나 경제에

5 국제연합헌장 제51조: "이 헌장의 어떠한 규정도 국제연합 회원국에 대하여 무력공격이 발생한 경우, 안전보장이사회가 국제 평화와 안전을 유지하기 위하여 필요한 조치를 취할 때까지 개별적 또는 집단적 자위의 고유한 권리를 침해하지 아니한다.(이하 생략)"

표 1. 무력사용 규정 시 고려 기준

심각성	최소기준(*de minimis*) 원칙에 따라, 개인 또는 재산에 대한 물리적 위해를 포함하는 결과 그 자체로 무력사용으로 인정될 수 있다. 중대한 국익을 침해하는 결과가 발생할수록 무력사용으로 간주될 가능성이 높다.
즉각성	즉각적 결과를 가져오는 사이버 작전을 무력사용으로 규정지을 가능성이 더 높다.
직접성	최초 행위와 그 결과 사이의 직접성이 명확하게 연결되는 사이버 작전은 무력사용으로 여겨질 가능성이 높다.
침입성	사이버 작전이 대상 국가의 이익에 반하여 대상 국가 혹은 그 사이버 시스템에 침입한 정도를 말한다. 작전 목표가 된 사이버 시스템에 대한 보호의 정도가 높을수록 침입에 대한 우려가 더 크다.
효과의 측정 가능성	행위의 결과가 명백한 경우에 행위자의 무력사용 의도가 있다고 추론한다. 피해의 결과를 정량화할 수 있고 인식할 수 있을수록 무력사용을 판정하기 용이하다.
군사적 속성	사이버 작전과 군사 작전 간의 연계는 무력사용으로 규정될 가능성을 높인다.
국가 개입	국가와 사이버 작전 간의 결합이 명확하고 밀접할수록 해당 사이버 작전을 그 국가에 의한 무력사용으로 규정할 가능성이 더 높다.
합법성 추정	일반적으로 금지되지 않은 행위는 허용된다. 국제법은 선전, 심리전, 간첩 행위 또는 단순한 경제적 압력 자체를 금지하지 않으므로 그 행위는 국가에 의하여 무력사용으로 간주될 가능성이 낮다.

출처: Schmitt(2013, 48-51) 참조.

대해 신뢰를 약화시키는 비파괴적인 사이버 심리전은 무력사용으로 인정되지 않는다. 뿐만 아니라 니카라과 판례에서 게릴라에 대한 자금 지원을 무력사용으로 인정하지 않은 것처럼, 핵티비스트 집단에 대해 단순히 자금만 지원하는 것으로는 무력사용으로 보기 어렵다(Schmitt 2013, 46-47).

한편 사이버 공간에서의 무력사용이 국가 행위자의 군대 및 기타 군사력 사용과 반드시 관련될 필요는 없으며, 조직된 집단에게 사이버 공격 수행에 필요한 악성소프트웨어나 교육을 제공하는 것 역시 무력사용으로 인정한다. 일반적으로 일시적인 서비스 거부와 같은 불편함만을 야기하는 작전은 무력사용으로 구분되기 어렵지만, 경제에 심각한 영향을 미치는 대규모 사이버 작전은 무력사용으로 분류할 수 있다는 여지를 남겨두고 있다. 또한 그 규모와 효과 측면에서 '무력공격'의 수준에 상응하며, 국가가 수행하거나 여타 국가에 귀속되는 사이버 작전은 무력사용으로 인정된다. 한편 탈린 매뉴얼은 다음과 같이 무력사용으로 규정될 수 있는 작전의 기준에 대해 심각성(severity), 즉각성(immediacy), 직접성(directness), 침입성(invasiveness), 효과의 측정가능성(measurability of effects), 군사적 속성(military character), 국가 개입(state involvement), 합법성 추정(presumptive legality)을 주요 고려 요소로 제시하고 있다(Schmitt 2013, 45-52).

2) 무력공격으로서의 사이버 공격

국제연합헌장 제51조의 '무력(armed)'은 제2조 4항의 '무력(force)'과 동일하지 않다.[6] 가령 국제사법재판소는 니카라과 판례에서 '무력공격(armed attack)'이 헌장 제2조 4항의 '무력(force)'의 부분을 구성함을 명백히 했다. 즉 모든 무력공격은 무력사용에 해당하지만 그 역은 성립하지 않고, 무력공격과 이를 구성하지 않는 무력사용 간의 간극이 존재한다(Harrison Dinniss 2012, 76-77). 또한 국제사법재판소는 '무

6 1970년 'UN 헌장에 따른 국가 간의 우호관계와 협력에 관한 국제법 원칙에 대한 선언' 일명 '우호관계원칙선언'에서는 무력사용 원칙을 다룬 부문에서도 '무력(force)'의 정의를 명확히 다루고 있지 않다. 이는 군사력(armed force)에 관한 금지만을 다룬 서방국들과, '영토보전과 정치적 독립을 위협하는 정치적, 경제적 특성을 포함한 모든 형태의 압박'을 금지해야 한다는 소련, 유럽, 기타 개발도상국들의 입장의 불일치의 결과이다. 이후 1973년과 1974년 아랍의 석유 파동 이후 타국의 영토보전과 정치적 독립을 위협할 수 있는 경제적 및 정치적 강압은 선언의 '불간섭원칙' 항목하에 포함되었으며, 따라서 우호관계선언에서의 무력(force)은 군사적 강압으로 한정되고, 정치적 및 경제적 강압은 간섭으로 간주되었다(Harrison Dinniss 2012, 47-48).

력사용의 가장 중대한 유형(the most grave forms of the use of force)'과 '다른 덜 중대한 유형(other less grave forms)'을 구분하고, 무력공격은 '상당한 규모와 효과(significant scale and effects)'를 갖는 무력사용의 가장 심각한 경우라고 밝힌 바 있다.[7]

탈린 매뉴얼에서도 무력공격은 헌장 제2조 4항에서의 의미대로 무력사용을 전제로 한다. 탈린 매뉴얼에서는 무력공격의 수준에 상응하는 사이버 공격의 대상이 되는 국가는 자위권을 행사할 수 있으며, 사이버 작전이 무력공격을 구성하는지의 여부는 그 '규모와 효과'에 따라 결정된다고 명시하고 있다(Schmitt 2013, 54).[8] 이때 무력공격은

7 니카라과 사건에서 국제사법재판소는 반란단체에 대한 군수지원 행위가 무력사용을 구성할 수 있지만 그것이 무력공격에는 이르지 않는다고 판시했다. 또한 국가가 무장단체를 통해 정규군에 의한 무력공격에 상응하는 정도의 무력을 행사한다면 이는 무력공격에 해당될 수 있다고 보았다. 하지만 당시 어떤 공격 수준이 무력공격의 임계점을 넘는 것인지 그 '규모와 효과'에 대한 기준을 제시하지는 못했다.

8 무력사용 금지에 관한 관습적 성격에 대해서는 일반적으로 이견이 없으나, 무력공격으로 판단할 수 있는 임계점에 대해서는 그렇지 않다. 무력공격 여부를 판단하는 기준으로는 크게 수단, 목적, 효과를 중점으로 보는 세 가지 접근법이 있다(Graham 2010, 91-92; Hathaway et al. 2012, 845-847). 우선 수단을 기반으로 한 접근(instrument-based approach)은 공격에 사용된 도구에 초점을 두는 전통적인 접근방식이다. 기존의 전통적인 관점에서는 재래식 군사무기를 수단으로 하는 물리적 성격의 공격을 기준으로 두기 때문에 사이버 공격만으로는 헌장 제51조에 해당하는 무력공격을 구성한다고 보기 어렵다. 하지만 국제사법재판소의 핵무기에 관한 권고적 의견에서 무력사용에 관한 조항이 '사용되는 특정 무기에 관한 것이 아니라 그 무력사용 자체에 관한 것'이라고 밝힌 점을 고려하면 수단만을 기준으로 무력사용 여부를 판단하기에는 무리가 있다(ICJ 1996, 22; Harrison Dinniss 2012, 59). 다음으로 대상을 기반으로 하는 접근(target-based approach)은 사이버 공격 대상의 성격, 즉 국가의 주요 기반 시스템 등을 대상으로 하는가의 여부와 관련 있다. 대상이 중요한 컴퓨터 시스템일 경우 즉각적인 자위나 예방적 자위도 가능할 수 있다고 보는 견해이다. 마지막으로 효과를 중심으로 하는 접근(effects-based approach)은 그 공격의 영향 및 결과를 기반으로 무력공격 여부를 판단한다. 사람이나 사물에 대해 충분히 심각한 정도의 규모와 효과의 피해를 야기하는 사이버 공격은 무력공격으로 여길 수 있다는 것이 일반적 견해이며, 탈린 매뉴얼에서도 이러한 기준을 반영하고 있다(Hathaway et al. 2012, 845-847; Schmitt 2013).

초국경적 요소가 있어야 하며, 일국 내에서만 조직, 수행, 지시되는 행위에 대해서는 국내법의 규율을 받는다. 무엇보다 한 국가가 다른 국가에 대해 무력공격으로 인정되는 사이버 작전에 참여하거나, 비국가 행위자에게 이를 지시하는 경우도 해당된다. 사이버 공격에 대해 그것이 무력공격의 임계점에 도달하는 경우에만 자위권의 행사로 무력대응을 할 수 있다. 인명 피해나 재물의 손괴 등을 야기하는 무력사용은 규모와 효과 측면에서 무력공격을 구성할 수 있지만, 단순히 사이버 절도나 필수적이지 않은 사이버 서비스에 대한 일시적 훼방 등은 무력공격을 구성하지 않는다.

한편 사이버 공격이 무력공격에 해당하는 경우, 그에 대한 자위권 발동이 인정된다. 즉 국제연합헌장 제51조에 의거하여 무력공격이 성립하기 위해서는 물건이나 인명에 심각한 피해가 야기되는 물리적 효과의 발생이 필요하며 이 경우 헌장 제2조 4항의 예외로서 자위권이 인정된다. 다만 자위권 행사에 있어서 '필요성'과 '비례성'의 기준을 따라야 하며, 사이버 무력공격이 발생하거나 임박한 경우에 무력을 사용할 권리가 발생한다.[9] 또한 자위권 행사는 무력공격이 이루어진 후 피해국이 합리적으로 대응할 수 있는 기간 내에 이루어져야 하는 즉각성의 요건을 따라야 한다. 즉 합리적 범주의 기간을 벗어난 조치는 단순 보복으로 규정되기 쉽다(Schmitt 2013, 61-63).

9 필요성은 피해국의 관점에서 그의 무력사용이 임박한 무력공격을 성공적으로 방어하거나, 진행 중인 상대의 무력공격을 패배시키기 위해 불가피해야 함을 의미한다. 비례성은 사이버 무력사용을 비롯하여 어느 정도의 무력을 허용할 수 있는가의 문제이다. 상황에 따라 성공적 방어에 필요한 무력 수준이 결정될 수 있다(Schmitt 2013, 61-63).

5. 공격의 대상: 식별의 원칙 및 무차별 공격 금지 원칙

사이버 공격에는 식별(distinction)의 원칙이 적용되며 민간인과 전투원, 민간 시설과 군사 시설을 식별하여 각각 후자에 대해서만 작전이 이루어져야 한다. 즉 민간인과 민간 시설을 사이버 공격의 대상으로 삼는 것을 금지하고 있다. 이는 국제적 및 비국제적 무력충돌에 해당되는 국제관습법을 반영한다.[10] 비록 군사 목표물을 대상으로 한 사이버 공격일지라도 그 결과 민간인의 부상이나 사망, 민간 시설의 파괴 등이 야기될 것으로 예상된다면 이는 공격 대상이 될 수 없다(Schmitt 2013, 110-114). 뿐만 아니라 군사 목표물이 아닌 민간 물자 자체를 노리는 공격 역시 금지된다(Schmitt 2013, 124-125).[11]

탈린 매뉴얼상 제네바협약 제1추가의정서 제51조 4항(a)에 의거하여 국제적 및 비국제적 무력충돌에 모두에 있어서 무차별 공격 행위는 금지된다. 즉 합법적 목표만을 대상으로 하지 않고 민간인 또는 민간 물자를 구별하지 않는 성격의 사이버 공격은 금지된다. 이때 합법적 목표에는 군대의 구성원, 조직적인 무장단체의 구성원, 적대행위에 직접 참가하는 민간인 또는 군사 목표물이 해당된다. 탈린 매뉴얼에서는 공개 웹사이트에 악성 스크립트를 심어놓아 해당 사이트에 접속하는 누구나 감염될 수 있도록 한다면, 해당 공격은 무차별적인 것이라고 제시한다. 무차별 공격은 무력충돌법의 위반이며, 군사목표물과 민

10 적대행위에 직접 가담한 민간인은 그 보호를 받지 않는다(Schmitt 2013, 115).

11 민간 물자는 군사 목표물이 아닌 모든 대상이다. 컴퓨터, 컴퓨터 네트워크, 사이버 기반 시설을 비롯해 민간 및 군사적 목적 모두를 위해 사용되는, 즉 이중 사용의 특징을 갖는 물자는 군사 목표물이다. 군사 목표물은 '성격, 위치, 목적, 용도 상 군사 행동에 실효적 기여를 하며 그 전부나 일부의 파괴, 포획이나 무력화가 당시의 지배적 상황에서 명확한 군사적 이익을 제공하는 물건'으로 정의된다(Schmitt 2013, 125-126).

간 물자의 구별이 어려운 대상에 대해서는 공격이 금지된다. 가령 군사용 컴퓨터 무력화를 목표로 하더라도 그 여파가 민간에까지 미칠 것이 자명하다면 해당 행위는 불법이다(Schmitt 2013, 156-158).[12]

III. 사이버 공간의 주요 갈등 사례

1. 2007년 에스토니아

2007년 4월 27일, 에스토니아 정부 기관, 의회, 은행, 방송사 등의 웹사이트에 사이버 공격이 가해져 장애가 발생했다. 에스토니아는 'E-stonia'라고 불릴 정도로 인터넷이 발달했으며 세계 최초로 온라인 투표를 도입한 나라로, 인터넷 의존도가 큰 만큼 해당 공격의 여파 역시 강했다. 수만 대의 컴퓨터가 악성코드에 감염되었고 3주가 넘는 기간 동안 국가의 주요 기능이 마비되었다. 사건의 배경은 이렇다.

에스토니아와 러시아는 역사적으로 갈등 관계에 놓여 있었다. 발트 3국이 1940년에 소비에트 연방에 합병된 이후로 냉전기 동안 다수의 러시아계 주민들이 에스토니아로 유입되었다. 이후 냉전이 종식되면서 에스토니아는 소비에트 연방의 흔적을 최소화하고 러시아로부터의 영향을 줄이고자 했다. 2004년 에스토니아는 북대서양조약기구(NATO)에 가입하고 러시아의 침입에 대비하여 NATO의 상호안전보장의 보호를 받고자 했다(Herzog 2011, 50). 이러한 환경에서 에스토

12 이와 마찬가지로 특정한 군사 목표물을 대상으로 삼을 수 없거나, 무력충돌법이 요구하는 바에 따라 그 효과가 제한되지 못할 경우와 같이 본질적으로 무차별적인 수단과 방법은 금지된다.

니아의 2007년 총선에서 반(反) 러시아계 정당이 집권한 후, 에스토니아 수도 탈린의 중심에 위치해 있던 소련군 기념 동상을 군사묘지로 이전시키려고 했다. 이 동상은 에스토니아 국민들에게는 소비에트 연방의 억압의 상징이었으나, 러시아계 주민들에게는 동상을 이전하는 것이 에스토니아 내에서의 그들의 입지를 더욱 좁게 만드는 것을 의미했다(Herzog 2011, 51). 따라서 에스토니아 정부의 행보는 국내적 반발은 물론, 러시아와의 갈등을 증폭시켰다.

동상 제거를 반대하는 시위 과정에서 1,300여 명이 체포되고 100여 명의 부상자와 1명의 사망자가 발생하였다(Traynor 2007). 그러던 중 에스토니아의 정부, 은행, 미디어, 대학 등 수백 개의 웹사이트가 22일에 거쳐 정치적 동기에 의해 사이버 공격을 받았다. 웹사이트 변조, 해킹, 스팸메일 등과 함께 가장 두드러진 공격은 분산서비스공격, 즉 디도스 공격이었다. 대부분의 공격은 공공기관의 웹사이트나 이메일과 같은 상대적으로 중요도가 높지 않은 서비스에 가해졌지만, 일부 공격은 금융이나 도메인네임시스템과 같이 주요한 대상에 가해졌다(Ottis 2008). 해당 디도스 공격은 이집트, 미국, 러시아 등 세계 각지의 가정용 컴퓨터들을 이용해 집중 공격하는 방식으로 가해졌다. 기존에 하루 평균 1000여 건의 방문 건수를 유지하던 정부와 금융 웹사이트가 1초에 2000여 건이 넘는 접속이 몰리면서 마비되었다. 이는 "마치 군대를 소집하는 것과 같이 봇넷(botnet)이 모여" 디도스 공격이 감행되었다(Espiner 2008). 이 봇넷들은 에스토니아 정부 웹사이트를 관리하는 인터넷 서비스 제공자(ISPs)의 라우터 및 DNS 서버, 그리고 이메일 등을 노렸다. 에스토니아 정부는 결국 디도스 공격을 막아내기 위해 모든 해외 트래픽 유입을 차단할 수밖에 없었다.[13] 러시아는 해당 공격에 러시아 정부의 개입을 모두 부인했으나, 당시 에스토니아 언론에서는 해당 공격이 정치적 성격을 띤 것이며, 그 배후에 틀림없이 러시아가 있을 것이라고 밝혔다. 나토의 한 관계자는 "구체적으로 지목하지는 않겠으나, 이는 몇몇의 개인들의 소행이 아니다. 이는 분명 어떤 단결된 공격의 특징을 갖는다. 이는 비단 에스토니아만의 문제가 아니라, 연맹 전체의 심각한 이슈이다"라고 발언한 바 있다(Traynor 2007).

에스토니아에 대한 사이버 공격은 러시아 정보기관의 지시를 받은 것으로 추정되었다. 특히 특정 행위에 대해서는 러시아인 해커에 의한 것임이 명확히 밝혀졌으며 다만 러시아 정보기관과의 연계성만 확인되지 않았다. 그러나 러시아는 러시아인의 책임이 확실시 되는 사항에 대해서도 러시아인 해커, 즉 비국가 행위자가 행한 공격에 대해 러시아 정부가 책임을 질 수 는 없다는 입장을 밝혔다. 한편 공격의 배후로 러시아가 지목되자, 러시아 의원 세르게이 마르코프(Sergey Markov)는 일부 공격이 자신의 지원으로 수행되었다고 언급했다(Singer and Friedman 2014, 110). 그는 17세에서 25세 정도의 12만 명의 젊은 청년으로 이루어진 '나쉬(Nashi)'라는 집단의 지도자로 있었다(Shachtman 2009).[14] 에스토니아에 대한 DDoS 공격은 이렇듯 소위 '애국 해커'들에 의해 자행되었다. 당시 러시아 포럼에서 공격의 지침, 동기, 목표, 시기는 물론 수행 방법과 도구가 공유되고 있었으며 대규모로 공격을 수행할 해커를 모집한 것으로 드러났다(Landler and Markoff 2007; Ottis 2008; Singer and Friedman 2014, 110-112).

13 에스토니아 정부는 통신과 인터넷 기반 서비스에 관한 연구개발에는 치중했으나, 잠재적 사이버 공격의 가능성에 대한 대비는 상대적으로 약했다. 결국 에스토니아의 높은 인터넷 의존도 및 방어책 미비는 정보기술 시스템의 취약성을 높이기에 충분했다.

14 나쉬는 정부의 정식 조직은 아니지만 반국가 단체에 대응하려는 푸틴의 지지자들로 이루어진 집단이다.

에스토니아가 러시아와 갈등을 겪는 상황에서 대규모 사이버 공격을 받았다는 점을 고려할 때 해당 사건은 다음과 같은 맥락에서 볼 수 있다. 러시아에서 생산되는 가스와 오일의 90%가량이 유럽에 수출되는데, 에스토니아는 러시아의 오일과 천연가스를 서유럽과 중유럽에 공급하기 위한 핵심 통로에 자리 잡고 있다. 따라서 러시아와 에스토니아는 높은 상호의존 관계를 갖고 있다. 또한 북대서양조약기구의 회원국인 에스토니아에 대한 재래식 공격은 북대서양조약기구 조약 5조의 집단적 자위권을 발동시킬 우려가 있었다(Herzog 2011, 52-53). 따라서 러시아는 에스토니아에 대한 직접적인 물리적 충돌 대신 사이버 위협 행위를 통해 에스토니아 내부의 갈등에 개입한 것으로 볼 수 있다. 이러한 공격행위에 대하여 에스토니아는 협약 5조에 의거, NATO에 집단방위 명목으로 러시아에 대항해 나서줄 것을 요구했다. 하지만 사이버 공간에서의 공격에 대한 명확한 국제규범이 부재한 상황이었기 때문에, NATO는 물리적 피해나 사상자가 발생하지 않았다는 이유로 직접 군사적 개입에 나서지는 않았다.

2. 2008년 조지아

2003년 11월 부정선거에 항의하는 장미혁명에서 친러 성향의 대통령 실각에 이어, 조지아 영토 재통합 주장에 따른 인기에 영합하여 2004년 친미 성향의 사카슈빌리(Mikheil Saakashvili)가 대통령에 선출되었다. 2004년 5월 조지아 당국은 아자리야 공화국을 조지아에 재통합시키는데 성공했지만, 러시아와 맞닿아 있던 남오세티야와 압하지야 지역에 대한 통합은 순탄하지 않았다. 남오세티야와 압하지야는 러시아와의 강한 연대를 유지하고 있었고 사실상 러시아의 영향력이 미치는 곳이었다. 2008년 코소보가 독립을 선언하면서 남오세티야와 압하지야 주민들에게 러시아 시민권을 부여하고 여권을 제공하는 등, 해당 지역에 대한 러시아의 입장은 보다 분명해졌다. 이러한 러시아의 행보는 재통합을 도모하는 조지아에 대한 명백한 걸림돌이었다. 이에 조지아는 오세티야와의 분쟁해소 공동 조정 위원회를 일방적으로 중단하고 유럽안보협력기구의 평화유지 임무에 대한 협력도 중단했다(Deibert et al. 2012, 7).

소비에트 연방이 해체되면서 조지아의 관할하에 남게 된 남오세티야는 친 러시아 성향의 분리주의자들의 주도로 두 차례의 주민투표를 통해 조지아로부터의 독립을 결정했다. 하지만 이를 인정하지 않던 조지아는 2008년 8월 7일 남오세티야의 수도 츠힌발리로 진군했다. 이에 8월 8일 러시아가 남오세티야 내 러시아계 주민 보호를 명분으로 내세워 남오세티야로 병력을 파견했고 이어서 전투가 본격화되었다. 조지아의 항복으로 러시아는 전쟁 시작 5일 만에 조지아에 대한 공격을 종료한다고 발표했다. 하지만 러시아는 군사행동을 멈추지 않았고, 이에 서방의 항의가 거세졌다. 여기에 미국까지 개입 의지를 보이면서 긴장이 악화되자 결국 유럽연합의 의장국인 프랑스가 중재에 나섰고, 양국은 16일 최종 평화협정에 서명했다.

이러한 무력충돌의 이면에서는 러시아가 그 배후로 추정되는 사이버 공격이 조지아에 가해졌다. 2008년 8월 8일 남오세티야를 둘러싼 러시아와 조지아 간의 전면전이 발발하기 3주 전인 7월 20일경부터 조지아에 대한 사이버 공격이 시작되었다. 공격은 크게 세 가지 유형으로 가해졌다. 하나는 웹 변조(defacement)로, 중앙은행과 외교부 등의 홈페이지가 해킹되었고, 심지어 조지아 대통령과 히틀러를 합성한 화면이 나타나기도 했다. 두 번째 유형은 조지아 공공 및 민간 부문 웹사이트에 대한 서비스거부공격으로, 정부, 의회, 언론, 금융 분야의 주요 웹사이트의 접속이 마비되었다. 디도스 공격은 평균적으로 짧게는 2시간, 길게는 6시간까지 공격이 지속되었다. 세 번째 유형은 악성 소프트웨어를 유포하는 것으로, 러시아어를 사용하는 여러 포럼에서 그 방법과 대상 등을 공유한 것으로 알려졌다(Rid 2012, 13-14).

이처럼 해당 공격으로 조지아의 통신, 금융, 정부 웹사이트 54개가 공격을 받았으며, 조지아 국민들은 인터넷을 통한 정보 접근을 거부당했다. 해당 공격으로 조지아 국내적으로는 물론 정부가 다른 국가와 소통하는 것을 제한함으로써 매우 중요한 시기에 그들의 목소리를 차단한 것이다(Rid 2012, 14). 조지아 당국은 디도스 공격에 대응하기 위해 에스토니아, 리투아니아, 폴란드 정부에 협조를 구했고 에스토니아는 조지아에 사이버안보 전문가들을 통해 협조했다. 조지아는 러시아 IP주소와 프로토콜 등을 차단함으로써 디도스 공격에 대응했다(Deibert et al. 2012, 11).

2008년 조지아에 가해진 공격은 재래식 공격을 지원하는 역할을 했다고 평가된다. 사이버 공간에서의 네트워크 공격은 러시아의 전장에서의 군사작전에 앞서 시작되었으며 동시에 진행되었다(Hollis 2011; Harrison Dinniss 2012, 8). 러시아 군은 조지아에 대한 기술적, 정보적 제약 및 차단과 함께 조지아로 진격하여 폭격기와 미사일로 1300여 명이 넘는 사상자를 냈다. 당시 조지아의 국가안보의장은 해당 공격이 러시아 정부에 의해 조직된 행위라고 주장하면서, 러시아가 조지아에 대해 "육, 해, 공, 그리고 새로운 전선인 사이버 공간의 4개 전선을 침범했다"고 비난했다. 또한 육지와 사이버 공간에서의 병행된 공격이 우연의 일치일 리 없다고 주장했다(Shachtman 2009). 조지아에 대한 사이버 위협 행위는 러시아 정보기관이 제공한 것으로 추정되는 조지아 정부 웹사이트 목록을 대상으로 이루어진 것으로 밝혀졌다(Singer and Friedman 2014). 비록 조지아에 대한 사이버 공격이 러시아에 의해 행해졌다는 결정적인 증거가 드러나지는 않았으나, 해당 공격들로 인해 러시아가 이득을 본 것은 확실하다. 교전 상대 내외부의 원활한 정보 교류나 소통을 통제함으로써 전쟁에서 우위의 상황을 만드는 이점이 누릴 수 있었다(Deibert et al. 2012, 17).

3. 2010년 이란 스턱스넷(Stuxnet)

스턱스넷 공격은 어떤 국가가 다른 국가의 기간 시설 등을 파괴할 목적으로 악성 바이러스를 개발하여 대량 침투시킨 최초의 사례로 알려져 있다. 이란의 핵 시설 무력화를 위해 미국이 이스라엘과 공조한 '올림픽게임 작전(Operation Olympic Games)'의 일환으로 추진되었다. 스턱스넷은 장기 프로젝트로, 2007년 후반에서 2008년 초반경에 시작되어, 2009년 6월에서 2010년 6월 사이에 주요 공격이 이루어진 것으로 추정된다(Rid 2012, 16-17). 이는 국가 간 전쟁의 한 형태로서의 사이버 공격의 양상을 보여주는 사례라고 평가된다.

스턱스넷은 '지능형 지속 위협 공격,' 이른바 'APT(advanced persistent threat)' 공격으로 분류되는 바이러스 웜이다.[15] 스턱스넷은 소위 '에어갭(air gap)'으로 불리는, 인터넷이나 내부 연결망과 연결되어 있지 않은 산업제어시스템을 대상으로 했다. 따라서 USB와 같은 드라이브 장치를 이용하여 직접 침투하는 수법이 사용되었다. 이는 원격 시스템에 침투해서 시스템을 통제할 수 있는 정교한 컴퓨터 프로그

15 APT는 불특정 다수가 아닌 발전소, 산업기반 시설, 기업, 조직 등 특정 대상의 네트워크와 시스템에 대해 지속적으로 은밀하게 행해지는 공격이다.

램으로, 사이버 공간 상에서 특정 타깃에 대한 '자체유도화(fire-and-forget)' 식 악성소프트웨어이다(Farwell and Rohozinski 2011, 24).

스턱스넷은 당시 알려져 있던 악성코드 중에서 가장 복잡하고 비용이 많이 드는 공격 방식이었다(Cavelty 2012, 148). 이는 기존의 범죄 유형의 악성 소프트웨어와는 확연히 다른 것으로, 정보를 탈취하거나 봇넷 등을 이용해 이후의 공격을 용이하게 하기 위한 것이 아니었다. 공격 목표는 회전자, 터빈, 원심분리기에 영향을 미쳐서 서서히 그 기능에 이상을 일으키는 것이었다(Rid 2012, 19). 스턱스넷은 매우 특정된 대상물인 감시 제어 데이터 수집 시스템인 SCADA(supervisory control and data acquisition) 시스템의 오작동을 위해, 이 시스템에 활용되는 프로그램 논리 제어장치인 PLC(programmable logic controller)를 목표로 삼았다(Falliere et al. 2011; Shakarian 2011).[16]

스턱스넷 공격이 언론에 공개되자, 이란은 스턱스넷이 핵시설에 경미한 영향을 입혔을 뿐이라고 밝혔다. 하지만 2009년 말에서 2010년 초 사이에 이란이 약 1,000여 개의 원심분리기를 교체하는 것이 관찰되었으며, 해당 공격으로 인해 이란의 핵 프로그램은 짧게는 1년, 길게는 수년 이상의 지연을 야기한 것으로 평가된다(Shakarian 2011; Broad et al. 2011). 시만텍(Symantec)의 한 연구원(Eric Chien)에 의하면, 스턱스넷은 수개월에 걸쳐 전류의 빈도에 영향을 미쳐서 모터 속도에 이상을 일으킴으로써 정상 가동을 어렵게 했다(Farwell and Rohozinski 2011, 24-25: 재인용). 공격적인 웜 코드를 통해 그 부수적 피해(collateral damage)도 컸다. 2010년 말, 스턱스넷은 전 세계적으

16 SCADA 시스템은 발전소, 오일이나 가스관, 각종 주요 기간 시설 및 산업시설의 제어 시스템으로 활용된다. SCADA 시스템의 프로그램 논리 제어장치(PLC)는 여러 센서들이 보내는 신호를 제어기에 전송함으로써 기계를 작동하게 하는 장치이다.

로 대략 12개국의 10만 대 이상의 컴퓨터를 감염시켰다. 감염 컴퓨터 중에 이란 소재가 60퍼센트 이상을 차지했으며, 인도, 인도네시아, 중국, 한국, 말레이시아, 아제르바이잔, 미국, 영국, 호주, 핀란드, 독일 등이 피해를 입었다(Falliere et al. 2011). 해당 공격이 낳은 이러한 피해로 스턱스넷은 '사이버 미사일'로 비유되는 등 '전례 없던' 새로운 공격으로 주목받았다(Farwell and Rohozinski 2011).[17] 스턱스넷은 단순히 네트워크 마비 등을 유발하는 것 이상의 강력한 기술적 특징을 가지며, 이는 정치적·전략적 맥락에서 사이버 위협이 실제로 가해지고 있음을 보여주는 것이다. 에어갭 및 인터넷과 관계없이 시스템 침투할 수 있는 기술은 무기와 관련해 중요한 진보로 볼 수 있으며, 단지 '대량의 골칫거리 무기(weapons of mass annoyance)' 그 이상의 의미를 갖는다고 평가되고 있다(Shakarian 2011).

IV. 탈린 매뉴얼의 적용과 함의

1. 탈린 매뉴얼의 적용

2007년 에스토니아에 대한 사이버 공격은 주요 기반시설에 물리적인 영향을 미치거나 직접적인 물질적 재산에 대한 피해나 부상자를 발생시키지는 않았다. 이에 나토는 당시의 공격이 북대서양조약의 집단방

17 스턱스넷은 규격(off-the-shelf)코드와 첩보 지식을 활용했다. 이는 두 가지 이점을 갖는데, 하나는 이미 효과가 입증된 코드를 사용함으로써 비용을 절감할 수 있었다는 것이다. 다른 하나는 스턱스넷 구성의 혼합된 특성으로 문제의 원인(etiology)을 숨기는 데 도움이 된다는 것이다. 뿐만 아니라 그 책임성을 입증하기가 어렵다는 특징을 활용할 수 있었다(Farwell and Rohozinski 2011, 27).

위조항을 발동시키기에 충분하다고 보지 않았다. 하지만 당시 에스토니아 국방장관(Jaak Aaviksoo)은 해당 공격을 비난하면서 "성공적인 사이버 공격은 사실상 항구가 폐쇄되는 것과 비견할 만하다"고 발언한 바 있다(Herzog 2011, 54). 흥미로운 점은 기존에 러시아가 컴퓨터 네트워크 공격, 즉 사이버 공격이 대량살상무기와 유사한 효과를 야기할 수 있으며 이에 대해 강경하게 대응할 수 있다는 관점을 가지고 있었다는 것이다.[18] 그뿐만 아니라 에스토니아의 경우 공격으로 인해 당시 목숨을 위협하는 상황이 발생할 수 있었다. 일반적으로 디도스 공격과 같은 경우에 종종 불편함을 초래하는 데 그칠 수 있으나, 당시에 앰뷸런스와 소방차의 응급통화 라인이 한 시간 가량 먹통이 되었기 때문에 자칫 인명 손실이 발생할 수 있는 상황이 조성되었던 것이다(Economist 2007). 에스토니아에 가해진 공격 유형은 기존에 알려져 있는 것이었지만, 에스토니아의 규모를 고려했을 때 해당 사건은 대규모의 공격이었다. 에스토니아는 네트워크화가 잘 이루어져 있으므로 대규모의 사이버 공격은 국민들의 일상과 생업에 막대한 영향을 미칠 수 있었다. 따라서 해당 공격은 단순히 성가신 방해 정도의 수준이 아니라 국가 안보에의 위협으로 이해할 수 있다(Ottis 2008).

에스토니아에 대한 사이버 공격은 다음의 〈표 2〉에서와 같이 러시아 정부를 지지하는 소위 애국 해커 집단에 의해 수행되었고, 공격의 일부는 러시아 의원의 지원이 있었다. 비록 추정에 그칠지라도 러시아 정부의 개입 가능성도 부인할 수 없다. 다만 해당 집단이 명시적

18 러시아의 입장은 다음과 같은 글에서 잘 나타난다. "군사적 관점에서, 사상자의 유무에 관계없이 러시아나 러시아 군에 대한 정보전의 사용은 비군사적 단계로 여겨지지 않을 것이다… 러시아는 정보전의 수단과 병력에 대해, 그리고 상대 국가에 대해서 핵무기를 사용할 권리를 갖는다"(Tsymbal 1995; Thomas 1996; Harrison Dinniss 2012, 54 재인용).

표 2. 탈린 매뉴얼을 바탕으로 한 사례 내용 분류

기 준	사건 내용 및 탈린 매뉴얼에 입각한 구분		
	에스토니아	조지아	이란
공격 행위자 (추정)	• 러시아 정부 지지 집단(러시아 의원의 지원) • 러시아 포럼에서의 해커 모집 및 공격 방법, 시기, 목표 등 공유	• 러시아	• 미국 • 이스라엘
	▷ 러시아	▷ 러시아	▷ 미국, 이스라엘
공격의 대상	• 정부 기관, 의회, 은행, 방송사 등의 웹사이트 • 공공 및 민간 부문에 대한 공격	• 정부 기관, 은행, 방송사 등의 웹사이트 • 공공 및 민간 부문에 대한 공격	• 핵 시설 • 국가 주요 기반시설에 대한 공격
		▷ 식별 원칙 및 무차별 공격 금지 원칙 위반	
공격의 성격 (무력 사용 혹은 무력 공격)	• 평시에 발생 • 물리적 피해가 발생하지는 않았으나, 인명피해의 위험성 야기 • 단순한 불편한 수준을 넘어 국민들의 일상과 생업에 영향 • 사회기능 마비 및 사회 혼란 야기 • 정부에 대한 정치적 압력 및 보복 차원의 작전	• 무력충돌 상황에서 발생 • 재래식 군사력과 함께 활용 • 전시 상황에서 조지아 국민들의 내외부적 소통 차단, 언론 통제 • 사회기능 마비 및 사회 혼란 야기 • 정치적 및 국가안보적 동기	• 평시에 발생 • 시설의 기능에 장애를 발생시켜 물리적 위해를 야기 • 정치적 및 국가안보적 동기
	▷ 무력사용 수준 여부 불확실	▷ 무력사용에 상응하는 수준의 공격 ▷ 무력공격 수준 여부 불확실하나, 무력충돌법 적용 가능	▷ 무력사용에 상응하는 수준의 공격 ▷ 무력공격 수준 여부 불확실
기 타	▷ 불간섭원칙 위반	▷ 불간섭원칙 위반	▷ 불간섭원칙 위반

으로 러시아 정부의 단순한 지원 이상의 지시나 지휘, 통제를 받은 증거나, 러시아 의원이 정부의 권한을 위임받았다는 직접적 증거가 없으므로 러시아 정부에 책임을 묻기에는 한계가 있다. 한편 사이버 공격의 특성상 그 피해의 측정은 쉽지 않으나, 에스토니아 국민들의 전반

적인 생활에 영향을 미칠 수 있는 공격이었고 사회 혼란과 기능 마비를 야기한, 에스토니아 정부에 대한 정치적 압력 및 보복 차원의 작전으로 이해할 수 있다. 이를 종합적으로 고려할 때 해당 사례는 무력충돌 상황이 아닌 평시에 발생했으므로 무력충돌법의 규율 대상은 되지 않는다. 또한 직접적인 인적 및 물적 손실이 발생하지는 않았으므로 무력사용에 상응하는 수준의 사이버 공격이라고 보기에는 다소 무리가 있다. 따라서 탈린 매뉴얼에 입각할 때, 무력충돌법의 대상이 되지 않는 에스토니아 사례는 그 공격 대상이 결과적으로 주요 정부 및 금융기관, 언론 매체는 물론 민간 영역에까지 포괄되었음에도 불구하고 식별의 원칙이나 무차별 공격 원칙 등의 규율 대상에 포함되지 못한다는 한계가 있다. 그럼에도 불구하고 에스토니아 사건은 엄연히 국제연합헌장 제2조 1항의 주권평등원칙에서 내포하고 있으며 국제관습법의 일부인 '내정불간섭원칙'을 위반한 불법적 행위라는 점은 분명하다.

한편 러시아와 조지아의 전쟁 기간 동안 조지아에게 가해진 사이버 공격에 러시아 정부의 직접적인 개입을 드러내는 결정적 증거가 밝혀지지는 않았다. 그럼에도 불구하고 러시아 정부가 디도스 공격과 여타 사이버 조치들로 인해 전쟁에서 이득을 본 것은 확실하다고 평가되며 이에 정황적 증거는 러시아로 향해 있었다. 러시아는 사이버 작전을 재래식 군사력과 함께 활용했다. 전략 커뮤니케이션의 중요성을 충분히 알고 있었고, 분쟁 결과를 의도하고 원하는 대로 이끌어내고자 국내외 언론을 대상으로 삼았다. 결국 전시에 내외부적 반대의견을 통제하거나 전투에서 우위의 상황을 만드는 데 유리하게 활용한 것이다(Deibert et al. 2012, 17). 조지아에 대한 공격의 경우와 마찬가지로 사이버 공격이 물리적인 재래식 공격의 효과를 극대화하거나 용이하도록 활용된 유사한 사례가 있다. 2007년 9월 이스라엘 공군이 시리아의 핵 시설로 추정되는 지역을 폭파하기 위해 침투할 당시, 시리아의 방어 네트워크 시스템을 무력화하여 은밀히 침투할 수 있었던 데에는 사이버 작전이 기여한 바가 크다(Harrison Dinniss 2012, 7).

탈린 매뉴얼은 무력충돌 상황에서 수행된 사이버 작전이 무력충돌법의 규율 대상이 된다고 보고 있다. 평시에 발생한 에스토니아 사례와 달리, 조지아의 경우는 지속적인 동적(kinetic) 적대행위의 상황에서 발생한 사건이므로 무력충돌법이 적용될 수 있다는 입장이다(Schmitt 2013, 376). 조지아 사례의 경우 전시라는 특수한 상황에서 조지아 국민들의 내외부적 소통을 차단하고 언론을 통제하는 등 사회혼란 및 기능 마비와 같이 국가안보에 중대한 위협을 야기했다고 볼 수 있다. 또한 군사작전과의 연계성, 국가 사이버 시스템에 대한 침입성 등을 고려할 때, 탈린 매뉴얼상 무력사용을 구성하는 사이버 공격으로 볼 수 있을 것이다. 다만 그 자체로 무력공격 행위를 구성할 수 있는지의 여부는 불확실하지만, 무력충돌법이 적용 가능하다고 볼 때 민간의 피해를 예상할 수 있음에도 불구하고 가해진 식별의 원칙과 무차별 공격 원칙의 위반으로 이해할 수 있다. 또한 타국의 주권 영역 내의 사이버 기반시설에 대한 공격이었으므로 주권 침해이자 불간섭원칙 위반인 국제적 불법 행위로 이해할 수 있다.

마지막으로 스턱스넷 사례의 성격은 보다 명확하다. 미국과 이스라엘이 정치적, 국가안보적 목적에서 이란의 핵시설을 무력화시키려는 의도를 가지고 작전을 수행하였다. 스턱스넷과 같은 공격은 물리적 효과를 야기하며, 발전소, 수자원 시스템, 댐, 가스관, 화학시설 등과 같이 주요 사회기반시설의 제어 시스템을 대상으로 가해질 수 있다(Harrison Dinniss 2012, 5). 이와 같은 수단을 활용한 작전은 그 심각성과 침입성, 행위의 인과적 직접성, 측정 가능성, 군사적 속성 등을 모두 확인할 수 있다. 한편으로 스턱스넷 작전은 무력사용이 무력공격으로 인정되는 임계점의 불확실성을 보여주는 사례이기도 하다. 탈린 매뉴얼의 국제전문가집단 내에서도 이란 핵시설의 원심분리기에 미친 피해를 고려할 때 해당 작전이 '무력공격'의 임계점을 넘는 것인지에 관해 의견이 나눠졌다. 그럼에도 불구하고 해당 작전이 '무력사용'을 구성한다는 데에는 이견이 없었다(Schmitt 2017, 339). 다만 이스라엘이 오차드 작전(Operation Orchard)을 바탕으로 시리아의 핵시설을 무력 폭파한 사례에 비추어 볼 때, 스턱스넷은 그 효과 면에서 무력공격에 상응하는 결과를 가져온 것으로 평가할 수도 있다. 탈린 매뉴얼에서는 스턱스넷이 무력사용에 해당되며, 무력사용은 그 자체로 '강박'이므로 그러한 사이버 작전은 모두 국제법상 금지된 '간섭'의 위반이라고 정리하고 있다.

이상의 세 사례들은 비록 공격 행위자에 대한 명확한 증거가 부족하여 정황상의 증거로 추정할 수밖에 없는 한계가 있다. 이는 사이버 공간에서의 위협 행위의 공통된 특징, 즉 기술적 특성으로 인해 공격 행위자를 밝히기 쉽지 않다는 귀책(attribution)의 문제로 인한 한계이다. 이에 관해 탈린 매뉴얼은 이러한 한계를 보완할 수 있는 여지를 담고 있다. 즉 비국가 행위자가 사이버 작전을 위해 정부의 사이버 기반 시설을 통제하는 규칙적 패턴은 국가가 특정한 작전과 관계가 있다는 것에 대한 반대 지표(counter-indication)가 될 수 있다는 것이다. 마찬가지로 정부 컴퓨터가 비국가 행위자에 의해 작전에 사용될 것이라거나 사용되었음을 나타내는 신뢰할 수 있는 인간 정보(HUMINT)로도 증거가 될 수 있다. 탈린 매뉴얼은 그러한 연관성이 에스토니아와 조지아 사건으로 증명되었다고 밝히고 있다(Schmitt 2013, 35).

2. 탈린 매뉴얼 적용의 함의

국가 간, 혹은 국가와 비국가행위자 간 갈등이 사이버 공간상에서 표출되는 사례가 빈번하게 발생함에 따라 이에 대한 적절한 이해와 대응의 기준을 마련할 필요성이 높아졌다. 탈린 매뉴얼은 그러한 필요에 대한 구속력 없는 결과물이지만, 사실상 무력행사나 무력공격 등에 미치지 않는 수준의 사건들에 대해서는 그 역할에 한계가 있다. 초기 탈린 매뉴얼에서도 밝히고 있듯이, 해당 작업은 주로 사이버 대 사이버 작전을 중심으로 한 작업이다(Schmitt 2013, 5). 앞서 살펴본 사례들에서와 같이, 실제로 국제전문가그룹에 의해 만장일치로 무력공격의 수준에 도달했다고 판단되는 사례는 아직까지 발생하지 않았다. 또한 사례가 무력사용의 수준에 상응하는 것인지에 대해서도 명확한 대답을 구하기란 쉽지 않다. 사례들에 대해서도 국제전문가그룹의 구성원 내에서도 이견이 있고 다만 법리적 해석에 따라 추정할 수 있을 뿐이다.

한편 탈린 매뉴얼은 '기존의 국제법(*lex lata*)'을 바탕으로 한 작업이라는 점에서 장단점이 있다. 장점은 기존의 국제법들을 원용했다는 점에서, 작업의 제한적 참여자에 비해 법적 근거의 마련에 정당성이 부여될 수 있다는 것이다. 단점은 기존의 국제법들이 국민, 주권, 영토를 가진 국가 행위자를 기본으로 상정하기 때문에 나타날 수 있는 문제이다. 사이버 공간은 행위자와 영토적 경계 등이 모호하며 이에 따라 주권의 행사 대상도 명확하지 않은 영역이 존재한다. 국내외적으로 정보통신망이 긴밀히 연결되고, 정치, 사회, 경제, 문화는 물론 군사 영역까지 주요 정보통신 기반시설에 대한 의존도가 높아져왔다. 주요 기반시설에 의존적일수록 취약성도 그만큼 높아지기 마련이고, 사이버 작전을 펼칠 수 있는 역량을 갖춘 국가와 비국가 행위자가 부상함에 따라 국가안보에 대한 위협 역시 기존의 전통적 안보위협과는 다른 방식으로 등장할 수 있다. 이러한 위협들은 각각 별개로 등장하기보다는 복합적 발생과 복합적 피해로 드러날 수 있다. 따라서 기존의 국제법들을 원용하고 기본적으로 '전쟁에 대한 법'과 '전쟁에서의 법'에 초점을 둔 탈린 매뉴얼이 포착해내지 못하는 회색지대가 나타나기 마련이다.

결국 사이버 공간에서의 적대행위를 규율하는 데 중요한 것은 물리적으로 인명피해나 재산의 손괴를 야기하는 공격 수준에 미치지 않는, 그러나 국가안보에 중대한 위협을 미칠 수 있는 행위에 대한 적절한 접근법일 것이다. 탈린 매뉴얼에서는 "국제적 불법 행위의 피해국은 귀책 국가에 대해 사이버 대응조치를 포함하는 비례적 대응조치를 취할 수 있다"고 밝히고 있다. 그러나 사이버 공간은 행위자의 귀책과 관련하여 '그럴듯한 부인(plausible denial)'이 작동하는 영역이다. 비록 정황상의 증거로 가해국을 지목할 수 있고 매뉴얼상에서도 행위자의 귀책문제를 다루고 있으나 피해국이 피해 사실을 입증해야 하는 상황에서는 규범 테두리 내에서보다는 규범 밖의 방법을 택할 공산도 있다. 탈린 매뉴얼에서는 사이버 대응조치에 있어서 무력위협이나 무력사용을 수반할 수 없다는 것을 기본으로 하며, 대응조치가 피해에 비례적이어야 한다고 밝히고 있다(Schmitt 2013, 36-41). 무엇보다 탈린 매뉴얼의 대응조치는 '그것의 사이버 성격 여부와 관계없이, 귀책의 대상인 국가가 법적 의무를 따르게 하기 위함으로, 위법한 작위나 부작위를 중단하게 하고 확증(assurances)과 보장(guarantees), 배상(reparation)을 위한 것'이라고 규정한다. 처벌과 보복 역시 대응조치의 목적 상 허용되지 않는다(Schmitt 2017, 116). 다만 『탈린 매뉴얼 2.0』에서는 대응조치에 관해 전편보다 상세히 다루는데, '필요성

(necessity)'에 따라 국가는 본질적 이익(essential interest)에 처한 중대하고 임박한 위험에 대응해 행동할 수 있다고 밝히고 있다. 여기서 본질적 이익에 대한 임박한 위협의 예로 주요 기반시설, 국가 금융 시스템, 주식시장, 비행기 혹은 기차, 연금 및 사회보장, 국민건강 기록, 환경재해, 전력망, 국가 식량배급 네트워크, 국방시스템 등을 대상으로 한 사이버 작전을 명시했다는 점에서 피해국 조치의 정당성을 제공한다는 의의가 있다(Schmitt 2017, 136-137).

V. 결론

탈린 매뉴얼은 기존의 국제법을 원용하여 사이버 공간이라는 새로운 영역에서 발생하는 갈등 상황들에 접근할 수 있는 방향을 제시한다. 이상에서 보았듯이, 에스토니아의 경우 정치적 동기에서 공공 부문이나 민간 부문을 구분할 것 없이 무차별적으로 공격의 대상이 되었다. 또한 인명손실이 발생할 수 있는 잠재적 위협이 있었으며 국민들의 일상과 생업에 영향을 미친 공격이었다. 비록 무력사용 금지를 위반하는 수준의 공격인지 여부는 모호한 측면이 있으나, 정치적 압력을 가하려는 목적 하에 행해진 작전으로서 이는 명확히 국제법상 불간섭원칙 위반으로 볼 수 있다. 조지아 사례의 경우 전쟁 발발 이전과 전시에 모두 사이버 공격의 대상이 되었다. 이는 전시라는 상황에서 군사작전에서 러시아에게 유리한 상황을 조성하는데 기여함으로써 조지아의 중대한 국익을 침해할 수 있는 것이었다. 조지아 국민들에게 일시적인 불편함만을 야기하는데 그치는 것이 아니라 사회 기능 마비와 혼란, 공포를 야기했다는 점 등을 고려할 때 해당 공격은 무력사용에 상응하는 수준의 것으로 볼 수 있다. 또한 전쟁에서의 법, 즉 무력충돌법상에 의하면 식별의 원칙과 무차별 공격 금지의 원칙을 위반하였으며, 불간섭원칙 역시 위반한 국제적 위법 행위에 해당된다. 스턱스넷의 경우, 이미 사이버 작전이 물리적 피해나 손실이라는 결과로 나타난 사례이기 때문에 일반적으로도 무력사용은 물론 무력공격으로도 일견 이해할 수 있는 소지가 있으며, 역시 불간섭원칙을 위반한 것이다.

한편 국가들 간 갈등 상황에서 발생한 사이버 공격들의 공통점은 행위자에 대한 명백한 증거를 제시하기 어렵다는 것이다. 흔히 스푸핑(spoofing), 즉 다른 행위자로 가장하여 공격하는 수법을 통해 공격 주체를 숨기는 경향이 있기 때문이다. 하지만 탈린 매뉴얼에 의하면 비국가 행위자나 국가 행위자 모두 특정 패턴이나 휴민트를 통해 이러한 한계를 극복할 수 있다는 여지를 제시하고 있으며, 이는 향후 사이버 공간에서 발생할 수 있는 갈등 문제에도 적용하여 해석할 수 있는 가능성을 제공한다.

사이버 영역에서의 갈등은 시작과 끝의 경계가 불분명하고, 민간과 군사 영역은 물론 국가와 비국가 행위자, 국내외의 경계도 불분명하다. "인간의 고통(suffering)을 유발하는 원인과 불편함(inconvenience)을 주는 것 사이에는 경계가 있고, 사이버 공격은 아직 그 선을 넘지 않았다"(Morozov 2009)는 비판적 시각에도 불구하고, 앞서 살펴보았듯이 무력사용 및 위협의 금지 위반, 심지어 무력공격으로 판단할 수 있는 사건들은 분명 발생하고 있다. 오늘날 사이버 공간은 국가들 간의 외교, 안보, 군사, 경제 등 각 영역에서의 경쟁과 갈등이 치열하게 나타나는 영역으로 자리매김 했다. 앞서 살펴본 사건들 역시 에스토니아와 러시아, 조지아와 러시아, 이스라엘 및 미국과 러시아 간의 갈등이 표출된 대표적 사례이다. 최근 러시아가 미국의 대통령 선거 시기에 해킹을 하고 여론을 조작했다는 보도도 또 하나의 예가 될 수 있다. 이와 같은 경우 보도 내용이 사실이라면, 비록 무력사용의 요건을 충족하지 않을 수 있으나 이는 명백한 '정치적 개입'이며 곧 국제법상 불간섭원칙 위반에 해당한다고 볼 수 있을 것이다. 한국도 이러한 상황에서 결코 예외는 아니다. 한국 역시 남북 갈등 관계 속에서 2003년 인터넷 대란부터 2009년, 2011년, 2013년, 그리고 최근에 이르기까지 북한의 소행으로 추정되는 사이버 공격을 받아왔다. 이러한 사건들이 발생할 때마다 국가 기관 및 언론들은 공격 주체로 추정되는 상대 국가를 지목하고 비난하거나 다른 수단을 통한 보복 혹은 제재조치를 취하기도 해왔다. 가령 미국의 경우 2015년 사이버 공간에서의 악의적 행위 및 행위자에 대해 경제 제재 조치를 부과할 수 있는 행정명령 13694(Blocking the Property of Certain Persons Engaging in Significant Malicious Cyber-Enabled Activities Executive Order 13694)를 발표한 바 있다. 하지만 이러한 제재나 보복조치는 소위 강대국의 선택지일 뿐이다. 결국 에스토니아나 조지아의 경우에서와 마찬가지로, 한국과 같이 갈등 혹은 대치상황에 놓인 국가들에게는 법규범적인 기준을 바탕으로 정치적인 조치를 취할 수 있는 여건이 마련될 필요가 있다.

기술 발전의 발전과 함께 갈등과 분쟁의 양상도 함께 변해왔고, 이에 따라 기존 국제법을 발전 및 보완하려는 작업들이 이루어져 왔다. 1994년 해상무력분쟁에 관한 산레모 매뉴얼(San Remo Manual on International Law Applicable to Armed Conflicts at Sea), 2008년 공전 및 미사일전에 관한 하버드 매뉴얼(Manual on International Law Applicable to Air and Missile Warfare), 2013년 사이버 전쟁에 적용 가능한 탈린 매뉴얼(Tallinn Manual on the International Law Applicable to Cyber Warfare), 2017년 사이버 작전에 적용 가능한 탈린 매뉴얼

(Tallinn Manual on the International Law Applicable to Cyber Operations) 등이 그러한 필요성에 의해 창출된 것이다.

탈린 매뉴얼은 사이버 공간에서의 국가 행동 규범에 관하여 일종의 국제적 합의를 기대한 결과물이다. 다른 매뉴얼들과 마찬가지로 탈린 매뉴얼 역시 기존 국제법들을 바탕으로 보완 및 작성되었으며 이는 국가들에 구속력을 미치지는 않는다. 또한 탈린 매뉴얼은 국제법 전문가들이 각자의 국가를 대표하는 자격으로 작업에 참여한 것이 아니라 개인 차원으로 참여했음을 밝히고 있음에도 불구하고, 국가의 영향으로부터 완전히 자유로울 수 없다는 비판적 시각도 있다. 이는 탈린 매뉴얼 작성에 참여한 소위 '국제전문가그룹(IGE, International Group of Experts)' 내에 미국과 영국, 독일, 캐나다의 군사 교본 작성에 참여한 구성원이 포함되어 있기 때문에 피할 수 없는 비판이기도 하다. 그럼에도 불구하고 국제 규범을 제공하는 역할을 하는 산레모 매뉴얼과 하버드 매뉴얼 등과 같이 사이버 영역에서 일종의 국제 규범으로서 탈린 매뉴얼의 역할을 기대할 수 있을 것이다.

주요 강대국들은 법 규범의 해석과 적용에 민감할 수밖에 없다. 이는 각기 다른 전략적 위험과 기회를 제공해줄 수 있기 때문이다 (Waxman 2011, 449). 향후 정보기술이 국력과 국제관계에 미칠 영향이 불확실하고 또한 그 결과에 민감할 수밖에 없기 때문에, 미국, 중국 등과 같은 강대국들 간에 전략적 이익에 부합할 수 있는 법령 해석을 조정하는 것은 쉽지 않은 일이다. 이러한 측면에서 탈린 매뉴얼은 법률 전문가, 학자 및 기술 전문가들을 포함한 국제전문가그룹의 작업을 통해 사이버 공간에서 발생하는 갈등에 대해 기존의 '존재하는 법(*lex lata*)'으로서 국제관습법 및 조약 등을 바탕으로 제시되었다는 점에서 향후의 국가 행동의 기준점을 제공해줄 수 있다.

참고문헌

박노형·정명현. 2014. "사이버전의 국제법적 분석을 위한 기본개념의 연구: Tallinn Manual의 논의를 중심으로." 『국제법학회논총』 59(2), pp. 65-93.

성재호. 2015. "컴퓨터네트워크 공격과 국제법상 대응조치: UN 헌장 해석을 중심으로." 『미국헌법연구』 26(2), pp. 199-227.

장신. 2015. "사이버 공격과 Jus In Bello." 『국제법학회논총』 60(4), pp. 199-226.

Blank, Laurie R. 2013. "International Law and Cyber Threats from Non-State Actors." *International Law Studies* 89, pp. 406-437.

Broad, William, John Markoff, and David E. Sanger. 2011. "Israeli Test on Worm Called Crucial in Iran Nuclear Delay." *New York Times* (Jan. 15). https://www.nytimes.com/2011/01/16/world/middleeast/16stuxnet.html?_r=2 (검색일: 2016년 5월 5일).

Cavelty, Myriam Dunn. 2012. "The Militarisation of Cyberspace: Why Less May Be Better." in Czosseck, C., R. Ottis and K. Ziolkowski (eds.). *2012 4th International Conference on Cyber Conflict*. Tallinn: NATO CCD COE Publications.

Davis, Paul K. 2015. "Deterrence, Influence, Cyber Attack, and Cyberwar." *International Law and Politics* 47, pp. 327-355.

Deibert, Ronald J., Rafal Rohozinski, and Masashi Crete-Nishihata. 2012. "Cyclones in Cyberspace: Information Shaping and Denial in the 2008 Russia – Georgia War." *Security Dialogue*, 43(1), pp. 3-24.

Economist. 2007. Newly Nasty: Defences Against Cyberwarfare Are Still Eudimentary. That's Scary. *Economist* (May 24). http://www.economist.com/node/9228757 (검색일: 2016년 6월 3일)

Espiner, Tom. 2008. "Estonia's Cyberattacks: Lessons Learned, a Year On." *ZDNet* (May 1). http://www.zdnet.com/article/estonias-cyberattacks-lessons-learned-a-year-on/ (검색일: 2016년 6월 13일)

Falliere, Nicolas, Liam O. Murchu, and Eric Chien. 2011. *W32.Stuxnet Dossier (version 1.4)*. Symantec Security Response.

Farwell, James P. and Rafal Rohozinski. 2011. "Stuxnet and the Future of Cyber War." *Survival*, 53(1), pp. 23-40.

Graham, David E. 2010. "Cyber Threats and the Law of War." *Journal of National Security Law & Policy* 4, pp. 87-102.

Hansen, Lene and Helen Nissenbaum. 2009. "Digital Disaster, Cyber Security, and the Copenhagen School." *International Studies Quarterly* 53, pp. 1155-1175.

Harrison Dinniss, Heather. 2012. *Cyber Warfare and the Laws of War*. New York, Cambridge University Press.

Hathaway, Oona A., Rebecca Crootof, Philip Levitz, Haley Nix, Aileen Nowlan, William

Perdue, and Julia Spiegel. 2012. "The Law of Cyber-Attack." *California Law Review*, 100(4), pp. 817-886.

Healey, Jason. 2011. "Beyond Attribution: Seeking National Responsibility for Cyber Attacks." *Issue Brief*. Atlantic Council. http://www.atlanticcouncil.org/images/files/publication_pdfs/403/022212_ACUS_NatlResponsibilityCyber.PDF (검색일: 2016년 4월 13일)

Herzog, Stephen. 2011. "Revisiting the Estonian Cyber Attacks: Digital Threats and Multinational Responses." *Journal of Strategic Security*, 4(2), pp. 49-60.

Hollis, David. 2011. "Cyberwar Case Study: Georgia 2008." *Small Wars Journal January*, pp. 1-10.

International Court of Justice. 1996. "Legality of the Threat or Use of Nuclear Weapons." http://www.icj-cij.org/docket/files/95/7495.pdf (검색일:2016년 6월 13일)

Kremer, Jan-Frederik and Benedikt Müller (eds.). *Cyberspace and International Relations*. New York: Springer.

Landler, Mark and John Markoff. 2007. "Digital Fears Emerge After Data Siege in Estonia." *New York Times* (May 29). http://www.nytimes.com/2007/05/29/technology/29estonia.html?pagewanted=all&_r=0 (검색일: 2016년 5월 23일)

Libick, Martin. 2007. *Conquest in Cyberspace: National Security and Information Warfare*. Cambridge: Cambridge University Press.

______. 2009. *Cyberdeterrence and Cyberwar*. CA: RAND

______. 2010. "Pulling Punches in Cyberspace." in National Research Council. *Proceedings of a Workshop on Deterring Cyberattacks: Informing Strategies and Developing Options for U.S. Policy*. Washington, D.C.: National Academies Press. pp. 123-147.

Lubell, Noam. 2013. "Lawful Targets in Cyber Operations: Does the Principle of Distinction Apply?" *International Law Studies* 89, pp. 252-275.

Morozov, Evgeny. 2009. "Cyber-Scare: The exaggerated fears over digital warfare." Boston Review (July/August). http://bostonreview.net/us/cyber-scare-evgeny-morozov (검색일: 2016년 6월 13일)

Nye, Joseph. S. 2010. Cyber Power. *Belfer Center for Science and International Affairs*. Cambridge: Harvard Kennedy School, Belfer Center.

______. 2011. "Nuclear Lessons for Cyber Security?" *Strategic Studies Quarterly*, 5(4), pp. 18-38.

Ottis, Rain. 2008. "Analysis of the 2007 Cyber Attacks against Estonia from the Information Warfare Perspective." in Dan Remenyi (ed.). *Proceedings of the 7th European Conference on Information Warfare and Security*. UK: Academic Publishing Limited Reading.

Rid, Thomas. 2012. "Cyber War Will Not Take Place." *The Journal of Strategic Studies*, 35(1), pp. 5-32.

Saad, S., Bazan, S., and Varin, C. 2011. *Asymmetric cyber-warfare between Israel and Hezbollah: The web as a new strategic battlefield*. Proceedings of the ACM WebSci'11, June 14-17 2011, Koblenz, Germany. Retrieved May 18, 2015, from http://journal.webscience.org/526/1/96_paper.pdf

Schmitt, Michael (ed.). 2013. *Tallinn Manual on the International Law Applicable to Cyber Warfare*. Cambridge: Cambridge University Press. 한국전자통신연구원 부설연구소 옮김. 2014. 『탈린 매뉴얼』(서울: 글과 생각).

Schmitt, Michael. 2015. "The Law Of Cyber Targeting." in *Tallinn Paper* 7. Tallin: CCDCOE.

Schmitt, Michael (ed.). 2017. *Tallinn Manual 2.0 on the International Law Applicable to Cyber Operations*. Cambridge: Cambridge University Press.

Shachtman, N. 2009. "Kremlin Kids: We Launched The Estonian Cyber War." *Wired*. http://www.wired.com/2009/03/pro-kremlin-gro/ (검색일: 2016년 5월 3일)

Shakarian, Paulo. 2011. "Stuxnet: Cyberwar Revolution in Military Affairs." *Small Wars Journal April*. pp. 1-10.

Singer, Peter and Allan Friedman. 2014. *Cybersecurity and Cyberwar: What Everyone Needs to Know*. New York: Oxford University Press.

Thomas, Timothy L. 1996. "Russian Views on Information Based Warfare." *Airpower (Special Edition)*. (Cited in) Heather Harrison Dinniss. 2012. *Cyber Warfare and the Laws of War*. New York, Cambridge University Press.

Traynor, Ian. 2007. "Russia Accused of Unleashing Cyberwar to disable Estonia." *Guardian* (May 17). https://www.theguardian.com/world/2007/may/17/topstories3.russia (검색일: 2016년 5월 3일)

Tsagourias, Nicholas. 2012. "Cyber attacks, Self-defence and the Problem of Attribution." *Journal of Conflict & Security Law* (July), pp. 1-16.

Tsymbal, V. I. 1995. "Kontseptsiya "Informatsionnoy Vonyny"." *The Evolving Post Cold War National Security Issues*. (Cited in) Heather Harrison Dinniss. 2012. *Cyber Warfare and the Laws of War*. New York, Cambridge University Press.

U.S. Department of Defense. 2010. *Joint Terminology for Cyberspace Operations*.

U.S. White House. 2011. *International Strategy for Cyberspace: Prosperity, Security, and Openness in a Networked World*.

Waxman, Matthew C. 2011. "Cyber-Attacks and the Use of Force: Back to the Future of Article 2(4)." *YALE J. INT'L L*. 36, pp. 421-459.

제9장

유럽 정보 네트워크와 사이버 안보: EU INTCEN과 ENISA의 사례

황예은

I. 서론

오늘날 사이버 공간을 둘러싸고 벌어지고 있는 국제정치적 사건들은 21세기 안보 지형의 변화와 신흥 안보의 특징을 잘 보여준다. 2007년 에스토니아 사이버 공격부터 2009년 러시아-그루지아 전쟁 동안 발생한 사이버 공격, 2012년 미국과 걸프만 국가들을 상대로 이란이 벌인 사이버 테러, 그리고 2014년 3월 20일 국내 주요 방송사와 금융사가 대상이 된 북한발(發) 지능형 지속 공격(APT, Advanced Persistent Threat), 최근 러시아의 미국 대선 개입 해킹 의혹을 둘러싼 두 국가 간 갈등까지 빈번하게 발생하고 있는 사이버 사건들은 사이버 안보 혹은 사이버 거버넌스 분야가 이미 세계정치의 일부분으로 들어왔음을 말해준다. 사이버 안보 이슈는 특히 21세기 안보 지형의 변화를 잘 보여준다. 즉, '국가 대 국가'의 틀을 벗어나 힘과 규모의 측면에서 비대칭적인 행위자들이 비대칭적인 수단을 동원하여 비대칭적 목적을 수행하기 위한 전쟁을 벌이는 가운데 '불확실성'이 날로 증대되고 있다는 것이다(김상배 2014).

사이버 안보 위협에 적절히 대응하기 위한 전략의 핵심에는 정보 네트워크의 역할, 즉 적시적소의 정보 활용 능력이 자리한다. 국가정보는 단순한 지식의 차원을 넘어 지식, 지식을 입수하는 행위, 이 기능을 수행하는 조직 등이 상호 유기적으로 연관되어 있는 포괄적인 개념으로 볼 수 있다(전웅 1997; 이연수 외 2008). 그런데 오늘날 정보 네트워크의 형성과 와해는 국가라는 층위에서만 일어나는 것이 아니다. 사이버 테러, 사이버 범죄의 경우 한 국가 차원에서 내놓는 해결책이나 국가 간 협력만으로는 충분치 않기 때문에 지역적 정보 협력이 필요하다는 주장이 지속적으로 제기되어 왔다. 물리적 크기와 소재지가 너무나도 다양한 주체에 의해, 예상하기 어려운 곳에서 가해지는 '비대칭 위협'에 대응하기 위해서는 국가 및 비(非)국가 행위자들이 각각 보유하고 있는 지식과 기술을 공유할 수 있는 장이 필요한 것이다. 이러한 필요에 대한 인식을 바탕으로 유럽 내에는 그동안 임시방편적(ad hoc) 혹은 양자적 교류 이상의 정보 협력이 증가해 왔다(Walsh 2006, Muller-Wille 2008; Cross 2013).

그럼에도 불구하고 세계정치적 차원에서는 사이버 공간의 질서와 국제적 규범에 대한 접근방식을 둘러싸고 다중이해당사자주의(multi-stakeholderism)와 정부간주의(intergovernmental appoach) 간 치열한 경쟁이 이루어져 왔다. 미국 중심 서구권 및 일본에서 주장하는 다중이해당사자주의는 다양한 구성원들의 입장을 수렴하여 사이버 안보 규범을 정립할 것을 주장하는데, 그 중에서도 민간 기업의 역할을 강조한다. 반면, 중국과 러시아 등이 내세우는 후자의 경우, 사이버 공간에서도 국가주권이 우선시 되어야 하며 필요시 국가 차원에서 정보 및 인터넷 통제가 이루어져야함을 주장하고, 국가 안보 측면에 치중하는 경향을 보인다.

한편, 최근 15년간 유럽에서는 앞의 두 가지 담론과 구별되는 독자적인 거버넌스 모델이 대두되었다. 각 회원국별로 수립된 사이버 안보 정책과 별도로 EU는 안전한 사이버 공간을 만들기 위해서는 정부, 기업, 개인 전문가, EU 기관 등 다층적 행위자의 참여가 중요함을 역설해왔다. EU 내에서는 특히 네트워크 및 정보 보안을 중심으로 한 사이버 복원력 강화와 이를 위한 정보 협력 네트워크 형성이 활발하게 이루어져 왔다. 또한, 사이버 방위에 있어서도 공격보다는 방어의 측면에 초점을 맞추며, 시민 자유·법치·인권보호 등 EU의 핵심 가치와 부합하는 사이버 안보 전략을 추구하는 특징을 보인다(Darmois &

Schmeder 2016).

이러한 EU 차원의 사이버 안보 전략이 수립되어 온 과정을 통해서 여러 가지 정치적 역동이 드러났다. 따라서 본 연구에서는 전통적 국제정치학이 아닌 세계정치적 관점에서 EU가 신흥안보(emerging security) 이슈인 사이버 안보에 대해 어떠한 방식으로 관여하고 있는지 살펴보고자 한다. 특히, 지난 15년간 지역적 차원에서 이루어진 정보 협력과 사이버 안보 전략 수립 간 연결 지점을 조명할 것이다. 구체적으로 EU정보분석센터(EU Intelligence Analysis Centre, 이하 EU INTCEN)와 유럽네트워크정보보호청(European Network and Intelligence Security Agency, 이하 ENISA)의 사례를 살펴보고자 한다. 그 과정에서 다음과 같은 질문을 던져보고자 한다. EU에서는 온오프라인 안보 위협에 대응하기 위해 어떤 방향으로 정보 협력을 추진하고 있는가? 반대로 사이버 공간의 특성은 정보 활동을 위해 어떻게 활용되고 있는가? EU INTCEN과 ENISA는 어떤 방식으로 유럽 사이버 거버넌스 구축하는 과정에서 단절되어 있는 행위자를 연결해주는 역할을 하는가? 유럽의 사이버 안보 사례가 신흥안보 위협과 글로벌 안보 거버넌스 모델에 대한 전반적인 논의에 시사하는 점은 무엇인가?

이어지는 절에서는 우선 신흥안보 이슈 중 하나인 사이버 안보의 특성과 정보의 속성 변화를 이론적 관점에서 살펴봄으로써 세계정치학적 맥락에 대한 이해를 높일 것이다. 다음으로는, EU INTCEN의 역할을 중심으로 온·오프라인 영역의 안보 위협에 대응하는 EU 정보 협력 방식에 대해 논하고, 지역적 차원에서 사이버 위협에 대한 방어막을 쌓기 위한 ENISA의 노력을 살펴본 후, 전반적인 EU 네트워크 및 정보 안보 거버넌스에 대한 고찰과 함께 글을 마치고자 한다.

II. 정보 협력과 사이버 안보의 세계정치

컴퓨터, 인터넷, 스마트폰 등 정보기술(IT)의 발달을 바탕으로 일어난 정보혁명은 국민국가 중심으로 형성되어 온 위계적 근대 세계질서에서 사람, 기술, 지식, 관념 등의 변수에 시공간의 요소와 더해져 발생하는 분합(fragmegration)의 과정 혹은 수평적 복합 질서로의 변화를 낳았다(Rosenau 2003). 특히, 정보혁명으로 인해 초국적 네트워크 형태의 행위자들이 세계정치의 전면에 등장하면서 정치 단위체가 다변화되었다. 이것은 국가의 쇠퇴나 소멸을 의미하기보다는 다국적 기업, 국제기구, 전문가 등의 인간 집단과 더불어 인터넷, 소셜 네트워크 등 비인간 행위자들이 새로운 정치적 주체로 부상하고, 그 결과 국가와 이들 간의 경쟁, 갈등, 협력이 어우러져 전개됨을 나타낸다. 이러한 가운데 사이버 안보를 포함한 다양한 신흥 안보 이슈들이 등장했는데, 최근에는 안보 패러다임의 새로운 변화를 이론적으로 설명하고자 하는 논의 또한 많이 이루어지고 있다(Buzan et al. 1998; Huysmans 2006; 민병원 2007; 김성학 2008; 김상배 2016a, 2016b).

본 연구는 '신흥안보'에 대한 김상배(2016a)의 이론적 논의를 바탕으로 사이버 공간에서 발생하는 안보 문제의 특성 중 다음의 측면들에 주목해보고자 한다. 먼저, 사이버 안보에서는 위협의 발생 및 통제 양 측면에서 비인간 행위자가 중요한 역할을 한다. 각종 악성 코드나 컴퓨터 바이러스는 단시간 내에 넓은 범위에 걸친 파급력을 가질 수 있으며, 때때로 인간 행위자의 조작 혹은 개입 없이 스스로 변형되는 능력을 보이기도 한다. 반대로, PC나 휴대폰, 인터넷 등을 통해 축적되는 데이터 분석을 통해 일정한 패턴을 찾아 특정 위협에 대한 대응책을 얻기도 한다. 즉, 정보·지식·커뮤니케이션과 같은 비인간 요소가 위험 해소의 열쇠가 되기도 하는 것이다. 구성적 변환론에서는 이러한 비인간·비물질적 요소가 국가의 기능적 성격이나 국가가 활동하는 세계정치의 장을 근본적으로 변화시키는 동력으로 작용한다고 보는데, 이는 사이버 안보를 둘러싼 권력경쟁이 기존의 국가 간 권력다툼과는 질적으로 다르다는 것을 의미한다(김상배 2014).

둘째, 사이버 안보는 다른 안보 부문의 이슈들과 높은 연계성을 갖는다. 쉽게 말하면 국가 핵심 인프라 및 기간산업체를 대상으로 감행된 사이버 공격은 오프라인의 다른 영역에까지 심각한 피해 상황을 낳을 수 있다. 예를 들어, 원자력 발전소의 컴퓨터 시스템에 대한 해킹이나 시스템 오류(system failure)는 후쿠시마 원전사태와 같은 엄청난 사고를 야기할 수 있고(에너지안보), 이는 더 나아가 환경안보, 식량안보로까지 이어질 수 있다. 5절에 다시 나오겠지만, 유럽에서는 사이버 유럽(Cyber Europe)이라는 범유럽적 사이버 보안 훈련이 격년으로 시행되는데, 금융 서비스 시스템에 대한 공격 혹은 에너지 규제 통과를 둘러싼 갈등으로 인한 사이버 공격에 대한 대응 등 지난 훈련에서 사용된 시나리오들에는 신흥안보 이슈연계성에 대한 인식이 충분하게 깔려 있음을 볼 수 있다.

셋째, 사이버 안보는 전통적인 안보 이슈와 연계될 경우 국가안보의 문제로까지 이어질 수 있다. 개인적 차원의 정보 유출이나 금전 탈취를 겨냥한 사이버 공격을 넘어 대형 규모의 사이버 테러나 군사 관련 기밀 유출을 노린 해킹 등은 사회적 혼란 유발과 국가안보를 위협하는 수준으로 발전하고 있는 것이다(이종구 외 2015). 김상배(2016a)는 복잡계 이론에서 착안한 '지정학적 임계점(critical point)'이라는 개념을 통해 신흥안보의 위험이 국가 간 분쟁 대상이 되면 명백한 안보 문제로 발전한다고 설명한다. 하지만 역으로, 국가 대 국가 혹은 테러

집단이 특정 국가를 상대로 감행하는 사이버 공격은 개인 차원의 생존 문제로 다가올 수 있으며, 불특정 다수가 사상자가 될 수 있는 만큼 불확실성 또한 엄청나게 증가했다고 할 수 있다.

한편, 정보혁명은 사이버 안보 위협에 효과적으로 대응하기 위해 필수적인 정보 (intelligence)와 정보 협력의 속성까지도 본질적으로 바꾸어 놓았다. 더글라스 더스에 의하면 정보에는 정보활동 주기의 요소와 생산품에 관한 '공정(process)', 개인들이 소속된 조직과 조직의 규범에 대한 '직업(profession)' 그리고 평가와 해석이라는 활동을 산물임을 의미하는 '정치(politics)'가 포함된다(Dearth & Goodden 1995). 이후, 앤드류 레스멜은 현대 정보 환경에 포스트모던 사회 이론 개념을 적용한 분석을 토대로 정보의 목표, 역할, 임무가 분화되고 다층적으로 변했음을 지적하였다(Rathmell 2002).[1] 국가의 외교 및 군사적 측면에 국한되어 문제를 명확히 규명하고 파악하고자 하는 현실을 객관적으로 그려내는 것에 최대한 초점이 맞추어졌던 냉전 시대의 정보 처리와 달리 오늘날에는 다양한 방면에서 정보 수집이 이루어지고 이에 동원될 수 있는 수단과 기술이 비교할 수 없이 발전한 동시에 정보활동은 엄청난 불확실성 속에서 이루어지고 있는 것이다.

또한, 인간/기계라는 명확한 이분법이 허물어지면서 정보는 누구를 위한, 누구에 의해 생성된 것인가 등의 문제로 인해 더 복잡해지고 있다. 수평적 지식 네트워크로부터 도전을 받는 동시에, 정보통신 기술의 발달로 전문 영역으로서의 정보의 경계가 유동적으로 변하는 것이다. 이는 대량 산업 방식이 쇠퇴하였듯이 정보 산업도 기존의 '정보

1 더스와 레스멜 모두 정보를 지식(knowledge)의 한 종류로 보고 정보가 크게 지식, 조직, 활동이라는 세 가지 측면을 포괄한다는 셔먼 켄트(Sherman Kent)의 정보에 대한 정의(definition)를 확대해보고자 함.

공장' 방식에서 탈피하였음을 의미한다. 이러한 변화는 사이버 안보의 중요성이 대두된 배경과 맥을 같이 한다.

이상에서 살펴본 신흥안보 환경에는 안팎이 명확히 구분된 국가 차원의 중앙 집중적 감독체계만이 중심이 되는 경직된 체제보다는, 국가가 자신의 기능과 권한을 민관 부문의 이해당사자들에게 위임하는 한편, 필요한 경우 국제적, 지역적, 초국적 차원에서 공조 체제를 구축할 수 있는 유연한 국가 모델이 적합할 것이다(김상배 2014). 더 나아가, 위험 유형에 따라서 혹은 신흥안보 이슈들이 연계되어 발생할 수 있는 도미노 효과에 대응하기 위해서는 밥 제솝이 제시한 '메타 거버넌스'라는 개념을 통해 이해할 수 있다. 메타 거버넌스는 다양한 거버넌스 매커니즘 간 존재하는 복잡성이나 위계질서를 조정하고 조율하여, 특정 상황에 대한 최상의 결과를 낳을 수 있는 방향으로 공존할 수 있도록 운용하는 관리양식을 의미한다(Jessop 2003).

사이버 안보의 경우, 시스템의 구성요소 간 결합도가 높고 그 복잡도 또한 높아 사고 발생 시 파급범위를 예측하기가 어려운 '돌발적 무한형 위험'이 발생하는 분야로 볼 수 있다.[2] 시공간의 물리적 제약을 뛰어넘어 에너지, 금융, 행정 등 다양한 영역에서 운용되고 있는 거버넌스 매커니즘을 위험에 빠뜨릴 수 있는 사이버 위협들에 대응하기 위해서는 초국가적(supranational) 메타 거버넌스가 작동해야 한다. 본 연구에서 살펴보는 유럽의 경우, 일국 차원에서 가장 바람직한 국가 모델을 모색하는 한편 EU라는 지역통합 체계를 구축 및 강화하기 위한 노력이 동시에 진행되고 있다. 즉, 네트워크 국가를 넘어 네트워크형 지역 거버넌스에 대한 고민과 실험이 가장 활발하게 이루어지는 곳

2 신흥안보 영역별 위험 유형과 각 위험 유형에 적합한 거버넌스의 형태에 대한 더 자세한 논의는 Yoon(2015) 및 김상배(2016a)를 참고 바람.

중 하나인 것이다. 그리고 다음 절에서 볼 수 있듯이, 지난 15여 년간 해당 분야에서는 미국과 중국이 주장하는 것과는 차별되는 독자적인 사이버 안보 전략 및 거버넌스 구축을 추구해왔다.

그런데 이렇게 수평적이고 초국적인 정보 네트워크 및 사이버 거버넌스가 잘 운용되기 위해서는 시스템의 중심성(centrality)을 만들어낼 수 있는 중개자(broker)의 역할이 중요하다. 사회 네트워크 이론(Social Network Theory)에서는 중개자란 기본 단위가 되는 행위자들 혹은 노드(node)들 간 소통이 단절되어 있는 네트워크의 빈틈인 '구조적 공백(structural hole)'을 채워주는 행위자라고 정의한다(Burt 2001). 본 연구의 주제에 적용해보면, 유럽 국가들을 상대로 벌어지는 사이버 공격, 테러, 범죄에 대해 통합적인 접근방식 및 해결책을 내놓기 위해서는 EU 차원에서 관련 정보를 평가하고 해석하는 것이 이루어져야 한다고 할 수 있다. EU INTCEN과 ENISA는 유럽 국가들의 정보기관, 네트워크 보안 기관, CERT 간 단절되어 있던 소통의 벽을 낮추는 역할을 하는 행위자로서, 본 연구에서는 두 기관을 중심으로 유럽의 사이버 거버넌스의 특징과 함의를 살펴볼 것이다.

III. EU의 정보 협력과 사이버 전략

1. 정보 협력의 필요성 증가

전통적으로 정보의 가치는 누가 어떤 정보를 어느 수준만큼 아는가에서 비롯되기 때문에 국가차원에서는 안보 전략 관련 정보 활용에 있어서 다자적인 프레임워크 내 정보 협력보다는 신중함이나 비밀 유지 가능성에 더 유리한 양자적 교류를 선호해왔다. 그러나 탈냉전기 급격하게 변화하는 대내외적 안보 상황은 유럽 내 정보 협력 관련 정책이나 규제에도 변화가 필요하다는 것을 일깨워주었다.

EU는 특히 두 가지 측면에서 정보 협력의 필요성에 직면하였는데, 우선 내부적으로는 1987년 단일유럽의정서(SEA, Single European Act)가 발효되면서 지역 통합이 더 포괄적으로 이루어지기 시작했다. EU 회원국 간 물리적, 기술적, 재정적 장벽을 철폐하고 노동 및 자본의 이동성을 보장하는 이 의정서의 법안이 1992년까지 대부분 채택됨으로써 EU의 단일 시장과 화폐가 출범하면서 회원국 간 통합이 가속화되었다. 통합은 동시에 초국경적 조직적 범죄와 각종 불법 매매, 단일 통화 및 시장 도입 덕분에 더 용이해진 자금 세탁과 테러리즘 등 다양한 형태의 새로운 안보 위협들의 등장을 의미했다(Walsh 2009). 2000년대 초반 이후에는 다양한 안보 위협의 씨앗을 제거하기 위해서 긴밀한 정보 공유가 필요하다는 문제의식을 바탕으로 EU 회원국 간 협력이 지속적으로 이루어졌다.

한편, 대외적으로는 구 소련 연방에 속했던 지역과 북아프리카의 분쟁이나 불안정한 정세가 낳는 파급 효과와 테러리즘, 대량살상무기 확산 등 글로벌 차원에서 생성된 도전에 대한 EU의 단일한 정책 방향 설정과 효과적인 대응을 위해 EU 회원국 간 정보 협력 및 입장 조율이 중요했다. 국제사회의 안보 및 평화유지 관련 활동에서 미국과 국제연합(UN)에 이어 EU의 입지가 강해지는 가운데 EU의 외교안보정책 또한 점차 확대되었다. 1999년 생 말로 선언에서 EU가 '상황 분석, 정보 원천 그리고 관련 전략 계획을 위한 역량에 적절한 구조 및 역량'을 발전시킬 것에 대한 요청이 반영된 유럽안보방위정책(ESDP)이 출범되었다. 이후 2009년 리스본 조약(Lisbon Treaty)을 통해 공동안보방위

정책(CSDP)으로 개칭되면서 EU의 권한 및 협력 매커니즘이 안보 및 방위 영역으로까지 확장되었다. 즉, 국가별이 아니라 EU 차원의 시각이 반영된 안보 역량 강화를 위한 통합적인 정보 수집 및 분석 노력이 시작되었고, 이러한 변화는 이후 유럽에서 안보위협을 다루는 EU 정보기관의 강화와 EU 사이버 안보 전략 구축과도 연관이 있다.

2. EU의 사이버 안보 전략

유럽 집행위원회(EC)는 21세기 EU의 경제 성장전략 비전을 제시하기 위해 2010년 3월 '유럽2020 전략(Europe 2020)'을 발표했다. 이 전략의 7개 핵심 이니셔티브 중 하나로 '유럽 디지털 어젠다(Digital Agenda for Europe)'가 포함되었다. 디지털 어젠다는 유럽의 스마트하고 지속가능하며 포용적인 성장을 위해 디지털 단일 시장 구축이라는 목표하에 구체적으로 7개의 어젠다를 제시하였다.[3] 그 중 '정보보안 강화 및 신뢰 구축' 항목은 사이버안보와 디지털 사생활 보호가 유럽의 정치적 우선 사항으로 꼽히며, 신뢰 및 안보가 디지털 단일 시장의 핵심에 자리하고 있음을 여실히 보여준다(EC 홈페이지). 이에 더해 2015년에 발표된 유럽 안보 어젠다(European Agenda on Security)에서는 사이버 범죄와의 전쟁을 세 가지 주력 영역 중 하나임을 분명히 하였다.

2013년 정보 보안 강화와 신뢰 구축을 위한 노력의 일환으로 EU

3 7가지 어젠다는 a) 유럽 디지털단일시장 구축, b) 호환성 및 표준 강화, c) 정보보안 강화 및 신뢰 구축, d) 초고속 인터넷 접속을 위한 인프라 구축, e) 연구 및 혁신을 위한 투자, f) 디지털 활용능력 강화 및 ICT 참여 확대, g) ICT 활용을 통한 EU 사회문제 해결 등으로 구성되어 있다.

집행위원회와 EU 외교안보고위대표는 함께 'EU의 사이버안보 전략: 개방되고 안전한 사이버 공간(Cybersecurity Strategy of the European Union: An Open, Safe and Secure Cyberspace)'이라는 공동전언을 발표하였다. 이를 통해 EU는 각 정부와 관련 당국이 사이버 위협 예방 및 대응을 위해 스스로 맡아야 할 역할과 책임감, 그리고 EU 내 효과적인 네트워크의 정보 보안을 위한 조치와 회원국·EU 당국·민간을 아우르는 협력 체계 구축에 대한 실행 계획을 제언한다. 특히, 사이버 공간을 둘러싸고 벌어지는 일들이 경제적, 사법적 측면뿐만 아니라 EU 전체의 안보 및 방위에 있어서도 중요한 문제임을 강조하며, 이전에 나왔던 지침들과 차별되는 상당히 포괄적이면서도 구체적이고 구속력이 있는 접근법을 보였다는 점에서 그 의미가 더해졌다.

이 전략에서는 EU 내부 차원에서 그리고 국제적으로 사이버 보안 정책을 수립할 시 기초가 되어야 하는 5가지 원칙을 다음과 같이 명시한다. 1) 물리적 영역에서의 핵심 가치를 디지털 공간에 동일하게 적용, 2) 기본권, 표현의 자유, 개인 정보 및 프라이버시 보호, 3) 만인을 위한 인터넷 접근성 향상, 4) 민주적이고 효율적인 다수 이해당사자(multi-stakeholder) 거버넌스, 5) 사이버 안보를 위한 부문 간 책임 공유이다(European Commission 2013). 이러한 원칙들은 EU가 다른 영역의 대외전략 속에서도 기본적으로 주장하고 있는 EU의 핵심 가치를 사이버 영역에도 적용하고 있음을 잘 보여준다.

EU의 사이버안보 전략에서는 또한 '사이버 복원력(resilience) 달성', '사이버 범죄의 획기적인 감소', '공동안보방위정책(CSDP)과 관련된 사이버 방위정책 및 역량 강화', '사이버안보를 위한 산업 및 기술 자원 개발', 'EU 내 통일된 사이버공간 정책 수립 및 EU의 핵심가치 실현'이라는 5가지 전략적 우선순위를 정하고 각각의 목표를 위해 '누가 무엇을' 해야 하는지를 구체적으로 제시, 당부하고 있다.

사이버 안보 이슈의 초국경적 영향과 복합성으로 인해 28개국의 법적 틀이나 관할권과 EU 간 효율적인 분업과 조율은 필수적이다. 따라서 사이버안보 전략에서는 EU 차원의 중앙 집중감독 스타일이 답이 아니라고 하며 사이버 공간에 관여하는 다양한 행위자들의 역할과 책임감을 명확하게 밝히는 것이 중요하다고 강조한다. 구체적으로, 각국 정부 스스로 사이버 사고 및 공격에 대한 예방 및 대응책을 마련하고, 정책과 법적 수단을 동원해 민간 부문과 대중과의 네트워크를 수립해야 하며, 이를 위해서는 동시에 EU 차원의 개입이 수반되어야 보완적인 네트워크 및 정보 보안(NIS, Network and Information Security)·사법·방위 부문 간 협력이 바탕이 되는 EU 차원의 개입이 수반되어야 한다고 명시한다(European Commission 2013). 이 체계는 〈그림 1〉과 같이 정리해볼 수 있다.

EU 사이버안보 전략의 후속 조치로 채택된 '네트워크 및 정보보호 지침(Directive on Network and Information Security)'에서는 각 회원국의 사이버 안보 체계 마련과 보안 조치를 의무화하고 관련 기준을 제시한다(송은지·배병환 2014). 상당한 협상 및 입법 기간을 거쳐

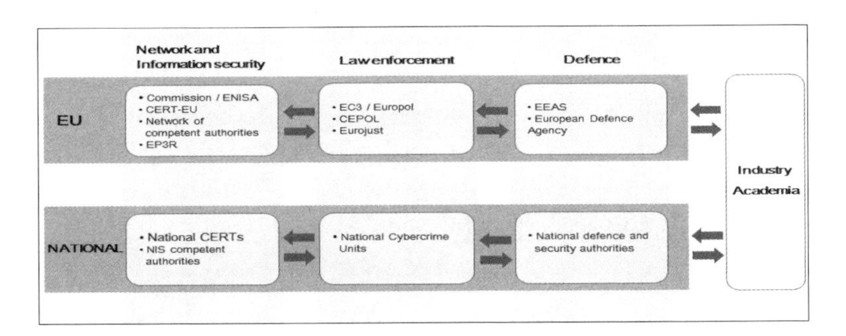

그림 1. EU 사이버 안보 체계 속 주요 행위자

출처: Cybersecurity Strategy of the European Union(2013).

2016년 8월부터 시행될 이 지침은 각국 내 컴퓨터비상대응팀(CERT) 설치와 같은 국가의 의무, 회원국 간 보안 정보 공유 체계 구축이라는 국가 간 조치 그리고 민간 사업자들이 도입해야 할 보안 요건 준수 의무화 등 해당 분야에서 정보 보안 강화를 위한 요건들을 포괄적으로 규정하고 있다. 이러한 사이버 안보에의 통합적인 접근을 위한 유럽의 노력이 어떤 결과로 이어질지 주목해볼 만하다.

IV. 유럽 안보 정보 네트워크의 교량, EU INTCEN

1. EU INTCEN과 사이버 공간

2001년 9·11 테러와 함께 2004년 마드리드 그리고 2005년 런던에서 발생한 테러 사건으로 인해 유럽 내에는 대내외적 안보 위협에의 효과적 대응을 위한 범유럽 차원의 정보 협력의 필요성에 대한 인식이 증가하였다. 이러한 배경을 바탕으로 EU 정보센터의 모태가 되는 EU 공동상황센터(EU JointCen)가 창설되었고, 2012년 조직개편을 통해 유럽대외관계국(EEAS) 고위대표의 직접적인 지휘하에 연중무휴로 운영되는 정보 담당 부처인 EU 정보분석센터(INTCEN, Intelligence Analysis Centre)로 거듭났다. 그 인력의 대부분은 유럽대외관계국 소속의 EU 관리와 각 회원국에서 파견된 국가 정보 전문가로 이루어져 있다(EU INTCEN Factsheet 2015).

공동상황센터로 출범한 초기에는 이 조직에 분석가들을 파견한 7개 대표국 – 독일, 영국, 프랑스, 이탈리아, 네덜란드, 스페인, 스웨덴 – 간의 정보 교류가 주를 이루는 '이너 서클(inncer cicle)'의 성격을 강하게 보였다. 그러나 EU 내 테러의 연속적 발생을 기점으로 공동상황센터는 반테러 정책 강화라는 목표하에 유로폴(Europol)로부터 내부 치안 관련 정보를 전달받기 시작하였고, 그 권한이 회원국 기밀문서의 수집, 처리, 분석 그리고 배포로까지 확대되었다(Birsan 2012). 더불어 2004년과 2007년 두 차례의 EU 확장을 통해 동유럽으로까지 정보 협력 대상의 범위가 넓어지면서 EU INTCEN은 신규 회원국과 기존 회원국 간에 존재했던 정보의 구조적 공백을 메울 수 있는 EU의 정보 담당 조직으로 거듭나게 된다.

EU INTCEN의 활동은 두 가지 측면에서 사이버 공간의 발전과 밀접한 연관성을 갖고 있다고 할 수 있다. 먼저, EU INTCEN은 중장기적 목표는 유럽에게 가장 심각한 안보 위협 문제가 된 테러에 대한 저항력 강화를 위한 평가 및 전략에 초점을 두고 있다. 최근 테러와 인터넷의 결합으로 테러집단의 역량이 전례 없이 막강한 가운데, 사이버 공격에 대한 모니터링은 테러와의 전쟁에 있어 필수불가결한 부분 중 하나가 되었고, 따라서 EU INTCEN 역시 사이버 공간에서 벌어지는 일들에 대한 정보에 주시할 수밖에 없는 것이다.

두 번째 측면은 이 조직에서 수집하고 다루는 정보의 출처이다. EU INTCEN의 분석 결과물들은 회원국의 안보 및 정보기관, 파견되어 있는 EU 대표부, 외교 채널, 국제기구 및 비정부 기구, EU 위성 센터 등 다양한 정보원을 통해 입수한 정보에 바탕을 두고 있지만(EU INTCEN Factsheet 2015), 그 중에서도 오픈소스정보(OSINT, Open Source Intelligence)가 차지하는 비중이 가장 크다. 오픈 소스 솔루션사(社)의 최고경영자이자 전 미국 중앙정보국(CIA) 정보관이었던 로버트 D. 스틸레는 오픈소스정보를 "특정 질문을 해결하기 위해 의도적으로 발굴되고, 구별되고, 걸러지고, 선정된 대상에게 유포되는 공개 정보"라고 정의하였다(Steele 2007). 오픈소스정보는 미디어, 웹사이트, 블로그, 등 다양한 매체를 통해 얻게 되는데, 특히 정보혁명과 인터넷의 발달은 오픈소스정보에 대한 관심과 활용도를 급격하게 높이는 효과를 낳았다. 전통적으로 정보를 보유하고 보호할 수 있는 국가의 능력은 주권과 뗄 수 없는 문제이기 때문에 일반적으로 국가들은 해당 분야의 협력에 미적지근한 태도를 보였다. 이러한 가운데 기밀이 아닌(즉, 합법적인 테두리 안에 존재하는), 그리고 개별 국가의 안보 이해와 상충하지 않는 자료에 근거하는 오픈소스정보는 민감한 정보 영역에서 국가 간 협력을 촉진시킬 수 있는 플랫폼을 제공한다.

2. EU INTCEN의 중개자적 역할

EU INTCEN에서 다루는 정보의 성격이나 정보 수집 방법은 이 조직이 안보 위협에 대한 유럽 정보 네트워크에서 점하고 있는 위치적 특성을 잘 드러낸다. 각각 단절되어 있는 국가 차원의 정보 활동 능력 간 연결고리를 제공해주는 EU INTCEN은 네트워크 이론에서 행위자나 네트워크 사이에서 호환성과 상호작동성을 제공하는 스위처와 같은 역할을 한다고 볼 수 있다(김상배 2010). EU INTCEN의 초기 디렉터였던 윌리엄 샵콧(William Shapcott)에 따르면 해당 센터는 유럽 공동외교안보정책(CFSP) 및 공동안보방위정책 관련 전략적 수준의 의사결정 지원이라는 목적에 부합하는 정보의 분석 및 평가라는 주요 임무를 띠고 있다(Muller-Wille 2008). 소속 인력이 직접 피해 지역으로 파견되거나 고위급 EU 관리자 수행을 할 때도 있지만 EU INTCEN의 작업은 대부분 가공 전의 정보(raw intelligence)를 수집하는 단계에서부터 시작되는 것이 아니라 오픈소스정보를 통해 입수한 정보와 회원국 및 해외에 파견되어 있는 EU 대표단들이 전송하는 보고서를 취합이 주를 이룬다. 따라서 EU INTCEN는 촌각을 다투는 사건이나 전략 경보를 다루기보다는 유럽 내 존재하는 전반적인 안보 위협에 대한 양질의 분석을 제공하는 것을 우선시 하게 된다(House of Lords 2010). 이 과정을 통해 EU의 고유한 시각이나 입장이 녹아들어가 있는 결과물이 나오게 되고, 이는 국가 차원에서 생산할 수 있는 정보와 구별되는 부가 가치를 갖게 된다. 네트워크 이론적으로 해석해보면 EU INTCEN은 정보의 1차 생산자라기보다는 다양한 소스로부터 정보를 수집하고 편집하여 시간 및 장소의 제약으로 인해 소통이 단절되어 있는 행위자들을 연결해주고 EU 차원에 맞도록 내용을 번역(translate)하는 스위처로 활동하고 있는 것이다.

또한, EU INTCEN에서 생산하는 결과물이 배포되는 과정을 살펴볼 필요가 있다. 해당 센터의 집중 분야 중 하나인 반테러정책의 경우 공동상황센터였던 시절부터 정보 협력에 적극적으로 참여했던 영국, 프랑스, 네덜란드 등이 아직까지도 중심이 되어 관련 담론을 주도하고 있다(Cross & Mai'a 2011). 뮐러-윌레는 이런 현상의 핵심에는 작업 효율성 문제와 회원국 간의 신뢰 문제가 자리하고 있다고 지적한다(Muller-Wille 2008). 즉, 정보 분야에서 가장 노련하며, 양자 혹은 EU 프레임워크 밖에서 관계를 지속적으로 쌓아 온 핵심 국가들이 중심이 되어 EU 정보 협력을 주도하는 것이 현실적인 선택이라는 것이다. 그럼에도 불구하고 센터의 활동이 EU 차원에서 인정을 받는 이유 중 하나는 분석 및 평가 결과물이 모든 회원국 및 EU 의사 결정자들 모두에게 제공되기 때문이다. 동시에 '발신자의 원칙(originator principle)'에 따라 정보원을 제공한 국가는 결과물을 받을 수 있는 대상을 자의적으로 지정할 수 있다.[4] 각 회원국만이 주요 정보 제공자이자 고객인 유로폴보다 EU INTCEN이 상대적으로 더 유연하며 중개자로서의 면모를 보이는 것이다.

사실 EU INTCEN은 존재론적으로 중개자의 특성을 갖는다고 볼 수 있다. 센터의 출현 이전에는 NATO와 서·북유럽 국가들로 구성된 서유럽연합(WEU) 내의 정보 공유[5]와 공동 안보를 위한 EU 차원의 정보 협력 노력이 개별적으로 진행되면서 유럽의 정보 네트워크에는 상당한 구조적 공백이 존재했다. 또한, 냉전 시기를 거치면서 서유럽과 동유럽 간에 벌어진 발전의 격차는 두 지역 간 정보 생산 및 활용 기술의 수준이나 역량 차이로 이어지기도 했다. EU INTCEN은 바로 유럽 내에 있었던 이러한 갭을 채워 정보의 흐름을 중개하기 위해 생긴 것이다. 그 규모 또한 조직의 특징과 결부해서 생각해볼 수 있다. EU INTCEN은 총 4개의 부서 그리고 약 70명 남짓(2012-13년 기준)되는 직원으로 구성되어 있다. 이는 유럽이라는 넓은 지역의 온오프 공간에서 발생하는 각종 전통 및 비전통 안보 위협에의 대응을 강화한다는 목표에 비해 다소 작은 규모가 아닌가 하는 의문을 일으킬 수 있다. 이에 대해 네트워크 이론은 네트워크 상에서의 권력이 반드시 특정 노드의 덩치나 네트워크 규모에 비례하는 것은 아니라고 지적한다(김상배 2014). 즉, 센터의 중요성이나 가치는 유럽 안보 정보 네트워크의 구도 속에서 부여받은 기능과 역할을 통해 생성된다고 이해할 수 있다.

4 Rettman, A. "EU intelligence services opening up to collaboration." EUObserver.com, 18 January 2011 at http://euobserver.com/institutional/31656

5 서유럽연합(WEU)의 정보 협력에 대해서는 다음을 참고할 수 있음. Oberson, F. (1998). "Intelligence Cooperation in Europe: The WEU Intelligence Section and Situation Centre." *Towards a European Intelligence Policies: Chaillot Paper 34*, 네 pp. 19-23.

3. EU INTCEN의 한계와 보완 방안

이상에서 살펴본 기능적 측면 외에 EU INTCEN과 유럽 위협정보 공유 프레임워크 전반에 대한 많은 문제 또한 제기되고 있다. EU INTCEN에서 다루는 정보는 안보 문제 관련 EU 차원의 의사결정에 영향을 미치는 만큼 정치적으로 민감하다. 각 국가의 입장에서는 정보원 공유가 그 국가 이익에 반하는 것이라고 판단하고, 이렇게 비밀스럽고 민감한 영역에서 주권을 포기하길 원치 않는 경우가 대부분인 것이다(Cross 2013).

이는 정보 공유 네트워크의 구성원인 EU 회원국 간의 '신뢰' 문제와도 맞닿아 있다. 현 체재에 상호의존성이 내재되어 있음에도 불구하고 기본적으로 각 국가는 타 국가가 생산하는 정보에 대한 신뢰가 떨어지며(Politi 1998), 특정 국가의 정보기관에서 제공한 정보원을 바탕으로 가공된 평가가 EU 전체의 시각을 대변한다고 보기에는 무리라는 지적도 있다(Jones 2013). 또한, EU의 약소국은 유럽의 정보 채널이 영국, 프랑스, 독일과 같은 강대국에 의해 잠식당하는 것을 우려하는 동시에 정보전의 실패 시 비난의 대상이 되기 쉽기 때문에 어느 국가 하나 정보 협력을 이끌어나가고자 선뜻 나서지 못한다(Bilgi 2016). EU INTCEN의 민주적 책임(accountability) 및 투명성 결여에 대한 지속적인 문제 제기 또한 걸림돌로 작용하고 있다(Van Buuren 2009).[6] 이렇게 국가와 EU 기관 간 경합을 뛰어넘어 정보 협력을 통해 안보 위협에 효과적으로 대응하기 위해서는 국가가 소수(素數)가 되는 기존의 방식을 보완해줄 수 있는 프레임워크가 필요함을 시사한다.

6 독립적인 홈페이지가 없는 것은 물론 EEAS 홈페이지에서도 EU INTCEN에 대한 정확한 정보를 입수하기 어려움.

이에 부합하는 좋은 사례로 유럽오픈소스정보 포럼(EUROSINT Forum)을 들 수 있다. 2006년 유럽 집행위원회의 재정 지원하에 처음 조직된 비영리 협회인 이 포럼은 오픈소스정보를 사용할 수 있는 정보 환경을 만들고, 관련 신규 프로젝트를 논의할 수 있는 VIRTUOSO 컨소시엄을 제공한다는 미션하에 매년 5~6 차례의 정기 회의 및 워크샵 및 워킹그룹 활동을 진행하고 있다(EUROSINT Forum 홈페이지). 약 400명에 달하는 공공 및 민간 부문 소속 전문가들이 참여하며, EU INTCEN 또한 중요한 구성원 중 하나로 활동하고 있다. 건강한 사이버 거버넌스 형성을 위해서 민관협력은 필수이며, 사생활보호법규에 의해 제한을 받는 정부 기관들이 민간 기업 측에서 오픈소스를 통해 수집한 데이터에 상당히 의존하고 있는 상황에서 둘 간의 적절한 균형점을 찾는 것은 중요하다. 아직 유럽 내에 (사이버) 안보 영역에 관여하는 행위자들 모두를 연결해주는 네트워크가 존재한다고 보기는 어렵겠지만, 유럽오픈소스정보 포럼은 정보의 탈중심화가 급속도로 이루어지고 있는 가운데 위협정보 공유 네트워크의 지형 변화를 잘 관리하고자 하는 노력을 잘 보여주는 예이다. 한편, 다양한 안보 이슈 중 사이버 안보라는 특정 부문에 보다 초점이 맞춰진 유럽의 정보 협력을 이해하기 위해서는 EU INTCEN이나 유럽오픈소스정보 포럼 외에 살펴보아야할 대상이 또 존재한다.

V. EU 사이버 복원력의 중심, ENISA

1. ENISA의 설립 배경 및 활동

앞 절에서는 전반적인 안보 및 테러 위협에의 대응을 위한 정보 공유에 대한 EU의 접근 방식에 방점을 찍었다면, 이 절에서는 ENISA라는 조직을 중심으로 유럽적 차원에서 사이버 안보 영역을 어떻게 관리하고 있는지 보고자 한다. 사이버 공간의 위협 요소는 정치적, 기술적, 제도적, 사회적 네트워크가 중첩되는 부분에 존재하는 불완전한 빈틈을 공격하여 시스템 전체에 충격을 가한다는 착취혈(exploit)의 개념을 적용해 설명할 수 있다(최인호 2011). 착취혈을 통해 들어오는 사이버 공격은 개인, 집단, 국가, 세계 등 다층적 행위자 모두에게 치명적인 피해를 가져올 수 있다. 따라서, 효과적인 사이버 거버넌스 구축에 있어 착취혈이 발생할 수 없도록 네트워크의 빈틈을 메우고 네트워크 전체의 복원력을 모니터링하는 존재가 필요하다.

ENISA는 이러한 시대적 요청을 배경으로 등장하였다. 2004년 'ENISA의 설립에 관한 규정(Regulation (EC) No 460/2004)'에 따르면 ENISA는 EU 내 높은 수준의 네트워크 및 정보 보안의 확보를 목표로 하는 기관이다.[7] 구체적으로는 각 회원국 당국 및 EU 기관에 네트워크 및 정보 보안에 관한 전문적인 자문과 지원을 제공하고, 유럽 내에서 발생하는 모든 사이버 사고와 신흥 위험 요소에 대한 데이터를 체계적으로 수집 및 분석하고, 다양한 이해당사자들 간 입장 조율 및 민관협력을 도모하여 사이버 거버넌스 구축을 이끌어 나가고 있다

7 규정의 전문에는 사이버 안보 문제가 경제적 및 사회적 발전에 대한 심각한 피해로 이어질 수 있으므로 철저한 예방 및 대응 방침이 필요하다는 경각심이 잘 드러나 있다.

그림 2. ENISA의 활동 영역
출처: ENISA 홈페이지.

(ENISA 홈페이지; Popa 2013).

ENISA의 주요 세부 활동으로는 '사이버 유럽(Cyber Europe)'과 'EU 컴퓨터비상대응팀(이하 CERT-EU)' 운영을 꼽을 수 있다. 먼저, 사이버 유럽이란 유럽 내 사이버 위기 대응을 위한 기존의 표준절차 및 협력 매커니즘 점검을 위해 격년마다 범유럽 차원에서, ENISA의 주관하에 실시되는 훈련이다(송은지·배병환 2014). 2010년 유럽 집행위원회는 '2010 디지털 어젠다'의 발표를 통해 각 회원국이 대형 사이버전(戰)의 준비태세를 점검할 수 있는 시뮬레이션을 시행하고 네트워크 및 정보 보안 전략을 시험할 것을 요청했다. 그 결과 첫 사이버 유럽 2010이 개최되었다. 이는 2006년부터 미국에서 격년제로 실시해 온 사이버스톰(Cyber Storm)의 유럽식 버전으로 시작되었지만, 하나의 국가를 넘어 지역적 협력을 도모했다는 측면에서 새로운 시도이기도 했다.

2010년 11월 4일에 실행된 첫 훈련에는 27개 EU 회원국에 유럽 자유무역연합 회원국까지 더해서 30개국의 전산 및 사이버 안보 전문가들이 320여 개의 사례를 아우르는 훈련에 참가하였다. 참가자들은 각자의 사무실에서 훈련에 참여하였는데, 이는 일상 업무 속에서 사이버 공격을 받았을 때 어떻게 자연스럽게 대처할 수 있는지를 연습하기 위해서였다(ENISA 2011). 여기에서 중요한 것은 세부적인 훈련 사례는 개별 회원국이 준비했지만, 이렇게 수집된 사례들이 범지역적 차원에서 공유되고 훈련이 진행될 수 있도록 참가자들을 묶어주고 확산시키는 촉진자의 역할을 담당한 행위자는 ENISA였다는 점이다. 이후 사

표 1. 사이버 유럽 훈련 (2010-2016)

훈련명	훈련 일시	참가	내용
사이버 유럽 2010	2010년 11월 04일	•EU & EFTA: 22개국 참여 8개국 옵저버 •CERTs •관련 부처/규제 당국 •국가정보기관 •사이버 범죄 수사과	일부 국가 인터넷 연결망 사이트(IIS) 및 중요 온라인 서비스 해킹으로 인해 유럽 국가들 간 인터넷 연결성 상실된 상황에 대응하기 위한 협력 방안 모색
사이버 유럽 2012	2012년 10월 04일	•EU & EFTA: 25개국 참여 •EU 기관 •사이버 안보 기관 •전자 정부 관계자 •금융 기관 •인터넷 서비스 제공자	유럽 국가들의 온라인 전자정부 및 금융 서비스에 대한 디도스(DDoS) 공격 발생 시 민관 협력이 바탕이 된 상황 평가를 위한 표준 절차 및 행동 방침에 대한 합의 도출
사이버 유럽 2014	2014년 04월 28-29일	•EU & EFTA: 29개국 참여 •EU 기관 •사이버 안보 기관 •CSIRTs •에너지 분야 기업 •통신 분야 기업	에너지 자원 수입에 관한 EU 규제 도입을 둘러싼 갈등이 고조되는 가운데, 규제 통과를 막기 위해 회원국 및 EU 기관을 타겟으로 자행된 정보 유출, 통신 서비스 거부 공격, APT 공격 등에 대한 대응 협력 방안 모색
사이버 유럽 2016	(1단계) 2016년 04~10월 (2단계) 2016년 10월 13-14일	•700명 이상의 사이버 안보 전문가 및 300개 이상 관련 기관 •참가자는 각 회원국 당국에서 선출	2015년 12월 우크라이나 대규모 정전사태(발전소 해킹)와 같은 사건에 바탕을 둔 6개월간 지속되는 위기 상황 설정

이버 유럽 2012, 사이버 유럽 2014를 거치면서 훈련의 규모 및 범위는 점차 확대되어 왔다. 올해 상반기에는 4번째 훈련인 사이버 유럽 2016의 1단계가 진행되었고, 2단계가 하반기 가을에 실시될 예정이다. 〈표 1〉은 각 훈련에 대한 사항을 간략하게 보여주고 있다.[8] 이 훈련 외에도 ENISA는 유럽 전역에 걸쳐 진행되는 모든 회원국 및 국제적 차원의 사이버 훈련에 대한 데이터를 만들고 이를 바탕으로 전반적인 검토와 평가 그리고 제안을 담고 있는 보고서를 발간하고 있다(ENISA 2012).

CERT-EU 및 컴퓨터침해사고대응팀(CSIRT) 협력 또한 ENISA에서 주력하고 있는 분야 중 하나이다. 컴퓨터 보안상 문제 발생 시 신속하게 대응할 수 있는 소방서와 같은 역할을 하는 CERT[9]는 세계 곳곳에서 찾을 수 있는데, ENISA가 CERT 훈련 활동에 대해 발행하는 핸드북에 따르면 현재 유럽에는 100개 이상의 CERT가 운영되고 있다(ENISA 2015). 2007년 에스토니아 사이버 테러 이후 독일, 스웨덴, 프랑스 등 여러 회원국이 사이버 공격이 대상이 되면서 유럽에서는 CERT 간 원활한 정보 공유 및 네트워크의 연속성을 확보할 수 있는 방법을 더 적극적으로 모색하게 되었다. CERT 네트워크의 역량은 사이버 복원력과 직결되어 있기 때문에 EU는 네트워크 및 정보 보안 정책의 주요 부분으로 모든 회원국이 CERT를 설치할 것을 권고한다. 이 때 ENISA는 회원국 차원에서 개설된 CERT 간 존재하는 기술격차를 감소시키기 위해 각 CERT가 최소한의 공통 요건을 충족할 수 있는 방향으로 지원하고, 유럽 내 CERT 협력뿐만 아니라 유럽과 타 지역의 CERT 간 운용사례 및 정보 교환을 촉진하는 임무를 수행한다

8 차기 훈련은 2018년에 개최될 예정.
9 CERT 및 CSIRT에서 제공하는 일차 보안 서비스에는 경보, 경고, 조언, 훈련 등이 포함된다(ENISA 2015).

(Meulen, Jo & Soesanto 2015). 2012년부터는 EU 기관들의 정보기술 시스템의 보안을 책임지는 CERT-EU 또한 담당하고 있다.[10]

대표적인 사례로, 2007년 에스토니아가 디도스(DDoS) 공격을 받은 직후 에스토니아 정부는 CERT를 중심으로 비상대응에 돌입했는데, 특히 CERT는 공격 받은 웹사이트를 국내 인터넷 사용자들이 여전히 접속 및 사용할 수 있도록 해당 웹사이트를 해외 인터넷 트래픽으로부터 폐쇄하였다(Meer 2015). 사건의 심각성으로 인해 국제적 지원도 신속하게 투입되었다. EU 국가 간 정보 공유가 이루어지는 동시에 ENISA는 사태의 귀추를 모니터링하고 이에 대한 전문적 기술 평가를 제공했고, NATO CERT 또한 추가적인 지원을 제공하였다(Herzog 2011).

2. ENISA와 유럽의 사이버 복원력

ENISA는 사이버 복원력 강화에 있어 중추적 역할을 하고 있다. 특히, 회원국 간 나타나는 국가 역량의 차이를 줄이는 것이 그 최우선적 과제인데, 2013년에 수립된 EU의 사이버보안 전략에 따르면 유럽 집행위원회는 ENISA에게 1) 산업 통제 체제·교통 및 에너지 인프라의 안보 및 복원력에 대해 전문성을 쌓아 회원국이 국가 사이버 복원역량을 키우는 것을 돕고, 2) 산업 통제 체제 컴퓨터침해사고대응팀(ISC-CRIST)의 실행가능성을 검토하고, 3) 회원국 및 EU 기관이 범유럽적 사이버 사고 훈련을 시행하는 것을 지속적으로 지원할 것을 당부한다

10 1년간의 시험 단계를 거친 후 만들어진 CERT-EU는 유럽 집행위원회, EU 이사회, EU 의회 등 주요 EU 기관들의 재정적 지원을 받고 있으며, 회원국 내에 있는 CERT들과도 지속적으로 협력하고 있다(ENISA 홈페이지).

(European Commission 2013). 이와 관련해 ENISA는 자신의 홈페이지를 통해 인프라 복원력과 보안, 네트워크와 서비스 및 주요 정보 기반 시설 보호(CIIP)에 관한 작업 공간(workspace)를 다루는 ENISA 전문가 집단이 작업 공간(workspace)으로 활용할 수 있는 포털을 제공하고 있다.[11]

하지만, 여기에서는 ENISA가 앞서 말한 기술적인, 협의(狹義)의 복원력과 관련해 제공하는 기능보다는 더 거시적인 차원에서 유럽의 사이버 거버넌스의 전반적인 복원력이 확보되는 과정이나 지금까지의 성과 그리고 그 과정에서 ENISA의 역할은 무엇인지에 초점이 맞춰져야 할 것이다. 김상배(2016a)에 의하면 신흥안보 분야에서 복원력은 일차적으로는 외부의 충격을 흡수하여 본래의 기능, 구조, 정체성을 지속가능하게 유지하는 능력이며, 단순 회복 상태를 넘어서 스스로 재구성하며 진화하는 능력을 의미한다.

이 복원력은 내구성(robustness), 가외성(redundancy), 신속성(rapidity), 자원부존성(resourcefulness) 등 네 가지 요인으로 결정된다(김상배 2016a). 그 중 ENISA의 전략적 목표 및 활동은 신속성 및 자원부존성과 상당한 연관성을 보인다. 먼저, 사고 발생 시 단시간 내에 원래의 기능을 회복할 수 있는 '신속성'을 증진시키기 위해 ENISA는 1) 회원국 간 자발적 CSIRT 협력을 지원하고, 사이버 유럽과 같은 EU 차원의 훈련을 지속적으로 주관하고, 국가정보원 간 및 민관 대화를 촉진시켜 공동체를 강화하고(#community), 2) 네트워크 및 정보보호(NIS)와 관련된 자문 및 지원을 EU 기관에 제공함으로써, 해당 분야의 제도 및 정책과 같은 사회적 자본 구축에 기여한다(#policy).

11 https://resilience.enisa.europa.eu/

다음은 인력, 금전, 기술, 정보 등 다양한 자원을 적절한 때에 동원하고, 그 흐름이나 조직화를 관리할 수 있는 능력인 자원부존성 강화를 위해 ENISA는 1) NIS 이슈에 대한 정보 및 기술을 수집, 분석하고 이에 대한 접근성을 향상시키며(#expertise), 2) EU 회원국/민간부문/EU 기관의 역량 강화를 돕고(#capacity), 3) 책임감 있는 재정관리, 내부 절차에 대한 투명성, 내부 IT 보안 전문성 증진 등 스스로의 관리운영을 지속적으로 향상시키고, 회원국들이 ENISA가 현재 진행중인 혹은 계획하고 있는 프로젝트에 대한 업데이트를 제공함으로써 둘 간의 협력을 용이하게 만들어 전체 거버넌스의 중심성을 제공한다고 밝힌다(#enabling). 그러나 본 연구가 아쉬운 점은 상기의 활동을 통해 ENISA가 유럽의 사이버 거버넌스 전체 복원력에 실질적으로 얼마나 기여하는가에 대한 경험적 증거까지는 제공하지 못한다는 한계를 안고 있음을 미리 밝히고 싶다.

3. ENISA의 성과 및 구조적 한계

그동안 ENISA의 성과는 칭찬과 비판 모두의 대상이 되었다. 설립 당시 이 조직은 2004년부터 2009년까지 5년 임기로 시작했지만, 이는 2008년과 2011년 두 차례에 걸쳐 연장되었다. 그 권한의 테두리 역시 점차 확대되었다. 스웨덴 의장국하에 2009년 12월 18일에 채택된 네트워크 및 정보 보안을 위한 협력적인 유럽의 접근방식에 관한 EU이사회 결의안에서는 ENISA의 역할과 잠재력을 인정하였으며, 해당 분야에서의 EU 핵심 전문기관으로서 EU집행위원회와 회원국이 기술과 정책 사이의 간극을 메우는 것을 지원할 수 있도록 ENISA를 현대화하고 강화해야함을 강조했다.

이렇듯 ENISA는 유럽 사이버 거버넌스 구축에 기여하고 있지만, 다른 한편으로는 많은 문제점 또한 안고 있다. 아이러니하게도 전통적인 개념의 시공간의 개념을 뛰어넘는 접근방식으로 다루어야하는 네트워크 및 정보라는 요소를 다루고 있는 조직이 막상 여러 물리적인 조건상 제약을 받고 있다. 먼저, 65명 남짓의 직원을 보유하고 있는 조직의 규모가 작음을 꼽을 수 있다. 네트워크 이론에서는 특정 노드가 보유하는 물질적 자원이 다소 빈약하더라도 네트워크에서의 위치로부터 파생되는 권력이 이를 극복가능하게 만들 수 있다고 설명한다. 그러나 현실적으로 ENISA의 경우 범유럽적 차원의 정책 수립과 직결된 활동을 잘 수행하기 위해서는 그 물질적 기반과 역량 자체가 강화될 필요가 있다는 문제가 지속적으로 제기되어왔다(House of Lords EU Committee 2010).

그리스 크레타 섬의 이라클리온(Heraklion)이라는 ENISA의 소재지 또한 생각해볼 필요가 있다. ENISA는 EU의 심장부인 브뤼셀로부터 가장 멀리 위치한 EU 기관이다. ENISA의 성과에 대한 유럽 집행위원회의 중간 평가서에서는 인터넷 세상이 도래한 이후에도 안보 분야에서는 여전히 개인 간 직접적 접촉이 정책 수행에서 중요한 부분을 차지하는데, 안보 및 IT 분야의 주요 정책 연구소나 씽크탱크의 중심지인 서북유럽으로부터 원거리에 있음은 그만큼 ENISA에게 불리하게 작용할 수밖에 없다고 지적하였다. 이러한 지역적 조건은 유능한 고급 인력을 모집 및 유지하는 데 장애물로 작용하기도 한다. 향후 ENISA가 이러한 상황을 어떻게 개선해나갈 것인가에 대해 지속적으로 고민해보아야 하는 것은 분명하다. 그럼에도 불구하고 ENISA가 사이버 안보 및 사이버 거버넌스라는 신흥 안보 이슈에 맞는 탈허브형 행위자로서 유럽의 위협정보 협력을 주도해 나갈 것이라 기대해볼 수 있을 것이다.

VI. 결론

사이버 안보 영역은 안보 주체의 다변화, 비대칭 위협의 증가, 메타 거버넌스의 필요성 등 급속도로 변하는 현대 세계정치 지형의 특징을 잘 보여준다. 그 중 본 연구에서는 유럽의 정보 네트워크와 사이버 거버넌스를 통합적인 관점에서 조명해보고자 했다. 브렉시트를 전후로 EU는 신뢰 및 정체성의 위기에 직면해 있으며, 유럽식 지역 통합 방식에 대해 많은 의문이 제기되고 있는 상황이다. 그럼에도 불구하고, 지금까지 유럽이 기능적인 측면뿐만 아니라 정치, 외교 등 전 영역에 걸쳐 가장 발전된 형태의 지역 공동체를 달성했다는 점은 분명하다.

본 연구에서 살펴본 정보 협력 분야의 경우 과거 국가안보만이 주요 목표가 되어 일국 차원의 정보 활동만이 이루어졌던 것과 달리 오늘날에는 양자 혹은 소수의 국가 간 정보 공유뿐만 아니라 수평적이고 좀 더 광범위한 정보 네트워크의 필요성이 부각되고 있다. 사회 내 다방면의 문제와 긴밀하게 연결되어 있는 사이버 안보 분야에서 또한 위계질서와 수평적 관계를 아울러 적절하게 조율하고 관리할 수 있는 메타 거버넌스 체제가 요구된다. 이때 국가 행위자 혼자 질서를 구축해 가는 것이 아니라 EU 기관, 사기업 부문, 초국적 NIS 전문가 집단, 시민사회, 국제기구 등 다양한 참여자들이 관여하게 된다.

본 연구는 적합한 사이버 거버넌스가 형성되는 과정에는 정보·규범·지식·기술·커뮤니케이션 등 여러 가지 비물질적 자원 및 다른 행위자들과의 관계적 맥락을 잘 살려 거버넌스 내 중심성을 제공하는 행위자의 역할이 중요하다는 인식을 바탕으로 EU INTCEN과 ENISA의 사례를 들여다보았다. 우선 EU INTCEN은 EU 내 안보 관련 정보 협력을 담당하고 있는 기관이다. 회원국들과 EU 기관들 그리고 오픈소스정보로부터 수집한 안보 및 대외협력 관련 데이터를 바탕으로 EU 차원의 전략 수립과 의사결정을 지원하는 EU INTCEN은 유럽 지역협력의 특성을 살려 설립된 EU 정보기관이라고 할 수 있다. 캐서린 애쉬턴 전 EU 외교·안보정책 고위대표는 EU INTCEN을 "단일의 위기 관리 센터(crisis response centre)라고 칭했다. 이는 EU INTCEN이 국가라는 행위자 군과 EU 차원의 제도 사이에 존재했던 구조적 공백을 메우는 교량의 역할을 하고 있음을 의미한다. 특히, EU INTCEN이 오픈소스정보를 활용하는 것은 정보 송수신자 모두가 공유되는 정보의 정확성 혹은 진위 여부를 상대적으로 쉽게 확인할 수 있게 해주어 상호간 신뢰를 확보하는 데 유리하다는 이점을 갖는다. 이렇듯 안보 위협에 대한 전략 구상이나 작전 수행에 직접적으로 참여하는 것은 아니지만, 어떤 요소를 안보 위협으로 정의하고 이에 대한 전략을 구축하는 과정에 영향을 미칠 수 있다는 점에서 EU INTCEN이 해당 분야에서 상당한 위치 권력을 행사할 수 있는 잠재력을 갖고 있다고 할 수 있다.

다른 한편으로 EU 전반의 네트워크 및 정보 보안 유지를 위해 설립된 ENISA 또한 사이버 안보에 관한 완전히 새로운 전략을 짜내기보다는 각 회원국 및 민간 기업들이 운영하고 있는 전산망 지점들 간 교류를 도와 범유럽적 사이버 위협 대응체제를 만들고, 그 복원력을 유럽 전역에 걸쳐 증진시키는 데에 주력하고 있다. 구체적으로는 개별 국가 그리고 EU 기관의 CERT 및 CISRT의 원활한 운영을 돕는 역할을 담당하는 등 사이버 공간에서 일어나는 일들을 효과적으로 관리하기 위해서 필수적인 민관협력을 증진시키는 데에 특히 좋은 플랫폼이라는 평가를 받고 있다. ENISA의 권한을 인터넷의 범죄적 이용에 대한 치안 및 사법 협력 등의 문제로까지 확대하여 사이버 안보 영역에서의 그 비중이 더 늘려주자는 권고사항과 같이(House of Lords EU Committee 2010), 사이버 공간에서의 사건들이 더 빈번해지는 만큼 처음에 5년 임기로 시작된 ENISA의 역할과 책임에 대한 기대가 점차 커지고 있음을 볼 수 있다.

EU INTCEN과 ENISA가 중개자로 활동하는 '나무'에 해당한다면, 사이버 안보 위협에 대한 EU의 사이버 거버넌스라는 '숲'에는 다음과 같은 세계정치적 동학이 투영되어 있다. 첫째, EU에서 차지하는 세력 혹은 정치적 위치에 따라 안보 관련 정보 협력에 대해 EU 국가 간 입장 차이가 나타난다. 사이버 공격으로부터의 주요정보기반시설 보호장치를 강화하고 이를 위한 정보협력이 중요하다는 인식이 회원국 간 공통적으로 존재한다. 하지만 다른 한편으로는, 독일이나 프랑스와 같은 강대국은 정보 및 관련 기술 공유 문제를 주권의 문제로 인해 원치 않는 반면, 유럽의 약소국들은 EU의 정보 네트워크가 강대국들이 주도하는 방향으로만 발전하는 것을 경계한다.

둘째, 일국 차원에서 수립되는 사이버 안보 대응책과 EU라는 지역 공동체 차원에서 고안된 사이버 안보 전략 혹은 매커니즘이 병치적으로 발전되고 있다. 본 편집본에 수록된 또 다른 연구를 통해서는 이 두 층위 간의 상호작용을 잘 보여주는 영국의 사이버 안보 전략 사례를 볼 수 있다. 셋째, 국가 중심의 협력의 틀과 다층위의 행위자들을 복합적으로 아우르는 메타 거버넌스가 상충하는 혹은 상호보완하는 구도가 동시적으로 나타난다. 예를 들어, 영국 등의 EU 회원국 중 일부는 NATO와 EU 각각의 사이버 안보 체제 형성에 중첩적으로 참여하고 있다. ENISA가 시행하는 사이버 유럽 훈련의 경우에는 회원국이나 EU 기관뿐만 아니라 사설 정보보안업체, IT · 에너지 · 금융 · 행정 등 다양한 분야의 기업과 개인 자격으로 참여하는 참가자의 비중이 상당하다. 또한 민간 부문의 전문 집단에 의해서 운영되고 있는 비중이 큰 사이버 공간의 특성을 고려해볼 때, 사이버 안보 분야에서의 유럽 지역적 차원의 복원력을 높이기 위해서는 앞서 살펴본 유럽오픈소스 정보 포럼과 같은 협의체까지 아우르는 메타 거버넌스의 필요성이 향후에도 지속적으로 확대될 것으로 보인다.

지금까지 살펴본 EU의 사례는 다른 지역의 사이버 안보 문제에 대해 다양한 시사점을 선사한다고 생각한다. 가깝게 동아시아 지역에는 북핵과 국가 간 영토, 군사적 대치와 같은 19세기적 안보 위협과 사이버 공간에서의 민족주의적 갈등이라는 신흥 위험 요소들이 공존하고 있다. 더 구체적으로 한반도의 경우, 세계에서 인터넷 네트워크가 가장 발달된 나라 중 하나인 한국에 대해 북한이 전문적인 사이버 전력을 양성하여 공격을 감행하는 등 온오프라인의 국제정치적 사건들이 서로 뒤엉켜 전개되는 모습을 자주 볼 수 있다. 따라서 한국은 다른 신흥안보 이슈들과 높은 질적 연계성을 갖는 사이버 안보 위험에 대비하여 주변 국가들과 지역적 차원의 공조 체계를 그리고 장기적으로는 메타 거버넌스를 구축할 방안에 대해 지속적으로 함께 모색함으로써 지역의 안정과 평화를 추구해야 할 것이다. 특히 유럽 사이버 거버넌스 내 EU INTCEN이나 ENISA와 같은 중개자의 역할은 한국의 사이버 외교 전략 구상에 상당한 함의를 줄 수 있을 것이라고 생각한다. 따라서 앞으로도 유럽이 정보 네트워크 및 사이버 안보 영역에서 독자적인 규범과 협력의 틀을 만들어온 과정과 그 귀추에 대한 연구가 계속해서 이루어져야 할 것이다.

참고문헌

김상배. 2010. 『정보혁명과 권력변환』. 서울: 한울.
______. 2014. 『아라크네의 국제정치학』. 서울: 한울 아카데미.
______. 2016a. "신흥안보와 메타 거버넌스." 『한국정치학회보』 50(1), pp. 75-104.
______. 2016b. 『신흥권력과 신흥안보』. 서울: 사회평론아카데미.
김성학. 2008. "국제정치 이론에서 인간안보의 영향-패러다임의 변화인가 아니면 다른 학문적 신기루일 뿐인가?" 『평화연구』 16(1), pp. 170-206.
김소정 · 박상돈. (2013). "국제협력을 통한 사이버안보 강화방안 연구." 『융합보안논문지』 13(6), pp. 51-59.
민병원. 2007. "탈냉전기 안보개념의 확대와 네트워크 패러다임." 『국방연구(안보문제연구소)』 50(2), pp. 23-57.
배병환 · 송은지. 2014. "주요국 사이버보안 전략 비교 · 분석 및 시사점-미국, EU, 영국의 사이버보안 전략을 중심으로." 『정보통신방송정책』 26(21), pp. 1-27.
송은지 · 배병환. 2015. "주요국 사이버보안 전략 비교 · 분석 및 시사점: 미국, EU, 영국의 사이버보안 전략을 중심으로." 『정보통신기술진흥센터 ICT 기획시리즈』 26(21), pp. 13-22.
우정. 2008. "9.11사태 이후 정보패러다임 변화 고찰." 『국가정보연구』 1(1), pp. 13-22.
이상현. 2008. "21세기 안보환경 변화와 국가정보기관의 새로운 역할." 『국가정보연구』 1(1), pp. 111-135.
이연수 외. 2008. "주요국의 사이버 안전관련법 조직 체계 비교 및 발전방안 연구." 『국가정보연구』 1(2), pp. 35-116.
이종구 외. 2015. "과학기술기반 신흥안보 대응 방안." 『국가과학기술자문회의 정책연구보고서』 2015(02).
전웅. 1997. "국가정보와 안보정책." 『국제정치논총』 36(3), pp. 207-236.
최인호. 2011. "사이버 안보의 망제정치: 사이버 창이냐? 디지털 방패냐?" 김상배 편. 『거미줄 치기와 벌집 짓기: 네트워크 이론으로 보는 세계정치의 변환』. 서울: 한울.

Balzacq, T. 2008. "The Policy Tools of Securitization: Information Exchange, EU Foreign and Interior Policies." *Journal of Common Market Studies*, 46(1), pp. 75-100.
Bilgi, S. 2016. "Intelligence Cooperation in the European Union: An Impossible Dream?" *All Azimuth: A Journal of Foreign Policy and Peace*, 5(1).
Birsan, C. M. 2012. "Intelligence effectiveness in the European Union (EU) in the new security environment."
Burt, R. S. 2001. "Structural Holes versus Network Closure as Social Capital." *Social Capital: Theory and Research*, pp. 31-56.
Buzan, B., Waever, O., & De Wilde, J. 1998. *Security: a new framework for analysis*.

Lynne Rienner Publishers.

Črnčec, D. 2009. "A New Intelligence Paradigm and the European Union." *Journal of Criminal Justice and Security*, 1, pp. 156-161.

Commission of the European Communities. 2005. "Proposal for a Council Decision on the Transmission of Information Resulting from the Activities of Security and Intelligence Services with respect to Terrorist Offences'." COM 695 final. 22 December at: http://eur-lex.europa.eu/staging/LexUriServ/LexUriServ.do?uri=CELEX:52005PC0695:EN:NOT.

Cross, M. A. K. D. 2011b. *Security integration in Europe: how knowledge-based networks are transforming the Euoprean Union*. University of Michigan Press.

______. 2013. "A European Transgovernmental Intelligence Network and the Role of IntCen." *Perspectives on European Politics and Society*, 14(3), pp. 388-402.

Cross, M. A. K. D.& Mai'a, K. 2011. "EU Intelligence Sharing & The Joint Situation Centre: A Glass Half-Full." In *Delivery at the Meeting of the European Union Studies Association*.

Darmois, E. & Schmeder, G. 2016. "Cybersecurity: a case for a European approach." *Security in Transition: An interdisciplinary investigation into the security gap*. Paper commissioned by the Human Security Study Group. February 2016, London.

Dearth, D. H. & Goodden, R. T. 1995. "Strategic Intelligence: Theory and application. United States Army War College, Center for Strategic Leadership."

EEAS. 2015. *Factsheet on EU Intelligence Analysis Center*, at: http://eu-un.europa.eu/factsheeton-eu-intelligence-analyses-center-intcen/ (receitved in Aug. 2016), pp. 1-2.

ENISA. 2011. *Cyber Europe 2010–Evaluation Report*. Heraklion, at http://www.enisa.europa.eu/activities/Resilience-and-CIIP/cyber-crisis-cooperation/cyber-europe/ce2010

______. 2012. *Cyber Europe 2012–Key Findings and Recommendations*. Heraklion, at https://www.enisa.europa.eu/publications/cyber-europe-2012-key-findings-report

______. 2014. *Cyber Europe 2014–After Action Report*. Heraklion, at https://www.enisa.europa.eu/publications/ce2014-after-action-report

______. 2016. *ENISA Threat Landscape 2015*, at: https://www.enisa.europa.eu/publications/etl2015 (receitved in June 2016), pp. 1-88.

European Commission. 2013. "Cybersecurity Strategy of the European Union: An Open, Safe, and Secure Cyberspace." *Joint Communication to the European Parliament, the Council, the European Economic and Social Committee and the Committee of the Regions*.

George, R. Z. 2007. "Meeting 21st century transnational challenges: building a global intelligence paradigm." *Studies in Intelligence*, 51(3), pp. 10.

Goddard, S. E. 2009. "Brokering change: networks and entrepreneurs in international politics." *International Theory*, 1(2), pp. 249-281.

Herzog, S. 2011. "Revisiting the Estonian Cyber Attacks: Digital threats and multinational responses." *Journal of Strategic Security*, 2(4), pp. 49-60.

House of Lords European Union Committee. 2010. *Protecting Europe against large-scale cyber-attacks. HL Paper*, 68.

Huysmans, J. 2006. *The Politics of Insecurity: Fear, migration and asylum in the EU*. Routledge.

Jeffreys-Jones, R. 2009. "Rise, Fall and Regeneration: From CIA to EU." *Intelligence and National Security*, 24(1), pp. 103-118.

Jessop, B. 2003. "Governance and meta-governance: on reflexivity, requisite variety and requisite irony." *Governance as social and political communication*, pp. 101-116.

Jones, C. 2013. "Secrecy reigns at the EU's Intelligence Analysis Centre. *Statewatch J*, 22, pp. 1-8.

Lander, S. S. 2004. "International intelligence cooperation: an inside perspective." *Cambridge Review of International Affairs*, 17(3), pp. 481-493.

Lefebvre, S. 2003. "The Difficulties and Dilemmas of International Intelligence Cooperation." *International Journal of Intelligence and CounterIntelligence*, 16(4), pp. 527-542.

Meer, S. 2015. "Foreign Policy responses to International Cyber-attacks: Some lessons learned." *Clingendael Policy Brief*. pp. 1-8.

Meulen(van der), N. S., Jo, E. A., & Soesanto, S. 2015. *Cybersecurity in the European Union and Beyond: Exploring the Threats and the Policy Responses: Study*. Rand Coroporation.

Muller-Wille, B. 2008. "The Effect of International Terrorism on EU Intelligence Co-operation." *Journal of Common Market Studies*, 46(1), pp. 49-73.

Nomikos, J. M. 2005. "A European Intelligence Service for Confronting Terrorism." *International Journal of Intelligence and Counterintelligence*, 18(2), pp. 191-203.

______. 2014. "European Union Intelligence Analysis Centre (INTCEN): Next stop to an Agency?" *Journal of Mediterranean and Balkan Intelligence*, 4(2), pp. 5-13.

Politi, A. 1998. "Why is a European Intelligence Necessary?" In *Towards a European Intelligence Policy*, edited by Alessandro Politi. Institute for Security Studies.

Popa, I. F. 2013. "EU Cyberspace Governance: Which Way Forward." *Res.&Sci.Today*, 5, pp. 115-125.

Rathmell, A. 2002. "Towards Postmodern Intelligence." *Intelligence and National Security*, 17(3), pp. 87-104.

Rettman, A. 2011. "EU intelligence services opening up to collaboration." EUObserver.com, 18 January. http://euobserver.com/institutional/31656

Rosenau, J. N. 2003. *Distant Proximities: Dynamics beyond globalization*.
Steele, R. D. 2007. "Open source intelligence." *Handbook of intelligence studies*, 129.
Svendsen, A. 2011. "On a 'Continuum with Expansion'? Intelligence Co-operation in Europe in the Early Twenty-first Century." *Journal of Contemporary European Research*, 7(4), pp. 520-538.
Van Buuren, J. 2009. "Secret Truth. The EU Joint Situation Centre." *report, Eurowatch*, Amsterdam.
Voudouris, K. 2015. "The European Networks and Information Security Agency – ENISA." In *9th WSEAS, International Conference Proceedings on SYSTEMS (CSCC-2005)*. Vouliagmeni, Athens.
Walsh, J. I. 2006. "Intelligence-Sharing in the European Union: Institutions Are Not Enough." *Journal of Common Market Studies*, 44(3), pp. 625-43.
_____. 2009. "Security Policy and Intelligence Cooperation in the European Union." In *Biennial Meeting of the European Union, Studies Association*. Los Angeles.
Yoon, J. 2015. "Indoensia's Crisis Response Strategies: The Indian Ocean Tsunami of 2004." *Global Journal on Humanities & Social Sciences [Online]*, 02, pp. 195-202.

맺음말

사이버 공간의 안보 이슈와 국제정치

민병원

사이버 안보가 국가 간의 정치동학에 미치는 영향에 대한 관심이 일어난 지 오래 지나지 않았지만 그 규모나 속도에서 전통 국제정치의 관심사를 훌쩍 압도하고 있다. 다양한 측면에서 이 주제에 대한 탐구가 전개되고 있지만, 기술의 발전과 사회적 파급효과의 범위에 비추어 볼 때 본격적인 논의가 이루어지려면 시간이 더 필요한 것으로 보인다. 무엇보다도 사이버 공간에서 관찰되는 현상의 본질이 무엇인가에 대한 사회과학적 논의가 여전히 부족하다. 이것을 새로운 현상으로 볼 것인지, 아니면 기존의 패러다임의 연장선상에서 이해할 것인지에 대한 합의도 요원하다. 정치학과 경제학, 사회학, 안보연구 등 다양한 영역에 걸쳐 학제적 탐구가 요구되고 있다. 이런 점에서 이 저술은 사이버 공간에서 벌어지는 여러 현상들의 안보 측면을 집중 모색하기 위한 첫걸음이다.

사이버 공간이 인간생활에 엄청난 편의를 제공하고 또 상상하지 못했던 무수한 서비스와 기능을 동반해왔다는 점에는 모두가 동의할 것이다. 다른 한편으로 이에 대한 의존도가 증가할수록 다양한 침해와 범죄, 위협 등 취약성도 증가하고 있다. 전통적으로 안보의 주체로 간주되어온 국가 행위자의 관점에서 이와 같은 사이버 공간의 특성은 분명 관심사라 아니 할 수 없다. 국민들의 생명과 안전한 생활을 보장해야 할 국가 행위자의 차원에서 사이버 공간은 분명 중대한 도전이다. 그 편리함에도 불구하고 그에 잠재된 다양한 위협요인들과 복잡성을 제대로 인식하기 쉽지 않기 때문이다. 또한 '최고의 권력'으로서 주권을 보유한 국가조차도 사이버 공간에서 자신들의 관할권을 충분하게 주장하거나 행사하기 어렵다는 점도 이러한 도전의 심각성을 잘 드러낸다.

이 저술은 지난 수백 년간 국제정치의 '주인' 노릇을 해 온 국가의 관점에서 사이버 안보의 이슈를 조망하고 있다. 지난 10여 년 사이에 불거진 사이버 안보의 몇몇 사례들을 놓고 볼 때, 개별 국가들이 이를 활용하거나 그 도전에 대응하는 모습에서 상당한 편차를 보여왔다. 무엇보다도 전통안보의 영역과 달리 사이버 안보 영역에서는 국가 행위자들의 수와 범위가 지극히 제한되어 있다는 특징을 보인다. 세계 최고의 기술력을 자랑하는 미국과 이를 따라잡기 위한 중국과 러시아가 선두 그룹을 형성하고 있으며, 사이버 공간에서 이들 사이에 벌어지는 경쟁과 협력의 모습은 좀 더 세분화된 미시적 관찰을 필요로 한다. 안타깝게도 이것이 '기술'과 '안보'의 특성으로 말미암아 관련 정보와 자료가 대체로 개방되지 않고 있다는 점이 이러한 노력에 제약으로 작용하고 있다.

미국과 중국, 러시아의 뒤를 이어 유럽연합과 일본 등 상당한 기술력을 보유하면서 국제정치적 역할을 담당하는 나라들이 사이버 안보의 또 다른 행위자 그룹으로 분류될 수 있다. 여기에 한국과 북한, 이란 등 국가 규모에 비해 상당한 IT 기술 수준을 보이는 나라들 역시 사이버 안보의 주요 행위자로 분류된다. 대체로 소수의 초강대국과 유럽 선진국, 그리고 일부 안보 부담을 무겁게 안고 있는 나라들이 사이버 안보 무대에서 종횡무진 활약하고 있음을 알 수 있다. 하지만 이들 간의 관계나 협조체제가 그리 순탄하지는 않을 것으로 전망된다. 사이버 공간의 주요 자원의 배분을 둘러싼 갈등관계가 인터넷 거버넌스 등의 이슈로 부각되고 있지만 아직까지도 여타 분야에 버금갈 만한 국제협력이 제대로 이루어지지 않고 있다는 점을 고려할 때, 사이버 안보를 둘러싼 국제협력은 더욱 난망한 상황이다.

이 저술은 이러한 점을 고려하여 미국, 중국, 러시아, 유럽연합, 그리고 일본 등 사이버 안보의 주요 행위자들이 이 문제를 어떻게 다루고 있는지, 그리고 이들 사이의 관계는 어떻게 구축되고 있는지를 미시적으로 들여다보고 있다. 특히 미국의 사이버 안보 담론과 정책에 관한 장(이상지, 김보라)은 이 분야의 선두 주자라고 할 수 있는 미국이 사이버 안보의 전략적 측면을 어떻게 이끌어가고 있는가를 살펴보고 있다. 2013년의 스노든 폭로사건에서 드러난 것처럼, 미국은 압도적인 기술력을 바탕으로 사이버 안보 '독주체제'를 이어가고 있다. 이는 미국의 입장에서 '국제협력'의 필요성을 크게 인식할 필요가 없을 것이라는 결론으로 이어진다. 물론 미국사회가 첨단기술의 혜택으로 둘러싸여 있는 만큼 그에 따른 안보 취약성도 높을 수밖에 없다. 그럼에도 사이버 공격기술에 있어 미국은 그 어떤 나라와도 비교되지 않을 정도로 수준이 높다. 스노든의 폭로는 이처럼 미국이 지니고 있는 기술력의 우위가 잠재적 적국뿐 아니라 동맹국이나 우방 국가에도 무차별적으로 사용되어 왔음을 여실히 드러냈다.

이런 점에서 사이버 안보의 문제는 과거와 같이 '적'과 '우방'의 구별 위에서 그려내는 선명한 이미지들이 아니다. 우방이건 적이건 무차별적 공세의 대상이 될 수밖에 없는데, 이는 사이버 안보와 관련된 기술의 사용 주체와 대상을 정확하게 특정하기 쉽지 않다는 '책임소재(attribution)'의 문제에서 유래한다. 이러한 문제는 당분간 기술적으로나 정치적으로 명쾌하게 해결되기 어려울 것으로 판단된다. 이런 맥락에서 이 저술에서 다루고 있는 '전략'의 차원, 즉 주요 행위자들 사이의 현실주의적 이해관계의 대립과 갈등구조는 매우 중요한 탐구 주제라고 할 수 있다. 스노든 폭로는 미국이 지니고 있는 기술력과 도덕성의 괴리를 드러냈고, 이에 대한 미국의 대응은 여전히 오리무중이다. 사이버 공간에서 미국의 공정한 리더십을 기대하기는 어렵겠지만, 현실주의 프레임만으로 미국의 행동을 설명하기에는 사이버 안보의 국제협력이라는 구호가 초라해 보일 수밖에 없다.

이러한 상황에서 중국의 사이버 정책(고은송) 및 미국-중국 간의 사이버 안보 관계에 관한 논의(유신우)는 중요한 의미를 갖는다. 기술력과 명분 사이의 간극을 메우지 못하고 있는 미국의 허점을 '국가 주권'이라는 국제 표준규범을 통해 공격하면서 국제사회의 새로운 논의를 이끌어가려는 노력을 계속해오고 있기 때문이다. 물론 이러한 중국의 노력은 다양한 사이버 영역에서 유사한 반미 정책을 펼치고 있는 러시아 및 중동 등의 입장과도 보조를 맞추고 있다. 따라서 사이버 안보 영역에서 미국과 동맹국(유럽연합 및 일본) 대 중국과 러시아의 대결구도가 서서히 부각되고 있는데, 이런 점에서 미국과 러시아 사이의 안보레짐을 둘러싼 경쟁과 협력이 과거의 핵무기 체계와 비교하여 어떻게 달리 나타나는가에 대한 논의(도호정)도 흥미롭다. 선두를 달리고 있는 미국과 이를 뒤쫓으면서 대항담론을 구축하려는 중국 및 러시아의 갈등구도만 놓고 보더라도 사이버 안보의 '외교'와 '규범'을 둘러싼 협력이 조만간 활발하게 이루어질 것으로 기대하기는 어렵다. 힘과 기술력을 기반으로 하는 국가 차원의 '전략' 측면이 당분간 우세할 것으로 보인다.

한편 '적'과 '우방' 사이의 대립관계뿐만 아니라 '우방' 국가들 사이의 협력과 갈등구조 역시 사이버 안보와 관련한 논의에서 중요한 주제로 자리매김 하고 있다. 우선 미국과 유럽연합 또는 북대서양조약기구(NATO) 사이의 협력관계에서 미묘한 기류가 감지된다. 이에 관한 논의(이진경)에서는 비대칭전력을 지닌 동맹국 사이의 협력이 지닌 연루와 방기의 딜레마를 언급하면서 사이버 공간에서의 군사협력이 과연 재래식 무기나 핵무기 체계와 유사한 모습을 보일 것인가를 진단하고 있다. 전통적으로 유럽 국가들이 프라이버시 보호 등에서 미국보다 훨씬 강력한 잣대를 설정해왔고, 그로 인하여 비(非)안보영역에서 미국과 잦은 마찰을 빚어온 점을 감안할 때 이러한 관계가 사이버 안보영역에서 어떻게 확장될 것인가는 자못 중요한 이슈이다. 유럽은 이런 차원에서 독자적인 정보네트워크와 거버넌스 구축을 위한 노력을 계속해오고 있다(황예은). 미국의 관점에서 유럽 동맹국들과 외교정책의 기조를 완전하게 공조하기도 힘들 뿐 아니라 자국의 우월한 기술력을 충분하게 공유하기도 결코 쉽지 않기 때문이다. 만약 그렇다면 재래식 군비나 핵무기와 같이 과거의 군사협력이 수월하게 이루어졌던 분야에 비하여 사이버안보 영역에서 동맹국가들 사이의 협력은 녹록치 않을 것이라는 비관적인 전망도 얼마든지 가능하다.

흥미롭게도 미국-일본의 관계는 다소 다른 양상을 드러내고 있다. 미국과 일본 사이의 사이버 협력에 관한 논의(이종진)에서는 일본이 차지하고 있는 독특한 입장이 잘 드러나고 있는데, 일본은 상당한 기술력을 갖추고 있음에도 유럽 국가들과 달리 미국의 안보전략에 대하여 상당한 수준의 협력을 지속해오고 있다. 여기에는 북핵문제나 중일관계 등 동아시아의 안보문제와 더불어 일본 스스로가 과거의 유산으로부터 벗어나 보통국가를 지향하면서 완전한 군사력을 보유하려는 의도가 동시에 작용하고 있다. 여기에 더하여 지난 수십 년간 미국-일본 사이의 동맹관계라는 특수한 요소가 작용하고 있기 때문에 두 나라의 사이버 안보 협력관계가 유별나다고는 할 수 없다. 그럼에도 동아시아 지역에서 지속되고 있는 일본의 독자 행보가 주변 국가들에게 상당한 불만과 긴장을 자아내고 있다는 점을 고려할 때, 미국의 사이버 우산 아래에서 일본의 사이버 역량과 정책이 어떤 양상을 보일 것인가가 향후의 중요한 관심사가 아니라고 할 수 없다.

범세계적 차원에서 이루어지고 있는 '규범' 수립의 노력은 앞서 논의한 국가 중심의 '전략' 차원에 비해 여전히 미미한 수준에 머물러 있다. 그럼에도 불구하고 사이버 안보의 정부 간 협력체계인 GGE(도호정)와 사이버 공간의 안보문제에 대하여 기존의 국제법을 적용하려는 노력(정하연)은 국제정치에서 주목할 만한 협력의 초기 모델을 형성하고 있다. 정부 간 논의기구는 아직 대화의 창구라고 하기에 미미한 수준에 머물러 있지만, 그럼에도 불구하고 사이버 공간에서 횡행하고 있는 다양한 안보 이슈에 대하여 책임 있는 당국자들과 전문가들 사이에 진지한 논의기구로 출발하고 있다. 탈린 매뉴얼은 2017년 새로운 버전이 출간되면서 점차 국제사회의 관심을 끌고 있는데, 과연 기존의 국제법 질서가 사이버 공간의 다양하고도 새로운 이슈들을 제대로 관할할 수 있는가가 향후 관전 포인트라고 할 수 있다.

이와 같이 이 저술에서는 사이버 공간이라는 보이지 않는 무대 위에서 때론 치열하게, 때론 은밀하게 싸우고 손잡으며 끊임없이 공진화해가는 여러 주인공들의 모습을 그려내고 있다. 이와 더불어 이 저술은 사이버 안보의 여러 측면이 기존의 안보담론에서 제기된 다양한 주제들과 어떻게 연결될 수 있는지에 대하여 다양한 시론적 논의를 전개하고 있는데, 미국의 이율배반적 행동에 대해서는 '안보화(securitization)'와 '거시안보화(macro-securitization)'라는 국내정치적 안보담론의 특성으로 잘 묘사하고 있다(이상지, 김보라). 특히 거시안보화의 개념은 '테러와의 전쟁'처럼 미국이 능력-규범 사이에서 드러낸 자신들의 모순적인 모습을 포장하는 데 이용하고 있는 여러 도구들의 속성을 설명하는 데 유용한 개념으로 꼽히고 있다(김보라). 적어도 사이버 안보 분야의 최첨단 기술보유 국가로서 미국이 향후 이러한 정치적 프레임을 얼마나 극복하고 이 분야의 국제협력에 기여할 수 있을 것인지를 살펴보는 데 있어서 미국 국내정치의 안보화 및 거시안보화의 개념은 중요한 도구가 될 것이다.

미국의 기술력이 과거의 '핵우산'과 마찬가지로 '사이버 우산'의 동맹 관리수단을 보장할 수 있을 것이라는 논의 역시 미국의 군사적 헤게모니의 변화를 설명하는 데 흥미로운 요소라고 할 수 있다(이종진). 전통적으로 미국은 '확장억지(extended deterrence)'의 개념을 통해 동맹국에 대하여 핵우산을 제공하고 적의 핵공격으로부터 보호하기 위한 노력을 기울여왔다. 이러한 정책은 사이버 공간에서 얼마나 가능할까? 적어도 미국의 전통적인 사이버 협력국가(Five Eyes)뿐만 아니라 일본과 같은 변치 않는 군사동맹국가에 대해서는 이러한 확대가 가능할 수 있을 것이다. 스노든 폭로 사태로 이러한 동맹 관계에도 어느 정도 금이 가기는 했지만, 세계 대부분의 지역이 미국의 사이버 감시기술 아래 놓여 있는 상황에서 미국의 협력과 보장이 차별적으로 적용되리라는 예상은 크게 틀리지 않을 것이다. 문제는 미국의 '사이버 우산'이라는 개념이 과연 어느 정도로 군사전략 및 외교정책의 구체적인 계획으로 수립될 것인가에 달려 있다.

미국과 중국 사이의 초강대국 공존을 위한 '신형대국관계'에 대한 논의가 사이버 공간에서도 그대로 적용될 수 있는가에 대한 논의(유신우) 역시 마찬가지 맥락에서 흥미로운 관심을 끈다. 미국과 중국은 세계에서 가장 치열한 사이버 공격과 방어 관계에 놓여 있는 국가라는 점을 고려할 때 사이버 공간의 신형관계에 대한 개념화도 충분히 의미 있는 일일 것이다. 특히 2015년 시진핑 주석과 오바마 대통령 사이에 체결된 양국 간 협정에서 상호 사이버 공격을 자제하고 침해행위를 줄이기 위한 공동의 인식에 도달한 것은 이러한 사이버 신형대국관계의 첫걸음일 수도 있다. 새롭게 트럼프 행정부가 들어서면서 이와 같은 합의가 얼마나 실효성을 지닐 것인지 두고 보아야겠지만, 적어도 책임 있는 강대국들이 서로에게 가할 수 있는 타격의 충격을 최소화하기 위한 전략적 타협은 가능할 것이다.

동맹국 내부의 갈등관계에 대한 논의(이진경)는 기존의 안보연구에서 핵심적인 요소로 자리 잡고 있는 '안보딜레마(security dilemma)'의 확장판이라고 할 수 있는 '동맹 안보딜레마(alliance security dilemma)'의 논의를 사이버 공간으로 확장시키고 있다. 한반도에서도 동맹국 사이의 연루(entrapment)-방기(abandonment)의 위협에서 비롯된 동맹국 사이의 줄다리기가 지속되고 있는 점을 감안할 때, 미국-유럽연합 사이에서도 비슷한 갈등구도가 관찰되고 있다는 점은 매우 흥미롭다. 동맹국이라 할지라도 약소국의 입장에서는 언제든지 안전보장에 비례한 (동맹)강대국의 내부 압력에 직면하게 마련이고, 그로부터 불거지는 비용의 부담을 회피하려는 다양한 노력들이 생겨날 수밖에 없다. 미국과 유럽연합(또는 NTATO)은 서로 다른 제도와 이념, 가치체계를 지니고 있는 상황에서 사이버 공간의 안보협력이 완벽하기를 기대하기에는 무리일 것이다. 그렇다면 이러한 동맹국 사이의 안보딜레마는 어떻게 해석할 수 있는가에 대한 논의는 앞으로 미국-일본, 미국-한국 사이의 동맹관계 차원에서도 큰 의미를 가질 것으로 보인다.

핵무기와 사이버 안보 사이의 국제협력 차이에 대한 논의(도호정)는 안보문제를 둘러싼 '국제레짐(international regimes)'의 개념을 십분 활용하여 미국-러시아 및 여타 국가들 사이의 관계를 진단하고 있다. 사실 국제협력에 관한 '레짐'의 논의는 전통적인 현실주의의 '헤게모니' 개념이 충분하게 설명할 수 없던 자발적 협력의 등장을 이해하기 위해 시작된 자유주의의 시도였다. 냉전기에 걸쳐 전개된 재래식무기 감축이나 핵무기 확산 방지 및 대량살상무기 감축 등 다양한 안보레짐들은 국제협력의 성공적인 사례로 꼽히고 있다. 이러한 맥락에서 사이버 공간의 위협과 안보문제에 대한 국가들 사이의 협력이 과연 이전과 동일한 차원에서 국제레짐의 형성으로 발전될 수 있는가의 논의는 충분한 시의성을 가진다고 할 수 있다.

이 저술은 지도교수들의 참여하에 여러 대학원생들이 수차례의 세미나와 개별적인 연구를 통해 이루어낸 결과물이다. 그만큼 참여 연구진 사이의 상호 청취와 비판을 통한 학습효과도 누릴 수 있었지만, 동시에 사이버 공간의 주요 행위자들과 그들 사이의 외교적 관계 및 국제사회의 규범 형성 노력에 이르기까지 사이버 안보와 관련된 핵심 어젠다를 설정하는 데 있어 눈에 띄는 성과를 이루었다. 비록 '사이버 안보'의 이슈가 '사이버'라는 보이지 않는 공간의 특수성과 '안보'라는 민감한 영역의 특수성이 결합하여 경험적으로 탐구하기에 매우 어려운 분야로 인식되고 있지만, 그렇다고 해서 이를 등한시하기에는 지난 10여 년 이상 전개되어온 이 분야의 양상이 지극히 심각하고도 중요하다 하겠다. 이런 점에서 이 저술은 사이버 안보에 관심을 지닌 연구자들 사이에 공유할 수 있는 핵심적인 주제들을 직접 다루고 있다는 점에서 큰 의미를 지닌다고 자평한다. 향후 이 분야의 지속적인 연구와 어젠다 발굴을 기대한다.

찾아보기

ㅊ

ㅋ

ㅌ

엮은이

김상배, 金湘培, Sang Bae Kim
서울대학교 정치외교학부 교수

서울대학교 외교학과 학사 및 석사, 미국 오하이오주립대학교 정치학 박사

『버추얼 창과 그물망 방패: 사이버 안보의 세계정치와 한국』. 2018.

『아라크네의 국제정치학: 네트워크 세계정치이론의 도전』. 2014.

"세계 주요국의 사이버 안보 전략: 비교 국가전략론의 시각." 2017.

"사이버 안보 국제규범의 세계정치: 글로벌 질서변환의 프레임 경쟁." 2017.

"사이버 안보의 주변4망(網)과 한국: 세력망의 구조와 중견국의 전략." 2017.

"사이버 안보의 복합 지정학: 비대칭 전쟁의 국가전략과 과잉 안보담론의 경계." 2015.

"사이버 안보의 미중관계: 안보화 이론의 시각." 2015.

민병원, 閔丙元, Byoung Won Min
이화여자대학교 정치외교학과 교수

서울대학교 외교학과 학사 및 석사, 미국 오하이오주립대학교 정치학 박사

"인터넷 거버넌스와 확대협력의 레토릭: 국제정치적 의미에 대한 고찰." 2018.

"인터넷 거버넌스와 다중이해당사자주의의 신화." 2017.

"사이버억지의 새로운 패러다임: 안보와 국제정치 차원의 함의." 2015.

"사이버공격과 사이버억지의 국제정치: 규제와 새로운 패러다임을 중심으로." 2015.